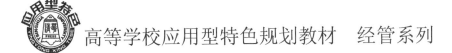

高等学校应用型特色规划教材　经管系列

统　计　学

(第二版)

张晓庆　王玉良　王景涛　编　著
艾伟强　梁　强　张　扬

清华大学出版社
北　京

内 容 简 介

本书遵循"少而精"和"学以致用"的原则构建知识体系。全书分为十一章，包括绪论、统计数据的搜集、统计数据的整理与显示、规模与比率的测定、统计分布的数值特征、时间数列分析、统计指数分析、抽样推断、相关与回归分析、Excel 在统计中的应用、统计分析报告及其写作，以及附录——国民经济和社会发展主要统计指标及其指标解释。本书各章开篇设有本章导读，关键词语均有英文注释，章末附有实际案例及配套的思考与练习题，并附有详细的习题参考答案。全书深入浅出、通俗易懂、实用性强。读者通过本书的学习，可以掌握基本的统计思想、统计理论和统计方法，有利于提高学生分析、解决经济管理中实际问题的能力，并为进一步的学习和研究打好基础。

本书既可作为高等院校经济类、管理类专业的本科教材，也可作为其他对于统计理论和应用方法感兴趣的各界人士的自学参考书。

本书封面贴有清华大学出版社防伪标签，无标签者不得销售。
版权所有，侵权必究。举报：010-62782989，beiqinquan@tup.tsinghua.edu.cn。

图书在版编目(CIP)数据

统计学/张晓庆等编著. —2 版. —北京：清华大学出版社，2018（2021.12重印）
(高等学校应用型特色规划教材　经管系列)
ISBN 978-7-302-50977-6

Ⅰ. ①统… Ⅱ. ①张… Ⅲ. ①统计学—高等学校—教材 Ⅳ. ①C8

中国版本图书馆 CIP 数据核字(2018)第 185354 号

责任编辑：温　洁
版式设计：杨玉兰
责任校对：周剑云
责任印制：宋　林

出版发行：清华大学出版社
网　　址：http://www.tup.com.cn, http://www.wqbook.com
地　　址：北京清华大学学研大厦 A 座　　邮　编：100084
社 总 机：010-62770175　　　　　　　　　邮　购：010-62786544
投稿与读者服务：010-62776969，c-service@tup.tsinghua.edu.cn
质量反馈：010-62772015，zhiliang@tup.tsinghua.edu.cn
课件下载：http://www.tup.com.cn, 010-62791865

印 刷 者：北京富博印刷有限公司
装 订 者：北京市密云县京文制本装订厂
经　　销：全国新华书店
开　　本：185mm×230mm　　印　张：23.25　　字　数：507 千字
版　　次：2012 年 9 月第 1 版　2018 年 9 月第 2 版　印　次：2021 年 12 月第 6 次印刷
定　　价：59.00元

产品编号：075376-02

出版说明

应用型人才是指能够将专业知识和技能应用于所从事的专业岗位的一种专门人才。应用型人才的本质特征是具有专业基本知识和基本技能，即具有明确的职业性、实用性、实践性和高层次性。进一步加强应用型人才的培养，是"十三五"时期我国经济转型升级、迫切需要教育为社会培养输送各类人才和高素质劳动者的主要任务，也是协调高等教育规模速度与培养各类人才服务国家和区域经济社会发展的重要途径。

教育部要求今后需要有相当数量的高校致力于培养应用型人才，以满足市场对应用型人才需求量的不断增加。为了培养高素质应用型人才，必须建立完善的教学计划和高水平的课程体系。在教育部有关精神的指导下，我们组织全国高校的专家教授，努力探求更为合理有效的应用型人才培养方案，并结合当前高等教育的实际情况，编写了这套《高等学校应用型特色规划教材》丛书。

为使教材的编写真正切合应用型人才的培养目标，我社编辑在全国范围内走访了大量高等学校，拜访了众多院校主管教学的领导，以及教学一线的系主任和教师，掌握了各地区各学校所设专业的培养目标和办学特色，并广泛、深入地与用人单位进行交流，明确了用人单位的真正需求。这些工作为本套丛书的准确定位、合理选材、突出特色奠定了坚实的基础。

❖ 教材定位

- 以就业为导向。在应用型人才培养过程中，充分考虑市场需求，因此本套丛书充分体现"就业导向"的基本思路。
- 符合本学科的课程设置要求。以高等教育的培养目标为依据，注重教材的科学性、实用性和通用性。
- 定位明确。准确定位教材在人才培养过程中的地位和作用，正确处理教材的读者层次关系，面向就业，突出应用。
- 合理选材、编排得当。妥善处理传统内容与现代内容的关系，大力补充新知识、新技术、新工艺和新成果。根据本学科的教学基本要求和教学大纲的要求，制订编写大纲(编写原则、编写特色、编写内容、编写体例等)，突出重点、难点。
- 建设"立体化"的精品教材体系。提倡教材与电子教案、学习指导、习题解答、课程设计、毕业设计等辅助教学资料配套出版。

❖ 丛书特色

- 围绕应用讲理论，突出实践教学环节及特点，包含丰富的案例，并对案例作详细解析，强调实用性和可操作性。
- ➢ 涉及最新的理论成果和实务案例，充分反映岗位要求，真正体现以就业为导向的培养目标。
- ➢ 国际化与中国特色相结合，符合高等教育日趋国际化的发展趋势，部分教材采用双语形式。
- ➢ 在结构的布局、内容重点的选取、案例习题的设计等方面符合教改目标和教学大纲的要求，把教师的备课、授课、辅导答疑等教学环节有机地结合起来。

✧ 读者定位

本系列教材主要面向普通高等院校和高等职业技术院校，适合应用型、复合型及技术技能型人才培养的高等院校的教学需要。

✧ 关于作者

丛书编委特聘请执教多年且有较高学术造诣和实践经验的教授参与各册教材的编写，其中有相当一部分教材的主要执笔者是精品课程的负责人，本丛书凝聚了他们多年的教学经验和心血。

✧ 互动交流

本丛书的编写及出版过程，贯穿了清华大学出版社一贯严谨、务实、科学的作风。伴随我国教育改革的不断深入，要编写出满足新形势下教学需求的教材，还需要我们不断地努力、探索和实践。我们真诚希望使用本丛书的教师、学生和其他读者提出宝贵的意见和建议，使之更臻成熟。

清华大学出版社

第二版前言

统计学是我国高等院校经管类各专业的一门专业基础课。本书比较全面系统地阐述了统计学的基本理论、方法和技能，介绍了各种统计分析指标的计算和应用，为学习其他专业课及从事经济管理和经济研究奠定了理论基础，并提供了数量分析方法。本书是针对经管类非统计专业学生的特点，并结合作者长期的教学与研究经验编写而成的。

本书出版以来，得到学生的广泛好评。这次再版，将第十章 Excel 在统计中的应用进行了重新编写，将 Excel 2003 升级为 Excel 2007，使计算机在统计教学中的应用更加与时俱进；全书还更换了一些案例和例子并选用最新的统计数据；深入浅出，通俗易懂，更加实用。

总体来说，本书具有以下特色：

(1) 遵循"少而精"和"学以致用"的原则构建知识体系。全书简明扼要、通俗易懂、容量适当，繁简相宜。每章内容前安排的本章导读，能帮助学生了解各章概况，把握重点。

(2) 注重理论联系实际，每章均采用最新统计数据并附有实际案例，指导学生学用结合，使学生能够感受到生活中统计知识的运用无处不在。提高学生对统计学的认识和兴趣，以及运用统计方法分析和解决实际问题的能力。

(3) 强调计算机的应用。本书专设一章"Excel 在统计中的应用"，结合实例讲解具体的统计方法，重点介绍 Excel 的"分析工具库"等内容，有助于提高计算能力和运用现代化统计手段的能力。

(4) 加强语码转化式双语教学。教材中的关键术语均附有对应的英文单词，使学生在学习统计理论的同时还能掌握大量的统计学科的英文词汇。

(5) 每章都附有配套的思考与练习题，并有详细的参考答案。针对性强、覆盖面广、数量适中，能够帮助学生消化吸收所学的知识。

参加本书编写的人员有：张晓庆、王玉良、王景涛、梁强、艾伟强、张扬。其中，张晓庆编写第四章、第五章、第六章、第八章、第九章以及一～九章的思考与练习及其答案，并负责全书的总纂、主审和定稿工作；王玉良编写第二章、第三章、第十一章以及附录；王景涛编写第一章和第七章；梁强、艾伟强、张扬编写第十章。

本书在编写过程中，参考并借鉴了国内外专家和同行的有关论著和研究成果，得到了学院领导和相关老师的大力支持与帮助，在此一并表示感谢。

由于编者水平有限，书中如有错误与不当之处，恳请同行和广大读者给予批评指正，并提出宝贵意见和建议。

编 者

目 录

第一章　绪　论 1
　第一节　统计实践与统计学 1
　　一、统计实践的产生和发展 1
　　二、统计学的建立和发展 2
　　三、我国社会经济统计的发展 5
　第二节　统计学的研究对象及特点 6
　　一、统计的含义 6
　　二、统计学的研究对象 7
　　三、统计学的特点 7
　第三节　统计工作过程和研究方法 9
　　一、统计工作过程 9
　　二、统计研究方法 10
　第四节　统计核算与统计任务 11
　　一、统计核算在国民经济核算体系
　　　　中的地位和作用 11
　　二、统计工作的任务概述 12
　第五节　统计学中的几个基本概念 13
　　一、统计总体和总体单位 13
　　二、标志与变量 14
　　三、统计指标和统计指标体系 16
　思考与练习 21

第二章　统计数据的搜集 24
　第一节　统计调查的意义和种类 24
　　一、统计调查的意义及要求 24
　　二、统计调查的种类 25
　第二节　统计调查方案 28
　　一、确定调查目的和任务 28
　　二、确定调查对象和调查单位 29
　　三、确定调查项目和调查表 29

　　四、规定调查时间和调查时限 31
　　五、制订调查工作的组织实施计划 ... 31
　第三节　统计调查的组织方式 31
　　一、各种统计调查的组织方式在统计
　　　　调查体系中的应用 31
　　二、普查 32
　　三、抽样调查 34
　　四、统计报表 36
　　五、重点调查 37
　　六、典型调查 38
　思考与练习 42

第三章　统计数据的整理与显示 46
　第一节　统计整理的意义和步骤 46
　　一、统计整理的含义和意义 46
　　二、统计整理的步骤 46
　第二节　统计分组 48
　　一、统计分组的概念 48
　　二、统计分组的作用 48
　　三、统计分组的类型 50
　　四、分组标志的选择 52
　　五、统计分组的方法 54
　第三节　分配数列 57
　　一、分配数列的概念与种类 57
　　二、变量数列的编制 58
　　三、频数与频率 59
　　四、次数分布主要类型 61
　第四节　统计表 63
　　一、统计表的概念和结构 63
　　二、统计表的种类 64

三、宾词指标的设计 66
　　四、统计表的编制原则 67
思考与练习 69

第四章　规模与比率的测定 73

第一节　总量指标 73
　　一、总量指标的含义和作用 73
　　二、总量指标的种类 74
　　三、总量指标的计量单位 75
第二节　相对指标 76
　　一、相对指标的含义、作用和表现形式 76
　　二、相对指标的种类和计算 78
　　三、计算和应用相对指标应注意的问题 83
思考与练习 90

第五章　统计分布的数值特征 95

第一节　分布的集中趋势 95
　　一、平均指标的含义和作用 95
　　二、算术平均数 96
　　三、调和平均数 100
　　四、几何平均数 103
　　五、众数和中位数 104
　　六、应用平均指标应注意的问题 111
第二节　分布的离中趋势 112
　　一、标志变异指标的意义和作用 112
　　二、测定标志变动度的指标 113
第三节　偏度和峰度 120
　　一、偏度 120
　　二、峰度 121
思考与练习 126

第六章　时间数列分析 134

第一节　时间数列的一般问题 134
　　一、时间数列的概念 134
　　二、时间数列的种类 134
　　三、时间数列的编制原则 136
第二节　时间数列的水平分析 137
　　一、发展水平 137
　　二、平均发展水平 138
　　三、增长量 145
　　四、平均增长量 146
第三节　时间数列的速度分析 147
　　一、发展速度 147
　　二、增长速度与增长1%的绝对值 148
　　三、平均速度 151
第四节　长期趋势的测定 155
　　一、时距扩大法 156
　　二、移动平均法 156
　　三、最小平方法 157
第五节　季节变动的测定 164
　　一、季节变动分析的意义 164
　　二、季节变动的测定方法 164
思考与练习 172

第七章　统计指数分析 179

第一节　统计指数的概念及种类 179
　　一、统计指数的概念 179
　　二、统计指数的作用 180
　　三、统计指数的种类 180
第二节　综合指数的编制 181
　　一、数量指标综合指数的编制方法 181
　　二、质量指标综合指数的编制方法 184
　　三、综合指数的特点 186
第三节　平均数指数的编制 186
　　一、平均数指数的含义 186
　　二、平均数指数的编制 187
第四节　总量指标指数体系的因素分析 191

　　　　一、指数体系 191
　　　　二、因素分析法 191
　　　　三、总量指标指数体系及其因素
　　　　　　分析 192
　　第五节　平均指标对比指数体系的因素
　　　　　　分析 196
　　　　一、平均指标对比指数的概念 196
　　　　二、平均指标对比指数的分析
　　　　　　方法 196
　　　　三、总量指标指数和平均指标对比
　　　　　　指数的综合分析 199
　　第六节　几种常用的统计指数 200
　　　　一、居民消费价格指数 200
　　　　二、国房景气指数 201
　　　　三、消费者信心指数 201
　　　　四、企业家信心指数 202
　　　　五、股价指数 202
　　思考与练习 204

第八章　抽样推断 211

　　第一节　抽样调查的一般问题 211
　　　　一、抽样调查概述 211
　　　　二、抽样调查的基本概念 213
　　　　三、抽样方法 215
　　　　四、抽样方法与抽样数目的关系 215
　　第二节　抽样误差 216
　　　　一、抽样误差的概念 216
　　　　二、抽样平均误差 217
　　　　三、影响抽样误差的因素 221
　　　　四、抽样极限误差及其可靠程度 222
　　第三节　抽样估计 223
　　　　一、点估计 223
　　　　二、区间估计 224
　　　　三、对总体总量指标的推算 226
　　第四节　必要样本容量的确定 227

　　　　一、确定必要样本容量的意义 227
　　　　二、必要样本容量的计算公式 228
　　　　三、影响必要样本容量的因素 229
　　第五节　抽样调查的组织方式 230
　　　　一、简单随机抽样 230
　　　　二、类型抽样 232
　　　　三、等距抽样 233
　　　　四、整群抽样 234
　　第六节　假设检验 235
　　　　一、假设检验的概念 235
　　　　二、假设检验的一般方法 235
　　　　三、总体均值的假设检验 238
　　　　四、总体成数的假设检验 241
　　思考与练习 248

第九章　相关与回归分析 253

　　第一节　相关分析的一般问题 253
　　　　一、函数关系与相关关系 253
　　　　二、相关关系的种类 254
　　　　三、相关分析的内容 255
　　第二节　相关表、相关图与相关系数 256
　　　　一、相关表与相关图 256
　　　　二、相关系数 257
　　第三节　回归分析的一般问题 259
　　　　一、回归分析的概念 259
　　　　二、回归分析与相关分析的关系 259
　　　　三、回归分析的内容 260
　　第四节　直线回归方程的拟合与检测 260
　　　　一、一元线性回归方程 260
　　　　二、估计标准误差 262
　　思考与练习 268

第十章　Excel 在统计中的应用 274

　　第一节　Excel 在数据整理中的应用 274
　　　　一、用 Excel 进行统计分组 274

二、用 Excel 图表向导工具绘制
　　　　统计图.................................276
第二节　Excel 在描述统计中的应用.........278
　　一、用数据分析工具计算描述
　　　　统计量.................................278
　　二、用函数公式计算描述统计量......279
第三节　Excel 在时间数列分析中的
　　　　应用.....................................279
　　一、用 Excel 计算各种动态分析
　　　　指标.....................................279
　　二、用 Excel 进行时间数列的修匀
　　　　处理.....................................280
　　三、用 Excel 测定季节变动............281
第四节　Excel 在指数分析中的应用.........284
　　一、用 Excel 计算总指数................284
　　二、用 Excel 计算平均数指数.........285
第五节　Excel 在抽样推断中的应用.........286
第六节　Excel 在相关与回归分析中的
　　　　应用.....................................287
　　一、用 Excel 进行相关分析............287
　　二、用 Excel 进行回归分析............289

第十一章　统计分析报告及其写作.........292
第一节　统计分析报告的一般问题.........292
　　一、统计分析报告的含义和特点.....292

　　二、编写统计分析报告的意义........293
　　三、统计分析报告的选题原则
　　　　和方法.................................295
　　四、统计分析报告的写作提纲........296
第二节　统计分析报告的基本结构.........296
　　一、统计分析报告的标题................297
　　二、统计分析报告的引言................297
　　三、统计分析报告的正文................297
　　四、统计分析报告的结尾................298
第三节　统计分析报告的语言运用
　　　　和数字表达..........................299
　　一、统计分析报告的语言要准确....299
　　二、统计分析报告的语言要精炼....299
　　三、统计分析报告的语言要通俗
　　　　易懂.....................................299
　　四、统计分析报告的数字表达........300
第四节　统计分析报告的类型.................301
　　一、统计分析报告的分类................301
　　二、常见的统计分析报告................302

附录　国民经济和社会发展主要统计
　　　指标及其指标解释.............................312

参考答案...329

参考文献...362

第一章

绪　　论

本章导读：本章是全书的引领，为后续章节铺垫理论基础。本章的主要内容是介绍统计学的产生与发展历史；统计学的研究对象、任务及方法；统计的基本含义及有关概念。通过本章的学习，可以对统计学及统计工作有一个基本认识，要求重点掌握总体及总体单位的含义，标志和指标的区别与联系。

第一节　统计实践与统计学

统计作为人类认识社会的一种社会实践活动，已有几千年的历史；而作为统计活动经验总结和理论概括的统计学，从建立至今却只有 300 余年。简要地回顾统计的发展史，不但可以帮助我们更好地学习统计理论方法，而且有助于我们在新的历史时期，通过反复的统计实践活动和理论探索，健全和发展有中国特色的统计科学。

一、统计实践的产生和发展

统计是随着社会生产发展和适应国家管理的需要而产生和发展起来的。原始社会从结绳记事开始，就有了对自然社会现象的简单的计数活动，即有了统计的萌芽。在奴隶社会形成过程中，由于赋税、徭役、战争的需要，已经出现了人口、土地等方面简单的社会经济统计活动。随着奴隶社会国家的产生，计数活动进一步发展。中国从公元前 1000 多年的夏朝开始就有了人口、土地等方面的记载，夏朝时将中国分为九州，人口约 1355 万人，土地约 2438 万顷。在古希腊、罗马的奴隶制国家里也开始有人口、财产、世袭领地等的统计，但当时生产力水平很低，统计仅处于初级阶段。

在封建社会，统计已略具规模。我国战国时期的"商鞅变法"中就提出："强国知十三数……欲强国，不知国十三数，地虽利，民虽众，国愈弱至削。"至秦汉，开始有地方田亩和户口资料的记载。唐宋则有计口授田、田亩鱼鳞册等土地调查和计算。明清则有经常的人口登记和保甲制度。由于封建社会生产力发展缓慢，统计实践活动的内容和范围仍很简单狭小。

到了封建社会末期，随着生产力的发展，统计范围开始从人口、土地、财富、赋税、军事等领域逐步扩展，除了对国情国力有关问题进行登记外，还对社会问题进行调查，这些数字资料主要是为了满足封建王朝实行征税或服兵役、劳务的需要。

统计的广泛发展始端于资本主义社会，随着资本主义社会经济、文化和科学技术的迅速发展，社会分工日益发达，统计的范围和统计调查方法有了极大拓展。统计范围已扩大到包括人口、工业、商业、农业、税收、航运、外贸等部门，出现了各种专业的社会经济统计。1830—1849 年，欧洲各国相继成立了统计机关和统计研究机构，统计逐渐成为社会分工中的一种专门行业。

二、统计学的建立和发展

统计学是长期统计实践的理论概括。统计实践的发展，客观上要求从理论和方法上对统计实践活动进行系统、科学的总结和概括并指导实践，这种要求促进了对统计科学的研究和探索。从统计学的建立和发展过程来看，可以把统计学划分为古典统计学、近代统计学和现代统计学三个时期。

(一)古典统计学时期

古典统计学时期指的是 17 世纪中末叶至 18 世纪中末叶的统计学萌芽时期，这一时期的统计学分记述学派和政治算术学派。

1. 记述学派

记述学派又称国势学派，产生于 18 世纪封建制度的德国。所谓国势学，就是以文字来记述国家显著事项的学说，提出这一学说的学派称为记述学派或国势学派，其代表人物是康令(H. Conring, 1606—1681 年)和阿亨瓦尔(G. Achenwall, 1719—1772 年)。由于当时在德国许多大学里讲授国势学这个课程，故也称德意志大学教授派。

最早讲授国势学的是德国人康令，他第一个在德国赫尔莫斯达德大学讲授"欧洲最近国势学"课程，从而奠定了国势学的基础。

阿亨瓦尔在哥丁根大学开设"国家学"课程，其主要著作为《近代欧洲各国国势学概论》，内容是研究"一国或多数国家的显著事项"。国势学派在研究各国的显著事项时，主要是用对比分析的方法研究关于国家组织、人口、军队、领土、财产等国情、国力，以比较各国实力的强弱，在研究时偏重事物性质的解释，而不重视事物数量的分析。

国势学派所研究的是历史学的组成部分，属于实质性的社会科学。

这一学派对统计学的贡献如下：①阿亨瓦尔在 1749 年首先提出了"统计学"学科名词。他把"国势学"称为"Statistics"，即"统计学"，这个名词一直沿用至今。②提出了统计学的一些术语，如"统计数字资料""数字对比"等。国势学派主要用对比的方法研究各国实力的强弱，在对比方面是较为成功的，但国势学派在分析"显著事项"时缺乏数字内容，大多以文字进行表述，因此对比现代意义上的统计学，存在名不副实的缺陷。

2. 政治算术学派

政治算术学派产生于17世纪资本主义的英国，代表人物是威廉•配第(W. Petty，1623—1687年)。配第在代表作《政治算术》一书中，以数字、重量和尺度为基础，用计算和对比的方法，配以朴素的图标，比较了英、法、荷三国在经济、军事、政治等方面的实力，这些数字资料具有很强的说服力，这也正是现代统计学广为采用的方法和内容。由于威廉•配第对统计学的形成有着巨大的历史功绩，因此马克思对他的评价是："威廉•配第——政治经济学之父，在某种程度上也可以说是统计学创始人。"所以，统计实践虽然已经有了几千年的历史，但统计科学的诞生却只有300多年的历史。

政治算术学派的另一代表人物为约翰•格朗特(J. Graunt，1620—1674年)，他利用政府公布的人口变动的资料，写了《关于死亡表的自然和政治的观察》一书。在这本著作中，他通过大量观察，发现男女婴儿出生比例是较为稳定的，并首次创造性地编制了初具规模的"生命表"，对各种年龄的死亡率与人口寿命作了分析。

政治算术学派虽然以数字表示事实，但它还未从政治经济学中分化出来，这一学派所探讨的规律都是用数字表示的社会经济规律，因此也属于实质性的社会科学。

总体来说，政治算术学派用计量的方法研究社会经济问题，运用大量观察法、分类法以及对比、综合、推算等方法解释与说明社会经济生活。他们在自己的著作中构建了初具规模的社会经济统计的研究方法体系，但由于受历史、经济等条件的限制，这在很大程度上还处于统计核算的初级阶段，只能以简单、粗略的算术方法对社会经济现象进行计量和比较。另外，他们的著作虽然已具有统计学之实，但始终未冠以统计学之名，存在名不副实的缺陷。

(二)近代统计学时期

近代统计学时期指的是18世纪末到19世纪末的100多年时间，在这一时期统计学又形成了许多学派，其中主要有数理统计学派和社会统计学派。

1. 数理统计学派

数理统计学派产生于19世纪中叶，以比利时人凯特勒(A. Quetelet，1796—1847年)作为奠基人。凯特勒著有《社会物理学》，他把概率论引入统计学，用大数定律论证社会生活现象并非偶然，而是有其发展规律的。此外，他还运用概率论原理，提出了"平均人"的概念，塑造了一个具有平均身高、平均体重、平均智力和道德品质的典型人物。其统计的任务是关于平均人的比较研究，如社会所有的人同平均人的差异越小，社会矛盾就越可以得到缓和。这一理论对于误差法则理论、正态分布理论等有一定的影响。

凯特勒认为统计学既研究社会现象又研究自然现象，是一门独立的方法论科学。

凯特勒的努力初步完成了统计学与概率论的结合，使统计学开始进入新的阶段。可以说，凯特勒是古典统计学的完成者和近代统计学的先驱者，同时也是数理统计学派的奠基人,因为数理统计学就是在概率论的基础上发展起来的。

数理统计学派不但把概率论引入统计学,使统计方法在正确性上大大跨进了一步,而且经过高尔登、皮尔逊等人的继续研究,更发展了抽样推断方法,使统计科学更为完善和适应社会经济管理与科学研究的需要,成为一门独立的、科学的统计学科。但数理统计学在一些根本性的问题上,与社会统计学(原来政治算术学派对应意义上的统计学)有了分歧。社会统计学专门研究社会现象,而数理统计学既研究社会现象又研究自然现象,这就发生了统计学研究领域的争论。另外,社会统计学原来是一门实质性科学,而数理统计学是一门方法论科学,这就又发生了关于统计学到底是一门什么性质的科学的争论。在争论中它们又相互渗透,一方面,社会经济统计实践中广泛运用了数理统计方法;另一方面,数理统计中的"应用统计"逐渐转化为社会统计。

2. 社会统计学派

19世纪后半叶,正当英美数理统计学派刚开始发展的时候,德国兴起了社会统计学派。社会统计学派以德国为中心,由德国大学教授克尼斯(K. Knies,1821—1898年)首创,主要代表人物为恩格尔(C. Engel,1821—1896年)和梅尔(G. Mayr,1841—1925年),他们认为统计学是一门社会科学,是研究社会现象变动原因和规律性的实质性科学。社会统计学派认为统计学所研究的是社会总体而不是个别的社会现象,由于社会现象的复杂性和总体性,必须对总体进行大量的观察和分析,研究其内在的联系,才能反映社会现象的规律。社会统计学派一方面研究社会总体,另一方面在研究方法上采用大量观察法,这两方面构成了他们研究的两大特点。社会统计学派在国际统计学界占有一定的地位,尤其是德国、日本等国的统计学界受其影响巨大。

社会经济的发展要求统计提供更多的统计方法;社会科学本身不断地向细分化与定量化发展,要求统计能提供更有效的调查、整理、分析资料的方法,因此社会统计学派的研究逐步从实质性科学向方法论转化。社会统计学派的研究方向虽然向方法论转化,但仍强调以事物的质为前提。例如,德国法兰克福大学教授弗拉斯卡姆波(P. Flaskamper,1886—1951年)是第二次世界大战后社会统计学派的重要代表人物,他吸收了英国数理统计学派的通用方法论,把自然科学领域中的方法应用于社会现象,他认为社会现象的核心,即质的规律性,不可能全部转化为以量来表示。

(三)现代统计学时期

现代统计学时期是指自20世纪初到现在的统计学发展时期。在这个时期,科学技术迅猛发展,社会政治经济生活发生巨大变化,统计科学在这一时期出现了新的分化和组合。

1. 欧美数理统计学

随着20世纪欧美科学技术尤其是计算机技术和新兴学科的迅猛发展,统计学的研究和应用范围越来越广。尤其是数理统计学，在欧美国家被广泛应用于自然科学和工程技术领域。首先它在随机抽样的基础上建立了推断统计的理论和方法。所谓推断统计，也即通过随机样本来推断总体数量特征的方法。这种方法源于英国数学家哥塞特(W. S. Gosset, 1876—1937 年)的小样本 t 分布理论。其后由费雪尔(R. A. Fisher, 1890—1962 年)加以充实，并由波兰统计学家尼曼(J. Neyman, 1894—1981 年)等人进一步发展，建立了统计假设理论。后来经其他统计学家的进一步充实和发展，数理统计学的研究范围越来越宽广，研究方法越来越丰富，已成为现代欧美统计学的主流。

2. 东方社会经济统计学

这一时期，以社会现象为研究对象的社会统计学依然在许多国家存在，并且有所发展，其基本趋势是由实质性科学向方法论转变。例如，第二次世界大战后社会统计学派重要代表人物德国法兰克福大学教授弗拉斯卡姆波，他吸收了英国数理统计学派的通用方法论，把自然科学中的方法应用于社会现象的研究中。但总的来说，社会统计学发展比较缓慢。

特别应该指出的是，这一时期，由于俄国十月社会主义革命的胜利，在苏联以及第二次世界大战后的其他社会主义国家逐步建立和发展了社会经济统计学。社会经济统计学是以辩证唯物主义和历史唯物主义以及马克思主义政治经济学作为理论指导的。其学说渊源来自古典统计学和凯特勒确立的近代统计学，而且深受德国社会统计学派的影响。社会经济统计学在它产生后的半个多世纪里，实践上曾经为社会主义国家高度集中的计划经济服务，在理论上(如分组理论、指数理论等)也有不少建树，被认为是统计学史上又一次质的飞跃。但是，由于第二次世界大战后国际上的冷战局面和意识形态上的对立，使苏联等社会主义国家的社会经济统计学不能及时汲取世界各国统计学发展的最新成果，特别是 1954 年苏联统计科学会议以决议的武断方式来解决学术上的争议，绝对地排斥数理统计学，否认统计学的方法论意义，这就更加扼杀了社会经济统计学发展的生机。

由此可见，统计是适应社会政治经济的发展和国家管理的需要建立起来的，统计的发展和社会生产力的发展紧密联系在一起。作为统计实践经验的理论概括——统计学，在其自身发展过程中，已形成社会经济统计学、自然技术统计学和数理统计学，它们相互影响、相互促进，构建成完整的统计科学体系。

三、我国社会经济统计的发展

新中国成立以前我国的统计理论和实践都非常薄弱，而且和西方国家相似，数理统计学派占统治地位。新中国成立后，在社会主义公有制基础上实现了计划经济，吸收了苏联的社会主义统计学。在统计工作方面，我国基本上采用了苏联的组织体制，逐步建立了全国统一的统计机构，制定了一套完整的统计制度和方法，为国家提供了大量的统计资料，对社会主义革命和社会主义建设起到了积极的作用。

改革开放以后，为了适应我国社会主义市场经济的发展和经济体制改革的要求，我国国民经济指标体系在国务院国民经济统一核算标准领导小组的组织领导下，已经由传统的、单一的 MPS 体系转向 SNA 体系。为了适应不同行业、不同所有制、不同经营形式的企业和社会集团的具体情况，统计调查的方式方法正在向多样化发展。我国目前已建立了新的统计调查方法体系，特别是抽样调查得到了很广泛的应用。

为了发挥统计的整体功能，统计分析已由过去以分析检查计划的执行情况为主，转为分析各项政策的实施情况，预测社会经济发展趋势，揭示社会经济发展中存在的问题，为各级领导机关和宏观调控职能部门提供信息资料与对策建议。

为了适应我国社会主义市场经济体制和运行机制的需要，各类市场统计正在逐步建立和不断完善。同时，为了适应社会、经济、科技全面协调发展的需要，在全国范围内建立和完善以经济指标为中心的社会、经济、科技指标总体系的工作已经全面展开。

到目前为止，经过统计学界的研究探索，已经突破了认为社会经济统计学是唯一的一门统计学的狭隘观点，各门统计学可以并存、相互借鉴、相互促进、共同发展。

由于科学技术和社会经济以及统计实践的发展、统计理论研究的不断深化，当前我国的统计学已经发展成为跨数学、自然科学和社会科学的多科性科学。数理统计、统计计量学等理论方法在社会经济统计中得到广泛的应用。

在社会经济统计中，为了适应管理国家和管理经济的需要，又建立了许多分科，如工业、农业、商业、财政、金融、物价、邮电、交通运输、基本建设、人口、环境保护等部门统计学。所有这些部门统计学都是社会经济统计学的原理、方法在该部门的具体应用。可见，在我国，统计学已发展成为包括社会经济统计学、数理统计学、自然科学方面的统计学等在内的独立的统计学科；社会经济统计学又形成了统计原理、统计史和部门统计学组成的学科体系。

第二节　统计学的研究对象及特点

一、统计的含义

在社会经济生活中，统计几乎无所不在，无时不在，在不同的场合有不同的含义。根据英国统计学家尤尔(George Yule，1871—1951 年)的解释，"统计"一词有三个含义，即统计工作、统计资料和统计学，它们泛称为统计。

统计工作(Statistical exercise)是指在统计科学的理论、方法和其他社会经济实质性科学的指导下，进行统计设计、统计调查、统计整理和统计分析预测等一系列统计实务工作。

统计资料(Statistical data)即统计工作的成果，是指在统计工作中所取得的各种统计数字资料。它包括原始资料、整理后的资料以及统计公报、调查分析报告等现实和历史资料。

统计学(Statistics)是阐述统计理论和方法的一门学科，是长期统计工作实践的总结和理论概括。它来源于统计工作，又用理论和方法指导统计工作，推动统计工作不断提高水准。

统计的含义既反映了人们运用统计认识社会的一般过程，又揭示了理论和实践的辩证关系。统计工作只有在统计科学理论方法以及其他社会经济科学和方法指导下进行，才能取得符合客观实际的、在数量和质量上能够满足要求的统计资料，正确反映研究对象。而对大量统计资料的比较、鉴别、分析、研究，通过长期反复的统计工作实践，不断总结经验，必将形成统计理论和方法，建立和发展统计科学。由于统计工作、统计资料、统计学三者之间具有如此密切的联系，所以习惯上把这三者统称为统计。

二、统计学的研究对象

统计学是一门独立的社会科学。它是对大量社会经济现象的数量方面进行调查研究的方法论科学。统计学研究大量社会经济现象的数量方面，主要是研究具体社会现象在一定时间、地点和条件下的总体规模、水平、动态、构成以及这一现象与其他相关现象的数量关系，研究、搜集、整理、分析各种不同的社会经济现象数量资料的统计理论和统计方法。

在统计学的研究对象和学科性质问题上，统计学界尚有不同的看法。其中主要有两种观点：一种观点认为，社会经济统计学是以大量社会经济现象的数量方面为研究对象的社会科学，即"研究社会发展规律在具体时间、地点条件下的数量表现"；另一种观点认为，统计学是对社会经济现象的数量方面进行调查研究的方法论科学。

关于统计学的研究对象和性质问题，本书无意参与这种争论，我们取"统计学是一门方法论科学"这样的理念，认为统计学主要是研究方法论的，并且本书将统计学界定在社会经济统计学这样的框架之内。

三、统计学的特点

统计学的特点可以归纳为以下五个方面。

(一)数量性

统计强调"用数字说话"。统计学的认识力首先表现在它以准确的和无可争辩的事实为基础，同时，这些事实可用数字加以表现，具有简短性和明显性。数量性的特点是统计学研究对象的重要特点。

统计学的特点是用大量数字资料说明事物的规模、水平、结构、比例关系、差别程度、普遍程度、发展速度、平均规模和水平、平均发展速度等。例如，国家统计局发表的关于2010年国民经济和社会发展统计公报中指出：全年国内生产总值为397 983亿元，比上年增长10.3%。其中，第一产业增加值为40 497亿元，增长4.3%；第二产业增加值为186 481亿元，增长12.2%；第三产业增加值为171 005亿元，增长9.5%。第一产业增加值占国内生产总值的比重为10.2%，第二产业增加值比重为46.8%，第三产业增加值比重为43.0%。这些统计数字都从各个方面表明我国当前社会经济发展和深化改革的基本情况。

应当注意，统计学不是单纯地研究社会现象的数量方面，而是在质与量的密切联系中研究现象的数量方面。唯物辩证法的质与量的辩证统一关系是：没有质就没有量，没有量也就没有质，量变引起质变，质变又能促进新的量变。这种质与量相互联系的哲学观点是统计学研究社会现象数量关系的准则。

(二)总体性

统计学研究社会现象的数量方面指的是总体的数量方面。从总体上研究社会现象的数量方面，是统计学区别于其他社会科学的一个主要特点。

社会现象是各种社会规律相互交错作用的结果，它呈现出一种复杂多变的情景。统计学对社会现象总体数量方面的调查研究，用的是综合研究方法，而不是对单个事物的研究，但其研究过程是从个体到总体，即必须对足够大量的个体(这些个体都表现为一定的差别、差异)进行登记、整理和综合，使它们过渡到总体的数量方面，从而把握社会现象的总规模、总水平及其变化发展的总趋势。例如，了解市场物价水平的统计应着眼于整个物价指数的变动，而不是某一种商品价格的变动，但物价统计必须从了解每种有关商品(即代表规格品)的价格变动情况开始，才能经过一系列的统计工作过程，达到对物价总体数量变动情况的认识。

(三)具体性

统计学研究的数量方面是指社会现象的具体的数量方面，而不是抽象的数量关系，这是它不同于数学的重要特点。

任何社会现象都是质和量的统一。一定的质规定一定的量，一定的量表现一定的质。因此，必须对社会现象质的规定性有了正确的认识后，才能统计它们的数量。数学研究抽象的数量关系和空间形式，而统计则反映一定时间、地点条件下具体社会现象的数量特征，它是从定性认识开始进行定量研究的。例如，只有对工资、利润的科学概念有了确切的了解，才能正确地对工资、利润进行统计。

统计研究社会现象的具体性特点，这把它和研究抽象数量关系的数学区别开来。但要注意，统计在研究数量关系时也要遵循数学表明的客观现象量变的规律，并在许多方面运用数学方法。

(四)社会性

统计学研究社会现象，这一点与自然技术统计学有所区别。自然技术统计学研究自然技术现象(如天文、物理、生物、水文等现象)，自然现象的发展有其固有的规律，在其变化进程中，通常表现为随机现象，即可能出现或可能不出现的现象。而统计学的研究对象是人类社会活动的过程和结果，人类的社会活动都是人类有意识、有目的的活动，各种活动都贯穿着人与人之间的关系，除了随机现象之外，还存在着确定性的现象，即必然要出现的现象。所以统计学在研究社会现象时,还必须注意正确处理好这些涉及人与人之间社会关系的矛盾。

(五)广泛性

统计学研究的数量方面非常广泛,它指向全部社会现象的数量方面。广泛性这一特点可区别于研究某一特定领域的其他社会科学(如政治学、经济学、社会学、法学等)。统计学研究的领域包括整个社会,它既研究社会关系,又研究生产力以及生产关系和生产力之间的关系;它既研究经济基础,又研究上层建筑以及经济基础和上层建筑之间的关系。此外,它还研究生产、流通、分配、消费等社会再生产的全过程以及社会、政治、经济、军事、法律、文化、教育等全部社会现象的数量方面。

第三节　统计工作过程和研究方法

一、统计工作过程

统计工作是对社会进行调查研究以认识其本质和规律性的一种工作,这种调查研究的过程是我们对客观事物的一种认识过程。一项完整的、系统的统计研究工作,必须根据统计研究的目的和要求,进行统计设计、统计调查、统计整理、统计分析和统计预测等几个工作步骤。

统计设计是根据统计研究对象的特点和研究目的,设计反映对象综合数量特征的指标体系、分类目标、调查整理方案等。统计设计的核心是正确设计指标体系。

统计调查就是根据一定的目的,通过科学的调查方法,搜集社会经济现象的实际资料的活动。统计调查是认识客观经济现象的起点,也是统计整理和统计分析的基础。

统计整理是根据统计研究的需要,对大量统计调查数据资料进行的科学的分类、加工、汇总和整理,使之成为反映总体综合数量特征的统计指标的一整套统计方法,是统计认识由感性向理性过渡的特有方法。

统计分析是统计研究的重要环节。统计分析的主要内容是根据统计研究的需要,计算各种分析指标,运用各种统计分析方法,揭示研究对象的总体特征、规模、水平、构成的各种比例关系,发展趋势和发展问题,并提出建议。

统计预测是统计分析的深化,是以实际统计资料为依据,根据事物的内在特点和发展趋势,运用各种预测方法,预测研究对象的数量变化。

一个完整的统计工作过程,既反映了统计认识社会经济现象由感性上升到理性的阶段性,也体现了统计研究从质的规定性出发(统计设计),经过量的认识(统计调查、统计整理),达到对事物的质与量认识的统一(统计分析和统计预测)的认识过程。

二、统计研究方法

统计学作为一门方法论科学，具有自己完善的方法体系。从大的方面来看，其基本研究方法有以下几种。

(一)大量观察法

大量观察法是统计活动过程中搜集数据资料阶段(统计调查阶段)的基本方法，即对所研究现象总体中的足够多数的个体进行观察研究，以期认识具有规律性的总体数量特征。大量观察法的数理依据是大数定律，即虽然每个个体受偶然因素的影响作用不同，在数量上存在差异，但对总体而言可以相互抵消而呈现出稳定的规律性，因此只有对足够多数的个体进行观察，观察值的综合结果才会趋于稳定，建立在大量观察法基础上的数据资料才会给出一般的结论。统计学的各种调查方法都属于大量观察法。

(二)统计分组法

由于所研究现象本身的复杂性、差异性及多层次性，因此，我们需要对所研究现象进行分组或分类研究，以期在同质的基础上探求不同组或类之间的差异性。统计分组在整个统计活动过程中都占有重要地位，在统计调查阶段可通过统计分组法来搜集不同类的资料，并可使抽样调查的样本代表性得以提高(分层抽样方式)；在统计整理阶段可以通过统计分组法使各种数据资料得到分门别类的加工处理和储存，并为编制分布数列提供基础；在统计分析阶段则可以通过统计分组法来划分现象类型、研究总体的内在结构、比较不同类或组之间的差异(显著性检验)和分析不同变量之间的相关关系。统计学中的统计分组法有传统分组法、判别分组法和聚类分组法等。

(三)综合指标法

统计研究现象的数量方面是通过统计综合指标来反映的。所谓综合指标，是指用以从总体上来反映所研究现象数量特征和数量关系的范畴及其数值，常见的有总量指标、相对指标、平均指标和标志变异指标等。综合指标法在统计学，尤其是社会经济统计学中占有十分重要的地位，是描述统计学的核心内容。如何最真实客观地记录、描述和反映所研究现象的数量特征和数量关系，是统计指标理论研究的一大课题。

(四)统计模型法

在以统计指标来反映所研究现象的数量特征的同时，我们还经常需要对相关现象之间的数量变动关系进行定量研究，以了解某一(些)现象数量变动与另一(些)现象数量变动之间的关系及变动的影响程度。在研究这种数量变动关系时，需要根据具体的研究对象和一定的假定条件,用合适的数学方程来进行模拟,这种方法称为统计模型法。统计模型法的三个基本要素是:变量、数学方程和模型参数。运用统计模型法可以使统计分析更具广度和深度,提高统计的认识能力。统计学提供了各种线性的和非线性的、简单的和复杂的模型构建方法。

(五)统计推断法

在统计认识活动中,我们所观察的往往只是所研究现象总体中的一部分单位,掌握的只是具有随机性的样本观察数据,而认识总体数量特征是统计研究的目的,这就需要我们根据概率论和样本分布理论,由样本观测数据来推断总体数量特征——参数估计或假设检验。这种由样本来推断总体的方法就叫统计推断法。统计推断法已在统计研究的许多领域得到应用,除了最常见的总体指标推断外,统计模型参数的估计和检验、统计预测中原时间序列的估计和检验等也都属于统计推断的范畴,都存在着误差和置信度的问题。统计推断法已成为现代统计学的基本方法。

上述各种方法之间相互联系、互相配合,共同组成了统计学方法体系。

第四节 统计核算与统计任务

一、统计核算在国民经济核算体系中的地位和作用

统计、会计和业务三种核算,根据各自不同的核算任务、核算对象和核算方法,组成国民经济核算体系,发挥着各自不同的作用。

业务核算的对象是企业业务活动中的每个单项事件,其任务是反映和监督企业每一个具体业务的进程,向企业领导提供有关企业经营管理所需要的详细资料。业务核算是实现企业科学管理的前提。

会计核算的对象是社会再生产过程的资金运动和财务状况,其任务是正确、及时、完整地记载、反映企业经济活动的过程和结果,分析检查财务计划执行情况,监督资金运用和财务收支,维护财经纪律,保护企业财产不受侵犯。

统计核算的对象是国民经济整体的经济活动,既包括实物核算又包括价值(资金)核算,其任务主要是为整个社会和国民经济的宏观调节控制服务。统计核算在国民经济核算体系中的这种地位和作用,是在统计的产生和发展过程中形成的,是和社会经济统计学的研究对象相一致的。当然,业务核算和会计核算也有大范围甚至全国性的综合汇总,但一般来说这两种核算的侧重点在微观方面;统计核算也有小范围的或典型的研究,但其侧重点则在宏观方面。

国民经济核算体系中的三种核算,各有不同的核算对象,发挥着不同的作用,其区别是明显的,但又都是对国民经济的核算,因而又必然存在着非常密切的关系。三种核算应

该而且完全可以做到协调统一。

首先，原始记录和原始凭证的协调统一。原始记录和原始凭证是业务核算和会计核算的依据，也是统计核算的依据。在设置原始记录和原始凭证的时候，应使各种记录和凭证相互协调统一起来，做到一证多用，满足各种核算的需要，减轻基层负担。

其次，指标口径的协调统一。在国民经济核算中，许多经济指标反映的是同一内容，但在范围、计算方法上，有时却有很多差别。在指标设置、计算口径和计算方法上也应协调统一，以便于相互比较、印证及必要时相互引用。

最后，分类方法上的协调统一。统计分组(分类)有时对业务核算和会计核算并不一定是必需的，但为了共同完成国民经济统一核算的任务，业务核算和会计核算应尽可能在分类时与统计分类一致。总之，三种核算应该朝着原始记录、原始凭证通用化，计算口径、计算方法标准化，分类方法一致化的目标前进，共同努力，不断提高国民经济的整体核算水平。

二、统计工作的任务概述

《中华人民共和国统计法》(以下简称《统计法》)规定：统计的基本任务是对国民经济和社会发展情况进行统计调查、统计分析，提供统计资料和统计咨询意见，实行统计监督。

《统计法》规定的统计工作的基本任务，可以具体分为以下三个方面。

(一)对国民经济和社会发展情况进行统计调查和统计分析

社会经济统计是研究大量社会经济现象的数量方面，统计工作理所应当对国民经济和社会发展情况进行统计调查，将搜集大量的数字情况资料、总结成绩、分析问题、提出建议作为自己的基本任务。从国家方面来说，这项任务也只能由国家统计部门承担，其他部门不可能也没有条件完成这项任务。

(二)提供统计资料

提供统计资料包括提供现实的统计报表、统计公报和统计分析资料，以及历史资料、年鉴、统计档案资料等，这些是统计服务的最重要方面。由于统计信息是经济信息的核心和主要部分，统计资料是通过科学的方法调查整理得到的，因而统计资料具有最大的权威性。例如，历年国家统计局发表的年度或半年、季度公报，都引起国内外的高度重视，是国家社会经济情况最真实的反映。

统计信息和其他信息一样，只有当它快速搜集、整理、加工和传递并为接收者所运用时，才能扩大它的价值，为此，统计工作必须在快、准、完整、系统上下功夫，才能发挥它应有的作用。统计服务的主要对象是计划决策部门、经济管理部门和科学研究部门。

(三)实行统计监督

统计监督包括两方面的内容。

(1) 通过定期提供或公布的统计资料,把国民经济的发展水平、发展速度,以及各种比例关系计算出来;把生产、分配、交换、消费情况反映出来;把阻碍或影响社会和国民经济持续、稳定、协调发展的问题揭露出来;把未被利用或利用不充分的潜力挖掘出来。监督全社会及国民经济各部门是否按照国家政策和计划安排进行生产和工作,执行结果是否正常,发展速度、成本、劳动生产率、资金周转速度、利润、价格、总需求和总供给、市场、财政税收、外贸、居民收入等各项经济指标是否协调发展,存在什么问题,分析原因,预测趋势,提出改进意见,引起决策部门和全社会注意。

(2) 监督全社会各部门,按照《统计法》要求,及时、准确、完整地向国家统计部门提供真实的统计资料,揭露和惩处有意虚报、漏报,篡改统计数字资料及其他违法行为,保证统计数字资料的真实性和严肃性。

第五节　统计学中的几个基本概念

任何一门独立的科学都有它特定的概念和范畴,以表达它特定的思维形式。统计学中的概念很多,其中有些概念贯穿了整个学科始终,必须在这里先行介绍。

一、统计总体和总体单位

所谓统计总体(Statistical population),是指由客观存在的、具有某种共同性质的许多个别单位所构成的整体,当这个整体作为统计研究对象时称为统计总体,简称总体。例如,研究某个工业部门的企业生产情况时,该部门的所有工业企业就可以作为一个总体,因为它是由许多客观存在的工业企业组成的,而每个工业企业都是进行工业生产活动的基层单位,具有同质性。又如,各个工业企业或整个工业企业中的员工可以作为一个总体,因为它是由客观存在的许多工业企业的员工组成的,而每个员工都是在工业企业中从事生产或其他工作的人员,就这一方面来说,他们都是同质的。

在统计工作中,统计研究的对象总是具体的,究竟对象的范围有多大,由哪些单位组成,这是统计研究的前提。否则,在什么范围内搜集资料,由哪些单位提供资料都无从确定,就更谈不上对社会经济现象进行数量方面的研究。例如,要研究中国民族地区居民的生活状况,就必须首先确定中国民族地区居民的总体范围,然后才可能进行具体的统计研究工作。

如果一个统计总体中包括的单位数可以是无限的,称为无限总体(Infinite population)。例如,连续大量生产某种零件时,其总产量是无限的,构成一个无限总体。总体中包括的单位数可以是有限的,称为有限总体(Finite population)。例如,在特定时点上的人口总数、工业企业总数等，都是有限总体。对于有限总体，既可以进行全面调查，也可以进行抽样调查。对于无限总体来说，只能进行抽样调查，从而根据样本数据推断总体特征。此外，统计总体还可以分为静态总体和动态总体，前者所包含的各个单位属于同一个时间，后者所包含的各个单位则属于不同时间。根据一定的目的，针对这两类总体可以分别进行静态研究和动态分析。

总体单位(Population unit)简称个体，构成总体的每一个事物或基本单位称为总体单位。原始资料最初就是从各个总体单位取得的，因此总体单位是各项统计数字最原始的承担者。例如，研究某个工业部门的生产情况时，该工业部门的所有工业企业可以作为一个总体，每个工业企业则是总体单位，将每个工业企业的某些数量特征加以登记汇总，就取得了该工业部门的统计资料。为了研究某一工业企业生产设备构成情况，可以把该企业拥有的各种机器看作一个总体，其中每台机器就是总体单位，登记汇总这些设备的有关特征，就取得了该企业生产设备的统计资料。

总体和总体单位是相对而言的，随着研究目的的不同，同一事物在不同情况下可以作为总体，也可以作为总体单位。例如，在上述某一工业部门所有工业企业的统计总体中，每个企业是一个总体单位。但为了要研究一个典型企业的内部问题，则被选为典型的某一企业又可作为一个总体。

二、标志与变量

每个总体单位都具有许多属性和特征。例如，就工业企业这一总体来说，每个工业企业所属的经济类型、行业性质、员工数目、产品产量和产值等的特征，可以说明每个企业的具体情况。这些说明总体单位属性或特征的名称，在统计上称为标志(Indicator)。又如，在员工总体中，每个员工的性别、年龄、个人成分、工龄和工资等特征，就是该总体单位的标志。

标志按其性质可以分为品质标志(Quality indicator)和数量标志(Numerical indicator)。例如，员工的性别、民族、文化程度、工种等这一类标志，不能用数量而只能以性质属性上的差别来表示，称为品质标志，表示事物的质的特征。如果标志能以数量的多少来表示，则称为数量标志，表示事物的量的特性，如员工的年龄、工龄、工资、工业企业的职工人数、产量、产值、固定资产等。每个标志的具体表现就是在标志名称之后所表明的属性或数值。例如，某员工的性别是男，民族是回族，工龄是 10 年，月工资是 3500 元，其中，性别、民族是品质标志的名称，"男""回族"则是这类标志的具体表现；工龄和工资是数量标志的名称，"10 年""3500 元"则是相应的数量标志的具体表现。

统计中的标志与指标，在总体单位之间，同类总体不同空间的表现是不尽相同的，是有差别的，这种差别统计上称为变异(Aberrance)。变异是统计的前提，有变异才需要统计和统计研究。

标志按变异情况可以分为不变标志(Invariant indicator)和可变标志(Variable indicator)。如上所述,标志在总体单位之间各有一定的具体表现,有的相同,有的则不尽相同。标志如果在总体各单位之间的具体表现完全相同,该标志就称为不变标志。例如,国有企业的产权性质属于国家所有,这个标志对国有企业这一总体来说就是不变标志。任何总体的各个总体单位至少要有一个共同的不变标志,才能使它们结合在一起,这个不变标志就是构成总体同质性的基础。总体单位的标志的具体表现大多数都是在各单位之间变化其性质和数值的。如果某些标志在总体各单位上的具体表现不完全相同,这些标志就称为变异标志或可变标志。例如,国有企业的产量、产值、工人数等标志,是随着每个企业的具体情况而变动的,这些标志就是可变标志。

可变的数量标志称为变量(Variable),各种统计指标也是变量。变量的具体表现就是可变数量标志或统计指标的不同取值,称为变量值(Variant-value)(标志值)。例如,工资是数量标志,也是一个变量;某企业各个员工的月工资分别为3840元、3780元、3900元、3680元……都是工资这一变量的不同取值,即变量值。事实上,统计调查离不开对总体单位的数量标志进行观察和计量,从而汇集得来的某一数量标志的一系列数值,在统计上又称为数据。这些数据总是在一定的时间和空间范围内不断变化,具有变异性的特点,所以称为变量值。就同一个数量标志的一系列变量值而言,其变化并非杂乱无章,而是在一定范围内具有一定的规律性。因此,针对不同类型的变量值应该采用不同的统计方法进行处理,探讨其数量特征及其规律性。

在统计实践中,按照研究的目的,需要采用合适的可变标志将同质总体划分为若干类型或组别,然后分门别类,将其中的单位数和变量值加以综合计算和分析。因此,可变的品质标志和可变的数量标志是统计分组和统计计算分析的基础,而变量值的处理则是统计的一项具体工作。

汇集的各个变量值或数据,不外乎是计数的结果或测量和计算的结果。按照变量值是否连续,变量可以分为连续型变量(Continuous variable)和离散型变量(Discrete variable)。前者是指它的数值是连续不断的,即在任意两个相邻数值之间可以取无限多个不同的数值。例如,人体的身高、体重等都是连续变量。连续变量的数值是通过测量或计算方法取得的,实际测量或计算所得的数据其精确度只能达到一定的限度,是一种近似的结果,这就涉及一个数值的真实问题。离散变量的数值是通过逐个计数的方法得出的,所取的可能数值只能按整数计数,不可能有小数。例如,员工人数、企业数、机器台数等都是离散变量,其可能数值的个数是有限的,构成有限总体。

变量按其性质可以分为确定性变量和随机变量。在一个系统中,如果某一变量值能够被另一个变量或若干个变量(因素)的值按一定的规律唯一地确定,则该变量就可以称为确定性变量。例如,在销售价格 P 一定的条件下,某商品的销售额 Y 的变动完全由销售量 X 所确定,Y 就称为确定性变量。所谓随机变量,其数值的变动受到多种因素的影响,在相同条件下进行观测,由于影响因素的作用不同,其可能的实现值(或观测值)不止一个,数值的大小随机而波动，带有偶然性，事前无法确定。例如，除了某种不正常的、起决定性的因素外，还有许多其他因素，如果抽取一部分灯泡进行检验，则这些灯泡的寿命值不尽相同，数值的大小带有偶然性的波动，检验前是不能预先确定的，因此灯泡寿命就是随机变量。随机变量具有随机性或偶然性，但它的数值变动却有一定的规律性，通过大量观察，应用统计技术方法可以揭示和描述其数量特征以及变动的规律性。

三、统计指标和统计指标体系

(一)统计指标

统计指标(Statistical indicator)是反映社会经济现象总体的数量特征的名称和具体数值。与标志不同，它是依附于统计总体的。例如，国内生产总值、人口数量、土地面积、工农业产品产量、工农业总产值、成本、利润等，这些名称用于反映一定统计总体的数量方面时就是统计指标。任何统计指标总是要通过一定的数值来加以说明的，这种数值称为统计指标数值。统计实践活动中，从不同角度出发，有时仅把指标名称理解为统计指标，有时又把指标数值视为统计指标。这种理解实际上是把统计指标的两部分分开来理解的，事实上，每种理解又都是以另一部分的存在作为前提的。因此，一个完整的统计指标应该是由两个部分所构成的，即指标名称和指标数值。指标名称是统计所研究的社会经济现象的科学概念，表明社会经济现象的质的规定，反映某一社会现象内容所属的范围。指标数值则是统计所研究现象的具体数量综合的结果，对某一社会经济现象总体特征从数量上加以说明。统计指标名称及其指标数值的有机结合，也就是事物质的规定性和量的规定性有机联系的表现。

统计指标一般包含 6 个要素：即指标名称、指标数值、计量单位、核算方法、时间限定和空间限定。例如，我国 2010 年国内生产总值为 397 983 亿元，该统计指标就包含了上述多个要素。在从事具体统计工作时，大多数统计指标在长期的统计实践中已约定俗成，取而用之即可，而某些统计指标则要根据不同的统计任务要求进行创新设计。在进行统计指标设计时，要重点把握和规范指标名称、计量单位和核算方法 3 个要素；而从事具体的统计调查和数据搜集工作时，则要准确截取指标数值、时间限定和空间限定 3 个要素，这是统计工作的严谨性和科学性要求。

对统计指标的定义略加分析，可知统计指标具有以下特点。

1. 数量性

统计指标反映的是现象总体的数量特征，因此都是可以用数字来表现的。能够用统计指标来表述的现象，其前提条件必须是可以量度的。

2. 综合性

统计指标是大量同质总体单位的数量综合的结果，通过将总体各单位的数量差异抽象概括来反映现象总体的综合数量特征。

3. 具体性

统计指标是现象总体在一定时间、地点和条件下的数量特征的具体表现，并不是抽象的概念和数字，它是客观存在的事实的真实反映。

统计指标可以反映社会经济现象的规模、水平、比例和速度等，研究社会经济发展规律的数量表现，检查国民经济和社会发展计划以及各项政策的执行情况，衡量生产经营活动的经济效益。因此，统计指标成为认识社会、管理经济以及进行科学研究的基本依据之一，起着经济社会指示器和反映数量规律的作用。

统计指标按其所反映的数量特点和内容的不同，可以分为数量指标(Quantitative indicator)和质量指标(Qualitative indicator)两类。凡是反映总体数量多少和规模大小的统计指标称为数量指标，它表示事物外延量的大小，如人口总数、企业总数、耕地面积、工业总产值和商品流转额等都属于这一类指标。数量指标是用绝对数表示的，并具有实物或货币的计量单位。统计实践中这类指标通常是以总量指标的形式出现。由于数量指标反映的是现象总体的绝对量，所以其指标数值大小随总体范围的大小而增减变动。凡是反映总体内部数量关系和总体单位水平的统计指标都称为质量指标，它表示事物的内涵量状况，如产品合格率、固定资产利用率、产品单位成本、利润率、劳动生产率等。质量指标是用相对数或平均数表示的。由于质量指标反映的是现象总体内部的数量关系，所以其指标数值大小与总体范围大小没有直接的关系。

指标和标志是统计学中的两个重要概念，对二者的区别和联系必须要界定清楚。

两者的区别主要表现在：①反映的范围大小不同。统计指标说明的是总体的特征，而标志则是反映总体单位的特征。②表述形式不同。统计指标都可以用数值表示，而标志既有能用数值表示的数量标志，又有不能用数值只能用文字表述的品质标志。

两者的联系主要表现为：①具有对应关系。在统计研究中，标志与统计指标名称往往是同一概念，具有相互对应关系。因此，标志就成为统计指标的核算基础。②具有汇总关系。许多统计指标的数值是由总体单位的数量标志值汇总而来的。例如，某地区工业总产值就是该地区各工业企业总产值加总之和，这里的地区工业总产值就是统计指标，而各工业企业总产值则是标志。③具有变换关系。由于统计研究的目的不同，统计总体和总体单位具有相对性。与之对应的统计指标和标志也不是严格确定的。随着研究目的的变化，原有的总体可以转变为总体单位，相应的统计指标也就成为标志；反之亦然。这说明指标与标志之间存在着一定的联系和变换关系。

(二)统计指标体系

客观世界是复杂多变的，个别统计指标难以反映客观现象之间相互联系和相互制约的关系，这就需要采用一系列统计指标来进行综合描述，这一系列指标就是指标体系。所谓统计指标体系(System of statistical indicator)，就是各种相互联系的统计指标所构成的一个有机整体，用来说明所研究现象各个方面相互依存和相互制约的关系。例如，一个工业企业把产品产量、产值、劳动生产率、产品质量、能源消耗、产品成本、销售收入等统计指标联系起来就组成了指标体系，这便于我们全面、准确地评价该企业的生产经营情况。由于社会经济现象内在联系的不同特点，统计指标体系的形成一般有两种类型：一种是数学式联系的指标体系，如"商品销售额=商品销售量×商品销售价格""期初库存量+本期购进量=本期销售量+期末库存量"等；二是框架式联系的指标体系，如全国人口总体的基本状况和性别分布特征可用总人口数、男性人口数、女性人口数、男女性别比例、男性人口比重、女性人口比重等指标来描述。

由于社会经济现象相互联系的多样性和人们认识问题的多视角，反映现象总体的统计指标体系也可以从不同的角度进行分类。

指标体系按其反映内容不同，可分为社会统计指标体系、经济统计指标体系和科学技术统计指标体系。它们分别从人口社会、国民经济运行和科学技术发展三个方面，反映一定时期、一定范围内国民经济和社会科技发展的总体状况。

指标体系按其考核范围的不同，可分为宏观指标体系、中观指标体系和微观指标体系。宏观指标体系反映整个社会的经济和科技情况；中观指标体系反映各个地区和各个部门、行业的社会、经济和科技情况；微观指标体系反映各企、事业单位的生产经营或工作运行情况。

指标体系按其作用功能不同，可分为描述性指标体系、评价性指标体系和预警性指标体系。描述性指标体系主要是反映社会经济现象的现状、运行过程和结果；评价性指标体系主要是比较、判断社会经济现象的运行过程、结果是否正常；预警性指标体系是对经济运行过程进行监测，起预警作用的指标。

上述各类统计指标体系都有其自身的特点，实际工作中可以根据统计研究的目的选择运用或结合运用，以便充分发挥统计的信息、咨询和监督的整体功能。

案例

内蒙古自治区 2015 年国民经济和社会发展统计公报(节选)

内蒙古自治区统计局

2015 年，面对错综复杂的国际形势和艰巨繁重的国内改革发展稳定任务，内蒙古自治区各族人民在自治区党委、政府的正确领导下，深入学习贯彻党的十八大、十八届三中、四中、五中全会及习近平总书记系列重要讲话精神，按照"五位一体"总体布局和"四个全面"战略布局的总要求，牢固树立和贯彻落实创新、协调、绿色、开放、共享的发展理念和"8337"发展思路，着力推进"十个全覆盖"等重点工程建设，适应经济发展新常态，经济总体发展实现了稳中有进、稳中有好、进中有创、创中提质的良好态势，结构调整出现积极变化，改革开放不断深化，民生事业持续进步，经济社会发展迈上新台阶，实现了"十二五"圆满收官，为"十三五"经济社会发展、决胜全面建成小康社会奠定了坚实基础。

一、综合

年末全区常住人口为 2511.04 万人,比上年增加 6.23 万人。其中,城镇人口为 1514.16 万人,乡村人口为 996.88 万人。全年出生人口为 19.36 万人,出生率为 7.72‰;死亡人口为 13.34 万人,死亡率为 5.32‰;人口自然增长率为 2.4‰。城镇化率达到 60.3%,比上年提高 0.8 个百分点。

初步核算(见图 1-1),全区实现地区生产总值 18 032.8 亿元,按可比价格计算,比上年增长 7.7%。其中,第一产业增加值 1618.7 亿元,增长 3.0%;第二产业增加值 9200.6 亿元,增长 8.0%;第三产业增加值 7213.5 亿元,增长 8.1%。人均生产总值达到 71 903 元,比上年增长 7.4%,按年均汇率计算折合为 11547 美元。全区三次产业比例为 9∶51∶40。

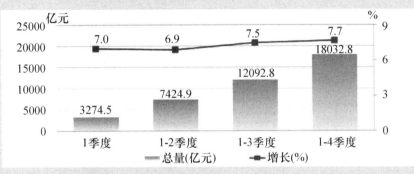

图 1-1 2015 年地区生产总值总量及增速(季度累计)

全年居民消费价格总水平比上年上涨 1.1%。分城乡看,城市上涨 1.1%,农村牧区上涨 1.1%。分类别看,八大类消费品价格总体呈现出"六升二降"的格局。其中,涨幅排前三的分别是烟酒及用品、衣着、医疗保健和个人用品,分别上涨 3.7%、2.8%和 2.3%。交通和通信、居住类价格分别下降 2.0%和 0.3%。从生产者角度看,工业生产者购进价格和工业生产者出厂价格分别下降 4.1%和 6.0%。固定资产投资价格下降 2.0%,农产品生产价格下降 2.0%。2015 年居民消费价格月度涨跌幅度如图 1-2 所示,居民消费价格指数见表 1-1。

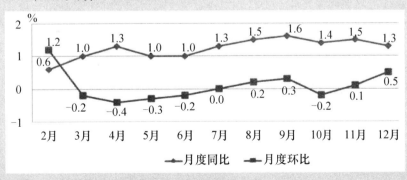

图 1-2 2015 年居民消费价格月度涨跌幅度

表 1-1 居民消费价格指数表

类　别	2015 年
居民消费价格指数(上年=100)	101.1
城市	101.1
农村牧区	101.1
食品	101.4
粮食	101.9
肉禽及其制品	101.1
蛋	90.9
水产品	102.0
菜	104.9
干鲜瓜果	99.5
烟酒及用品	103.7
衣着	102.8
家庭设备用品及服务	100.9
医疗保健及个人用品	102.3
交通和通信	98.0
娱乐教育文化用品及服务	101.4
居住	99.7

年末全区城镇单位就业人员 292.6 万人。年末城镇登记失业率为 3.65%。全年实现失业人员再就业人数为 6.1 万人。

全年完成一般公共预算收入 1964.4 亿元，一般公共预算支出 4290.1 亿元，分别比上年增长 6.5%和 10.6%。财政收入在增收困难较大的情况下，顺利完成了全年增长目标。旗县(市、区)财政收入有一些新变化。全区 102 个旗县(市、区)全部实现超亿元全覆盖。其中，一般公共预算收入超过 50 亿元的旗县有 3 个，超过 20 亿元的旗县有 16 个，超过 10 亿元的旗县有 37 个。全区农村牧区"十个全覆盖"等 70 周年大庆项目和各类民生重点支出得到较好保障。其中，社会保障和就业支出增长 13.7%，教育支出增长 12.9%，保障性安居工程支出增长 29.9%。

(资料来源：内蒙古自治区人民政府网站，www.nmg.gov.cn。)

问题：
1. 统计的任务是什么？
2. 各地区为什么每年都要公布国民经济和社会发展统计公报？
3. 从本案例中任意找出三个以上数量指标和三个以上质量指标。

4. 本案例中涉及的离散型变量和连续型变量都有哪些?
5. 利用寒暑假进行一次你感兴趣的某经济社会问题调查,针对该调查问题,你如何设计调查问卷和统计指标?

思考与练习

一、单项选择题

1. 社会经济统计具有( )的特点。
   ① 数量性、大量性、综合性、具体性、广泛性
   ② 数量性、总体性、具体性、社会性、广泛性
   ③ 数量性、总体性、随机性、社会性、广泛性
   ④ 数量性、综合性、总体性、具体性、广泛性

2. 对某工厂200名工人的工资水平进行统计研究,则总体是( )。
   ① 该厂每个工人的工资额   ② 该厂200名工人
   ③ 该厂200名工人的工资额   ④ 某单位的全部职工人数

3. 属于统计总体的是( )。
   ① 某地区的全部工业产品   ② 某县的粮食总产量
   ③ 某商店的全部商品销售额   ④ 某单位的全部职工人数

4. 以某市全部中学生作为统计总体,则总体单位是该市( )。
   ① 每一所中学   ② 每一所中学的全体学生
   ③ 每一名中学生   ④ 全体中学生

5. 某工人的劳动生产率是( )。
   ① 品质标志   ② 数量标志   ③ 质量指标   ④ 数量指标

6. 一个统计总体( )。
   ① 只能有一个标志   ② 只能有一个指标
   ③ 可以有多个标志   ④ 可以有多个指标

7. 下列属于质量指标的是( )。
   ① 产品的产量   ② 产品的出口额
   ③ 产品的合格品数量   ④ 产品的平均价格

8. 下列属于数量指标的是( )。
   ① 某地区出生人口数   ② 某工厂产量计划完成程度
   ③ 某单位职工出勤率   ④ 某作物的平均亩产量

9. 某家庭成员的年龄分别是80岁、48岁、45岁、16岁,这四个数字是( )。
   ① 标志   ② 指标   ③ 标志值   ④ 变量

10. 对某班级学生的生活状况进行统计调查,则下列标志中属于不变标志的是( )。

① 年龄　　　　② 学习成绩　　　③ 专业　　　　④ 个人爱好

11. 属于离散变量的是(　　)。
    ① 员工的工资　② 商品的价格　③ 粮食的亩产量　④ 汽车的产量
12. 标志的具体表现是指(　　)。
    ① 标志名称之后所列示的属性或数值　　② 性别
    ③ 标志名称之后所列示的属性　　　　　④ 标志名称之后所列示的数值

二、多项选择题

1. 统计工作的过程一般包括(　　)。
   ① 统计设计阶段　　　　② 统计调查阶段　　　③ 统计整理阶段
   ④ 统计分析与预测阶段　⑤ 统计决策阶段
2. 统计研究的基本方法包括(　　)。
   ① 大量观察法　　　② 重点调查法　　　③ 统计分组法
   ④ 因素分析法　　　⑤ 综合指标法
3. 品质标志包括(　　)。
   ① 居民的民族　　　② 企业的经济类型　　③ 职工人数
   ④ 工程技术人员职称　⑤ 商品的数量
4. 统计指标的两个组成部分是(　　)。
   ① 统计指标的时间　　② 统计指标的空间　　③ 统计指标的数值
   ④ 统计指标的名称　　⑤ 统计指标的计量单位
5. 以下对品质标志和数量标志描述正确的是(　　)。
   ① 数量标志可以用数值表示　　② 品质标志也可用数值表示
   ③ 数量标志不可以用数值表示　④ 品质标志不可以用数值表示
   ⑤ 两者都可用数值表示
6. 下列属于数量标志的是(　　)。
   ① 性别　　② 工种　　③ 工资　　④ 民族　　⑤ 年龄
7. 连续变量包括(　　)。
   ① 企业数　　　　② 身高　　　　③ 钢产量
   ④ 播种面积　　　⑤ 国内生产总值
8. 在某市个体劳动者统计总体中(　　)。
   ① 该市全部个体劳动者人数是统计指标
   ② 每一位个体劳动者是总体单位
   ③ 每一位个体劳动者的资产额是品质标志
   ④ 每一位个体劳动者的营业收入是离散变量
   ⑤ 个体劳动者中男性人数也是统计指标

三、填空题

1. 社会经济统计有三个含义，即(　　　　)、(　　　　)和(　　　　)。
2. 社会经济统计的特点可以概括为(　　　　)、(　　　　)、(　　　　)、(　　　　)和(　　　　)。
3. 指标是说明(　　　　)特征的，而标志是说明(　　　　)特征的。
4. 客观存在的，在(　　　　)基础上结合起来的许多个别事物的整体，称为(　　　　)。
5. 统计总体的基本特征可概括为(　　　　)、(　　　　)和(　　　　)。
6. 统计指标反映总体的(　　　　)特征，它包括(　　　　)和(　　　　)。
7. 统计总体有(　　　　)总体和(　　　　)总体之分。
8. 学生的专业、住址，属于(　　　　)标志，而学生的年龄及其体重是(　　　　)标志。
9. 可变标志在总体各个单位具体表现上的差异称为(　　　　)。
10. 可变的数量标志和所有的统计指标称为(　　　　)，它的数值表现称为(　　　　)或(　　　　)。

四、判断题

1. 大量观察法必须对研究对象的所有单位进行观察调查。　　　　(　　)
2. 五个同学的成绩不同，因此存在五个变量。　　　　　　　　　(　　)
3. 统计总体可分为同质总体和不同质总体，有限总体和无限总体。(　　)
4. 标志和指标是两个根本不同的概念，两者没有任何联系。　　　(　　)
5. 大量观察法、统计分组法和综合指标法分别用于统计调查阶段、统计整理阶段和统计分析阶段。　　　　　　　　　　　　　　　　　　　　　　　(　　)
6. 质量指标是反映总体质的特征，因此可以用文字来表述。　　　(　　)
7. 数量指标是由数量标志值汇总而来，质量指标是由品质标志值汇总而来。(　　)
8. 某同学计算机考试成绩85分，这里成绩就是统计指标。　　　　(　　)
9. 指标与标志一样，都是由名称和数值两部分组成。　　　　　　(　　)
10. 随着研究目的的变化，总体和总体单位是可以互相转化的。　　(　　)

五、简答题

1. 简述统计工作、统计资料和统计学之间的关系。
2. 什么是统计总体和总体单位？请举例说明。
3. 什么是统计指标？指标分为几种？
4. 指标与标志的区别与联系是什么？
5. 举例说明什么是变异、变量和变量值。

第二章

统计数据的搜集

本章导读：本章主要介绍统计调查的基本知识。通过本章的学习，要求了解统计调查的意义和种类，掌握统计调查方案的基本内容，熟练掌握统计调查的各种组织方式。

第一节 统计调查的意义和种类

一、统计调查的意义及要求

统计调查和一般社会调查一样，皆属于调查研究活动。统计调查是按照既定的统计调查目的(Objective of survey)和任务，运用科学的统计调查方法，有计划、有组织地搜集客观实际数据资料的过程。

(一)统计调查的意义

从统计工作的全过程来看，统计调查是搜集统计数据(Statistical data)从而获得感性认识的阶段。它既是对现象总体认识的开始，也是进行数据整理和分析的基础环节。统计调查的基本任务是，按照所确定的指标体系，通过深入具体的调查，取得反映社会经济现象总体全部或部分单位以数字资料为主体的调查信息。这些调查信息是总体各单位有关标志的标志表现，是尚待整理、缺乏系统化的原始资料，或有过初步整理，必须进行进一步系统化的次级资料。可以认为，搜集大量的、以数字资料为主体的信息是统计调查不同于一般社会调查的主要特征。也就是说，统计调查所涉及的资料有两种：一种是直接向调查单位搜集的未经加工、整理的资料，一般称为原始资料；另一种是根据研究目的，搜集经初步加工、整理过的，能够在一定程度上说明总体现象的资料，一般称为次级资料，也称第二手资料。统计调查一般指的是对原始资料的搜集，并将其加工、整理、汇总，使其成为从个体特征过渡到总体特征的资料，但有时也包括对次级资料的搜集。

统计工作中的统计设计、统计调查、统计整理、统计分析各环节是彼此密切联系着的，统计调查则是整个统计工作的基础环节。如果调查工作做不好，得到的资料残缺不全或有错误，就会影响整个统计工作。

(二)统计调查的要求

为了保证调查资料的质量，使其正确反映客观事物，要求统计调查必须具有准确性、及时性、系统性和完整性的特点。准确性是指调查资料客观地反映现象和过程本质的程度，这是保证统计资料质量的首要环节，如果统计资料不真实，必将给统计的各个阶段带来不良影响。及时性(时效性)则是指搜集资料完成的时间应符合该项调查所规定的要求，如果统计资料搜集不及时，就会贻误统计整理和统计分析的时间，使统计失去应有的作用。统计调查的准确性和及时性是衡量统计调查工作质量的重要标志。系统性是指搜集的资料有条理，合乎逻辑，有序可循，便于汇总。完整性是指调查单位不重复、不遗漏，所列调查项目的资料搜集齐全。若统计资料残缺不全，就不可能反映所研究的调查对象的全貌和正确认识社会经济现象总体与特征，最终也就难以对社会经济现象的规律性做出明确的判断，甚至得出错误的结论。

统计工作的各个环节是紧密衔接、相互依存的。统计调查作为统计工作的基础环节，在调查过程中所得到的原始资料的质量将直接影响最终成果的质量。搜集来的资料好比是构成未来统计大厦的基础，为使大厦坚实牢固，基础必须是坚实而高质量的。如果在搜集原始资料时出现差错，又不能及时加以更正，那么，无论以后怎样认真地去整理这些资料，这些纰漏都将影响最后结论的正确性和可靠性。

统计调查资料的准确性不仅是一个技术性问题，而且是涉及坚持统计制度和纪律，坚持实事求是，求真务实地反映情况的原则问题。在我国，统计立法的核心就是保障统计资料的准确性、客观性和科学性。国家机关、社会团体、各种企事业组织和个体工商户，都要依照《统计法》和国家的规定，提供统计资料，不允许浮夸瞒报、拒报、迟报，不允许伪造、篡改统计资料。基层群众性组织和公民都有义务如实提供国家统计调查所需要的情况。统计工作人员一定要有对事业高度负责的精神，如实反映情况，坚决反对以违法手段来破坏调查资料的准确性，把维护统计资料真实性作为自己的光荣职责。

统计资料的及时性也是一个全局性的问题。每一项统计工作任务的完成，都是由许多单位共同努力的结果，任何一个调查单位不按规定的时间提供资料，都会影响全面的综合工作，贻误整个统计工作的开展。因此，提高统计调查的及时性不是个别单位工作及时就能奏效的，必须是各个调查单位共同增强全局观念，采取有效措施，遵守统计制度和纪律，才能做好这一项工作。

统计调查中的准确性和及时性是相互结合在一起的。及时离不开准确，而准确又是达到及时的重要途径。要把准确和及时结合起来，做到准中求快，快中求准，这样才能达到统计调查的基本要求。

二、统计调查的种类

根据不同的调查目的和调查对象的特点，选择合适的调查方法，是统计调查的重要问题。统计调查有各种各样的分类,具体如下。

(一)全面调查和非全面调查

统计调查按被研究总体的范围分为全面调查和非全面调查,这是统计调查最基本的分类。全面调查是指对被研究总体的所有单位都要进行调查。普查、全面统计报表都属于全面调查。例如,人口普查要对全国人口无一例外地进行登记;为掌握国有企业生产经营活动情况,所有国有企业都是调查的对象;等等。非全面调查则是对被研究现象总体的一部分单位进行登记和观察。例如,为了研究城市居民家庭的生活水平,可以只对一定数量的住户进行调查;为了掌握进出口商品的质量,可以只对一部分商品进行检验。非全面调查有抽样调查、重点调查和典型调查等几种调查方法。这种调查方式的调查单位少,可以用较少的人力、财力、物力和时间调查较多的内容,搜集到较深入、细致的情况和资料。但它未包括全面资料,因此常常需要与全面调查结合起来使用。

在国外,非全面调查方法统称为抽样调查,并且依据被调查单位的选择是否按随机原则分为概率抽样和非概率抽样(有意抽样)。通常所说的抽样调查是指概率抽样。

(二)经常性调查和一次性调查

统计调查按调查登记的时间是否连续分为经常性调查和一次性调查。经常性调查是随着被研究现象的变化,经常性地、连续不断地进行登记。在进行这种调查时,被研究现象或过程数量上的所有变化都被记录下来。例如,工厂的产品生产,原材料的投放,燃料和动力消耗,工人的出勤、劳动工时,农村播种、收获,人口的出生、死亡,必须在观察期内连续登记。可见,连续调查的资料是说明现象的发展过程,体现现象在一段时期内的总量。一次性调查是间隔一段相当长的时间所进行的登记。例如,人口数量、固定资产原值、生产设备拥有量等现象,短期内不发生什么变化,不必连续不断地登记,只要间隔一段时间登记其某一时刻或某一天的数量即可。

(三)统计报表和专门调查

统计调查按调查的组织形式分为统计报表和专门调查。统计报表是国家统计系统和各个业务部门为了定期取得系统的、全面的基本统计资料而采用的一种调查方式。专门调查是指为了了解和研究某种情况或某项问题而专门组织的登记和调查,它包括普查、重点调查、抽样调查和典型调查。

(四)其他搜集数据的调查方法

统计调查按搜集数据的方法分为直接观察法、报告法、采访法、登记法、问卷调查法、互联网调查法、卫星遥感法和实验设计法等。

1. 直接观察法

直接观察法(Direct observation)是调查者亲自到现场对调查单位进行查看、测量和计量。例如，对农作物收获量进行调查时，调查人员到调查地块参加收割和计量；在研究工人劳动消耗量时，由调查者测定完成作业所需的时间；对于销售商品的质量，由调查者亲临商场接触商品，辨认真假伪劣；等等。直接调查法取得的资料具有较高的准确性，但需要大量的人力、物力，致使它的应用受到很大的限制。

2. 报告法

报告法(reporting method)又称凭证法，是企事业单位以各种原始和核算凭证为调查资料来源，依据统一的表格形式和要求，按照隶属关系，逐级向有关部门提供资料的方法。我国现有的企事业单位所填写的统计报表就是应用这种方法。如果报告系统健全，原始记录和核算工作完整，报告法也可以取得比较准确的资料。

3. 采访法

采访法(gathering method)是根据被调查者的答复来搜集统计资料的方法，这种方法又可分为口头询问法和被调查者自填法两种。口头询问法是由调查人员对被调查者逐一采访，当面填答的方法。被调查者自填法是由调查人员把调查表交给被调查者，向被调查者说明填表的要求和方法，并对有关注意事项加以解释，由被调查者按实际情况逐一填写，填好后交调查人员审核收回。采访形式多种多样，可以是直接面对面的调查，也可以通过电话、网络进行调查。

4. 登记法

登记法(registration act)是由有关组织机构发出通告，规定当事人在某事发生后到该机构进行登记，填写所需登记的材料。例如，人口的出生和死亡的统计及流动人口的统计就是采用规定当事人到公安机构登记的方法。

5. 问卷调查法

问卷调查法(questionnaire)是为了特定的目的，以问卷形式发给被调查者，由被调查者自愿自由回答的一种采集资料的方法。通常是在初步分析调查对象的基础上，从调查对象总体中随机地或有意识地选择若干调查单位，向其发出问卷，要求被调查者在规定的时间内以不记名(也可以记名)的方式反馈统计信息，以形成对调查对象总体的认识。要科学地进行问卷调查，必须精心设计问卷，问题要简明扼要。在工作的实施上，要尽量设法防止回答率低和答案质量不高的问题。

6. 互联网调查法

互联网调查法(Internet surey)是借助于各种网络技术所提供的工具，搜集、传输有关数据资料的一种方法。现已显现出互联网数据传输的及时性、信息形式的多样性、信息发布范围的广泛性等多个优点。

7. 卫星遥感法

卫星遥感法(satellite remote sensing method)是一种使用卫星高度分辨辐射提供地面资料的方法,该方法主要用来估计我国农作物的产量。这种方法覆盖面广,一般通过三条轨道绿度资料就可以基本上覆盖我国北方 11 个省、自治区、直辖市的 2000 多万公顷小麦产区。

8. 实验设计法

实验(experiment)设计法是用于搜集测试某一新产品、新工艺或新方法使用效果的资料的方法。进行实验设计往往通过分组进行对照实验,并在实验中采集数据。在分组中,实验对象的分配、实验次序的安排应遵循随机原则。

随着现代信息技术的发展,计算机、网络、光电技术、卫星遥感、地理信息系统等高新技术已经或正在被广泛地引入统计调查领域中。进行一项统计调查,搜集原始资料并不仅仅局限于某一种方法,可根据调查目的与被调查对象的具体特点结合使用。

第二节 统计调查方案

统计调查是一项繁重复杂、高度统一和严格的科学工作,也是一项系统工程,应该有计划、有组织地进行。在着手调查之前应该制定一个周密的统计调查方案。统计调查方案(Survey plan)是统计设计阶段的一项重要内容,是保证统计调查顺利进行的前提,也是准确、及时、系统、完整地取得调查资料的重要条件。一个科学实用的统计调查方案能使调查过程有统一的内容、统一的认识、统一的方法和统一的步调,进而顺利完成任务。统计调查方案包括以下几个方面的内容:调查目的和任务、调查对象和调查单位、调查项目和调查表、调查时间和调查时限以及调查的组织实施工作,下面将分别加以说明。

一、确定调查目的和任务

不同的调查目的(Objective of survey)和任务,决定不同的调查内容和范围。目的不明,任务不清,就无法确定向谁调查,调查什么,怎样调查,整个调查工作就会陷入盲目混乱,从而造成人力、物力和财力的浪费。任何社会经济现象和过程都可以根据人们的需要,从不同方面、不同角度来搜集材料,因此调查目的应尽可能规定得具体明确、突出中心,否则,调查来的资料可能并不是调查所需要的,而需要了解的情况又得不到充分的反映。例如,我国第一次全国城镇房屋普查的目的是:"为了查清全国城镇房屋的数量、质量以及占有、使用等基本情况;查清员工的居住状况,为有计划地进行住宅建设,搞好房地产管理提供可靠的依据,促进社会主义现代化建设。"

二、确定调查对象和调查单位

(一)确定调查对象

调查对象(Respondent)是应搜集其资料的许多单位的总体,它是由性质相同的许多个别单位组成的。统计总体这一概念在统计调查阶段称为调查对象。调查对象由统计调查的目的所决定。例如,人口普查,调查对象是所有具有中华人民共和国国籍并在中华人民共和国境内居住的人;第一次全国城镇房屋普查的对象是城市、县城(镇)和独立工矿范围内的全部房屋。又如,调查目的是取得国有工业企业的产品产量、成本和利税等资料,调查对象就是全部的国有工业企业;要了解某企业产品质量状况,该工厂的全部产品就是调查对象。确定调查对象,首先要根据调查目的对现象进行认真分析,掌握其主要特征,科学地规定调查对象的含义;其次要明确规定调查总体的范围,划清它与其他社会现象的界限。只有当调查对象的含义明确、界限清楚时,研究才能避免重复登记或遗漏,保证统计资料的准确性。

(二)确定调查单位和报告单位

确定调查对象时,还必须确定两种单位,即调查单位和报告单位。调查单位(Survey unit)也就是总体单位,它是调查对象的组成要素,即调查对象所包含的个体单位。报告单位也叫填报单位,也是调查对象的组成要素,它是提交调查资料的单位,一般是基层企事业组织。如上例,每一个企业就是报告单位。有时报告单位可能是住户、职工、学生等。确定调查对象,可以使我们知道所要了解的现象总体界限。确定调查单位,可以使我们知道所要了解的有关资料从属依附的人或物等要素,以便明确从哪里登记这些资料。需要指出的是,调查单位与报告单位有时一致,有时不一致。例如,进行工业设备普查,报告单位是工业企业,调查单位是各种单台设备。又如,在普查某种水果树的种植时,调查单位是每一株果树,而报告单位是农户或国有农场等农业生产单位。显然,这两种调查的调查单位与报告单位是不一致的。再比如工业企业普查,每个工业企业既是调查单位又是填报单位,这时调查单位与报告单位又是一致的。

三、确定调查项目和调查表

(一)确定调查项目

调查项目(Survey items)是依附于调查单位的基本标志,它完全由调查的目的、任务和调查对象的性质特点所决定,包括由品质标志和数量标志所构成的标志体系。通俗地说,调查项目就是一份在调查过程中应该获得答案的各种问题的清单。

制定调查项目是一件非常有意义，同时又是一项责任重大的工作。调查项目制定的正确程度决定了整个工作的成效。因此，要紧紧围绕调查目的，通过现象之间的相互联系，从现象的过去、现在和未来发展等方面出发，周详地考虑各种因素。

确定调查项目要以调查目的和任务为依据，同时要考虑到国家管理、经济领导和科学研究对统计资料的需要。在拟定调查项目时要注意以下三个问题：第一，所选择的项目必须是能够取得确切资料的。对于不必要或者虽然需要但没有可能取得资料的项目，就应该加以限制，以便获得虽然数量不多却无疑是可靠的数据。第二，调查的每一个项目应该有确切的含义和统一的解释，以免调查人员或被调查者按照各自不同的理解进行问答，使调查结果无法汇总。第三，各个调查项目之间应尽可能做到互相联系、彼此衔接，以便从整体上了解现象的相互联系，也便于有关项目相互核对，提高调查资料的质量。还要注意现行的调查项目同过去同类调查项目之间的衔接，便于动态对比，研究现象的发展变化。

制定调查项目是一件很复杂的事情。制定者对调查对象及其特征应有非常深刻的认识，因此调查项目应该由熟悉被研究现象本质的调查者集体制定，通过反复讨论达成共识。只有这样，调查项目才能与实际相符，从而适应客观情况的变化，经得住实践检验。

(二)确定调查表

调查表(Questionnaire)是调查方案的核心部分，是将反映调查单位特征的调查项目，按一定的顺序反映在一定的表格上，也就是把诸多的调查项目用最精炼的措辞在表格中表现出来，以便于调查登记资料规范化、标准化。使用调查表又为下一阶段的统计整理提供了极大的方便。使用调查表是由统计调查工作的大量性、系统性的要求所决定的，它作为统计调查过程的基本手段，无疑是拟定调查方案的重要步骤。

调查表一般有单一表和一览表两种形式。单一表是每个调查单位填写一份，可以容纳较多的项目。一个问题的调查不限于只使用一张表，可以视调查项目内容的多少，由若干张表组成。一览表是把许多调查单位填列在一张表上，在调查项目不多时较为简便，且便于合计和核对差错。但在项目很多的情况下，一览表并不适用，因为这样势必会使调查表篇幅过大。

设计一张好的调查表不是一件容易的事情，项目尽量少而精，措辞简明扼要，形式上要易填易答。一个烦琐的、包罗万象的、项目繁杂的调查表会使被调查者难以负担，精神疲劳，从而产生错答、拒答或不完整、随意回答的情况。因此，确定调查项目、设计调查表就应考虑到可能发生的登记性误差，防止误差的发生。

为了正确填写调查表，必须附有简明扼要的填表说明和项目解释。填表说明用来提示填表时应注意的事项。项目解释则是为了说明调查表中某些标志的含义，包括范围、计算方法等。填表说明和项目解释必须根据国家制定的统一标准，以保证统计调查中采用的指标含义、计算方法、分类目录和统计编码等的标准化，这是填报人必须遵循的准则。

问卷调查表是调查表的一种新形式，它采取随机或有意识地选择若干调查单位，发出问卷，要求被调查者在规定的时间内反馈信息，借以对调查对象总体做出估计。这种搜集资料的方法多用于所谓主观指标的调查，以其问卷设计独特而著称。问卷调查被广泛运用于民意测验，了解人民群众对一些社会问题的看法。民意测验的问卷调查往往收不回或不能及时收回调查表。问卷调查形式也运用于经济调查。例如，我国每年要进行四次企业景气调查，就是从全国企业中随机抽取1000家不同行业、不同类型、不同规模的企业，采取问卷的形式，让企业对宏观环境和自身环境做出客观判断。它是国家统计调查制度的组成部分，被抽选调查的企业都要及时回答调查表中的问题。

四、规定调查时间和调查时限

调查时间(Survey time)是调查资料所属的时间，即所谓客观时间。如果所要调查的是时期现象，调查时间就是资料所反映的起讫日期；如果调查的是时点现象，调查时间就是规定的统一标准时间。调查时限是进行调查工作的期限，包括搜集资料和报送资料的整个工作所需要的时间，即所谓主观时间。统计调查的及时性要求就是要遵守这种时间。假定企业2016年经济活动成果年报呈报时间规定在2017年1月底，则调查时间为一年，调查时限为一个月。又如牲畜调查，按1月1日的情况登记，持续五天，则调查时间为1月1日，调查时限为五天。任何调查都应尽可能缩短调查时限。

五、制订调查工作的组织实施计划

为了保证调查工作的顺利进行，在调查方案中还应制订出调查的组织实施计划。这个计划的主要内容包括：调查工作的组织领导机构和调查人员的组成；调查的方式方法；调查的工作规则和流程；调查前的准备工作，包括宣传教育、人员培训、印制文件等；其他工作，包括调查资料的报送时间和报送办法，调查经费的预算和开支方法，公布调查汇总结果的时间及方式，工作进度安排等。

对于大规模统计调查，所制定的调查方案往往需要做试点调查。通过试点可以检验调查方案是否切实可行，以便对此加以修改和补充，除此之外还要积累实施调查方案的经验，提高调查人员的业务技能，进而圆满完成调查任务。

第三节　统计调查的组织方式

一、各种统计调查的组织方式在统计调查体系中的应用

我国统计调查的组织方式有普查、抽样调查、统计报表、重点调查和典型调查。它们在统计调查中的地位因历史时期不同而变动。

在传统的计划经济体制下，我国统计调查的组织方式以统计报表制度为主，是一种以

全面调查、层层汇总为特征的统计调查体系。改革开放以来，随着社会主义市场经济的发展，一方面，社会经济现象空前复杂化，给准确把握统计口径带来困难；另一方面，各类经济组织发展迅速，统计调查单位急剧增加与训练有素的基层统计人员数量不足之间的矛盾日益明显。另外，决策主体和利益主体的多层次化，对统计数字的客观性也存在着重要的影响。这些都使得以全面统计报表为主的调查体系越来越难以满足政府与社会公众对统计信息的需求。为适应社会主义市场经济的需求，目前我国建立起了以必要的周期性普查为基础，经常性抽样调查为主体，同时辅之以重点调查、科学推算和部分全面报表综合运用的统计调查体系。

在这一新的统计调查体系中，普查是基础。这是因为只有通过普查，才能搜集到全面和详细的数据，同时从普查中可以寻找和发现应该进一步抽样调查的大量问题，所以说普查为开展抽样调查和抽样推断提供了必要的基础资料。但是，由于普查要耗费大量的人力、物力、财力和时间，无法及时反映社会经济现象日新月异的变化状况，所以对大量的社会经济现象，必须采用抽样调查方式才能及时地获得各类信息。抽样调查的调查单位少，可以由经过专门训练的人员去完成，同时也便于对某一社会经济现象进行更深入的研究，这样既可以节省调查费用，又可以满足对统计时效和统计数据质量的要求。因此，新的统计调查体系要以经常性的抽样调查为主体。重点调查、典型调查和统计报表是我国过去统计实践中常用的方式，在新形势下也仍发挥着一定的作用。

在新的统计调查体系中，还要采用科学的推算方法。所谓统计推算，是在不可能或不必直接通过调查取得资料的情况下，根据掌握的资料，运用各种统计方法进行科学的估计推算，以间接方式取得所需资料。实践证明，它是取得统计数据的有效方法。

如果说统计调查方法体系中"建立以必要的周期性普查为基础，以经常性的抽样调查为主体"体现与国际统计惯例接轨，那么"辅之以重点调查、科学推算和少量的全面报表综合运用"就是考虑到了中国的特点，体现了中国的特色。

总而言之，在统计调查中，应根据调查的目的和调查对象的特点，灵活地选用不同的调查方式，以便及时、准确地获得各种不同的信息。

下面按各种统计调查方式的地位，分别加以说明。

二、普查

(一)普查的意义

普查(General survey)是专门组织的，一般用来调查属于一定时点上社会经济现象数量的全面调查(Full-scope survey)。它主要用来搜集那些不能够或者不宜用其他方式搜集的统计资料，如全国人口数、全部生产设备、科技人员总数、第三产业状况等。普查也可以用来反映一定时期的现象总量，如出生人口总数、死亡人口总数等。普查往往在全国范围内进行。新中国成立以来，我国在社会经济领域进行过多次普查，如 1982 年第三次、1990

年第四次、2000年第五次和2010年第六次全国人口普查,第一次全国城镇房屋普查,第二次全国工业普查,全国首次第三产业普查,第三次全国工业普查,全国各行业首次基本单位普查等。由基本单位普查、工业普查、第三产业普查和建筑业普查合并而成的第一次全国经济普查于2004年进行,第二次经济普查于2008年进行。2006年我国还进行了首次农业普查。这些都是我国有史以来规模最大的国情国力调查。

普查能掌握全面、系统的国情国力统计资料,是进行社会主义现代化建设的一项十分重要的基础工作。尤其是了解一个国家人力、物力和财力的数量及其利用情况,对于国家从实际情况出发制定国民经济和社会发展计划及产业政策,加强国民经济管理,安排人民物质和文化生活具有重要的意义。

(二)普查的特点

普查是全面调查,比任何其他调查都更能掌握全面、系统的国情国力方面的基本统计资料。根据普查的这一重要特点我们可以看到,普查和全面统计报表虽然同属于全面调查,但两者不可相互替代。统计报表不可能像普查那样掌握如此详尽的、全面的资料;与定期报表相比较,普查所包括的单位、分组目录以及指标内容要更广泛详细,规模更宏大,能够解决报表不能解决的问题。但是普查要耗费大量的人力、财力、物力和时间,因此普查不可能经常进行。

普查是一种不连续调查,这是它的主要特点。因为普查对象的数量在短期内往往变动不大,无须做连续登记,只需要间隔较长一段时间进行一次调查。例如,人口普查就是人口总体的时点状况,它主要就是为了取得总人口数和人口的各种构成资料,如性别构成、年龄构成、民族构成和职业构成等。

(三)普查的要求

根据普查的特点,进行普查工作必须十分重视普查项目、调查时间和调查方法上的集中和统一。普查要求:第一,统一规定调查资料所属的标准时间。所谓标准时间,即规定某日或某日的某一时刻作为登记普查对象有关资料的统一时间,这样才能避免搜集资料时因为自然变动或机械变动而产生重复和遗漏现象。例如,我国第六次全国人口普查以2010年11月1日零时为标准时间,第二次经济普查标准时点是2008年12月31日。以人口普查为例来说,任何家庭在该日午夜12时之前有人亡故或在午夜12时之后有孩子出生均不应登记,只有这样,才能把该时刻人口的实际状况像照相一样反映出来。第二,在普查范围内各调查单位应尽可能同时进行调查,并尽可能在最短期限内完成,以便在方法上、步调上取得一致,保证调查资料的真实性。这个问题就是上面说过的调查时限。为取得标准时间的有关资料,不可能在同一时间里同时登记完毕,必须在一段时间内进行。例如,第六次全国人口普查登记工作从2010年11月1日至10日进行,调查时限为10天。调查时限应尽量紧挨标准时间,调查登记工作拖延太久,调查所取得的时点资料就容易发生错误,还会影响汇总分析工作。第三，调查项目一经统一规定，不能任意改变或增减，以免影响综合汇总，降低资料质量。同一种普查再次进行时，项目的规定也应力求一致。当然，普查并不排斥属于时期现象的项目，如第二次全国经济普查中的工业生产基本情况、资产负债状况及其构成、生产能力及技术装备状况等。这里就有很多时期现象的项目。

(四)普查的组织形式

普查的组织形式基本上有两种。一种是自上而下组织专门调查(Special survey)的普查机构，配备一定数量的普查人员，对调查单位直接进行登记。我国历史上几次大的普查都采用这种形式。社会主义现代化建设对统计工作的要求越高，这种普查的内容就越丰富，技术性就越强。没有一个健全的办事机构和精通普查业务的骨干队伍是难以胜任的。因而，今后势必会越来越多地采用这种专门普查的组织形式。另一种是利用调查单位的原始记录和核算资料，或者结合清库盘点，由调查单位自填调查表，如历次物资库存普查就属于这种形式。但即使是后一种形式，也仍需组织普查的领导机构，配备一定的专门人员，从而对整个普查工作进行组织领导。

各种组织形式的普查工作，由于调查规模大、涉及面广，必须通盘考虑进行普查的全过程，做好具体的组织工作，具体包括：第一，要紧紧依靠各级党委和人民政府的统一领导，建立统一的组织领导机构，并对群众进行广泛的宣传动员；第二，要先进行试点，总结经验，再全面开展；第三，设计和颁发普查方案；第四，组织培训普查队伍；第五，物质准备(如汇总工具、印刷普查文件等)和经费预算；第六，运用系统工程的思想和方法，制定固定的工作细则，使普查工作的各个环节都能互相衔接、井然有序，保证调查资料及时报送到上级统计机构；第七，对各个工作环节进行严格的质量控制，逐级负责，层层把关，以保证资料汇总和分析的质量，并应进行事后抽查；第八，公布资料与总结。此外，普查工作全面展开前应进行试点或在进行过程中抓典型、重点，及时总结经验，修订普查办法和工作细则，组织交流推广。

三、抽样调查

抽样调查(Sampling survey)是一种非全面调查(Non-full-scope survey)，它是按照随机原则从总体中抽取部分调查单位进行观察，用以推算总体数量特征的一种调查方式。

由于同质总体的大量性和变异性，要认识总体数量的特征，最直截了当的方法自然是对总体的每个单位进行全面调查，并且加以综合汇总。定期报表制度和普查都是基于这种想法而设计的。但是并不是所有统计都能做到对总体中的每个单位逐一进行全面调查，有时认识总体也未必需要对每个单位都进行全面调查。例如，要根据棉花纤维的长度来判断某品种棉花的质量，当然不可能对成批棉花的每一根纤维都加以检测；我们也没有必要调查城市中每一户居民的收入情况以衡量该市居民的收入水平。像这样的例子很多，统计上如果不解决这一问题，那么统计的认识方法便会大大受到限制。为此，统计科学上提出"代表性调查"法，即调查总体中的部分单位来代表总体的全面情况。抽样调查就是一种代表性调查，它是通过样本的调查来推断总体的方法。抽样调查既是非全面调查，又要达到对总体数量特征的认识，这一特点使它不同于全面调查，也与其他非全面调查有显著区别。

按照随机原则取样是抽样调查的另一个特点。乍看起来，随机性意味着盲目性，似乎和代表性是直接对立的，这一原则往往不为人们所理解或接受。实质上随机性原则正是为了提高样本代表性而设计的。所谓随机性原则，就是总体中调查单位的确定完全由随机因素来决定，单位中选或不中选不受主观因素的影响，保证总体中每一单位都有同等的中选可能性。例如，用随机抽签的方法或利用"随机数码表"来抽取调查单位。由于总体中的每一个单位都有同等的中选机会，所以抽取的结果能使调查单位构成的样本更近似地反映总体的数量特征，估计的误差也相对小了。例如，某专业200个同学中有120个是男同学，80个是女同学，现在要抽取20个同学为样本，如果能够保证该专业同学都有同等的中选机会，那么最有可能抽选的结果是12个男同学和8个女同学组成样本，用这种样本计算男女比例数，就可以很好地代表总体性别比例的情况。坚持随机原则并不是意味着不发挥人们事先对客观事物已有认识的作用。充分利用已有的辅助信息，改善抽样调查的组织形式，减少抽样估计的误差，这些都需要充分发挥人们对客观事物认识的能动作用。但抽样方案一经确定，在具体抽样时就应该排除主观因素的影响，保证随机原则的实现。

抽样调查方式有其明显的优越性，具体如下。

1．节约性

由于抽样调查的单位少，大大减轻了工作量，调查、登记和汇总都可以专业化，从而节省人力、物力和费用开支。特别对于总体范围很大、单位很多和情况很复杂的现象，抽样调查更显优越性。

2．及时性

抽样调查组织专业队伍，直接取样，现场观测，减少了中间环节，提高了时效，因此特别适宜时间性要求很强的调查项目。以农产量调查为例，依靠报表制度层层报告，必须等到农作物全部收割完毕、扬净晒干、过秤入库之后，再经过层层计算、过账、填报、汇总，最后得到数字，这往往要经过几个月时间；而采用抽样调查的办法，从取样中进行实割实测到推算定产取得数字，可以比全面报表提早两三个月，这对于国家安排粮食收购、储运、进出口业务等都有很大好处。

3．准确性

由于抽样调查是自上而下组织的调查，而不是自下而上层层填报，取样是根据随机原则，排除了主观因素的影响，使样本有比较高的代表性，能取得比较准确的效果。全面调查由于填报单位多，布置和汇总的层次多，再加上基层核算制度不健全，因此发生差错失实的可能性不小，相比之下抽样调查就更能显现出优越性了。

4．机动性

抽样调查组织方便、机动灵活，调查项目可多可少，考察范围可大可小，既适用于专题的研究项目，也适用于经常性的调查项目。只要需要，随时都可以组织实施，如政策评估、市场信息、民意测验等都可以因时、因地制宜地组织抽样调查，搜集必要的资料。

抽样调查的特点和它的种种优越性使它成为统计调查方法的主体，并具有广泛的应用范围，在社会经济领域和科学试验中能发挥多方面的作用。

抽样调查方法将在本书第八章详细介绍。

四、统计报表

(一)统计报表的含义和特点

1．统计报表的含义

统计报表(Statistical report forms)是按国家统一规定的表式、统一的指标项目、统一的报送时间，自下而上逐级定期提供基本统计资料的一种调查方法。统计报表也是一张调查表，报表中的指标项目就是调查项目。我国大多数统计报表要求调查对象的全部单位填报，属于全面调查范畴，因此又称全面统计报表。

2．统计报表的特点

统计报表有如下几方面的特点。

(1) 由于统计报表的指标体系、表格形式、报送时间及报送程序都是按照国家统计局的规定实施的，保证了统计资料的统一性。

(2) 在统计报表的实施范围内被调查单位都要进行填报，并经过部门和各地区乃至全国的层层汇总，各部门、各地区及国家可获得相应的统计资料。因此它能够满足各个层次对统计资料的需求，保证了统计资料的全面性。

(3) 统计报表是按照一定的周期(如月报、季报)进行报告的，可以获得周期性的统计资料，保证了统计资料的动态性。

(4) 由于统计资料是建立在原始记录和统计台账的基础上的，因此可以获得较为准确的统计资料，保证了统计资料的可靠性。

(二)统计报表的作用

统计报表的作用如下所述。

(1) 统计报表是国家获得统计资料的重要途径，报表资料是国家制订计划和检查计划执行情况的主要依据。

(2) 通过对统计报表资料的完整积累，可以满足各种分析研究的需要。

(3) 各级领导部门可以通过统计报表资料，经常了解本部门、本地区的经济和社会发展情况，以实现各级业务主管部门对基层企业进行宏观指导，确保它们不偏离本部门、本地区的远景发展目标。在微观上，统计报表资料可以为企业的经济管理提供信息，实现资源的合理配置。

(三)统计报表的类型

统计报表的类型如下所述。

(1) 统计报表按调查范围可分为全面报表和非全面报表。前者要求调查对象的每个单位都要填报，后者只要求调查对象的一部分单位填报。

(2) 统计报表按照报送时间可分为日报、月报、季报和年报等。一般来说，报送周期越短，调查项目越少；报送周期越长，调查项目也相对越多。

(3) 统计报表按实施范围可分为国家、部门和地方统计报表。国家统计报表是反映整个国家的社会、经济、科技发展的基本情况的统计报表，也叫国民经济基本统计报表。部门统计报表是适应本部门业务管理需要而制定的专业统计报表。地方统计报表是根据本地区特点和需要而制定的有关统计报表。地方和部门的统计报表是国家统计报表的补充，它们各有侧重，互有联系。

我国统计报表制度主要包括：报表内容和指标体系的确定，报表方式的设计，报表的实施范围、报送程序和报送日期，填报说明，统计目录以及报表管理办法等。

当然，统计报表也有其局限性：报表中的指标比较固定，缺乏灵活性；在我国市场经济条件下，企业内部的有关资料往往不能通过报表方式如实取得。

五、重点调查

重点调查(Focal point survey)是一种非全面调查，它是在所要调查的现象总体的全部单位中选择一部分重点单位进行调查。所谓重点单位，是着眼于现象量的方面，尽管这些单位在全部单位中只是一部分，但是它们的某一主要标志的标志总量在总体标志总量中占有很大比重。我们把这些现象总体的重点单位的主要标志本身及与主要标志有联系的其他标志进行的调查都看作重点调查。例如，工业经济凸现的"二八律"现象，即20%的企业创造80%的工业产值，因此对20%大型企业的产量及劳动生产率、生产成本或投资效果进行调查；对拥有全国城市人口半数以上的大城市进行农副产品市场商品价格的调查等。

重点调查实质上是范围比较小的全面调查，它的目的是反映现象总体的基本情况。一般来说，当调查任务只要求掌握基本情况，而部分单位又能比较集中地反映所研究的项目和指标时，采用重点调查比较适宜。但是，重点单位虽然对总体来说最有代表性，但又不可能完整地反映现象总量，也不具备推断总体总量的条件。

重点调查由于重点单位的选择着眼于它所研究现象主要标志总量的比重大，因而它的选择不带有主观因素。显然，对于某些单位因技术先进、管理先进或特殊原因而被列为重点管理的，只要调查单位的主要标志总量不占绝大比重，都不列为重点调查单位的范畴。

根据调查目的与任务的不同，重点单位可能是一些企业、行业，也可能是一些地区、城市。进行重点调查考虑重点单位时要注意：在某问题上是重点，在另一个问题上不一定是重点；在某一个调查对象中是重点，在另一个调查对象中不一定是重点；这一时期是重点，另一时期不一定是重点；重点中有重点。

由于重点调查单位比较少，因此允许调查项目多一些，所了解的信息详细一些。重点调查单位一般管理水平较高，统计基础工作较好，资料容易取得且质量较高，所以重点调查是节省人力、物力，效果较好的调查。特别是具有大量总体单位的现象，其中一些单位规模很小，甚至界限模糊不清，重点调查更有其实际意义。

根据研究问题的需要，重点调查可能定期进行，也可能是一次性的。定期进行的重点调查包括定期提供重点企业的经济技术指标的资料。更多的重点调查是临时的专门组织进行的。

六、典型调查

典型调查(Typical survey)是根据调查的目的和任务，在对所研究的现象总体进行初步分析的基础上，有意识地选取若干具有代表性的单位进行调查和研究，借以认识事物发展变化的规律。典型调查是调查研究的基本方法，这种由点到面，由个别到一般的认识方法，每一个领导者、每一个社会经济工作者都必须掌握运用。

在我国统计实践中也运用调查研究这一基本方法，来搜集社会经济现象的数量资料和各方面的具体情况。统计中，典型调查方法是按照统计任务的要求而专门进行的一种非全面调查。

典型调查的特点在于，调查单位是根据调查的目的与任务，在对现象总体进行全面分析的基础上，有意识地挑选出来的。显然，典型调查单位的确定与其他非全面调查相比较，更多地取决于调查者主观的判断与决策。由于社会经济现象的复杂性和期望判断结果尽可能准确些，这就要求被挑选的各个典型应该在总体所要研究的特征中最具有代表性。也就是说，这些单位的数量标志表现(标志值)最能反映总体各个单位的一般水平。

在建立适应社会主义市场经济的统计调查体系中，提出作为辅助方法的是重点调查和科学估算，这不是说统计工作中就不使用典型调查方法。统计中的典型调查，是通过搜集那些典型单位的数量资料，用以推算估计现象总体数量；同时，应用典型调查，深入实际，对所研究事物进行具体、细致的调查研究，可以详细观察事物的发展过程，具体了解现象发生的原因，并掌握现象各个方面的联系。基于以上特点，典型调查成为科学推算的基础。科学推算的方法很多，以典型调查资料为依据的推算是较为可靠的方法。

典型调查大体可分为两种：一种是对个别典型单位进行的调查研究，称为解剖麻雀式的典型调查；另一种是对现象总体按与研究目的与任务有关的主要标志划分类型，然后再在类型组中选择典型单位进行调查，这种形式又称为划类选典式的典型调查。在统计工作实践中，就是运用这两种典型调查方法来推算估计总体数量特征的。

利用典型调查资料来推算总体数量可靠程度全在于所选典型有没有较高的代表性。当总体各单位标志值差异很小时，典型单位的代表性就相对较高，当然就可以用少数典型单位的资料来推算总体，如解剖一两只麻雀就可以了解天下麻雀的身体结构。当总体各单位之间标志值差异比较大时，就一定要经过划类选典。划类选典就是要突出类型之间的差异，又相应减少类型内各单位的差异，大大提高典型单位的代表性。这时只要利用各类型的典型资料和各类型在总体中所占比重来推算总体，就可以取得较好的效果。

案例 2-1

潜在流动率抽样调查问卷

先生/女士：

您好！在建校 50 周年之际，我们拟出几个简单的问题向您征求答案，希望得到您的热情帮助。我们会为您保密，并将认真负责地汇总分析您及所有被调查者的意见，和您一起为学校的改革和发展做一些工作。非常感谢！

××学校调查部
××××年××月

1. 您的年龄(　　)。
   A. 30 岁以下　　　　B. 30~45 岁　　　　C. 45 岁以上
2. 您在学校工作的时间(　　)。
   A. 1~5 年　　　　　B. 5~10 年　　　　　C. 10 年以上
3. 您现在的工作岗位是(　　)。
   A. 教师　　　　　　B. 管理人员　　　　　C. 党政干部
4. 您想调动工作吗？(　　)
   A. 我想调出学校　　　　　　B. 我想调换一下现在的工作岗位
   C. 我不想调动　　　　　　　D. 我没有想过这个问题
5. 如果您想调动，促使您产生这种想法的原因是(　　)(可选三项)。
   A. 我不想在学校干了　　　　B. 经济收入太低
   C. 工作岗位不合意　　　　　D. 人际关系太紧张
   E. 上班路程太远　　　　　　F. 住房难以解决
   G. 才智不能充分发挥　　　　H. 换工作图新鲜
6. 您不愿调离是出于哪种原因？(　　)
   A. 目前工作我很满意，不想调离

  B. 工作虽不理想,但不愿调来调去

  C. 离家比较近,不愿再调动

  D. 校内人际关系较好,不愿调离

  E. 其他(自我简要陈述)

7. 如果调动充分自由,您想选择什么职业(请自由陈述)?

(资料来源:陈杰. 统计学原理实验教程[M]. 大连:大连海事大学出版社,2005.)

案例 2-2

第六次全国人口普查方案

  为科学有效地组织实施第六次全国人口普查,根据《全国人口普查条例》,国家统计局、国务院第六次全国人口普查领导小组办公室日前颁布了《第六次全国人口普查方案》。该方案是组织实施第六次全国人口普查的总纲和基础,是对普查各项工作的规范。

一、调查目的

  第六次全国人口普查的目的是查清 2000 年以来我国人口数量、结构、分布和居住环境等方面的变化情况,按照"全国统一领导、部门分工协作、地方分级负责、各方共同参与"的原则组织实施。人口普查所需经费由国务院和地方各级人民政府共同负担,并列入相应年度的财政预算,按时拨付,确保足额到位。同时,各级宣传部门和人口普查机构应采取多种方式,积极做好人口普查的宣传工作。地方各级人口普查机构主要负责人要对本行政区域人口普查数据质量负总责,确保人口普查数据真实、准确、完整、及时。

二、标准时点与调查范围

  方案规定,本次人口普查的标准时点是 2010 年 11 月 1 日零时。人口普查对象为普查标准时点在中华人民共和国境内的自然人以及在中华人民共和国境外但未定居的中国公民,不包括在中华人民共和国境内短期停留的境外人员。人口普查采用按现住地登记的原则,每个人必须在现住地进行登记;普查对象不在户口登记地居住的,户口登记地要登记相应信息。同时,以户为单位进行登记,分为家庭户和集体户。

三、调查内容

  人口普查登记的主要内容包括:姓名、性别、年龄、民族、国籍、受教育程度、行业、职业、迁移流动、社会保障、婚姻、生育、死亡、住房情况等。

四、调查方法

  方案指出,人口普查表分为《第六次全国人口普查表短表》和《第六次全国人口普查表长表》。普查表长表抽取 10%的户填报,普查表短表由其余的户填报。2009 年 11 月 1 日至 2010 年 10 月 31 日期间有死亡人口的户,同时填报《第六次全国人口普查死亡人口调查表》。中国人民解放军现役军人及军队管理的离退休人员,由军队领导机关统一进行普查、汇总。中国人民武装警察部队，由武警机关负责普查登记，普查表移交当地人民政府指定的人口普查机构。驻外外交机构人员、驻港澳机构人员、其他各驻外机构人员以及派往境外的专家、职工、劳务人员、留学生、实习生、进修人员等，由其出国前居住的家庭户或者集体户申报登记。依法被判处徒刑、劳动教养的人员，由当地公安机关和监狱、劳教机关进行普查，普查表移交县、市人口普查办公室。

五、调查组织

方案要求，各级宣传部门和人口普查机构应制定宣传工作方案，深入开展普查宣传。应组织协调新闻媒体，通过报刊、广播、电视、互联网和户外广告等多种渠道，宣传人口普查的重大意义、政策规定和工作要求，积极营造良好的人口普查氛围。各级人口普查机构要组织开展形式多样的宣传活动，动员社会各界支持、参与人口普查工作。

本次普查中每个普查小区至少配备一名普查员，每个普查区至少配备一名普查指导员，原则上4个或5个普查小区配备一名普查指导员。普查指导员和普查员应当由具有初中以上文化水平、身体健康、认真负责、能够胜任人口普查工作的人员担任。普查指导员和普查员可以从党政机关、社会团体、企事业单位借调，也可以从村民委员会、居民委员会或者社会上招聘。借调和招聘工作由县级人民政府负责，该项工作应于2010年8月底前完成。借调的普查指导员和普查员的工资由原单位支付，其福利待遇保持不变，并保留其原有的工作岗位。其培训工作由县级人口普查机构统一组织进行。普查指导员和普查员经过培训并考核合格后，由县级以上人口普查机构颁发全国统一的证件，培训工作应于2010年10月15日前完成。

六、方案实施

方案指出，人口普查按照划分的普查区域进行。普查区域的划分要坚持地域原则，做到不重不漏，完整覆盖全国，划分工作应于2010年8月底前完成。同时，公安部门应按照《中华人民共和国户口登记条例》和《第六次全国人口普查户口整顿工作方案》的要求进行户口整顿，整顿工作应于2010年8月底前完成。人口普查登记前，普查员要做好摸底工作，该工作应于2010年10月底前完成。

七、调查时间

方案规定，人口普查的登记工作从2010年11月1日开始到11月10日结束。人口普查登记采用普查员入户查点询问、当场填报的方式进行。普查登记时，申报人应当依法履行普查义务，如实回答普查员的询问，不得谎报、瞒报、拒报。登记结束后，普查指导员应当组织普查员按照规定的方法进行全面复查，发现差错应重新入户核对，经确认后予以更正。复查工作应于2010年11月15日前完成。复查工作完成后，国务院人口普查办公室统一组织事后质量抽查，该项工作应于2010年11月底前完成。同时还规定，人口普查对象提供的资料应当依法予以保密。

八、数据处理

方案要求，人口普查表经复查后，按照统一规定的标准进行编码。编码后的普查表经复核、检查验收合格后,方可交付录入。《第六次全国人口普查表短表》《第六次全国人口普查表长表》以普查小区为单位分别装入不同的包装袋。《死亡人口调查表》以普查区为单位装入相应的包装袋。人口普查数据由人口普查机构负责进行数据处理。录入工作采用光电录入的方式,数据录入、编辑、审核、汇总程序由国务院人口普查办公室统一下发。人口普查机构对普查登记的主要数据要先进行快速汇总。国务院人口普查办公室应于2011年12月31日前完成人口普查全部数据的汇总工作。人口普查数据处理工作结束后,原始普查表按国务院人口普查办公室的统一规定销毁。数据处理形成的单个普查对象的资料,由国务院人口普查办公室和各省、自治区、直辖市人口普查办公室负责管理。国务院人口普查办公室和各省、自治区、直辖市人口普查办公室应编制普查报告书,并分别向国务院和各省、自治区、直辖市人民政府报告工作。各级人口普查机构应做好人口普查资料的开发和应用,为社会公众提供查询、咨询等服务。

九、质量监督与验收

方案还要求,人口普查实行质量控制岗位责任制,普查人员应认真履行职责,严格执行岗位工作规范,保证各自的工作质量达到规定的标准。各级人口普查办公室应对人口普查实施中的每个环节进行监督检查,搜集、整理、分析工作质量情况,对发现的问题要及时研究解决。在人口普查登记、快速汇总、编码、数据处理各环节实行质量验收制度。验收不合格的必须返工,直至达到规定的质量验收标准方可转入下一工作环节。

十、其他事项

香港特别行政区、澳门特别行政区的人口数,按照香港特别行政区政府、澳门特别行政区政府公布的资料计算。台湾地区的人口数,按照台湾地区有关主管部门公布的资料计算。交通极为不便的地区,需采用其他登记时间和方法的,须报请国务院人口普查领导小组批准。

(资料来源:国家统计局网站,http://www.stats.gov.cn/tjzd.)

思考与练习

一、单项选择题

1. 统计调查按登记时间是否具有连续性,可以划分为(　　)。
   ① 全面调查和非全面调查　　② 经常性调查和一次性调查
   ③ 统计报表和全面调查　　　④ 普查和重点调查
2. 调查项目的承担者是(　　)。
   ① 调查对象　　② 调查单位　　③ 指标　　④ 报告单位
3. 负责向上报告调查内容的单位称(　　)。
   ① 总体单位　　② 调查单位　　③ 填报单位　　④ 统计单位

4. 按随机原则抽取调查单位的是(   )。
   ① 重点调查   ② 抽样调查   ③ 典型调查   ④ 统计报表
5. 所谓重点单位，是指(   )。
   ① 少数单位标志总量占总体标志总量的绝大比重
   ② 少数单位数占总体单位数的绝大比重
   ③ 国家一级保护的单位
   ④ 某组单位数占总体单位数的绝大比重
6. 关于调查时间，下列说法正确的是(   )。
   ① 进行调查工作的期限   ② 调查工作进行的开始时间
   ③ 调查实际登记的时间   ④ 调查资料所属的时间
7. 以全部工业企业的厂长为调查对象，则调查单位是(   )。
   ① 每一个工业企业   ② 工业企业的主管部门
   ③ 每一个工业企业的厂长   ④ 工业企业的员工
8. 对某运输公司的汽车进行调查，其调查对象是(   )。
   ① 全部汽车   ② 每辆汽车
   ③ 该运输公司   ④ 该公司下属的各个车队
9. 我国的统计报表大多数属于(   )。
   ① 经常性的全面调查   ② 非经常性的全面调查
   ③ 一次性的全面调查   ④ 一次性的非全面调查
10. 对某班所有的学生进行一次调查，则(   )。
    ① 该班所有学生是调查单位   ② 女生人数占45%是统计指标
    ③ 该班每个学生是统计总体   ④ 平均身高是数量标志
11. 假设人口普查的标准时点为7月1日零点，7月2日调查人员在各家调查时，得知王家6月30日出生一个小孩，李家7月1日出生一个小孩，则(   )。
    ① 两家小孩均应登记   ② 两家小孩均不予登记
    ③ 王家小孩应予登记，李家小孩不应登记
    ④ 王家小孩不应登记，李家小孩应予登记
12. 了解工业企业的期末在制品数量，调查人员去现场观察、计数，这种搜集资料的方法是(   )。
    ① 采访法   ② 直接观察法   ③ 大量观察法   ④ 报告法

二、多项选择题

1. 下列属于专门调查的有(   )。
   ① 普查   ② 统计报表   ③ 重点调查
   ④ 典型调查   ⑤ 抽样调查

2. 在工业企业设备调查中，（　　）。
   ① 工业企业的所有设备是调查对象　　② 工业企业是调查对象
   ③ 每台设备是调查单位　　　　　　　④ 每个工业企业是填报单位
   ⑤ 每台设备是填报单位

3. 重点调查（　　）。
   ① 是全面调查　　　② 是非全面调查　　　③ 可以采用经常性调查
   ④ 可以采用一次性调查　　⑤ 只能是不定期调查

4. 统计调查按搜集资料的方法不同，可以分为（　　）。
   ① 采访法　　　　　② 问卷法　　　　　③ 直接观察法
   ④ 抽样法　　　　　⑤ 报告法

5. 下列统计调查中，调查单位与填报单位一致的是（　　）。
   ① 工业企业设备普查　　② 零售商店调查　　③ 人口普查
   ④ 工业企业普查　　　　⑤ 学校学生健康调查

6. 某城市进行广告企业情况调查，则每一家广告单位是（　　）。
   ① 调查对象　　　　② 调查单位　　　　③ 调查项目
   ④ 填报单位　　　　⑤ 总体单位

7. 人口普查属于（　　）。
   ① 全面调查　　　　② 非全面调查　　　③ 专门调查
   ④ 一次性调查　　　⑤ 经常性调查

8. 统计报表的特点是（　　）。
   ① 自上而下统一布置　　② 自下而上逐级填报　　③ 一般属于全面调查
   ④ 按统一的表式和项目填报
   ⑤ 按规定的报送时间上报

三、填空题

1. 为了保证调查工作的质量，要求调查资料要做到（　　）、（　　）、（　　）和（　　）。
2. 统计调查按组织方式不同，分为（　　）和（　　）。
3. 调查表的形式有（　　）和（　　）两种。
4. （　　）是调查项目的承担者，（　　）是负责上报调查表或统计表的单位。
5. 一个完整的统计调查方案，应包括的主要内容有（　　）、（　　）、（　　）、（　　）和（　　）。
6. 当调查任务只要求掌握调查对象的（　　），而在总体中确实存在着（　　）时，进行重点调查是比较适宜的。
7. 典型调查有两个特征：第一，它是（　　）的调查；第二，调查单位是（　　）地选择出来的。

四、判断题

1. 重点调查的重点单位是根据当前的工作重点来确定的。　　　　(　)
2. 一览表是在一张表上登记一个调查单位。　　　　　　　　　　(　)
3. 直接观察法不能用于对历史资料的搜集。　　　　　　　　　　(　)
4. 统计报表是一种定期的统计报告制度。　　　　　　　　　　　(　)
5. 调查对象就是统计总体，而统计总体不都是调查对象。　　　　(　)
6. 重点单位的选择带有主观因素。　　　　　　　　　　　　　　(　)
7. 典型单位的选择带有主观因素。　　　　　　　　　　　　　　(　)
8. 重点调查和抽样调查都是非全面调查，其调查结果都可以用于推算总体指标。
　　　　　　　　　　　　　　　　　　　　　　　　　　　　　(　)
9. 统计调查中，调查对象同时又可以是调查单位。　　　　　　　(　)
10. 统计调查中，调查单位同时又可以是总体单位。　　　　　　 (　)

五、简答题

1. 什么是调查对象、调查单位和填报单位？请举例说明。
2. 普查和全面统计报表都是全面调查，二者有何区别？
3. 何为重点调查？如何选择重点单位？请举例说明。
4. 重点调查、典型调查与抽样调查这三种非全面调查的区别是什么？
5. 一份完整的统计调查方案应包括哪些基本内容？

第三章

统计数据的整理与显示

本章导读：本章主要介绍统计资料整理的基本知识。通过本章的学习，要求了解统计整理的意义和步骤；掌握统计分组的概念、方法与作用；重点掌握变量数列的编制方法，熟悉统计表的构成。

第一节 统计整理的意义和步骤

一、统计整理的含义和意义

(一)统计整理的含义

按照统计研究的要求，对调查所搜集到的原始资料进行分组、汇总，使资料达到条理化、系统化的工作过程，就是统计资料整理(statistical data arrangement)，简称统计整理。对于已整理过的初级资料进行再整理，也属于统计整理。

(二)统计整理的意义

统计整理是非常重要的阶段。通过统计调查取得的总体各个单位的资料，是有关标志的"标志表现"，仅说明各个单位的整体情况，是不系统、分散的数据，是事物的表象、某一侧面或外部联系的感性材料。统计整理的任务就是分组处理，借助于各个组和总体的总量指标，对总体内部的规律性、相互联系和结构关系做出概括的说明。统计整理实现了从个别单位标志值向说明总体数量特征的指标值过渡的目标，是人们对社会经济现象从感性认识上升到理性认识的中间阶段，为统计分析提供坚实的基础。因此，它在统计研究中起到了承前启后的作用。

统计整理在整个统计研究过程中占有重要的地位。资料整理得正确与否，直接关系到整个统计研究任务能否顺利完成。如果统计资料加工整理方法不得当，资料整理有失误，往往会使调查来的丰富、完备的资料失去价值，失去系统性，容易掩盖现象的真相，得不到正确的结论。

二、统计整理的步骤

统计整理的工作过程，一般经过以下几个基本步骤。

(一)制定统计整理方案

统计整理方案是根据统计研究的目的和要求，事先对整理工作做出的全面安排，制订出的周密的工作计划。

统计整理方案内容包括：确定需要整理的统计汇总方式，制定统计整理表，并对统计整理的各个环节作出规定，确保统计整理有计划、有步骤地进行。

(二)对调查资料进行审核与检查

为了保证整理资料的工作质量，在汇总之前，必须对调查资料进行认真的审核与检查。审核检查主要是针对调查资料的准确性、完整性和及时性进行的审查，以便发现问题，予以纠正。

准确性检查采取的方法是逻辑检查和计算检查。逻辑检查包括检查调查资料的内容是否合理，项目之间有无相互矛盾的地方，以及与有关资料进行对照，或者检查数字的平衡关系，以暴露逻辑上的矛盾。计算检查包括检查调查表或报表中各项数字在指标口径、计算方法和结果上有无差错，计算单位是否符合规定等。

完整性和及时性的检查，即检查所有被调查单位的资料是否齐全，是否按规定的份数、项目和时间上报，是否有缺报内容并采取补救措施。因为任何填报单位不报、缺报或迟报，都会影响汇总工作的进行。

(三)对调查资料进行分类分组

对调查资料进行分类分组是统计整理的关键步骤，应该选择最基本的、最能说明事物本质特征的标志对调查资料进行科学的分类分组。

(四)对调查资料进行汇总和计算

对调查资料进行汇总和计算是统计整理的中心工作，也是工作量最大的一项工作。它要对资料进行分组汇总，计算出各组单位数和总体单位数，以及标志总量和总体标志总量。

(五)汇总后的审核

汇总后的审核是对汇总出来的资料再进行一次审核检查，纠正在汇总过程中所发生的各种计算差错。

(六)编制统计表

编制统计表是将整理好的统计资料通过统计表的形式表示出来，形成有条理、系统化的资料。统计表是统计资料的有效表现形式，它简明扼要的表格形式能有效地表达统计汇总的结果，从而反映社会经济现象在数量方面的具体表现和相互联系。

第二节 统计分组

一、统计分组的概念

统计分组(statistical data grouping)是根据所研究事物的特点和统计研究的目的,把统计总体按照某一标志划分为若干性质不同而又相互联系的几个部分的一种统计方法。

统计总体中的各个单位,一方面在某一个或某一些标志上具有相同的性质,可以结合在同一性质的总体中;另一方面,有在其他一些标志上彼此相异的性质,从而又可以被区分为性质不同的若干组成部分。例如,在工业企业这个总体中,我们可以按照企业的经济类型将工业企业划分为国有及国有控股企业、集体企业、个体企业、股份制企业、外商投资企业等类型。每一组内各企业的经济类型相近,组与组之间的经济类型差异较大。可见,统计分组实质上是在统计总体内部进行的一种定性分类。

统计总体具有同质性的特征,但同质性又是相对的。总体各单位的许多变异标志正是人们把总体进一步区分为性质不同的几个部分的客观依据。统计分组是在总体内进行的一种定性分类,它把总体划分为一个个性质不同的范围更小的总体,称为次级总体。这些被称为次级总体的组,同样具有统计总体的一般特征,它们几乎可以无限地分组下去。例如,把所有具有我国国籍的人组成我国人口总体,但又可以把人口总体按性别、年龄、民族、文化程度等标志划分为各种各样的组。这些各种各样的组总可以再找到分组标志来继续分组。

二、统计分组的作用

统计分组具有以下三个方面的作用。

(一)划分现象的类型

统计分组的首要作用就是区分事物现象质的差别。统计分组的过程就是区分事物性质的过程。社会经济现象存在着复杂多样的类型,各种不同的类型有不同的质的差别以及不同的发展规律。在占有大量的统计资料时,有必要运用统计分组法对所研究的社会经济现象总体划分不同的类型组来进行研究。

社会经济现象的类型各异,其中最重要的类型是指直接反映社会生产关系的类型,因为它可以直接反映一定社会经济结构的特点。例如,我国经济成分分为公有经济和非公有经济两大类;工业划分为重工业和轻工业两大类;农业划分为农、林、牧、渔四大类等。

(二)研究总体内部的结构

社会经济现象所包括的大量单位,不但在性质上不尽相同,而且在总体中所占比重也不一样。各组比重数大小不同,说明它们在总体中所处地位不同,对总体分布特征的影响也不同,其中,比重数相对大的部分决定着总体的性质或结构类型。例如,假设一个国家或地区的工农业总产值中农业总产值所占比重在百分之八九十,则说明这个国家或地区的经济性质是农业经济。可见,研究总体的结构是十分重要的。又如,我国人口就业结构资料如表3-1所示,从表中可以看出,我国三次产业的人口就业结构在1980—2015年间存在很大的变化,特别是第一产业和第三产业的变化方向是相反的,第一产业人口就业结构是不断降低的,而第三产业人口就业结构是不断上升的。这个资料突出表现了我国三次产业人口就业结构的变化进程。

表3-1 我国人口就业结构变化情况表 单位:%

产业类别	1980年	1990年	2000年	2005年	2010年	2015年
第一产业	68.7	60.1	50.0	44.8	36.7	28.3
第二产业	18.2	21.4	22.5	23.8	28.7	29.3
第三产业	13.1	18.5	27.5	31.4	34.6	42.4

(资料来源:国家统计局网站,http://www.stats.gov.cn/tjzd.)

将总体的结构分组资料与时间的移动联系起来进行分析,可以反映由于各组比重变化速度不同而引起的各组的改变状况,从而认识现象发展变化的规律性。

(三)分析现象之间的依存关系

社会经济现象之间存在着广泛的相互联系和制约关系。但现象之间发生联系的方向和程度又各不相同。关系比较紧密的一种联系就是现象之间的依存关系。研究现象之间依存关系的统计方法很多,如相关与回归分析法、指数因素分析法、统计分组分析法等,其中统计分组分析法是最基本的方法,是其他分析法的基础。

用统计分组法确定现象之间的依存关系,通常是把那些表现为事物变化发展原因的因素称为影响因素,而把表现这些事物发展结果的因素称为结果因素。

例如,在社会经济现象中,收入和消费之间有一定的联系,一般来讲,收入越高,消费也越多。又如,商店规模与其经营效果也有一定的联系,商店规模的扩大一般可增加商店的营业额。这些现象之间的依存关系表现为正依存关系。此外,在商品流转额、商品流转速度与流通费水平之间也存在着一种依存关系。一般来说,商品流转额越大的商店,其流通费水平越低,这种现象称为负依存关系。职工家庭生活水平与家庭人口数之间的关系、人口的文化程度与生育率水平之间的关系等均表现为负依存关系。表3-2是40户居民家庭按月收入分组的资料。资料显示,随着居民家庭月收入的增加,居民的月支出也相应增加,说明了居民家庭收入水平及支出水平之间的依存关系。

统计分组的上述三方面作用是分别从类型分组、结构分组和分析分组角度来说明的,它们不是彼此孤立的,而是相辅相成、相互补充、配合运用的。

表 3-2　40 户居民家庭月收入及支出情况

家庭月收入/元	家庭户数/户	家庭月平均支出/元
2600 以下	4	2300
2600～2700	7	2400
2700～2800	2	2500
2800～2900	9	2600
2900～3000	7	2700
3000 以上	11	2800

三、统计分组的类型

对社会经济现象的统计研究，不但要注意现象的一般性，更要注意现象的特殊性。注意事物之间的差别、特点，这是认识事物的基础。统计分组是达到这种认识目的的手段，是统计整理的主要方法，也是一切统计研究的基础，统计分析的各种方法离不开现象总体的分组、分类。

统计分组可以进行以下分类。

(一)按分组标志的多少分为简单分组和复合分组

根据所研究现象总体的复杂程度和分析研究的任务，分组仅按一个标志来进行，称为简单分组(simple grouping)。选择两个或两个以上的标志分别进行简单分组，就形成了平行分组体系。

简单分组实际上就是各个组按一个标志形成。例如，为了了解工业企业员工总体的基本情况，选择年龄、文化程度、工龄和操作形式等标志分别进行分组，属于简单分组。

表 3-3 是我国 2014 年和 2015 年生产总值按三次产业分组的情况。

表 3-3　我国 2014 年和 2015 年国内生产总值及构成

按三次产业分组	2014 年		2015 年	
	国内生产总值/亿元	比重/%	国内生产总值/亿元	比重/%
第一产业	58 343.5	9.1	60 862.0	8.9
第二产业	277 571.8	43.1	282 840.0	40.9
第三产业	308 058.5	47.8	346 150.0	50.2
合　计	643 974.0	100.0	689 052.0	100.0

(资料来源：国家统计局网站，http://www.stats.gov.cn/tjzd/)

以上是简单分组,反映产业结构及其变化。从表中数据可以看出,我国国内生产总值主要是第三产业(secondary industry)比重大,其次是第二产业(tertiary industry),而第一产业(primary industry)比重较小。

平行分组体系的特点是:每一种分组只能固定一个因素对差异的影响,同时又掩盖了其他因素对差异的影响。因此,在平行分组体系中,所采用分组标志的多少,决定了人们对社会经济现象总体认识的广度。

若分组按两个或两个以上的标志进行,并且层叠在一起,称为复合分组(composite grouping)。所分各组是在分组标志的基础上层叠排列的,从而形成复合分组体系。复合分组实际上是各个组按两个以上的标志形成的,即先按一个标志分成组,在此基础上再按第二个标志分成小组,又再层叠地按第三个标志分成更小的组,以此类推。例如,工业企业先按经济类型分组,再按轻重工业分类,又按企业规模分组,形成如图 3-1 所示的复合分组。

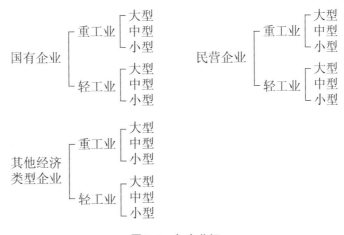

图 3-1　复合分组

表 3-4 所示为复合分组的另一举例。

复合分组体系的特点是:第一层次分组只固定一个主要因素对差异的影响,第二层次分组则同时固定两个因素对差异的影响,当进入最后一个层次分组时,则所有被选择标志对差异的影响全部被固定了。在复合分组体系中,分组层次的多少决定于所选分组标志的多少,从而决定了人们对社会经济现象总体认识的深度。

复合分组适合运用于调查单位足够多的条件下,由于把分组标志复合在了一起,组数就大大地增加了;当调查单位为数不多时,势必发生各组单位数很少的情况,据以进行分析、作结论就没有充分的根据,尤其是在研究总体内各标志间依存关系时更是如此。

表 3-4　某专业学生按性别和考试成绩的复合分组

按性别、考分分组/分	人数/人
男生	60
60 以下	4
60～70	20
70～80	18
80～90	12
90 以上	6
女生	40
60 以下	1
60～70	10
70～80	17
80～90	8
90 以上	4

(二)按分组标志的性质分为品质分组和变量分组

品质分组(attributive grouping)是按品质标志进行的分组。例如，人口按性别、民族、文化程度、职业等标志分组；工业企业按经济类型、部门、轻重工业、甲乙部类、所属地区等标志分组；等等。这些组在性质上、界限上是稳定明确的。也有的按品质标志进行的分组非常复杂，类别繁多，这种分组统计上称为分类。这种复杂的分组，各组界限不易划分，从这一组到另一组存在各种过渡状态，边缘不清。例如，农业与动植物采集工业与森林采伐等的区分就比较困难。又如，商业零售额按城乡分组，怎样划分城乡的界限也是比较复杂的问题。在实际工作中，对于这些比较复杂的分组，国家规定了统一的统计分类标准或分类目录，对不同的现象总体确定分类名称、分类标准、计量单位和编码方法，作为分组的统一依据，供长期稳定使用。完善统计分类目录，做到分类标准化是统计工作现代化的重要要求。根据国家统计局和国家标准局的《国民经济行业分类标准》，工业部门有 40 个大类、204 个中类及 547 个小类。

变量分组(variable grouping)是按数量标志进行的分组。例如，人口按年龄分组，工业企业按职工人数、生产能力、资金利润率分组等。变量分组反映总体数量特征的差异情况，通过数量变化来区分各组的不同类型和性质。变量分组在第五个问题——"统计分组的方法"中将详细介绍。

四、分组标志的选择

统计分组是把总体按某一标志来分门别类的。因此，统计分组的关键在于分组标志的选择。选择什么样的分组标志就有什么样的分组、什么样的分组体系。分组标志作为现象总体划分为各个不同性质的组的标准或根据，选择的正确与否，关系到能否正确地反映总体的性质特征、实现统计研究的目的和任务。分组标志一经选定，必然突出了现象总体在此标志下的性质差异，而掩盖了总体在其他标志下的差异。缺乏科学根据的分组不但无法显示现象的根本特征，甚至会把不同性质的事物混淆在一起，歪曲社会经济的实际情况。正确选择分组标志，需要注意以下几点。

(一)根据统计研究的目的选择分组标志

以工业生产统计为例。当研究的目的是为了分析企业规模，即大中小型企业的生产情况时，应该选择产品数量或生产能力作为分组标志；当研究目的在于确定工业内部比例及平衡关系时，就要按部门分类，划分为重工业和轻工业或冶金、电力、化工、机械、轻工等工业部门；当研究人民的生活水平时，由于生活水平的高低是由收入情况决定的，则按不同的社会集团(职业)分组，城乡分组就是比较重要的分组。

(二)选择最能反映现象本质特征的标志作为分组标志

在总体的若干标志中，有些是根本性的、本质的或主要的标志，有些是非本质的、次要的标志，要根据研究问题的需要，选择最本质的标志来进行统计分组。例如，要研究我国经济结构的特点，像经济类型、产业结构等都是最能反映经济结构本质特征的最基本标志。又如，研究职工生活水平情况时，有工资水平、职工家庭成员平均收入等几个标志。按职工家庭成员平均收入分组最能反映职工的实际生活水平，因此职工家庭成员平均收入就是主要标志。

(三)根据现象发展的历史条件和经济条件选择分组标志

社会经济现象在不断地发展变化着，历史和经济条件变化着，事物特征也变化着，最能反映现象本质特征的标志也随之而变化。例如，计划经济时代，研究企业经济，按经济类型分组就是最本质、最重要的分组。现在研究企业经济，把规模以上作为分组标志才能正确地反映企业经济状况，经济类型标志逐步淡化。又如，对于劳动密集型产业，应采用职工人数作为分组标志来反映各企业生产规模的大小；对于技术密集型产业，反映各企业的生产规模大小就要选用固定资产价值或产值作为分组的标志。

因此，必须根据统计研究的目的，在对现象进行分析的基础上，抓住具有本质性的区别及反映现象内在联系的标志作为分组标志。分组标志确定之后，必须解决分组方法的问题。在分组种类问题上，我们说过，按分组标志的性质统计分组可分为品质分组和变量分组。分组方法论就是阐述这两种分组的具体方法。

五、统计分组的方法

(一)品质分组的方法

按品质标志分组是比较简单的方法,分组标志一经确定,组名称和组数也就确定,不存在组与组之间界限区分的困难。例如,人口按性别分为男、女两组。又如,工业企业按经济类型分为国有企业、民营企业和其他经济类型。上面已经介绍,这里就不赘述了。

(二)变量分组的方法

按变量分组是指按数量标志分组的方法。按数量标志分组的目的并不是单纯确定各组在数量上的差别,而是要通过数量上的变化来区分各组的不同类型和性质。因此,应该以什么数量标志作为划分标准,都要依据研究的任务和现象的性质来确定。在实际工作中,变量分组常常用来分析某种指标的变动及其在各组的分配情况,这时,被研究的统计指标就成为分组的标志。例如,企业按产量计划完成程度、利税率分组,工人按劳动生产率分组等。

变量分组由于存在很多问题,所以要在以下几方面加以阐述。

1. 单项式分组和组距式分组

前面说过,变量有离散型和连续型之分。离散型变量如果变量值变动幅度比较小,变量值的项数又很少,则可依次将每一个变量值作为一组,这种分组称为单项式分组。例如,职工家庭总体按儿童数分为以下几组:没有儿童的、有一个儿童的、有两个儿童的、有三个儿童的。又如,城市居民家庭按家庭成员数分为2个、3个、4个、5个和6个及6个以上各个组。这里,"2个""3个"……就是单项式分组的组名称,具有离散型数量特征。但是,离散型变量如果变量值变动很大,项数又很多,采用单项式分组势必分组数太多,各组没占几个单位,因此就失去了分组的意义。某些场合离散型变量不能作单项式分组。例如,将全国所有城市按人口数进行分组,由于各城市人口差别很大,城市人口相同的情况几乎是不存在的,就不存在单项式分组的问题,因此大多数的离散型变量采取组距式分组。

组距式分组就是把整个变量值依次划分为几个区间,各个变量值则按其大小确定所归并的区间,区间的距离称为组距,这样的分组称为组距式分组。例如,企业按工人人数进行组距式分组为:99人以下、100～499人、500～999人、1000～1999人、2000人以上。

连续型变量由于不能一一列举它的变量值,不能作单项式分组,只能进行组距式分组。例如,工人按工资分组为:2300～2500元、2500～2700元、2700～2900元、2900～3100元、3100元以上。

按组距式分组会使资料的真实性受到一些损害。假定上例中工人工资 2500～2700 元的有 100 人，这 100 人的实际工资可能是：大多数偏于 2500 元或大多数偏于 2700 元、集中在 2600 元左右或均匀分布于 2500～2700 元之间。所有这些情况均被抽象了，掩盖了。因此，在统计研究中只好假定工资在各组内部分布都是均匀的。这显然与客观资料的真实情况是矛盾的。

进行组距式分组时，对于全体变量值应该划分多少组才合适，这是必须要重视的问题。在进行组距式分组以后，各组内部各单位的次要差异被抽象了，而突出了各组之间的差异，这样，各组分配的规律性可以更容易地显示出来。如果根据这个道理缩小组距、增加组数，往往就会产生相反的效果，即分组过细容易将属于同类的单位划分到不同的组，因而显示不出现象类型的特点。但我们也不能过分地扩大组距，减少组数，把不同性质的单位归并在同一组中，失去区别事物的界限，从而达不到正确反映客观事实的目的。

总之，组距的大小、组数的确定应该全面分析资料所反映的社会经济内容、标志值的分散程度等因素，不能强求一致。

2．等距分组和异距分组

组距式分组区分等距分组和异距分组(不等距分组)是一个重要的问题。等距分组即标志值在各组保持相等的组距，就是说各标志值的变动都限于相同的范围。在标志值变动比较均匀的情况下，可采用等距分组。例如，工人按年龄、工龄、工资的分组，零件按尺寸的误差、加工时间的分组，产品按单位成本分组等。等距分组有很多好处，它便于各组单位数和标志值的直接比较，也便于计算各项综合指标，如标志值的平均数。当标志值变动很不均匀，如急剧地增长、下降，变动幅度很大时就应采用异距分组(Unequal class intervals)。上面，企业按工人数分组，就是异距分组。

在异距分组中，如果标志值是按一定比例发展变化的，则可以按等比的组距间隔来分组。以下是高炉按有效容积的异距分组：100 立方米以下、100～200 立方米、200～400 立方米、400～800 立方米、800～1600 立方米、1600 立方米以上。这里，组距间隔的公比为 2。

再如，大城市的百货商店营业额差别是很大的，年营业额从 50 万元至 5 亿元，可采取公比为 10 的异距分组：50 万元～500 万元、500 万元～5000 万元、5000 万元～50 000 万元。若用等距分组，即使组距为 500 万元，也得分出 100 组来。

更多的情况是要根据事物性质变化的数量界限来确定组距。例如，对儿童年龄的分组，必须注意到儿童不同年龄生理变化的特点，可分为以下各组：1 岁以下、1～3 岁、4～6 岁、7～15 岁。

总之，异距分组的组距和组数应根据研究现象本身质量关系的分析来确定，通过不相等的组距和组限来区分现象的类型和性质。

3．组限与组中值

组距两端的数值称为组限，其中每组的起点数值称为下限(lower limit)，每组的终点数值称为上限(upper limit)，下限和上限表示各组标志值变动的两端界限。例如，上例中高炉按有效容积分组，第二组的下限为 100 立方米，上限为 200 立方米；第三组下限为 200 立方米，上限为 400 立方米等。

由于变量有离散型与连续型两种，所以其组限的划分也有所不同。

离散型变量可以一一列举，而且相邻两个数值之间没有中间数值。因此，各组的上下限都可以用确定的数值(整数)表示。例如，上面列举过的工业企业按工人人数分组可表示为：500～999 人、1000～1999 人、2000 人以上等。

连续型变量在两数之间可能有无限多个中间数值，不可能一一列举，因此相邻组的上限和下限无法用两个确定的数值分别表示。在这种情况下，上一组的上限同时也是下一组的下限。例如，上面列举过的工人按工资水平所做的等距分组。在这些分组中，相邻的组限是重叠(Overlapping class limits)的。例如，2700 元是第二组的上限，也是第三组的下限等。在分组时，凡遇到某单位的标志值刚好等于相邻两组上下限的数值时，一般把此值归并到作为下限的那一组，如把工资为 2700 元的工人归到第三组中，把工资为 2900 元的工人归到第四组中，这种规定叫"上限不在内"原则。

根据这个规定，离散型变量的分组也普遍使用各组的上限当作下一组的下限，这样不仅比较简明，而且计算组中值时不会造成麻烦。例如，各企业按工人数分组可以是如下的形式：200～500 人、500～1000 人、1000～2000 人、2000 人以上。

组中值(Class midpoint)是上限与下限之间的中点数值。我们知道，经过了组距分组，各个单位具体标志值看不见了，不这样做，就难以对现象总体规律有深刻的认识。但是，在许多场合，仅仅大概地了解这些标志值变化的区间是不够的，我们还需要确定一个能代表各组标志值一般水平的数值，这个数值就是组中值，它在统计分析中应用很广泛。

组中值就是上限和下限的简单算术平均，即(上限+下限)÷2。例如，上面员工按工资分组中，第二组为 2500～2700 元，则组中值为 2600 元。有时候组距数列上下两端的组运用开放式的组距，即第一组用"多少以下"，最后一组用"多少以上"表示。这两个组的组中值可参照相邻组的组距来决定。

最后，组限的表述应尽量是 10、50、100、1000 等数字的整倍数。例如，某高校教师工资最低 4510 元，最高 9310 元，拟分 5 组，实际平均组距为 960 $\left(\frac{9310-4510}{5}=960\right)$，如进行以下分组：4510～5470 元、5470～6430 元、6430～7390 元、7390～8350 元、8350～9310 元等，这样显然难懂难记。如果分为 4500～5500 元、5500～6500 元、6500～7500 元、7500～8500 元、8500～9500 元等组，无疑是易懂易记的。

第三节 分配数列

一、分配数列的概念与种类

将总体中的所有单位按某个标志分组后,所形成的总体单位数在各组之间的分布,称为分配数列(frequency distribution)或次数分布。分配数列由两个要素组成,一个是分组,另一个是次数,又叫频数(frequency)。

根据分组标志的不同,分配数列分为品质分配数列和变量分配数列。按品质标志分组所编制的分配数列叫品质分配数列,简称品质数列。按数量标志分组所编制的分配数列叫变量分配数列,简称变量数列(series of varieties)。

变量数列又有单项式变量数列和组距式变量数列之分。用一个变量值代表一个组形成的数列,叫单项数列。用变量值变动的一定范围(组距)代表一个组形成的数列,叫组距数列,如表 3-5 和表 3-6 所示。表 3-5 为闭口式组距数列,表 3-6 为开口式组距数列。

表 3-5　某企业工人完成生产定额情况表

工人按完成生产定额分组/%	工人数	
	绝对数/人	比重/%
80~90	30	16.7
90~100	40	22.2
100~110	60	33.3
110~120	30	16.7
120~130	20	11.1
合　计	180	100.0

表 3-6　某市所属企业工业增加值计划完成情况

按计划完成程度分组/%	企业数/个	比重/%
100 以下	6	21.43
100~110	16	57.14
110 以上	6	21.43
合　计	28	100.00

依据表 3-6 中的数据计算组中值如下。

组中值=(上限+下限)÷2 =(110+100)÷2×100% =105%

$$\text{缺下限的最小组的组中值}=\text{上限}-\text{邻组组距}\div 2=\left(100-\frac{110-100}{2}\right)\times 100\%=95\%$$

$$\text{缺上限的最大组的组中值}=\text{下限}+\text{邻组组距}\div 2=\left(110+\frac{110-100}{2}\right)\times 100\%=115\%$$

二、变量数列的编制

例如，某班 50 个学生统计学考试成绩如下(单位：分)。

68	53	70	71	72	73	73	72	71	60
69	70	80	81	82	75	76	78	77	80
81	83	84	85	90	92	99	86	87	88
89	90	92	94	94	78	79	81	76	73
68	72	69	70	80	81	84	67	68	69

试编制学生统计学考试成绩变量数列。

编制步骤如下。

1．整理数据资料，确定全距

对于一个杂乱无章的原始资料，把标志值按大小顺序排列后所计算的最大值与最小值之差就是全距。

$$\text{全距}=99-53=46(\text{分})$$

2．确定变量数列的形式

确定变量数列的形式，也就是确定编制单项变量数列还是组距(Class interval)数列，从上述 50 个学生的统计学考试成绩资料可以看出，标志值变动的幅度较大，全距为 46 分，因此应编制组距数列。

本资料学生成绩变动均匀，适合编制等距数列。

3．组数和组距的确定

对于组数和组距，先确定哪一个，不能机械地规定，应视具体情况而定。在编制等距数列的情况下，组数、组距和全距存在下列关系：

$$\text{组数}=\text{全距}\div\text{组距}$$

为计算方便，组距宜取 5 或 10 的倍数，在确定组距时，必须考虑原始资料的分布状况和集中程度，注意组内的同质性，尤其是对带有根本性的质界限，更不能混淆，否则就失去了分组的意义。对于本例，我们先确定组距为 10，则组数=46÷10=4.6，取整数为 5。

4．确定组限

当组距组数确定后，只需划分各组数量界限，便可编制组距数列了。一般来讲，组限应是决定事物性质的数量界限，具体划分时应注意以下几点。

第一，组限的确定应当有利于表现各变量值实际分布的规律性。

第二，最小组下限要略低于最小变量值，最大组上限要略高于最大变量值。

第三，如果变量值相对集中，无特大或特小极端值时，则采用闭口式；反之，如果变量值相对比较分散，则采用开口式。

本例适宜采用闭口式。最小值为 53，第一组的下限取 50。最大值为 99，最后一组的上限取 100。

5．编制变量数列

确定上述要素以后，就可以把变量值归类排列，最后把各组单位数经综合后填入相应的各组次数栏中。

根据上述资料可编制出如表 3-7 所示的变量数列。

表 3-7　某班学生统计学考试成绩

按考分分组/分	各组人数/人	各组人数占总人数比重/%
50～60	1	2
60～70	8	16
70～80	18	36
80～90	16	32
90～100	7	14
合　计	50	100

编制组距式数列时，该用多大组距，组数多少，可能一时难以确定，不妨先按小组距分组，然后逐步合并组距，再从比较中择优。美国学者斯特吉斯(H. A. Sturges)提出这样的分组组数公式：$n=1+3.322\lg N$。N 为总体单位数，n 为应分组数。这是经验公式，可以参考，但不能生搬硬套。

三、频数与频率

在整理和分析的时候，不但要注意各组标志值的变动范围，而且也要注意各组标志值的作用大小，即频数的大小。在变量数列中标志值构成的数列表示标志值的变动幅度，而频数构成的数列则表示相应标志值的作用程度。频数越大，则组的标志值对于全体标志水平所起的作用也越大；反之，频数越小，则组的标志值所起的作用也越小。将各组单位数和总体单位数相比求得的频率表明各组标志值对总体的相对作用程度，也可以表明各组标志值出现的频率的大小。按顺序列出各组标志值的范围(或以各组组中值来代表)和相应的频率形成的统计分布，称为频率分布。很显然，任何一个分布都必须满足：①各组的频率大于 0；②各组的频率总和等于 1(或 100%)。

在研究频数和频率分布的时候，常常还需要编制累计频数(Cumulative frequency)数列和累计频率(Cumulative absolute frequency)数列。其方法通常是先列出各组的组限，然后依次累计到本组为止的各组频数，求得累计频数。将累计频数除以频数总和即为累计频率。现仍以某班学生统计学考试成绩资料为例来编制这种数列，如表 3-8 所示。

累计频数和累计频率的意义是很明显的。表 3-8 中左边是将各组频数和频率由变量值低的组向变量值高的组累计，故称为向上累计(Cumulated upward)；右边是将各组频数和频率由变量值高的组向变量值低的组累计，故称为向下累计(Cumulated downward)。向上累计各累计数表示各组上限以下的累计频数或累计频率。当我们所关心的是标志值比较小的现象的次数分配情况时，通常用次数向上累计，以表明在这些数值以下所有数值所占的比重。

表 3-8 左侧第一组说明 50 名学生中，学习成绩在 60 分以下的有 1 名，占总数的 2%，第二组说明学习成绩在 70 分以下的有 9 名，占总数的 18%等。

表 3-8 某班学生统计学考试成绩累计频数和累计频率

向上累计				向下累计			
按考分分组/分	频数	累计频数	累计频率/%	按考分分组/分	频数	累计频数	累计频率/%
60	1	1	2	50	1	50	100
70	8	9	18	60	8	49	98
80	18	27	54	70	18	41	82
90	16	43	86	80	16	23	46
100	7	50	100	90	7	7	14
合计	50	—	—	合计	50		

有时为表示在一定标志值以上的累计频数和累计频率，则会采用分组的下限，并从变量值高的最后一组的频率开始按相反的顺序向变量值低的组累计，来求得累计频数和累计频率，即向下累计，见表 3-8 右边部分。各累计数表示各组下限以上的累计频数或累计频率。当我们所关心的是标志值比较大的现象的次数分配情况时，通常用次数向下累计以表明在这些数值以上所有数值所占的比重。例如，上表右侧的第四组表示在 50 名学生中，学习成绩 80 分以上的有 23 名学生，为总数的 46%；第二组表示学习成绩 60 分以上的有 49 名学生，占总数的 98%。

由此可见，累计频数和累计频率可以更简便地概括总体各单位的分布特征。

四、次数分布主要类型

由于社会经济现象性质的不同,各种统计总体都有不同的次数分布,从而形成了各种不同类型的分布特征。概括起来,各种不同性质的社会现象的次数分布主要有四种类型:钟型分布、U 型分布、J 型分布和洛伦茨分布。

(一)钟型分布

钟型分布的特征是"两头小、中间大",即靠近中间的变量值分布的次数多,靠近两边的变量值分布的次数少,其曲线图宛如一口古钟,如图 3-2 所示。

在社会经济现象中,许多钟型分布表现为对称分布。对称分布的特征是中间变量值分布的次数最多,以标志变量中心为对称轴。两侧变量值分布的次数随着与中间变量值距离的增大而逐渐减少,并且围绕中心变量值两侧呈对称分布。这种分布在统计学中称为正态分布。社会经济现象

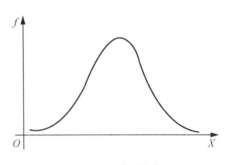

图 3-2 钟型分布

中许多变量分布都属于正态分布类型。前面关于居民住房使用面积的举例就是这种类型,其他如农作物的单位面积产量,工业产品的物理化学质量指标(如零件公差的分布、细纱的拉力、尼龙丝的口径、青砖的抗压强度等),商品市场价格等。正态分布在社会经济统计学中具有重要意义:一方面是因为社会经济现象中大部分分布呈现正态分布或接近正态分布;另一方面,正态分布在抽样推断中也是最常用的分布。

(二)U 型分布

U 型分布的特征与钟型分布恰恰相反,靠近中间的变量值分布的次数少,靠近两端的变量值分布的次数多,形成"两头大、中间小"的 U 型分布。例如,人口死亡现象按年龄分布便是如此。由于人口总体中幼儿和老年死亡人数较多,而中年死亡人数最少,因而死亡人数按年龄分组便表现为 U 型分布,如图 3-3 所示。

(三)J 型分布

在社会经济现象中,也有一些统计总体分布曲线呈 J 型分布,如图 3-4 和图 3-5 所示。

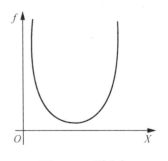

图 3-3 U 型分布

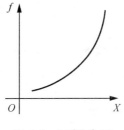
图 3-4　J 型分布(1)

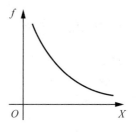
图 3-5　J 型分布(2)

图 3-4 是次数随着变量值的增大而增多,如投资额按利润率大小分布;图 3-5 是次数随着变量值的增大而减少,使得图形变为倒"J"型,如人口总体按年龄大小的分布。

(四)洛伦茨分布

洛伦茨分布曲线是美国统计学家洛伦茨(M. Lorenz)提出来的,专门用以检验社会收入分配的平等程度。

洛伦茨分布曲线运作的条件为:第一,居民或家庭按收入水平分组,计算各组居民或家庭的比重。第二,计算各组收入的比重。从统计学概念上来说,前者就是频率,即各组单位数占总体单位数的比重;后者就是各组标志总量占总体标志总量的比重。这是一般统计整理都能得到的资料。我们可以看出它是次数分布曲线中的累积次数曲线。可见,研究现象总体各单位标志变异状况——变量分布均匀性或分布的集中程度,如测定城市人口的地域集中状况、地区或部门工业企业中各种指标的构成与分布情况、电力系统中发电量和燃料消耗量是否集中到大型发电站中去等,都可以考虑运用洛伦茨曲线(M. Lorenz Curve)的原理,绘制曲线,进行分析。不难理解,它也是次数分布的主要类型。举一个例子来说明,假定某地区的工业企业工人数、产值和利润的资料如表 3-9 所示。

表 3-9　某地区工业企业、工人数、产值和利润资料

企业按产值分组 /百万元	对总计的百分数/%				累计百分数/%			
	企业数	工人数	产值	利润	企业数	工人数	产值	利润
1 以下	6.0	0.2	0.1	0.2	6.0	0.2	0.1	0.2
1～5	13.1	1.3	0.3	0.8	19.1	1.5	0.4	1.0
5～10	12.5	2.3	0.8	1.2	31.6	3.8	1.2	2.2
10～50	36.8	14.6	8.6	10.0	68.4	18.4	9.8	12.2
50～100	12.9	11.5	8.6	15.0	81.3	29.9	18.4	27.2
100～500	14.5	31.1	29.4	25.0	95.8	61.0	47.8	52.2
500～1000	2.3	13.8	15.2	16.0	98.1	74.8	63.0	68.2
1000 以上	1.9	25.2	37.0	31.8	100.0	100.0	100.0	100.0

下面用洛伦茨曲线进行图示。横轴表示累计频率，即各组企业数比重累计；纵轴表示标志值比重累计，即各组工人数、产值和利润等指标比重累计，如图 3-6 所示。

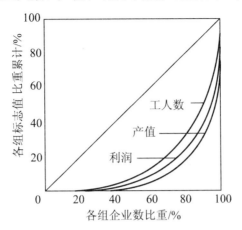

图 3-6　洛伦茨曲线应用

洛伦茨曲线拓展运用于一般社会经济现象借以反映总体单位标志分布的集中状况——集中的存在、集中的程度，因此也称为集中曲线，或称标志曲线。正方形图示域对角线表示各组的频率同各组的标志总量对总体标志总量的比重完全对应，即现象总体标志(变量)呈线性均匀分布，不存在集中过程。集中曲线离开了这条对角线，说明集中的存在。图 3-6 表明该地区工业企业的工人数、产值和利润指标的集中状况。

绘制洛伦茨曲线，必须正确分辨给定的数据中哪一项是总体单位、哪些项是单位标志，并且明确前者放在横轴上，后者放在纵轴上。

第四节　统　计　表

一、统计表的概念和结构

(一)统计表的概念

前面讲过，把汇总结果的资料按一定的规则在表格上表现出来，这样的表格就叫统计表(Statistical table)。这是我们把统计表当作整理过程的最后一个步骤来看的。但是，统计表的概念应从广义方面来理解，即任何用以反映统计资料的表格都是统计表。

数字是统计的语言。统计研究社会经济现象的数量关系，主要是通过数字资料来表现的。统计表和统计图都是系统地表述数字资料的基本形式。

统计表能够系统地组织和合理安排大量数字资料，便于对照比较，使得统计资料的表现显得紧凑、有力、突出，因而在描述统计资料中得到广泛运用。

(二)统计表的结构

从外表形式看,统计表的结构是纵横线交叉的一种表格,在表格上填写着反映社会经济现象的数字资料。因此,统计表是由总标题、纵栏和横行标题、数字资料等部分构成的。标题分为三种:总标题是表的名称,放在表的上端;横行标题或称横标目,写在表的左方;纵栏标题或称纵标目,写在表的右上方。数字资料分别说明横行或纵栏所填列数字资料的内容。

从统计表的内容看,包括主词和宾词两个部分。主词就是统计表所要说明的总体、总体的各个组或各个单位的名称。表的宾词是用来说明主词的各种指标。在通常情况下,主词列在表的左方,即列于横行;宾词列在表的右方,即列于纵栏。但是,当这样排列使统计表的表式过分狭长或过分宽短时,也可以将主词、宾词合并排列或变换位置排列。

下面举一个一般统计表式的例子。表的组成部分如图 3-7 所示。

图 3-7 统计表的结构

(资料来源:国家统计局网站, http://www.stats.gov.cn/tjzd.)

二、统计表的种类

统计表的种类可根据主词的结构来决定,按照主词是否分组和分组的程度,分为简单表、分组表和复合表。

(一)简单表

简单表是主词未经任何分组的统计表。例如,主词由研究总体单位排列组成的一览表,主词由地区、国家、城市等目录组成的区域表,主词由时间顺序组成的编年表等。表 3-10 是简单表的一个实例。

第三章 统计数据的整理与显示

表3-10 某地区12个工业企业劳动生产率和固定资产利用效益

企业 (甲)	经济 类型 (乙)	员工 人数/人 (1)	固定资产 原值/万元 (2)	产 值 /万元 (3)	人均固定 资产/百元 (4)=(2)÷(1)	每百元固定 资产产值/百元 (5)=(3)÷(2)	人均产值 /百元 (6)=(3)÷(1)
1	国有	540	459	963.9	85	210	178.5
2	国有	500	360	864.0	72	240	172.8
3	国有	480	384	844.8	80	220	176.0
4	民营	420	336	621.6	80	185	148.0
5	其他	400	288	518.4	72	180	129.6
6	民营	360	270	445.5	75	165	123.8
7	其他	360	198	277.2	55	140	77.0
8	国有	350	238	368.9	68	155	105.4
9	民营	340	221	309.4	65	140	91.0
10	民营	250	160	192.0	64	120	76.8
11	其他	240	144	165.6	60	115	69.0
12	其他	200	116	110.2	58	95	55.1
合计	—	4400	3174	5681.5	72.1	179	129.1

(二)分组表

分组表是主词按某一标志进行分组的统计表。利用分组表可以揭示现象不同类型的不同特征,研究总体的内部构成,分析现象之间的依存关系。表3-11是分组表的一个实例。

表3-11 某地区工业企业按固定资产原值分组的劳动生产率和固定资产利用效益

按固定资产 原值分组/万元	企业/个	员工人数		人均总产值 /百元	每百元固定资 产产值/百元
		人数/人	比重/%		
200以下	4	1050	23.7	70.9	121
200~350	5	1870	42.1	121.0	167
350~500	3	1520	34.2	175.8	222
合 计	12	4440	100.0	129.1	179

(三)复合表

复合表是主词按两个或两个以上标志进行复合分组的统计表。在一定分析任务要求下,复合表可以把更多的标志结合起来,更深入地分析社会经济现象的特征和规律性。表3-12

是复合表的一个实例。

顺便指出，我们这里所列举的简单表、分组表和复合表，是按同一个原始资料设计的，请注意它们之间的关系，特别是指标计算上的联系。

表 3-12　某地区工业企业按经济类型和固定资产原值分组的劳动生产率和固定资产利用效益

按经济类型和固定资产原值分组/万元	企业数/个	人均固定资产/百元	每百元固定资产产值/元	人均产值/百元
国有				
200～350	1	68.0	155.0	105.4
350～500	3	79.1	222.0	175.8
小计	4	77.1	211.0	162.7
民营				
200 以下	1	64.0	120.0	76.8
200～350	3	73.8	166.4	122.9
小计	4	72.0	158.9	114.5
其他				
200 以下	3	57.3	120.7	69.1
200～350	1	72.0	180.0	129.6
小计	4	62.2	143.6	89.3
合计	12	72.1	179.0	129.1

三、宾词指标的设计

宾词指标的设计在统计表的设计中占有重要位置。宾词指标的设计与统计表内容的繁简关系很大，大致有两种设计方式：简单设计和复合设计。简单设计就是宾词栏中各指标彼此分开，作平行配置，一一排列；复合设计则是将宾词栏中各指标结合起来，作层叠配置，分层排列。下面以某地区工业企业职工的性别和工龄为例，列出宾词指标不同的设计方式。简单设计如表 3-13 所示，复合设计如表 3-14 所示。

表 3-13　某地区工业企业职工的性别和工龄平行分组体系设置表

分　组	企业数	工人数	性　别		工　龄		
			男	女	3 年以下	3～8 年	8 年以上
(甲)	(1)	(2)	(3)	(4)	(5)	(6)	(7)

表3-14　某地区工业企业职工的性别和工龄复合分组体系设置

分组	企业数	工人数			工　龄								
					3年以下			3~8年			8年以上		
		男	女	小计	男	女	小计	男	女	小计	男	女	小计
(甲)	(1)	(2)	(3)	(4)	(5)	(6)	(7)	(8)	(9)	(10)	(11)	(12)	(13)

对宾词指标的复合设计要慎重考虑应用，它虽然能够详细说明研究对象的特征，但所用指标过于繁多，会影响到统计表表现的明确性。

四、统计表的编制原则

统计表的编制，无论主词的内容还是宾词指标的配置都要目的明确，内容鲜明，使读者能从表中看出研究现象的具体内容和情况。因此，在制表时，首先要强调目的要求，做到简明、紧凑、重点突出，避免过分烦琐。一个"包罗万象"的统计表，往往会使问题的实质被一些细枝末节所掩盖。

以下几点是编制统计表时必须注意的规则。

(1) 统计表的各种标题，特别是总标题的表达，应该十分简明、确切、概括地反映出表的基本内容。总标题还应该标明资料所属的时间和地点。

(2) 表中的主词各行和宾词各栏，一般应按先局部后整体的原则排列，即先列各个项目，后列总计。当没有必要列出所有项目时，可以先列总计，而后列出其中一部分的重要项目。

(3) 如果统计表的栏数较多，通常要加编号。在主词和计量单位等栏，用(甲)、(乙)、(丙)等文字标明；宾词指标各栏，用(1)、(2)、(3)等数字编号。

(4) 表中数字应该填写整齐，对准位数。当数字为0或因数小可略而不计时，要写上"0"；当缺乏某项资料时，用符号"…"表示；不应有数字时用符号"—"表示。

(5) 统计表中必须注明数字资料的计量单位。当全表只有一种计量单位时，可以把它写在表头的右上方。如果表中需要分别注明不同单位，则横行的计量单位可以专设一栏；纵列的计量单位要与纵标目写在一起；用小字标写。

(6) 必要时，统计表应加注说明或注解。例如，某些指标有特殊的计算口径，某些资料只包括一部分地区，某些数字是由估算来插补的，等等，都要加以说明，而且还要注明统计资料的来源，以备查考。说明或注解一般写在表的下端。

此外，统计表的格式一般是"开口"式的，即表的左右两端不画纵线。统计表要尽量做到完美，不要设计成正方形或者狭长、窄宽的形状。

编制实用、美观的统计表，关键在于实践，通过经常观察、揣摩、动手绘制，才能熟练掌握。

案例

编制大学毕业生就业去向统计表

某学院某系毕业班学生共有 30 人，他们的就业去向如表 3-15 所示。

表 3-15 某学院某系毕业生就业去向统计

学生编号	性别	年龄	就业去向	学生编号	性别	年龄	就业去向
1	男	24	工业企业	16	女	20	交通企业
2	男	21	工业企业	17	男	23	交通企业
3	女	22	工业企业	18	女	23	商业企业
4	女	23	商业企业	19	女	20	工业企业
5	男	21	商业企业	20	男	19	工业企业
6	男	21	交通企业	21	男	19	商业企业
7	女	22	商业企业	22	女	20	商业企业
8	女	20	工业企业	23	女	20	交通企业
9	女	23	工业企业	24	女	21	交通企业
10	男	23	交通企业	25	女	23	工业企业
11	女	24	交通企业	26	男	24	商业企业
12	女	21	工业企业	27	女	19	商业企业
13	女	23	商业企业	28	男	20	工业企业
14	男	20	工业企业	29	女	20	交通企业
15	女	20	交通企业	30	男	21	交通企业

用所给资料编制如下统计表。

(1) 主词用一个品质标志分组、宾词用一个品质标志和一个数量标志进行简单设计的统计表。

(2) 主词用一个品质标志分组、宾词用一个品质标志和一个数量标志进行复合设计的统计表。

依据表 3-15 的资料，编制主词用一个品质标志分组、宾词用一个品质标志和一个数量标志分别进行简单设计和复合设计的统计表，如表 3-16 和表 3-17 所示。

表3-16　某学院某系毕业生就业去向宾词简单设计统计表

就业去向	学生人数	性别		年龄		
		男	女	20以下	20~23	23以上
工业企业	11	5	6	1	7	3
商业企业	9	3	6	2	3	4
交通企业	10	4	6	0	7	3

表3-17　某学院某系毕业生就业去向宾词复合设计统计表

就业去向	学生人数			年龄/岁								
				20以下			20~23			23以上		
	男	女	合计	男	女	小计	男	女	小计	男	女	小计
工业企业	5	6	11	1	0	1	3	4	7	1	2	3
商业企业	3	6	9	1	1	2	1	2	3	1	3	4
交通企业	4	6	10	0	0	0	2	5	7	2	1	3

思考与练习

一、单项选择题

1. 按某一标志分组的结果表现为(　　)。
   ① 组内差异性，组间同质性
   ② 组内同质性，组间同质性
   ③ 组内同质性，组间差异性
   ④ 组内差异性，组间差异性

2. 在次数分布数列中，频率是指(　　)。
   ① 各组的频率相互之比
   ② 各组分布次数相互之比
   ③ 各组分布次数与频率之比
   ④ 各组分布次数与总次数之比

3. 在分组时，凡遇到某单位的标志值刚好等于相邻两组上下限数值时，一般是(　　)。
   ① 将此数值归入上限所在的组
   ② 将此数值归入下限所在的组
   ③ 将此数值归入上限或下限所在组均可以
   ④ 另立一组

4. 在全距一定的情况下，组距大小与组数多少成(　　)。
   ① 正比例关系
   ② 反比例关系
   ③ 有时正比例关系，有时反比例关系
   ④ 无比例关系

5. 变量数列中各组频率的总和应该(　　)。
   ① 小于1　　② 等于1　　③ 大于1　　④ 不等于1

6. 划分连续型变量的组限时，相邻组限必须( )。
   ① 重叠　　　　② 间断　　　　③ 相等　　　　④ 不等
7. 假定次数在组内分布是均匀的，那么代表各组内的一般水平的是( )。
   ① 组中值　　　② 变量值　　　③ 标志值　　　④ 单位数
8. 有12名工人分别看管的机器台数资料如下：2、5、4、4、3、4、3、4、4、2、2、4，按以上资料编制变量数列，应采用( )。
   ① 等距分组　　　　　　　　　② 不等距分组
   ③ 单项式分组　　　　　　　　④ 以上几种分组均可
9. 将20个企业按增加值分组而编制的变量数列中，变量值是( )。
   ① 增加值　　　② 企业数　　　③ 各组增加值　　　④ 各组企业数
10. 某连续变量数列的开口组，下限为400，其邻组组中值为380，则其组中值是( )。
    ① 390　　　　② 400　　　　③ 410　　　　④ 420
11. 复合分组是( )。
    ① 对同一总体选择两个或两个以上标志平行分组
    ② 对同一总体选择两个或两个以上标志层叠起来进行分组
    ③ 对同一总体选择两个或两个以上标志进行复杂分组
    ④ 对同一总体选择两个或两个以上标志进行并列分组
12. 统计表分为简单表、分组表和复合表，这是按照( )。
    ① 宾词是否分组和分组的程度划分的
    ② 主词是否分组和分组的程度划分的
    ③ 统计表是否分组和分组程度划分的
    ④ 统计表的作用划分的

二、多项选择题

1. 统计分组的作用是( )。
   ① 划分现象的类型　　　　　② 反映总体的基本特征
   ③ 研究总体内部结构　　　　④ 分析现象之间的依存关系
   ⑤ 有利于原始资料的搜集
2. 统计分组具有两方面的含义：( )。
   ① 对总体的"分"　　　　　　② 对总体的"合"
   ③ 对个体的"分"　　　　　　④ 对个体的"合"
   ⑤ 既是对总体的"分"，也是对总体中个体的"合"
3. 分组标志选择的基本原则是( )。
   ① 必须根据统计研究的目的
   ② 必须反映被研究现象的本质

③ 必须依据统计调查方案的要求
④ 必须结合研究现象所处的具体历史条件
⑤ 必须反映总体单位之间的依存关系

4. 下列分组按品质标志分组的有(   )。
   ① 人口按民族分组   ② 职工按工龄分组   ③ 企业按所有制分组
   ④ 科技人员按职称分组 ⑤ 工人按产量分组

5. 下列分组按数量标志分组的有(   )。
   ① 职工按年龄分组   ② 人口按地区分组
   ③ 企业按产值分组   ④ 学生按性别分组
   ⑤ 学生成绩按优、良、中、及格、不及格分组

6. 统计分组的关键在于(   )。
   ① 选择分组标志   ② 划分各组界限   ③ 确定组距
   ④ 确定组数   ⑤ 区分事物的性质

7. 统计分组体系的形式有(   )。
   ① 品质标志分组和平行分组体系   ② 数量标志分组和复合分组体系
   ③ 简单分组和平行分组体系   ④ 复合分组和平行分组体系
   ⑤ 复合分组和复合分组体系

8. 组距式分组仅适合于(   )。
   ① 连续变量   ② 离散变量
   ③ 离散变量且变动幅度较大   ④ 离散变量且变动幅度较小
   ⑤ 连续变量且变动幅度较大

三、填空题

1. 统计分组有按(   )分组和按(   )分组两种方法。
2. 对总体按(   )分组称为简单分组，按(   )层叠起来进行分组，叫作复合分组。
3. 在组距式数列中，表示各组界限的变量值叫(   )，其中较小的变量值称为(   )限，较大的变量值称为(   )限。
4. 变量数列是由(   )和(   )两部分构成的。
5. 从形式上来看，统计表是由(   )、(   )、(   )和(   )四个部分构成的。
6. 从统计表的内容来看，包括(   )和(   )两部分。
7. 按品质标志分组形成的分配数列叫作(   )分配数列；按数量标志分组形成的分配数列称为(   )分配数列。

四、判断题

1. 统计分组就是依据各不相同的分组标志对总体进行划分。（ ）
2. 按一个标志进行的分组是简单分组，按多个标志进行的分组是复合分组。（ ）
3. 进行组距分组时，当标志值刚好等于相邻两组上下限数值时，一般把此值归并在作为上限的那一组。（ ）
4. 连续型标志变量的分组只能是组距式的。（ ）
5. 按两个或两个以上标志层叠起来进行的分组称为复合分组。（ ）
6. 在组距数列中，开口组与闭口组求组中值的公式是相同的。（ ）
7. 统计表的主词栏是说明总体各种统计指标的。（ ）
8. 由于离散型变量不能用小数表示，因此只能以单项数列来表现资料。（ ）
9. 洛伦茨曲线是采用次数分布曲线的形式研究收入分配公平与否的一种方法。（ ）
10. 统计资料的表达方式有统计表和统计图，由于统计图形象生动，因此统计资料的表达主要是统计图而非统计表。（ ）

五、简答题

1. 何谓统计分组？其作用是什么？
2. 选择分组标志应遵循的基本原则是什么？
3. 连续型变量与离散型变量有何不同？在什么情况下编制单项数列或组距数列？
4. 怎样编制变量数列？
5. 什么叫组中值？用组中值代表平均数需要什么假定？

六、计算题

某工业局所属各企业工人数如下。

506	220	735	338	420	332	369	416	548	555
422	547	567	288	447	484	417	731	483	560
343	312	623	798	631	621	589	294	500	445

根据上述资料编制开口式等距分配数列，并指出表中的变量、变量值、次数、频率、组中值及统计表的主词和宾词。

第四章

规模与比率的测定

本章导读：本章主要介绍总量指标和相对指标的基本知识。通过本章的学习，要求了解总量指标的含义、作用及种类；着重理解时期指标与时点指标的区别；重点掌握六种相对指标的计算方法与区分，并能运用各种相对指标对所遇到的实际问题进行灵活分析。

第一节 总 量 指 标

一、总量指标的含义和作用

(一)总量指标的含义

总量指标(total amount indicator)是反映社会经济现象在一定时间、地点、条件下的总体规模或水平的统计指标，又叫统计绝对数(absolute amount)。例如，一个国家的人口总数、国内生产总值，某地区的企业数、员工人数，某商业企业的商品销售额、商品库存额，某工业企业的增加值、利税额等，这些数字都是总量指标。

(二)总量指标的作用

1. 总量指标可以反映一个国家、地区、部门或单位的基本情况

总量指标常用来反映一个国家的国情、国力和生产建设成果；反映某地区、部门、单位等人、财、物的基本数据。例如，一个国家的国内生产总值、钢铁产量、粮食产量、原煤产量等总量指标，标志着该国的生产水平和经济实力；某企业的员工人数、产品产量、固定资金、增加值、利税总额等，可以反映该企业人、财、物力的基本状况和生产经营的成果。

2. 总量指标是制定政策、编制计划、进行科学管理的重要依据

无论是宏观调控还是微观管理，都必须以反映客观事物的总量指标作为重要的参考依据。例如，一个国家的资源储量、人口数、生产力水平和消费水平等总量指标是该国资源开发、利用和管理的重要参考依据。再如，城乡居民储蓄存款余额、全社会固定资产投资总额、货币流通量等总量指标是国家制定货币发行量、存贷款利率、存贷款额度、基本建设投资规模等各项金融政策和财政政策的基础。

3. 总量指标是计算相对指标和平均指标的基础

相对指标和平均指标一般是由两个有联系的总量指标对比计算出来的，是总量指标的派生指标。例如，人口密度这一相对指标是由人口数和土地面积两个总量指标对比得出的；平均工资这一平均指标是由职工工资总额和职工人数两个总量指标对比得出的。因此，总量指标的科学、正确与否将直接影响相对指标和平均指标的准确性。

二、总量指标的种类

(一)按其反映的内容不同，分为总体单位总量和总体标志总量

总体单位总量(population size)是反映总体中总体单位数目的总量指标，即总体本身的规模大小。总体标志总量(population mark total amount)是反映总体中某一数量标志值总和的总量指标，是说明总体特征的总数量。例如，以某地区的工业企业为总体，则该地区的工业企业总数就是总体单位总量，这些企业的产值之和就是总体标志总量。又如，以某企业职工为总体，则该企业的职工总数就是总体单位总量，所有职工工资总额就是总体标志总量。

一个总量指标是总体单位总量还是总体标志总量不是固定不变的，而是随研究目的和研究对象的不同而变化的。例如，同是职工总数，在计算该地区每个企业的平均职工人数时，为总体标志总量；而在计算该地区的平均工资时，又是总体单位总量。明确总体单位总量和总体标志总量，对于计算和区分相对指标、平均指标具有重要意义。

(二)按其反映的时间状况不同，分为时期指标和时点指标

时期指标(Time-period indicator)是反映总体在一段时期内数量总和的总量指标。例如，一定时期的产品产量、产值、商品销售量、工资总额等。时点指标(Time-point indicator)是反映总体在某一时点上的状况的总量指标。例如，企业数、人口数、商品库存额、流动资金占用额等。

时期指标与时点指标的区别如下：

(1) 时期指标是通过连续计数和连续登记取得的。例如，某商业企业的月商品销售额是通过逐日登记得到的。时点指标是通过一次性计数和登记取得的。例如，某地区某年末的人口数，某商业企业某月末的商品库存额等都是间隔一定时间，通过一次性计数和登记取得的。

(2) 时期指标可以相加，相加结果表示更长一段时间内事物发展过程的总数量。例如，每日的商品销售额相加得到月商品销售额，各月的商品销售额相加得到年商品销售额。时点指标不可以相加，即各时点指标数值相加无实际意义。例如，某商业企业各月末商品库存额相加并不等于年末库存额，某地区各年末人口数相加毫无意义。

(3) 时期指标数值的大小与时期长短直接相关,时期越长,指标数值越大;时期越短,指标数值越小。例如,对某一商业企业而言,其年商品销售额必然大于月商品销售额。时点指标数值的大小与时点间隔长短无直接关系。例如,某商业企业年末商品库存额不一定大于月末商品库存额,因为商品库存额的高低只取决于购、销的数量,而与时间间隔的长短无关。

三、总量指标的计量单位

总量指标的计量单位都是有名数的。常用的计量单位有实物单位、价值单位和劳动量单位。

(一)实物单位

实物单位(physical unit)是根据事物的自然属性和特点而采用的计量单位。实物单位包括自然单位、度量衡单位、复合单位、标准实物单位。

1. 自然单位

自然单位是按照现象的自然属性来计量的单位。例如,人口以"人"为单位,电视机以"台"为单位,鞋以"双"为单位等。

2. 度量衡单位

度量衡单位是按照长度、面积、重量等统一规定的度量衡制度来计量的单位。例如,建筑面积以"平方米"为单位,粮食以"吨"为单位,棉布以"米"为单位等。

3. 复合单位

复合单位是把两种单位有机地结合在一起计量的单位。例如,货物周转量以"吨公里"为单位,发电量以"千瓦时"为单位等。

4. 标准实物单位

标准实物单位是按照某种统一规定的折算标准来计量的单位。例如,将不同功率的拖拉机都以 15 马力的拖拉机作为一个标准台折算,将不同发热量的煤都折合为 7000 大卡/千克的标准煤计算等。

按实物单位计量的实物量就是实物指标。实物指标可以反映产品的使用价值或现象的具体内容,但是不同属性和计量单位的实物指标不能直接加总,因此实物指标无法用来反映非同类现象的总规模和总水平,而需要采用价值指标。

(二)价值单位

价值单位(unit of value)是用货币来量度社会财富或劳动成果的一种计量单位,又叫货币单位。例如，国内生产总值、工资总额、商品销售额、利润额、储蓄额、成本、利润等都是以货币单位计量的。

按货币单位计量的价值量就是价值指标。价值指标具有广泛的综合性和概括性，能使不能直接相加的事物的数量变得可以加总，从而用来反映不同事物的总规模和总水平。但是，价值指标脱离了具体的物质内容，显得比较抽象。因此，应将价值指标和实物指标结合起来使用，才能全面地认识问题。价值指标的计算可以采用现行价格，也可以采用不变价格。采用现行价格计算价值指标时，直接用物量乘以其实际成交价格即得；采用不变价格计算价值指标时，要用物量乘以政府统计机构确定的不变价格，这样才能确切地反映物量的变化。

(三)劳动量单位

劳动量单位(unit of labor force)是用劳动时间表示的计量单位。例如，工时、工日、工作月、定额工时等。其中，工时是指一个工人工作 1 小时的劳动量；工日是指一个工人工作 8 小时的劳动量。劳动量单位是一种复合单位，表现为人数与时间的乘积。劳动量单位主要在企业范围内使用，可作为评价劳动时间利用程度和计算劳动生产率的依据。

第二节 相 对 指 标

一、相对指标的含义、作用和表现形式

(一)相对指标的含义

相对指标(relative indicator)是两个相互联系的指标数值的比率，也叫统计相对数(relative amount)，用以反映现象的计划完成程度、发展速度、结构、比例、强度和普遍程度等，即

$$相对指标的基本形式 = 比数 \div 基数$$

例如，将实际完成数与计划数相对比，能反映计划的完成程度；将不同时间的同类指标数值相对比，能反映现象的发展速度；将两个性质不同而有联系的同期总量指标数值相对比，能反映现象的强度、密度和普遍程度等。相对指标在国民经济管理、企业经济活动分析和统计研究中有广泛的应用。

(二)相对指标的作用

1. 可以使原来不能直接对比的现象变为可比

不同的总量指标，由于它们所代表的事物的性质、规模各不相同，往往无法直接对比。在这种情况下，只有将它们转化为适当的相对指标，才便于进行对比。例如，甲、乙两县

2016 年的人口自然增长资料如表 4-1 所示。

表 4-1　甲、乙两县 2016 年人口自然增长情况　　　　　　　　　单位：人

县　名	年平均人口数	人口自然增长数
甲	125 880	1980
乙	269 400	3100

若要对甲、乙两县的人口自然增长情况作出评价，不能仅仅依据人口自然增长数来比较分析，因为它直接受到年平均人口数的影响。最好的方法就是计算人口自然增长率这个相对指标来对比分析。经计算甲县人口自然增长率为 15.73‰，乙县的人口自然增长率为 11.51‰，显然，乙县的人口自然增长率要比甲县低得多。

2．经济管理的重要工具

在经济工作中，许多指标的制定、检查、考核与分析都要利用相对指标，如计划完成程度、产值利润率、产值发展速度、流通费用率等，都要用相对指标的形式下达计划，并进行检查、考核和分析。

(三)相对指标的表现形式

相对指标有两种表现形式：有名数和无名数，其中多用无名数表示，只有少数指标用有名数表示。

1．有名数

有名数主要用来表现强度相对指标，是一个双重计量单位。例如，人口密度以"人/平方公里"表示，人均国内生产总值以"元/人"表示等。

2．无名数

无名数是一种抽象化数值，常以系数、倍数、成数、百分数、千分数、翻番数来表示。

(1) 系数和倍数是把对比的基数作为 1 而计算的相对数。两个指标对比，其分子和分母指标数值相差不大时常用系数，分子较分母大很多时常用倍数。

(2) 成数是把对比的基数作为 10 而计算的相对数。例如，某地区今年粮食产量比上年增产 1 成，即增产 $\frac{1}{10}$。

(3) 百分数是把对比的基数作为 100 而计算的相对数。它是计算相对指标最常用的一种表现形式。例如，计划完成程度、发展速度、比重等都采用这种表现形式。

(4) 千分数是把对比的基数作为 1000 而计算的相对数。它适用于分子比分母小很多的情况，如人口出生率、死亡率、自然增长率等。

(5) 翻番数是指两个相比较的数值中，一个数是另一个数的"2^m"倍，则 m 是番数。

例如，某企业 2016 年的工业增加值为 200 万元，计划 2020 年翻一番，则该企业 2020 年的工业增加值应达到 400 万元；若计划翻两番，即为 800 万元；翻三番则为 1600 万元。

二、相对指标的种类和计算

相对指标由于研究目的、比较基础的不同，通常分为计划完成相对指标、结构相对指标、比例相对指标、动态相对指标、比较相对指标和强度相对指标。现将各种相对指标的计算方法介绍如下。

(一)计划完成相对指标

计划完成相对指标(relative quantities of fulfillment of plan)是一定时期内实际完成数与计划规定数相对比的比值，用百分数表示。

1. 计划完成相对指标的计算方法

(1) 计划完成相对指标计算的一般方法(适用于绝对数和平均数)为

$$\text{计划完成相对指标} = \frac{\text{实际完成数}}{\text{计划规定数}} \times 100\%$$

例如，某企业某年计划产量为 400 万吨，实际完成 420 万吨，则

$$\text{产量计划完成程度} = \frac{420}{400} \times 100\% = 105\%$$

计算结果表明该企业超额 5% 完成产量计划。

又如，某商店计划营业员年平均销售额为 20 万元，实际达到 23 万元，则

$$\text{营业员年平均销售额计划完成程度} = \frac{23}{20} \times 100\% = 115\%$$

计算结果表明该商店营业员年均销售额超额 15% 完成计划。

(2) 以相对数计算计划完成相对指标的方法，即

$$\text{计划完成相对指标} = \frac{\text{实际完成百分比}}{\text{计划规定百分比}} \times 100\%$$

这种方法中计划指标通常是以应提高或降低的百分比形式来规定任务的。例如，规定劳动生产率提高百分之几，成本水平降低百分之几等，这时计算计划完成相对指标，一定不能直接用提高或降低的百分比进行对比，而应将原有的基数(上年实际水平 100%)包括在内。

例如，某企业劳动生产率计划规定 2016 年比 2015 年提高 7%，实际提高 11%，则

$$\text{劳动生产率计划完成程度} = \frac{111\%}{107\%} \times 100\% = 103.74\%$$

计算结果表明该企业的劳动生产率超额完成计划 3.74%。

又如，某种产品单位成本计划规定下降 4%，实际下降 6%，则

$$单位成本的计划完成程度 = \frac{94\%}{96\%} \times 100\% = 97.92\%$$

计算结果表明产品单位成本实际比计划规定多下降了 2.08%。

对计划完成情况的评价一定要依据具体的经济现象。一般对于成本、费用之类的越小越好的指标，计划完成程度小于 100% 为超额完成计划；而对于收入、利润之类的越大越好的指标，计划完成程度大于 100% 才说明超额完成计划。

实际工作中，也常用相减的方法来检查计划完成情况。这种方法是用实际提高(或降低)的百分数与计划提高(或降低)的百分数直接相减，但相减的结果表示的含义却与前述方法计算的结果含义不同，它以百分点表示。例如，上例中劳动生产率计划完成情况=11%-7%=4%，说明实际比计划提高 4 个百分点；单位成本计划完成情况=(-6%)-(-4%)=-2%，说明实际比计划多降低 2 个百分点。

2．计划完成情况的检查

(1) 进度计划执行情况的检查。在分析计划完成情况时，要检查计划执行进度，考核计划执行的均衡性，以便于及时发现问题并采取措施，保证完成或超额完成计划任务。检查计划执行进度的方法是用计划期中某一段时期的累计实际完成数与计划期全期计划数对比，即

$$计划执行进度 = \frac{累计至本期止实际完成数}{全期计划数} \times 100\%$$

例如，某公司有三个企业，已知 2016 年各企业全年计划总产值和累计至第三季度止总产值的资料如表 4-2 所示。

表 4-2　某公司三个企业计划完成情况计算表

企　业	全年计划总产值 /万元	累计至第三季度止总产值 /万元	截至第三季度对 全年计划的执行进度/%
(甲)	(1)	(2)	(3)=(2)÷(1)
甲	4000	3048	76.2
乙	1500	1113	74.2
丙	500	340	68.0
合计	6000	4501	75.0

从表 4-2 中可以看出，该公司截至第三季度已完成全年总产值计划的 75%，正好是全年计划的 3/4，按平均生产的要求是合适的。但从三个企业来看，发展是不平衡的，尚有乙、丙两个企业未完成累计进度计划，未达到 75% 的进度要求，尤其是丙企业只完成全年计划的 68%，可见，丙企业是该公司的薄弱环节。因此，促进丙企业完成累计进度计划是保证该公司完成全年计划的关键。

(2) 长期计划执行情况的检查。在分析长期计划执行情况时，由于计划规定的任务数，有的是按全期应完成的总数来规定，有的则是按计划期末应达到的水平来规定。因此，就产生了两种不同的检验分析方法：一种是水平法，一种是累计法。

① 水平法(horizontal method)：适用于检查计划指标是按最后一期应达到的水平制订计划。

$$水平法计划完成率 = \frac{最后一期实际完成数}{最后一期计划任务数} \times 100\%$$

例如，2011—2015 年五年计划规定某种产品最后一年达到年产 60 万吨的水平，实际已达到 66 万吨，且在 2014 年 6 月至 2015 年 5 月就已达到 60 万吨。求该五年计划的完成程度及提前完成计划的时间。

$$五年计划完成程度 = \frac{66}{60} \times 100\% = 110\%$$

提前完成计划的时间=五年计划的期末日期-连续 12 个月累计达到计划水平的最后日期
=2015 年 12 月-2015 年 5 月=7 个月

即该产品提前 7 个月完成了五年计划。

② 累计法(cumulative method)：适用于检查计划指标是按全期应达到的累计数制订计划。

$$累计法计划完成率 = \frac{全期累计实际完成数}{全期累计计划任务数} \times 100\%$$

例如，某五年计划的基本建设投资总额为 2500 亿元，五年内实际累计完成 2580 亿元，且到第五年 6 月份累计已达到 2500 亿元。求基本建设投资额计划完成程度及提前完成计划的时间。

$$基建投资总额计划完成程度 = \frac{2580}{2500} \times 100\% = 103.2\%$$

提前完成计划的时间=计划全部时间-自计划执行之日起至累计实际数量达到计划任务的时间= 5 年 12 个月-5 年 6 个月=6 个月

即提前半年完成了五年投资额计划。

(二)结构相对指标

结构相对指标(structure relative indicator)是总体中部分数值与总体全部数值相对比的比值。它表明构成总体的各个部分在总体中所占的比重，用来反映总体的内部结构，一般用百分数表示。结构相对指标的一个重要特点是，同一总体的各部分比重之和等于 100%。其计算公式为

$$结构相对指标 = \frac{总体部分数值}{总体全部数值} \times 100\%$$

例如，2015 年全年国内生产总值为 676 708 亿元。其中，第一产业增加值 60 863 亿元，第二产业增加值 274 278 亿元，第三产业增加值 341 567 亿元。则三次产业增加值占国内生

产总值的比重分别是

$$第一产业所占比重=\frac{60\,863}{676\,708}\times100\%=9.0\%$$

$$第二产业所占比重=\frac{274\,278}{676\,708}\times100\%=40.5\%$$

$$第三产业所占比重=\frac{341\,567}{676\,708}\times100\%=50.5\%$$

三次产业增加值比重之和等于 100%。运用结构相对指标时要以统计分组为前提。只有将总体区分为不同性质的各个部分,才能计算结构相对指标,从而反映总体的结构。

(三)比例相对指标

比例相对指标(ration relative indicator)是同一总体内不同部分数值对比的比值。通常用百分数、倍数或比例的形式来表示。其计算公式为

$$比例相对指标=\frac{总体中某一部分数值}{总体中另一部分数值}$$

例如,第六次全国人口普查资料显示,2010 年 11 月 1 日我国大陆人口为 133 972 万人,其中,汉族人口为 122 593 万人,少数民族人口为 11 379 万人。则少数民族人口应是汉族人口的 9.28% $\left(\frac{11\,379}{122\,593}\times100\%\right)$,而汉族人口则是少数民族人口的 10.77 倍 $\left(\frac{122\,593}{11\,379}\right)$,或少数民族人口与汉族人口的比例为 11 379:122 593=1:10.77。

(四)动态相对指标

动态相对指标(dynamic relative indicator)是指同类指标在不同时期上对比的比值。它反映事物发展变化的方向与程度。通常把对比的基础时间叫作基期,把与基期相比较的时间叫做报告期。一般用百分数表示。其计算公式为

$$动态相对指标=\frac{报告期数值}{基期数值}\times100\%$$

动态相对指标也叫发展速度,用来说明报告期水平是基期水平的百分之多少。

例如,某商场今年 4 月份商品销售额为 220 万元,5 月份销售额为 250 万元,则销售额的动态相对指标为 $\frac{250}{220}\times100\%=113.6\%$,说明该商场 5 月份销售额是 4 月份的 113.6%,比 4 月份增长了 13.6%。

(五)比较相对指标

比较相对指标(comparison relative indicator)是不同空间同期同类指标数值对比的比值,

用来说明某种现象在同一时间内各空间发展的不平衡程度。一般用百分数或倍数表示。其计算公式为

$$比较相对指标=\frac{甲空间某一指标数值}{乙空间同期同类指标数值}$$

式中,分子与分母现象所属统计指标的含义、口径、计算方法和计量单位必须一致。

例如,某年甲、乙两企业同时生产一种性能相同的产品,甲企业工人劳动生产率为 19 432 元,乙企业为 25 408 元,则

$$两企业劳动生产率比较相对指标=\frac{19\,432}{25\,408}\times 100\%=76.5\%$$

计算结果说明甲企业工人劳动生产率比乙企业低 23.5%。

比较相对指标可以用总量指标进行对比,也可以用相对指标和平均指标进行对比。但由于总量指标易受总体范围大小的影响,因此计算比较相对指标时更多地采用相对指标或平均指标。比较相对指标的主要作用是对事物发展在不同地区、不同部门或不同单位之间进行比较分析,以反映现象之间的差别程度,找出工作中的差距,从而为提高生产水平和管理水平提供依据。

(六)强度相对指标

强度相对指标(intensity relative indicator)是两个性质不同而有联系的现象的同期总量指标数值对比的比值,用来说明现象的强度、密度和普遍程度。其计算公式为

$$强度相对指标=\frac{某一现象的总量指标数值}{另一性质不同而有联系的同期总量指标数值}$$

例如,第六次全国人口普查我国总人口为 133 972 万人,则人口密度计算为

$$人口密度=\frac{133\,972万人}{960万平方公里}=139(人/平方公里)$$

强度相对数一般采用双重计量单位,用复名数表示,如上例中的"人/平方公里"。少数用百分数或千分数表示,如流通费用率用百分数表示,产值利润率、人口出生率、死亡率、自然增长率等用千分数表示。

某些强度相对指标的分子、分母可以互换,所以有正指标和逆指标两种形式。例如,某地区人口数为 200 万人,零售商业网点数为 2500 个,则

$$零售商业网点密度=\frac{网点数}{人口数}=\frac{2500个}{200万人}=12.5个/万人 \quad (正指标)$$

或

$$零售商业网点密度=\frac{人口数}{网点数}=\frac{200万人}{2500个}=800人/个 \quad (逆指标)$$

强度相对指标其数值的大小与现象的强度、密度或普遍程度成正比关系时为正指标;反之则为逆指标。如上例,正指标的数值越大,说明商业网点密度越大;逆指标的数值越

小，则说明商业网点密度越大。

三、计算和应用相对指标应注意的问题

(一)保持对比指标的可比性

可比性是指对比的两个指标应有相互对比的共同基础，要比得合理，符合研究对象的客观规律，并能恰当反映出现象的数量关系。相对指标可比性包括：①经济内容要可比。例如，比较两企业劳动生产率水平，如果一个企业的产量与全体员工数相比，另一个企业的产量与生产员工数相比，那么这两个企业的劳动生产率就不可比。②总体范围要可比。例如，某企业兼并了另一独立的企业，企业规模扩大了，计算产值动态相对指标，由于总体范围的变更，因而原企业的产值和现在企业的产值不可比。③计算方法要可比。例如，我国失业率指标只计算城镇失业人口，而国外则计算农村和城镇的失业人口，这样不同国家的失业率就不具有可比性。④计量单位要可比。例如，比较两个地区的商业网点密度，一个单位是"商业网点/千人"，另一个单位是"商业网点/万人"，则两者不可比。

(二)把相对指标和绝对指标结合运用

相对指标通过指标间的对比，把进行对比的两个具体指标数值抽象化，掩盖了现象绝对量之间的差别，如果只观察相对指标，就会造成认识上的片面性。所以要将相对指标与绝对指标结合起来观察，才能深入、全面地说明问题。现以表 4-3 中的甲、乙毛衣加工厂产量分析为例进行说明。

表4-3 甲、乙毛衣加工厂产量分析表

工　厂	产量/件		相对指标	绝对指标/件
	基　期	报告期		
甲	50	60	1.2	10
乙	500	600	1.2	100

从表 4-3 中的相对指标来看，两工厂都是 1.2，完全相同；但从绝对指标来看，甲厂报告期比基期只增加了 10 件，而乙厂却增加了 100 件，其规模差异很大。因此，要把相对指标和绝对指标结合运用。

(三)把多种相对指标结合运用

在对较复杂的现象进行分析时，只运用某种相对指标是不能满足要求的，应根据研究的目的及分析现象的特点综合运用各种相对指标，这样才有助于全面认识问题，从而得出正确的结论。例如，要分析我国的钢铁生产情况，可以将实际完成情况与上年的钢铁产量

对比，利用动态分析指标反映其发展速度；可以计算每人平均钢铁产量强度相对指标，从而反映国家的经济实力；还可以和世界有关国家的钢铁产量进行对比，从而计算比较相对指标寻找差距。通过这样多方面的对比分析，我们不仅可以看到已经取得的成绩，而且也能发现自己的不足，全面地认识我国的钢铁生产状况，以便总结经验，制定措施，促进钢铁生产的更快发展。

案例 4-1

某空调企业 2016 年生产情况分析

一、案例资料

某空调企业 2016 年产量资料如表 4-4 所示。

表 4-4 某空调企业产量资料　　　　　　　　　　　　　单位：万台

项目	2015年	2016年 计划	2016年 实际	2016年 国家重点企业
窗式	42	45	46	66
柜式	10	15	20	30
合计	52	60	66	96

此外，该企业 2016 年利润总额为 12 542 万元，占用资金为 6.96 亿元；2016 年空调生产的单位成本计划降低 5.2%，实际降低 6.4%。试运用各类相对指标对以上资料进行分析。

二、案例分析过程

根据表 4-4 的资料，可以分别计算结构、比例、计划完成、比较、动态、强度相对指标，计算结果如表 4-5 所示。

表 4-5 相对指标计算表

项目	2015年 实际/万台	2015年 比重/%	2016年 计划/万台	2016年 实际/万台	2016年 比重/%	2016年 计划完成/%	2016年 国家重点企业/万台	2016年与国家重点企业比较/%	2016年比2015年增长/%
窗式	42	80.8	45	46	69.7	102.2	66	69.7	9.5
柜式	10	19.2	15	20	30.3	133.3	30	66.7	100
合计	52	100.0	60	66	100	110.0	96	68.8	26.9

1. 结构相对指标

从表 4-5 可见，该企业窗式空调所占比重由 2015 年的 80.8% 下降为 2016 年的 69.7%，而柜式空调则由 19.2%上升到 30.3%。说明企业产品结构发生了变化，柜式空调所占比重在提高。

2. 比例相对指标

2015 年　窗式：柜式 = 42∶10 = 4.2∶1
2016 年　窗式：柜式 = 46∶20 = 2.3∶1

从比例相对指标也可以看出，窗式空调与柜式空调的比由 2015 年的 4.2∶1 变为 2016 年的 2.3∶1。说明随着人们生活水平的提高，居住环境的改善，居民对柜式空调的需求数量在增加。

3. 计划完成相对指标

从表 4-5 可见，2016 年空调产量无论窗式还是柜式，均超额完成计划，总平均超额完成 10%，企业生产情况正常。同时，企业在降低成本方面也取得了明显效果，单位成本实际比计划多下降 1.3% $\left(\frac{1-6.4\%}{1-5.2\%}-1\right)$。

4. 比较相对指标

从表 4-5 可见，与国家重点企业相比，该企业整体才达到国家重点企业产量的 68.8%，从生产规模来看，尚存在不小的差距，还需努力做大做强。

5. 动态相对指标

从表 4-5 可见，企业的产量 2016 年较 2015 年有较大的增长，窗式空调增长 9.5%，柜式空调增长 100%，整体增长 26.9%，发展趋势良好。

6. 强度相对指标

企业 2016 年占用资金 6.96 亿元，取得利润 12 542 万元，资金利润率为 18.02% $\left(\frac{12\,542万元}{6.96亿元}\times100\%\right)$，经济效益显著。

通过以上各类相对指标的计算与分析，就可以对该企业 2016 年生产经营情况做出客观正确的初步评价。

案例 4-2

新港瓷厂产品销售统计分析

新港瓷厂近 3 年通过人才招聘和员工培训，狠抓营销人员素质和营销管理，取得了明显效果。销售收入逐年增长，经济效益有了显著提高。为了发扬精神，挖掘潜力，进一步提高经济效益，厂长要求统计部门进行一次产品销售统计分析。

一、产品收、支、存

产品收、支、存情况如表 4-6 所示。

表 4-6 产品收、支、存平衡表

产品名称	计量单位	年初库存	本年生产	本年销售	年末库存	销售率/%
出口瓷	万件	0	150.26	150.26	0	100.00
内销杯	万件	1.45	141.33	139.92	2.86	99.00
内销美术瓷	万件	0.63	86.67	86.90	0.40	100.27
内销盘	万件	4.68	275.49	275.21	4.96	99.90
内销成套瓷	万件	2.77	163.33	162.68	3.42	99.60
内销瓶	万件	1.58	98.46	98.11	1.93	99.64
碗	万件	4.62	269.75	235.61	38.76	87.35
日用陶瓷小计	万件	15.73	1185.29	1148.69	52.33	96.91
耐火材料	吨	20.00	4187.55	4207.55	0	100.48
电气陶瓷	万件	0	3.885	3.885	0	100.00

注：销售率=本年销售量÷本年生产量

二、产品销售利润

产品与销售利润情况如表 4-7 所示。

表 4-7 产品销售利润表

产品名称	计量单位	销售量/万件	销售额/万元	销售利润/万元	利润率/%
出口瓷	万件	150.26	405.7	36.51	9.00
内销杯	万件	139.92	335.81	26.86	8.00
内销美术瓷	万件	86.90	78.21	7.82	10.00
内销盘	万件	275.21	412.82	37.13	9.00
内销成套瓷	万件	162.68	761.69	83.79	11.00
内销瓶	万件	98.11	735.83	80.94	11.00
碗	万件	235.61	235.61	11.78	5.00
日用陶瓷小计	万件	1148.69	2965.67	284.83	9.60
耐火材料	吨	4207.55	420.76	90.46	21.50
电气陶瓷	万件	3.885	93.24	20.73	22.23
合计	—	—	3479.67	396.02	11.38

注：利润率=销售利润÷销售额

三、3年来销售情况对比

3年来销售情况如表 4-8 所示。

表4-8　3年来销售情况对比表

指　标	第1年	第2年	第3年
销售额/万元	2903.5	3009.7	3479.67
其中：日用陶瓷/万元	2903.5	2897.5	2965.67
耐火材料/万元	—	112.2	420.76
电气陶瓷/万元	—	—	93.24
销售利润/万元	203.25	240.87	396.02
其中：日用陶瓷/万元	203.25	217.31	284.83
耐火材料/万元	—	23.56	90.46
电气陶瓷/万元	—	—	20.73
利润率/%	7	8	11.38

四、3年来从业人员构成情况

3年来从业人员构成情况如表4-9所示。

表4-9　3年来从业人员构成情况表

指　标	第1年	第2年	第3年
1. 全部从业人员总数/人	2980	2998	3051
其中：大专以上学历/人	192	213	397
大专学历人员比重/%	6.4	7.1	13.0
2. 销售人员总数/人	19	23	32
其中：大专以上学历/人	—	1	29
大专学历人员比重/%	0	4.4	90.6

五、其他有关情况说明

(1) 本年内从人才交流市场招聘大专以上学历的工程技术人员和大学毕业生共120人，有28人从事销售工作，其中一人还承揽了全年的出口瓷合同。本厂职工参加自学考试毕业并获得大专毕业证书的有65人。

(2) 年内对销售工作管理办法实行了改革，对日用陶瓷销售实行定额管理，完成定额者发基本工资，超定额有奖，完不成定额扣基本工资。对耐火材料和电气陶瓷实行销售额提成制度。

(3) 本年生产的出口瓷均为美术瓷，是厂内工程技术人员根据市场调查的情况新研制的一种产品。

(4) 在去年试生产耐火材料的基础上，继续保持了原有用户的供销关系。同时，销售人员又经过市场调查，获得了8家新用户。签订合同总量为4207.55吨。

(5) 与本省和周边地区的电业部门签订电气陶瓷的供货合同 3.885 万个,供应 5 个新建电厂和有关项目的使用。另外,其他供货合同主要供应本省和周边省份的日常消耗。

(6) 碗的规格有 9 寸大白碗和 4.5 寸花碗。用户反映太大,建议生产 4 寸小花碗。

(7) 市场调查表明,用户对以下问题反映强烈:成套瓷较单调,十几年一个面孔;美术瓷造型呆板且个头较小。

【分析报告】
产品销售是关键

在市场经济条件下,企业要生产和发展,除了有高质量的产品外,搞活产品销售工作也是非常重要的。本文对新港瓷厂的产品销售分析进行详细说明。

一、产品收、支、存平衡分析

我们从产品收、支、存平衡表(见表 4-6)上可以看出:本企业的产品销售工作是较好的,所有产品都实现了产销平衡。但出口瓷、耐火材料和电气陶瓷在年末库存量均为零,在现代交通条件尚不具备的情况下,这种情况极有可能造成脱销,影响明年的产品销售工作,从而失去部分市场。可见,做好企业的产品销售工作,不仅是将产品推销出去,更重要的是以销售指导生产,搞好产、销、存的平衡。

二、产品销售利润分析

从产品销售利润表(见表 4-7)中可以看出,利润率最高的是电气陶瓷,耐火材料次之,而日用陶瓷的平均利润率仅为 9.6%,其中碗的利润率最低,仅为 5%。

通过对销售利润和销售额的结合分析还会发现,占销售额 85.23% 的日用陶瓷,其利润额仅占销售利润总数的 71.92%,而占销售额 14.77% 的耐火材料和电气陶瓷,其利润额却占销售利润总量的 28.08%。以上分析如表 4-10 所示。

表 4-10 各类产品销售利润和销售额比重分析表

	销售额/万元	销售额比重/%	利润额/万元	利润额比重/%
1. 日用陶瓷	2965.67	85.23	284.83	71.92
2. 其他	514.00	14.77	111.19	28.08
① 耐火材料	420.76	12.09	90.46	22.84
② 电气陶瓷	93.24	2.68	20.73	5.24
总 计	3479.67	100.00	396.02	100.00

由表 4-10 可以得出这样的结论:在目前耐火材料和电气陶瓷脱销的情况下,应该多生产和销售这两种产品,尽量少安排日用陶瓷特别是碗的生产与销售。也正是因为从第 2 年开始增加了耐火材料和电气陶瓷的生产与销售,才使企业利润率从 7% 上升为 11.38%(见表 4-8)。可以肯定地说,第 3 年利润率较高的原因,就是较多地生产和销售了耐火材料与

电气陶瓷。

总之，企业打破了只生产日用陶瓷的旧框框，生产和销售了适应市场需求的耐火材料和电气陶瓷，是一项重大的正确决策。它使第 3 年的销售额达到 3479.67 万元，比第 1 年的 2903.5 万元增长了 19.84%；产品销售利润 396.02 万元，比第 1 年的 203.25 万元增长了 94.84%。

由于企业销售工作搞得好，企业的经济效益有了很大的提高，一改过去利润率低于同期银行存款利率的局面，取得了利润率年年上升的好成绩，为企业的生存与发展奠定了坚实的基础。

企业销售工作为何会出现新局面呢？这主要是由于企业招聘来的高素质人才充实了销售队伍，改善了销售队伍的知识结构，使大专以上学历的人员占到了整个销售队伍的 90.60%。当然，这与企业产品质量的提高也是分不开的。企业为提高产品质量，首先提高了从业人员素质，除了招聘一大批工程技术人员外，还鼓励年轻从业者参加自学考试，提高文化水平，仅本年就有 65 人拿到了自学考试大专文凭。

另外，企业在销售管理方面一改没有定额管理的"大锅饭"体制，建立了销售定额和销售额提成相结合的管理制度，对产品销售情况的好转起到了决定性的作用。

三、存在的问题和解决问题的方法

(1) 出口美术瓷和内销美术瓷的技术含量不高，需组织力量设计并生产出适应市场需要的产品。

(2) 成套瓷应该研制新产品，增加每套瓷的件数，创造好的造型。

(3) 改生产 4 寸花碗代替老、大、黑、粗的旧产品。

(4) 建议下一年元月份首先生产出口瓷、耐火材料和电气陶瓷，以保证市场供应，把供货不足的损失减到最小。

(5) 调整和优化产品结构。建议开发建材产品，以提高利润率较高的产品在总产品中的比重，更好地提高企业的经济效益。

综上所述，新港瓷厂以市场营销观念为指导，以适应并满足市场需求为核心，精心组织企业的生产经营活动，为企业的生存和发展奠定了基础，使企业各项工作都有了长足的发展。

(资料来源：新港瓷厂统计科.)

启示：

本案例通篇只用了绝对指标和相对指标这两种最初级的统计分析方法，却深刻地分析了销售状况，总结了经验，揭示了潜力，为进一步提高经济效益指明了方向。由此可见，统计分析不在于方法是否高深，而在于应用是否恰当。

本案例用销售率和利润率这两个强度相对指标，以及结构相对指标和动态相对指标，对报告期的销售状况进行分析，得出了明确的结论，即产品销售工作较好，所有产品都实现了产销平衡，销售额和利润额都有较大幅度的增长，但利润率较高的耐火材料和电气陶瓷却出现脱销，这说明进一步提高经济效益还有潜力。在分析销售工作出现新局面的原因时，主要指出了两点：一是在全部从业人员中大专学历人员的比重从第 1 年的 6.4%提高到 13.0%；在销售人员中大专学历人员的比重第 1 年为零，第 2 年为 4.4%，第 3 年达到 90.6%。由于人员素质的提高，因此促进企业提高了产品质量和销售工作水平。二是加强了营销管理，实行了销售定额和按销售额提成的制度，进一步提高了销售人员的积极性。

要求：

(1) 掌握企业产品销售分析中的指标及分析步骤。
(2) 掌握绝对指标和相对指标的分析方法。

思考与练习

一、单项选择题

1. 总量指标按其反映的内容不同，可分为(   )。
   ① 总体单位总量和总体标志总量　　② 时期指标和时点指标
   ③ 实物指标和价值指标　　　　　　④ 标志总量和实物总量

2. 下列指标中不是时期指标的是(   )。
   ① 工资总额　　② 国内生产总值　　③ 产品产量　　④ 商品库存额

3. 某厂的劳动生产率计划比去年提高 5%，执行结果提高 8%，则劳动生产率计划执行提高程度为(   )。
   ① $8\% - 5\% = 3\%$　　　　　　　　② $5\% + 8\% = 13\%$
   ③ $\dfrac{105\%}{108\%} - 100\% = -2.78\%$　　④ $\dfrac{108\%}{105\%} - 100\% = 2.86\%$

4. 在相对指标中，可以用名数表示的指标是(   )。
   ① 结构相对指标　　　　　　　　② 强度相对指标
   ③ 比较相对指标　　　　　　　　④ 动态相对指标

5. 计算结构相对数时，同一总体的各部分比重之和应该(   )。
   ① 小于100%　　② 大于100%　　③ 等于100%　　④ 不等于100%

6. 产品合格率、设备利用率这两个相对数是(   )。
   ① 结构相对数　　② 强度相对数　　③ 比例相对数　　④ 比较相对数

7. 全国人均粮食数量属于(   )。
   ① 平均指标　　② 比例相对数　　③ 比较相对数　　④ 强度相对数

8. 用水平法检查五年计划的执行情况适用于(   )。
   ① 规定计划期初应达到的水平

② 规定计划期内某一期应达到的水平
③ 规定计划期末应达到的水平
④ 规定五年计划累计应达到的水平

9. 下列指标中不是强度相对指标的是(　　)。
   ① 按人口平均计算的GDP　　② 单位产品成本
   ③ 每万元产值利润　　　　　④ 商品流通费用率
10. 在相对指标中，计算结果必定小于100%的是(　　)。
    ① 比较相对指标　　　　② 比例相对指标
    ③ 结构相对指标　　　　④ 强度相对指标
11. 2016年某市下岗职工已安置了92%，安置率是(　　)。
    ① 比较相对指标　　　　② 比例相对指标
    ③ 结构相对指标　　　　④ 强度相对指标
12. 某地区有13万人口，共80个医院，平均每个医院要服务1625人。这个指标是(　　)。
    ① 平均指标　　　　　　② 强度相对指标
    ③ 总量指标　　　　　　④ 动态相对指标

二、多项选择题

1. 下列指标中，属于时点指标的有(　　)。
   ① 企业个数　　② 商品库存额　　③ 产品产量
   ④ 期末职工人数　　⑤ 电视机销售量
2. 分子和分母可以互换的相对指标有(　　)。
   ① 比较相对指标　　② 比例相对指标　　③ 结构相对指标
   ④ 强度相对指标　　⑤ 动态相对指标
3. 检查长期计划执行情况的方法有(　　)。
   ① 累计法　　② 方程法　　③ 回归法
   ④ 相关分析法　　⑤ 水平法
4. 下列指标属于比例相对指标的是(　　)。
   ① 新生婴儿的男女性比例是105∶100
   ② 新生婴儿中，男性占57.2%
   ③ 在工农业总产值中，工业是农业的2.5倍
   ④ 某厂工人中技术工人与辅助工人的配比是2∶3
   ⑤ 某年某国人均粮食产量为另一国的13.3倍
5. 下列指标属于强度相对指标的是 (　　)。
   ① 某地2016年工业企业利润超额完成计划1.7%

② 人口密度为 103 人/平方千米　③ 某地区人均粮食产量达到 500 千克
④ 职工人均工资为 1200 元　　　⑤ 员工出勤率为 98%

6. 下列指标属于结构相对指标的是(　　)。
① 生产工人占职工人数的比重
② 某厂男女职工的比例为 2∶1
③ 某地每 1000 名居民中就有 10 名医护人员
④ 甲地 2016 年的工业增加值为乙地的 90%
⑤ 某年的积累率为 30%

7. 比较相对指标可用于(　　)。
① 不同国家或单位之间比较　　② 实际水平与计划水平比较
③ 不同时期的水平比较　　　　④ 先进水平与落后水平比较
⑤ 实际水平与标准水平比较

三、填空题

1. 总量指标按反映的时间状况不同，可分为(　　)和(　　)。
2. 总量指标是计算(　　)和(　　)的基础。
3. 单位产品成本计划降低 5%，实际降低 7%，则单位成本计划完成程度相对数为(　　)%。
4. 某厂的劳动生产率，计划比去年提高 5%，执行结果提高 10%，则劳动生产率计划完成程度为(　　)%。
5. 当计划指标以最高限额规定时，计划完成情况相对指标要(　　)，才算超额完成计划。
6. 强度相对指标的正指标数值越大，表示现象的强度和密度(　　)。
7. 同类指标数值在不同空间作静态对比形成(　　)指标，而同类指标数值在不同时间对比形成(　　)指标。

四、判断题

1. 比较相对指标也可以是两个相对指标对比。　　　　　　　　　　　(　　)
2. 结构相对指标的计算方法灵活，分子和分母可以互换。　　　　　　(　　)
3. 假设甲、乙、丙三个企业今年产量计划完成程度分别为 95%、100%和 105%，则这三个企业产量平均计划完成程度为 100%。　　　　　　　　　　(　　)
4. 强度相对指标的计量单位必须用复名数来表示。　　　　　　　　　(　　)
5. 能计算总量指标的总体必须是有限总体。　　　　　　　　　　　　(　　)
6. 所有的总量指标都可以累加。　　　　　　　　　　　　　　　　　(　　)
7. 相对指标的表现形式为无名数。　　　　　　　　　　　　　　　　(　　)

8. 同一总体，时期指标值的大小与时期长短成正比，时点指标值的大小与时间间隔长短成反比。（ ）

9. 某厂劳动生产率计划提高 10%，实际只提高 5%，则该厂劳动生产率计划仅完成一半。（ ）

10. 计算计划完成相对指标时，分子与分母的数值既可以是绝对数，也可以是相对数或平均数。（ ）

五、简答题

1. 什么是时期指标？什么是时点指标？二者有何区别？
2. 比例相对指标与比较相对指标有何区别？
3. 比较相对指标与动态相对指标有何区别？
4. 正确运用相对指标应遵循哪些原则？
5. 在统计实践中，为什么要将各种相对指标结合运用？

六、计算题

1. 某厂按计划规定 2016 年第一季度的全员劳动生产率应比 2015 年同期提高 10%，单位产品成本应比 2015 年同期降低 5%。实际执行结果中，该季度的全员劳动生产率比 2015 年同期提高了 12%，单位产品成本比 2015 年同期降低了 4%。

要求：

(1) 计算该厂 2016 年第一季度的全员劳动生产率计划完成百分比，并说明计划完成情况。

(2) 计算该厂 2016 年第一季度的单位产品成本计划完成百分比，并说明计划完成情况。

2. 某企业产值计划完成 103%，比上年增长 5%。试问：计划规定比上年增长多少？若该企业某产品成本应在上年 699 元水平上降低 12 元，实际上今年每台成本为 672 元，试确定降低成本计划完成指标。

3. 某商场所属商店销售计划执行情况如表 4-11 所示。

表 4-11 某商场所属商店销售计划执行情况

商 店	2016 年 计划 零售额 /万元	2016 年 计划 比重 /%	2016 年 实际 零售额 /万元	2016 年 计划 完成 /%	2015 年 实际 零售额 /万元	2016 年 零售额为 2015 年的 /%
(甲)	(1)	(2)	(3)	(4)	(5)	(6)
光明	4000		4800		3000	
中兴	2500			110	2000	
华夏			5000	80	4000	
合　计						

根据以上资料，计算表中所缺指标数值，并说明(1)、(2)、(4)、(6)栏是什么指标。

4. 某地区国内生产总值的统计资料如表 4-12 所示。

表 4-12　某地区国内生产总值的统计资料

项　目	2016 年 实际完成 /亿元	比重 /%	2015 年 实际完成 /亿元	2016 年比 2015 年增长率 /%
国内生产总值(亿元)	684			4.8
第一产业		28.4	186	
第二产业			298	6.2
第三产业				

根据以上资料，计算并填写表中所缺的数值。

5. 某自行车公司下属三个分厂，全年的产量如表 4-13 所示。要求计算表中所缺数值，并指出各指标的名称。

表 4-13　某自行车公司下属三个分厂全年的产量

| 项　目 | 计　划 | | 实　际 | | 计划完成 百分比/% |
	产量 /万辆	比重 /%	产量 /万辆	为一厂产量的 百分比/%	
一厂	100		105	100	
二厂	150				106
三厂			260		104
合计	500	100		—	
指标名称					

第五章

统计分布的数值特征

本章导读：本章主要介绍平均指标、变异指标、偏度和峰度的基本知识。通过本章的学习，要求理解平均指标与标志变异指标的含义与作用；掌握各种平均指标与标志变异指标的计算方法和应用场合；重点掌握算术平均数和调和平均数的计算、标准差和标准差系数的计算，并能运用这些指标分析社会经济现象的分布特征，具有对现象总体的均衡性、稳定性、平均水平代表性的判断能力。

第一节 分布的集中趋势

集中趋势是指一组数据向某一中心值靠拢的倾向，测度集中趋势也就是要寻找数据一般水平的代表值或中心值。平均指标就是用来反映总体一般水平和集中趋势的指标。

一、平均指标的含义和作用

(一)平均指标的含义

平均指标(average indicator)是反映同质总体各单位某一数量标志一般水平的综合指标。平均指标的特点就是把同质总体中各单位某一数量标志的数量差异抽象化，用一个数值来表示这一标志在具体时间、地点、条件下的一般水平。例如，某学生统计学的三次测试成绩分别为：60 分、80 分、76 分，显然，要了解该学生的学习成绩，不能以某一次的成绩为准，而必须综合各次的成绩，求得该学生统计学的平均成绩为 72 分。平均的过程将每次的数量差异抽象化了，从而可以用 72 分这个典型水平来代表该学生统计学成绩的一般水平。

(二)平均指标的作用

1. 比较同类现象在不同空间的发展水平

平均指标可以用来对同类现象在各单位、各部门、各地区之间进行比较，以说明生产水平的高低或经营效果的好坏。例如，要比较同行业的经营管理水平，一般不能用总量指标来对比，因为总量指标会受到规模大小的影响，不能说明问题，只能用平均指标，如平均单位成本、劳动生产率等，这样才能较好地评价不同单位的生产情况和经济效益的高低。

2. 比较同类现象在不同时间的发展变化趋势

利用平均指标可以研究某一总体在时间上的变化，反映总体发展的过程及其发展变化的趋势。例如，为反映改革开放30多年来，我国城镇居民生活水平的变化，可以通过计算各年的平均工资，以反映城镇居民生活水平不断提高的趋势。

3. 分析现象之间的依存关系

在对现象总体进行分组的基础上，运用平均指标可以分析现象之间的依存关系。例如，在对工业企业按劳动生产率分组的基础上，计算各组的工资水平，可以反映出劳动生产率与工资水平之间的依存关系。

二、算术平均数

(一)算术平均数的基本形式

算术平均数(arithmetic mean)是分析社会经济现象一般水平的最基本指标，是统计中计算平均数最常用的方法。其基本形式为

$$算术平均数 = \frac{总体标志总量}{总体单位总数}$$

在已知基本公式分子、分母资料时，可直接利用这个公式进行计算。

例如，某企业某月的工资总额为3 200 000元，工人总数为1000人，则该企业工人的月平均工资为

$$平均工资 = \frac{3\,200\,000}{1000} = 3200(元)$$

这里需要注意对算术平均数和强度相对数要加以区别。平均数是同一总体内标志总量与总体单位总数之比，它要求标志总量和单位总数相适应，即标志总量必须是总体各单位标志值的总和。例如，计算1000个工人的平均工资，作为分子的工资总额只能是这1000个工人工资的总和。强度相对指标则是两个性质不同，但有联系的总量指标之比，作为分子的总量指标，并不随着作为分母的总量指标的变动而变动，二者在数量上没有依存关系。例如，人均钢铁产量是全国钢铁产量与全国人口数之比，但钢铁产量不是全部人口生产的，它不是全国每个人都具有的标志，所以它不是平均数，而是强度相对指标。

在不具备基本公式分子、分母资料时，算术平均数根据掌握资料的不同可分为简单算术平均数和加权算术平均数两种。

(二)简单算术平均数

资料未分组时采用简单算术平均数(simple arithmetical mean)计算。简单算术平均数就

是直接将总体各单位的标志值相加,求得标志总量,然后除以总体单位总数而求得的平均数。其计算公式为

$$\bar{x} = \frac{x_1 + x_2 + \cdots + x_n}{n} = \frac{\sum x}{n}$$

式中：$\bar{x}$——算术平均数；
　　　x——各单位变量值；
　　　n——总体单位总数；
　　　$\sum$——总和符号。

例如,某生产班组有 5 名工人,生产某种零件,日产量(件)分别为 30、31、33、35、36,则平均每个工人日产零件数为

$$\bar{x} = \frac{\sum x}{n} = \frac{30 + 31 + 33 + 35 + 36}{5} = 33 \,(件)$$

简单算术平均数之所以简单,就是由于各个变量值出现的次数均为 1,如果各个变量值出现的次数不同,就要采用加权算术平均数的方法计算。

(三)加权算术平均数

资料分组时采用加权算术平均数(weighted arithmetical mean)计算。加权算术平均数就是用变量乘权数(次数),先求出每组的标志总量,并加总取得总体的标志总量,再把权数相加,得到总体单位总数,然后用标志总量除以总体单位总数计算的平均数。

1. 由单项数列计算的加权算术平均数

例如,某高校工商管理系 15 名教师的工资分布如表 5-1 所示。

表 5-1　某高校教师工资分组表

工资/元 x	教师人数/人 f	工资总额/元 xf
5000	10	50 000
6000	3	18 000
7000	2	14 000
合计	15	82 000

$$平均工资 = \frac{5000 \times 10 + 6000 \times 3 + 7000 \times 2}{10 + 3 + 2} = \frac{82\,000}{15} = 5466.67 \,(元)$$

以上计算过程,可用公式表示如下：

$$\bar{x} = \frac{x_1 f_1 + x_2 f_2 + \cdots + x_n f_n}{f_1 + f_2 + \cdots + f_n} = \frac{\sum xf}{\sum f}$$

式中：x ——变量值；

f ——各组单位数(次数或权数)；

$\sum xf$ ——总体标志总量；

$\sum f$ ——总体单位总数(总次数或总权数)。

由上例可以看出，加权算术平均数要受到两个因素的影响，一是变量值，变量值大，平均数就大；二是各组次数，次数多的那一组变量值对平均数的影响会较大。也就是说，当变量值比较大的组次数多时，平均数就接近于变量值大的一方；当变量值比较小的组次数多时，平均数就接近于变量值小的一方。由此可见，次数的多少对平均数大小的影响具有权衡轻重的作用。因此，在统计中通常把次数又称为权数，从而把用权数计算出来的平均数叫做加权算术平均数。应该指出的是，当各组权数相等时，即 $f_1 = f_2 = \cdots = f_n$，权数就失去了权衡轻重的作用，这时加权算术平均数等于简单算术平均数，即

$$\bar{x} = \frac{\sum xf}{\sum f} = \frac{f \sum x}{nf} = \frac{\sum x}{n}$$

权数除了用绝对数的形式表示外，也可以采用相对数的形式，即各组单位数占总体单位数的比重 $\frac{f}{\sum f}$ 来表示。因此，加权算术平均数的计算公式又可表示如下：

$$\bar{x} = \frac{\sum xf}{\sum f} = \sum \left(x \cdot \frac{f}{\sum f} \right)$$

现以上例 15 名教师的工资资料列表计算，如表 5-2 所示。

表 5-2　按频率计算平均数

工资/元 x	教师人数/人 f	人数比重 $\frac{f}{\sum f}$	工资与比重乘积 $x \cdot \frac{f}{\sum f}$
5000	10	0.667	3335
6000	3	0.20	1200
7000	2	0.133	931
合　计	15	1.00	5466

$$\text{平均工资 } \bar{x} = \sum \left(x \cdot \frac{f}{\sum f} \right) = 5466(\text{元})$$

可见用比重权数计算的平均工资与用绝对数权数计算的结果相同。

2. 由组距数列计算的加权算术平均数

计算方法与由单项数列计算的加权算术平均法基本相同，只要计算出各组的组中值，

然后以组中值作为变量代入公式计算即可。

例如,某车间工人按日产量分组,如表5-3所示。

表5-3 某车间工人日产量分组表

按日产量分组/件	工人数/人 f	组中值/件 x	工人日产/件 xf
20以下	8	15	120
20~30	10	25	250
30~40	20	35	700
40以上	12	45	540
合计	50	—	1610

$$工人平均日产量 \bar{x} = \frac{\sum xf}{\sum f} = \frac{1610}{50} \approx 32 (件)$$

应该指出,这种计算方法具有一定的假定性,即假定各单位标志值在组内是均匀分布的,这时各组的平均数正好等于它的组中值。但实际上各单位标志值在组内不可能是完全均匀分布的,因此用组中值计算的平均数,只能是一个近似值。

(四)算术平均数的两个重要数学性质

(1) 各标志值与其算术平均数的离差之和等于零,即

未分组资料:$\sum(x-\bar{x})=0$

分组资料:$\sum(x-\bar{x})f=0$

(2) 所有标志值与算术平均数的离差平方和为最小值,即

未分组资料:$\sum(x-\bar{x})^2 = \min$

分组资料:$\sum(x-\bar{x})^2 f = \min$

这一性质可用数学方法证明。

证明:设 A 为任意常数,且 $A \neq \bar{x}$,$\bar{x} - A = c$,则以 A 为中心的离差平方和为

$$\begin{aligned}
\sum(x-A)^2 &= \sum[x-(\bar{x}-c)]^2 \\
&= \sum[(x-\bar{x})+c]^2 \\
&= \sum[(x-\bar{x})^2 + 2c(x-\bar{x}) + c^2] \\
&= \sum(x-\bar{x})^2 + 2c\sum(x-\bar{x}) + nc^2 \\
&= \sum(x-\bar{x})^2 + nc^2
\end{aligned}$$

因为 $nc^2 > 0$

所以 $\sum(x-A)^2 > \sum(x-\bar{x})^2$

$$\sum(x-\bar{x})^2 = \min$$

在资料分组的条件下，也有 $\sum(x-\bar{x})^2 f$ 为最小，证明从略。

这两个性质是进行趋势预测、回归预测、建立数学模型的重要数学理论依据。

三、调和平均数

调和平均数(harmonic mean)是各个标志值倒数的算术平均数的倒数，故又称为倒数平均数。根据所掌握的资料不同，调和平均数可分为简单调和平均数和加权调和平均数两种形式。

(一)简单调和平均数

简单调和平均数(simple harmonic mean)适用于未分组的资料计算调和平均数。其计算公式如下：

$$\bar{x}_H = \frac{n}{\frac{1}{x_1}+\frac{1}{x_2}+\frac{1}{x_3}+\cdots+\frac{1}{x_n}} = \frac{n}{\sum\frac{1}{x}}$$

式中：$\bar{x}_H$ ——调和平均数；

x ——各单位标志值；

n ——项数。

例如，某市场出售某种蔬菜，早、午、晚价格各异，有关购买金额及价格资料如表 5-4 所示。

表 5-4　某种蔬菜价格资料表(购买金额相同)

时　段	价格/(元/斤) x	购买金额/元	购买量/斤 $1/x$
早	2.0	1	0.50
午	1.5	1	0.67
晚	1.0	1	1.00
合计	—	3	2.17

平均每斤的价格 $\bar{x}_H = \dfrac{n}{\sum\dfrac{1}{x}} = \dfrac{3}{\dfrac{1}{2.0}+\dfrac{1}{1.5}+\dfrac{1}{1.0}} = \dfrac{3}{2.17} = 1.38$ (元/斤)

一般来说，简单调和平均数是在各标志值相应的标志总量均为一个单位的情况下求平均数时采用的。如果各个标志值相应的标志总量是不等的，就要采用加权调和平均数计算。

(二)加权调和平均数

加权调和平均数(weighted harmonic mean)适用于已分组的资料计算调和平均数。其计算公式如下：

$$\bar{x}_H = \frac{m_1 + m_2 + m_3 + \cdots + m_n}{\frac{m_1}{x_1} + \frac{m_2}{x_2} + \frac{m_3}{x_3} + \cdots + \frac{m_n}{x_n}} = \frac{\sum m}{\sum \frac{m}{x}}$$

式中：m——各组标志总量；

x——各组标志值；

$\sum m$——总体标志总量。

仍以前例资料为例，若早、午、晚购买金额不同，求平均价格。蔬菜价格资料如表 5-5 所示。

表 5-5 某种蔬菜价格资料表(购买金额不同)

时 段	价格/(元/斤) x	购买金额/元 m	购买量/斤 m/x
早	2.0	1.5	0.75
午	1.5	2	1.33
晚	1.0	2.5	2.50
合 计	—	6	4.58

$$\text{平均每斤的价格}\ \bar{x}_H = \frac{\sum m}{\sum \frac{m}{x}} = \frac{1.5 + 2 + 2.5}{\frac{1.5}{2.0} + \frac{2}{1.5} + \frac{2.5}{1.0}} \approx \frac{6}{4.58} \approx 1.31(\text{元}/\text{斤})$$

从上式计算可以看出，$\sum m$ 是总体标志总量，$\frac{m}{x}$ 是各组单位数，$\sum \frac{m}{x}$ 是总体单位总数。因此，加权调和平均数仍然符合算术平均数基本公式的要求。加权调和平均数实质上只是加权算术平均数的一种变换形式，二者的计算结果相等，这一点可以用公式证明如下。

$$\bar{x}_H = \frac{\sum m}{\sum \frac{m}{x}} = \frac{\sum xf}{\sum \frac{xf}{x}} = \frac{\sum xf}{\sum f} = \bar{x}$$

在计算平均数时，可以根据掌握的资料不同，选择加权算术平均数或加权调和平均数。

(三)算术平均数与调和平均数的应用

1. 计算相对数的平均数

例如，某局所属三个企业，各企业计划完成程度和计划产值资料如表 5-6 所示，求三个企业平均计划完成程度。

表 5-6　某局计划完成资料表(计划产值)

企　业	计划完成/% x	计划产值/万元 f	实际产值/万元 xf
甲	90	120	108
乙	105	100	105
丙	110	80	88
合　计	—	300	301

根据掌握的资料，平均计划完成程度应采用以计划产值为权数的加权算术平均数公式计算，即

$$平均计划完成程度\ \bar{x} = \frac{\sum xf}{\sum f} = \frac{301}{300} \approx 100.3\%$$

如果掌握的资料是实际产值，而不是计划产值，则应采用以实际产值为权数的加权调和平均数公式计算，如表 5-7 所示。

表 5-7　某局计划完成资料表(实际产值)

企　业	计划完成/% x	实际产值/万元 m	计划产值/万元 m/x
甲	90	108	120
乙	105	105	100
丙	110	88	80
合　计	—	301	300

$$平均计划完成程度\ \bar{x}_H = \frac{\sum m}{\sum \frac{m}{x}} = \frac{301}{300} \approx 100.3\%$$

2．计算平均数的平均数

例如，已知某商品在三个城市的平均价格及销售量资料(如表 5-8 所示)，求该商品在三个城市的总平均价格。

根据掌握的资料，该商品在三个城市的总平均价格应采用以销售量为权数的加权算术平均数公式计算，即

$$总平均价格\ \bar{x} = \frac{\sum xf}{\sum f} = \frac{1\,106\,000}{35\,000} = 31.6\,(元/件)$$

如果掌握的资料是销售额，而不是销售量，则应采用以销售额为权数的加权调和平均数公式计算，如表5-9所示。

表5-8 某商品平均价格及销售量资料表(销售量)

城 市	平均价格/(元/件) x	销售量/件 f	销售额/元 xf
甲	30	13 000	390 000
乙	32	10 000	320 000
丙	33	12 000	396 000
合 计	—	35 000	1 106 000

表5-9 某商品平均价格及销售额资料表(销售额)

城 市	平均价格/(元/件) x	销售额/元 m	销售量/件 m/x
甲	30	390 000	13 000
乙	32	320 000	10 000
丙	33	396 000	12 000
合 计	—	1 106 000	35 000

$$总平均价格 \bar{x}_H = \frac{\sum m}{\sum \frac{m}{x}} = \frac{1\,106\,000}{35\,000} = 31.6 (元/件)$$

由此可见，在由相对数或平均数计算平均数时，如果掌握的权数资料是相对数或平均数的子项数值时，要用加权调和平均数公式计算；如果掌握的权数资料是相对数或平均数的母项数值时，则用加权算术平均数公式计算。

四、几何平均数

几何平均数(geometric mean)是 n 个变量值乘积的 n 次方根，是计算平均比率和平均速度最适用的一种方法。凡是变量值的连乘积等于总比率或总速度的现象，求平均比率或平均速度，都可以采用几何平均法。几何平均数根据掌握的资料不同，分为简单几何平均数和加权几何平均数两种。

(一)简单几何平均数

简单几何平均数适用于未分组资料。其计算公式为

$$\bar{x}_G = \sqrt[n]{x_1 \cdot x_2 \cdot x_3 \cdots x_n} = \sqrt[n]{\prod x}$$

式中：$\bar{x}_G$ ——几何平均数；

x ——变量值(比率)；

n ——项数(变量值的个数)；

$\prod$ ——连乘符号。

例如，某机械厂设有毛坯车间、粗加工车间、精加工车间和装配车间四个连续作业的车间。本月份毛坯车间制品合格率为97%，粗加工车间制品合格率为93%，精加工车间制品合格率为91%，装配车间产品合格率为87%。求平均车间产品合格率。

这个问题属于求平均比率，不能采用算术平均数法和调和平均数法。由于各车间制品的合格率总和不等于全厂产品的总合格率，后续车间的合格率是在前一车间全部合格制品的基础上计算的，因此全厂产品总合格率等于各车间制品合格率的连乘积。此例应采用几何平均数法计算平均车间合格率。

$$\text{平均车间产品合格率 } \bar{x}_G = \sqrt[n]{\prod x} = \sqrt[4]{97\% \times 93\% \times 91\% \times 87\%} \approx 91.93\%$$

(二)加权几何平均数

加权几何平均数适用于分组资料。当各个变量值的次数不相同时，则应采用加权几何平均数计算。其计算公式为

$$\bar{x}_G = \sqrt[f_1+f_2+\cdots+f_n]{x_1^{f_1} \cdot x_2^{f_2} \cdots x_n^{f_n}} = \sqrt[\Sigma f]{\prod x^f}$$

式中：f ——变量值的次数；

$\sum f$ ——次数总和。

例如，某企业从商业银行贷款用于基本建设，贷款期限为9年，年利率按复利计算，其中有1年为3%，有2年为4.5%，有3年为5%，还有3年为5.5%。求平均年利率。

由于按复利计算，各年的利息是以上一年的本利和(本金加利息)为基础计算的，所以应先将各年的年利率换算成年本利率(年本利率=1+年利率)再进行计算。因为各年的年本利率的连乘积等于总的本利率，所以可以用几何平均法来计算平均年本利率，并在此基础上减100%，就得到平均年利率。

$$\text{平均年本利率 } \bar{x}_G = \sqrt[\Sigma f]{\prod x^f} = \sqrt[9]{1.03^1 \times 1.045^2 \times 1.05^3 \times 1.055^3} \approx 104.83\%$$

平均年利率=104.83% − 100% = 4.83%

五、众数和中位数

算术平均数、调和平均数和几何平均数都是根据总体全部单位的标志值计算的，因此被称为数值平均数。在有些情况下，我们还可以直接根据标志值在变量数列中的位置来确定平均数，这样确定的平均数被称为位置平均数，主要包括众数和中位数两种。下面分别

加以介绍。

(一)众数

1. 众数的含义

众数(mode)是指总体中出现次数最多的标志值,用字母 M_o 表示。例如,集贸市场上某种商品一天的价格可能有几次变化,其中成交量最多的那个价格就是众数。又如,男式皮鞋有多种号码,其中 40 码是销售量最多的号码,则 40 码皮鞋也是众数,可以代表男式皮鞋号码的一般水平。再如,销售量最多的服装款式或色彩,也即通常所说的"流行款式",也属于这种意义的众数。如果总体中出现次数最多的标志值不是一个,而是两个,那么合起来就是复众数,或称为双众数。

2. 众数的确定方法

根据变量数列的不同种类,确定众数需要采用不同的方法。

(1) 由单项数列确定众数。由单项数列确定众数的方法比较简单,只需找出出现次数最多的标志值即为众数。

例如,某商场女式羊绒衫的销售资料如表 5-10 所示。

表5-10　某商场女士羊绒衫销售资料表

羊绒衫规格/厘米	销售数量/件
85	15
90	25
95	105
100	75
105	30
合　计	250

从表 5-10 中可知,95 厘米的羊绒衫销售的数量最多,即出现的次数最多,则 95 厘米就是众数。

(2) 由组距数列确定众数。首先需要根据出现次数的多少确定众数所在的组,然后计算众数的近似值。其计算公式如下。

下限公式:

$$M_o = L + \frac{\Delta_1}{\Delta_1 + \Delta_2} \cdot d$$

上限公式:

$$M_o = U - \frac{\Delta_2}{\Delta_1 + \Delta_2} \cdot d$$

式中：L——众数组的下限；

U——众数组的上限；

Δ_1——众数组的次数与前一组的次数之差；

Δ_2——众数组的次数与后一组的次数之差；

d——众数组的组距。

例如，某家电商场营业员销售额资料如表 5-11 所示，试计算众数。

表 5-11 某家电商场营业员销售额资料表

按年销售额分组/万元	营业员人数/人
50～60	24
60～70	48
70～80	105
80～90	60
90～100	37
100 以上	26
合　计	300

首先确定众数组：次数最多者是 105 人，对应的分组为 70～80，则 70～80 组就是众数所在的组。

然后用公式计算众数的近似值。

代入下限公式计算：

$$M_o = L + \frac{\Delta_1}{\Delta_1 + \Delta_2} \cdot d$$

$$= 70 + \frac{105 - 48}{(105 - 48) + (105 - 60)} \times 10$$

$$\approx 75.6 \,(万元)$$

代入上限公式计算：

$$M_o = U - \frac{\Delta_2}{\Delta_1 + \Delta_2} \cdot d$$

$$= 80 - \frac{105 - 60}{(105 - 48) + (105 - 60)} \times 10$$

$$\approx 75.6 \,(万元)$$

利用下限公式和上限公式计算的结果相同。众数也可以根据各组单位数占总体单位总数的比重来确定，变量数列中出现的比重最大的标志值即为众数。其确定方法与由绝对数表示的次数确定众数的方法相同，这里不再赘述。

(二)中位数

1. 中位数的含义

将总体各单位的标志值按大小顺序排列,处于中间位置的那个标志值即为中位数(median),用 M_e 表示。中位数将数列分为相等的两部分,一部分的标志值小于中位数,另一部分的标志值大于中位数。由于中位数的位置居中,其数值不受极端数值的影响,也能代表总体标志值的一般水平。

2. 中位数的确定方法

(1) 由未分组的资料确定中位数。首先要将总体各个标志值按大小顺序依次排列,然后确定中位数所在的位置,与中位数所在位置相对应的标志值即为中位数。

$$中位数位置 = \frac{n+1}{2} \quad (n\text{ 代表项数})$$

如果标志值的项数是奇数,那么居于中间位置的那个标志值,就是中位数。

例如,某班组 5 名工人生产某种零件的数量(件)按顺序排列如下:30,33,36,39,40。则

$$中位数位置 = \frac{n+1}{2} = \frac{5+1}{2} = 3$$

表明第三位工人生产的零件数量 36 件为中位数。

如果标志值的项数是偶数,则居于中间位置的两项数值的算术平均数是中位数。上例中,如果有 6 名工人生产该种零件,按生产零件的数量顺序排列如下:30,33,36,39,40,42。则

$$中位数位置 = \frac{n+1}{2} = \frac{6+1}{2} = 3.5$$

表明中位数是第三人至第四人产量的算术平均数,即

$$M_e = \frac{36+39}{2} = 37.5 \text{(件)}$$

(2) 由单项数列确定中位数。首先用公式 $\frac{\sum f}{2}$ 确定中位数的位置,其次计算各组的累计次数(向上累计次数或向下累计次数),最后根据中位数的位置找出中位数,如表 5-12 所示。

$$中位数位置 = \frac{\sum f}{2} = \frac{250}{2} = 125 \text{(件)}$$

从向上累计次数看,第一组和第二组的累计次数为 40 件,小于 125 件,到第三组的累计次数为 145 件,大于 125 件,因此中位数的位置必然在第三组,该组对应的标志值 95 厘米即为中位数。向下累计次数法的道理与此相同,在此不再赘述。

表 5-12　某商场羊绒衫销售中位数计算表

羊绒衫规格/厘米	销售数量/件	向上累计次数/件	向下累计次数/件
85	15	15	250
90	25	40	235
95	105	145	210
100	75	220	105
105	30	250	30
合　计	250	—	—

(3) 由组距数列确定中位数。首先用公式 $\dfrac{\sum f}{2}$ 确定中位数的位置，其次计算各组的累计次数(向上累计次数或向下累计次数)，找出中位数所在的组，最后依据公式计算中位数的近似值。其计算公式如下。

下限公式(向上累计时用)：

$$M_e = L + \dfrac{\dfrac{\sum f}{2} - S_{m-1}}{f_m} \cdot d$$

上限公式(向下累计时用)：

$$M_e = U - \dfrac{\dfrac{\sum f}{2} - S_{m+1}}{f_m} \cdot d$$

式中：L——中位数所在组的下限；
　　　U——中位数所在组的上限；
　　　f_m——中位数所在组的次数；
　　　S_{m-1}——中位数所在组以前各组的累计次数；
　　　S_{m+1}——中位数所在组以后各组的累计次数；
　　　$\sum f$——总体单位总数；
　　　d——中位数所在组的组距。

例如，某家电商场营业员销售额资料如表 5-13 所示，试计算销售额的中位数。

$$中位数位置 = \dfrac{\sum f}{2} = \dfrac{300}{2} = 150(人)$$

从计算的累计次数可以看出，150 人无论是向上累计还是向下累计都包括在第三组中，所以第三组对应的销售额 70～80 这一组就是中位数组。

表 5-13　某家电商场营业员销售额中位数计算表

按年销售额分组 /万元	营业员人数 /人	向上累计次数 /人	向下累计次数 /人
50～60	24	24	300
60～70	48	72	276
70～80	105	177	228
80～90	60	237	123
90～100	37	274	63
100 以上	26	300	26
合　计	300	—	—

计算中位数的近似值如下。

下限公式：

$$M_e = L + \frac{\frac{\sum f}{2} - S_{m-1}}{f_m} \cdot d$$

$$= 70 + \frac{\frac{300}{2} - 72}{105} \times 10$$

$$\approx 77.43(万元)$$

上限公式：

$$M_e = U - \frac{\frac{\sum f}{2} - S_{m+1}}{f_m} \cdot d$$

$$= 80 - \frac{\frac{300}{2} - 123}{105} \times 10$$

$$\approx 77.43(万元)$$

利用下限公式和上限公式计算的结果也是相同的。按照一般习惯，用下限公式计算中位数较常见。

(三)众数、中位数与算术平均数的关系

众数、中位数与算术平均数的关系与总体分布的特征有关，可以分为以下三种情况。

(1) 当总体分布呈对称状态时，三者合而为一，即 $\overline{X} = M_e = M_o$，如图 5-1 所示。

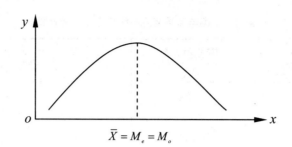

图 5-1　对称分布

(2) 当总体分布呈右偏时，则 $M_o < M_e < \bar{X}$，如图 5-2 所示。

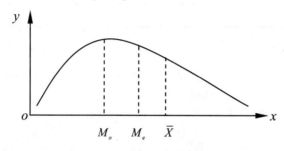

图 5-2　右偏分布

(3) 当总体分布呈左偏时，则 $\bar{X} < M_e < M_o$，如图 5-3 所示。

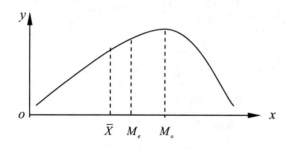

图 5-3　左偏分布

在偏态分布中，如果不对称程度比较轻微，则三者间的数量关系如下：

$$M_o = 3M_e - 2\bar{X}$$

$$M_e = \frac{1}{3}(M_o + 2\bar{X})$$

$$\bar{X} = \frac{1}{2}(3M_e - M_o)$$

例如，某学校员工的月工资众数为 3000 元，月工资的算术平均数为 3300 元，月工资的中位数近似值是

$$M_e = \frac{1}{3}(M_o + 2\overline{X}) = \frac{1}{3}(3000 + 2 \times 3300) = 3200(元)$$

因为 $M_o < M_e < \overline{X}$，所以分布为右偏。

六、应用平均指标应注意的问题

(一)必须注意所研究的社会经济现象的同质性

计算和应用平均指标的基本前提是被研究现象必须具有某种共同的性质。也就是说，总体各个单位在某一标志上性质是相同的。只有这样才能反映总体的本质，说明总体的一般水平。如果现象总体是不同质的，则所计算的平均指标就会掩盖总体各单位之间的本质差异，歪曲事实真相，得出错误的结论。例如，将经纪人、企业主、小商贩的收入与工薪阶层职工的工资相加来计算平均工资就是错误的。因为工薪阶层职工的工资与经纪人、企业主、小商贩的收入不是同质总体。

(二)必须注意用组平均数补充说明总平均数

许多平均指标的计算是在科学分组的基础上进行的，因此应重视影响总平均数的各个有关因素的作用，通过计算组平均数来补充说明总平均数，以揭示现象内部的结构，从而克服认识上的偏差。

例如，甲、乙两农户粮食产量资料如表 5-14 所示。

表 5-14 甲、乙两户粮食产量比较表

地 况	甲 户			乙 户		
	播种面积/亩	总产量/千克	平均亩产/千克	播种面积/亩	总产量/千克	平均亩产/千克
旱地	2	500	250	6	1800	300
水田	8	4000	500	4	2400	600
合 计	10	4500	450	10	4200	420

从表 5-14 中可以看出，粮食总平均亩产甲户为 450 千克，乙户为 420 千克，甲户高于乙户。但从各组来看，乙户不论是旱地还是水田的亩产量均高于甲户。这种总平均数与组平均数不一致的现象，是因为旱地和水田的生产水平不一致，水田的产量要高于旱田许多；而两户生产水平不同的播种面积在总播种面积中的比重却相差较大，正是这一结构的差异导致乙户总平均亩产低于甲户。所以，为了客观地分析某一现象一般水平变动的情况，必须用组平均数补充说明总平均数。

(三)必须注意用分配数列补充说明总平均数

平均指标综合反映了现象的一般水平，但它把总体各单位的差异抽象掉了，因而掩盖了总体各单位的差异及其分配状况。因此，为了进一步分析和说明总体的数量特征，就必须将总体各单位按被平均的标志分组，列出分配数列，以各组的具体分配情况补充说明总平均数。

例如，2016 年某市某企业职工人均工资情况如表 5-15 所示。

表 5-15　某市某企业职工人均工资情况表

按人均工资分组/元	职工人数/人
2000 以下	80
2000～3000	120
3000～4000	500
4000～5000	200
5000 以上	100
合　　计	1000

由表 5-15 中可以计算出该企业职工人均工资为 3620 元，单看平均工资不算低。但从分配数列来看，人均工资在 2000 元以下，未达到当地最低工资标准(2011 元)的有 80 人，占职工总数的 8%，处于人均工资较低水平 2000～3000 元的职工有 120 人，占职工总数的 12%。这些职工尚需要企业和当地政府去关心。可见，用分配数列补充说明总平均数，反映的情况就更具体了，也有助于更深刻地认识现象的本质。

(四)计算平均数时，要注意极端值的影响

算术平均数受总体中极端值的影响较大。为了正确反映总体的一般水平，当总体存在过大或过小的极端数值时，应予以剔除，然后将其余数值计算平均数。目前这种方法在文艺、体育比赛评分中应用较多。

第二节　分布的离中趋势

离中趋势是指一组数据中各数据值以不同程度的距离偏离其中心值(平均数)的趋势。统计上用标志变异指标来量度。

一、标志变异指标的意义和作用

(一)标志变异指标的含义及意义

标志变异指标是反映总体各项标志值差异程度的综合指标，又叫标志变动度。

为什么要计算标志变动度呢？因为平均指标是用来说明现象集中趋势的代表性数值，

而在同质总体中各单位标志值还存在着差异,要想测定标志值的差异程度和离中趋势、看其平均数的代表性大小,就必须通过标志变动度才能说明。

(二)标志变异指标的作用

1. 标志变异指标可以说明平均指标的代表性

如果总体各单位标志值的差异程度大,平均数的代表性就小;反之,标志值的差异程度小,平均数的代表性就大。

例如,某车间两个班组工人日产量(单位:件)资料如下:

甲组: 32　　40　　48　　56　　64
乙组: 40　　44　　48　　52　　56

依上例可以算出,这两个班组的平均日产量均为 48 件,但各班组日产量的差异程度却不相同。甲组各个工人之间日产量相差较大,最高与最低相差 32 件;乙组各工人日产量的差异却较小,最高与最低相差仅有 16 件。很明显,两组工人平均日产量虽然都是 48 件,但对甲组来说,平均日产量的代表性就小;而对乙组来说,平均日产量的代表性就大。

2. 标志变异指标可以说明现象变动的稳定性、均衡性

例如,工业企业在检验产品质量时,如果标志变异指标小,则表明产品质量较稳定。在检查计划执行情况时,利用标志变异指标可以分析执行计划过程的均衡性。

例如,甲、乙两企业全年计划产量都是 200 万吨,各季度计划完成情况如表 5-16 所示。

表 5-16　甲、乙两企业各季度计划完成情况

企　业	第一季度	第二季度	第三季度	第四季度	全　年
甲	48	52	51	49	200
乙	38	40	45	77	200

甲、乙两企业全年均完成了计划任务,但计划执行的均衡性却不同。甲企业各季比较均衡地完成了计划,而乙企业则前松后紧,是第四季度突击完成的。

3. 标志变异指标的大小,有助于正确确定必要的抽样数目

一般来说,标志变异程度大,应多抽取一些样本单位;标志变异程度小,则可以少抽取一些样本单位。(详见第八章抽样推断)

二、测定标志变动度的指标

测定标志变动度的指标主要有全距、平均差、标准差和离散系数。

(一)全距

全距(range)是总体各单位标志值中最大值与最小值之差,也称极差。一般用 R 表示。其计算公式为

$$全距 = 最大标志值 - 最小标志值$$

如前例,甲、乙两个班组工人日产量的全距为

$$R_甲 = 64 - 32 = 32(件)$$
$$R_乙 = 56 - 40 = 16(件)$$

如果是组距数列,其全距则通过下式计算:

$$全距 = 最高组上限 - 最低组下限$$

全距数值越小,反映变量值越集中,标志变动度越小,平均数的代表性就越大;反之,全距数值越大,说明变量值越分散,标志变动度越大,平均数的代表性则越小。

全距指标比较简便,也容易计算,在实际工作中常用来检验产品质量。例如,一些零件的尺寸,要求其差距要在一定范围内波动,如果超出一定范围,则说明质量有问题。

全距指标是根据两个极端标志值计算的,没有考虑中间各个变量的变动情况,因此它只能说明总体中两个极端标志值的差异范围,而不能全面反映所有标志值的综合变动程度,在使用上有很大的局限性。如果要全面测定标志值的变动程度则需要计算其他标志变异指标。

(二)平均差

平均差(mean deviation)是总体各单位标志值与其算术平均数离差的绝对值的算术平均数。通常以 $A \cdot D$ 表示。

由于各单位变量值与其算术平均数的离差之和恒等于零,即 $\sum(x - \bar{x}) = 0$,无法计算离差的算术平均数,因此要取每个离差的绝对值加以平均。平均差实质是以算术平均数为中心,各标志值距平均数的平均距离。

由于掌握资料的不同,平均差可分为简单平均差和加权平均差两种。

1. 简单平均差

对于未分组的资料,采用简单平均差方法计算。其计算公式如下:

$$A \cdot D = \frac{\sum|x - \bar{x}|}{n} \quad (n \text{ 为项数})$$

例如,某工厂某车间两个班组员工的日产零件数如表 5-17 所示,求平均差。

经计算,两组平均差分别为

$$A \cdot D_甲 = \frac{\sum|x - \bar{x}|}{n} = \frac{60}{5} = 12(件)$$

$$A \cdot D_乙 = \frac{\sum|x - \bar{x}|}{n} = \frac{30}{5} = 6(件)$$

计算结果表明,在甲、乙两组工人日产量相等的情况下,甲组的平均差(12 件)大于乙组(6 件),说明甲组工人日产量离散程度比乙组大,其平均日产量的代表性就比乙组小。

表 5-17 甲、乙两组工人日产零件平均差计算表

甲组 ($\bar{x}$ = 70件)			乙组 ($\bar{x}$ = 70件)		
日产量/件 x	离差 $x - \bar{x}$	离差绝对值 $\|x - \bar{x}\|$	日产量/件 x	离差 $x - \bar{x}$	离差绝对值 $\|x - \bar{x}\|$
50	−20	20	60	−10	10
60	−10	10	65	−5	5
70	0	0	70	0	0
80	10	10	75	5	5
90	20	20	80	10	10
合 计	—	60	合 计	—	30

2. 加权平均差

对于已分组的资料,采用加权平均差方法计算。其计算公式如下:

$$A \cdot D = \frac{\sum |x - \bar{x}| f}{\sum f}$$

下面以某班 40 名学生统计学考试成绩为例,计算平均差,如表 5-18 所示。

表 5-18 统计学考试成绩平均差计算表

考 分	学生人数 f	组中值 x	总分数 xf	离差 $x - \bar{x}$	离差绝对值加权 $\|x - \bar{x}\| f$
60 以下	2	55	110	−24.25	48.50
60～70	7	65	455	−14.25	99.75
70～80	11	75	825	−4.25	46.75
80～90	12	85	1020	5.75	69.0
90～100	8	95	760	15.75	126.0
合 计	40	—	3170	—	390.0

计算该班学生统计学考试成绩平均差如下:

$$\bar{x} = \frac{\sum xf}{\sum f} = \frac{3170}{40} = 79.25 (分)$$

$$A \cdot D = \frac{\sum |x - \bar{x}| f}{\sum f} = \frac{390}{40} = 9.75 (分)$$

计算结果表明,该班级统计学成绩的平均差为 9.75 分。一般而言,平均差越大,标志变动度越大,平均数的代表性越小;反之,则平均数的代表性越大。

平均差的计算考虑了研究总体中所有标志值的差异程度,所以可以准确地综合反映总体的离散程度。但平均差在消除离差正负号时,采用的是绝对值的形式,不便于进行数学处理,因此在实际应用中受到很大限制。

(三)标准差

标准差(standard deviation)是总体各单位标志值与算术平均数离差平方的算术平均数的平方根,又称均方根差。通常用 σ 表示。

标准差一方面具有平均差的优点,即它将总体各单位标志值的差异全部包括在内,可以准确地反映总体的离散程度;同时,标准差还克服了平均差消除离差正负号取绝对值的缺点,能够适合于代数运算等数学处理。因此,在实际工作中一般都用标准差来测定标志变动度,它是测定总体离散程度最常用的指标。

由于掌握资料的不同,标准差可分为简单标准差与加权标准差两种形式。

1. 简单标准差

对于未分组的资料,采用简单标准差计算。其计算公式为

$$\sigma = \sqrt{\frac{\sum(x-\bar{x})^2}{n}}$$

仍以甲、乙两个班组工人日产零件资料为例计算标准差,如表 5-19 所示。

表 5-19　甲、乙两组工人日产零件标准差计算表

甲组($\bar{x}=70$件)			乙组($\bar{x}=70$件)		
日产量(件) x	离差 $x-\bar{x}$	离差平方 $(x-\bar{x})^2$	日产量(件) x	离差 $x-\bar{x}$	离差平方 $(x-\bar{x})^2$
50	-20	400	60	-10	100
60	-10	100	65	-5	25
70	0	0	70	0	0
80	10	100	75	5	25
90	20	400	80	10	100
合计	—	1000	合计	—	250

经计算,两组标准差分别为

$$\sigma_{甲} = \sqrt{\frac{\sum(x-\bar{x})^2}{n}} = \sqrt{\frac{1000}{5}} \approx 14.1(件)$$

$$\sigma_乙 = \sqrt{\frac{\sum(x-\bar{x})^2}{n}} = \sqrt{\frac{250}{5}} \approx 7.07(件)$$

计算结果表明，在甲、乙两组工人日产量相等的条件下，甲组的标准差大于乙组，则其平均日产量的代表性就比乙组小。

2．加权标准差

对于已分组的资料，采用加权标准差计算。其计算公式为

$$\sigma = \sqrt{\frac{\sum(x-\bar{x})^2 f}{\sum f}}$$

仍以某班 40 名学生统计学考试成绩为例，计算标准差，如表 5-20 所示。

表 5-20　统计学考试成绩标准差计算表

考 分	学生人数 f	组中值 x	总分数 xf	离 差 $x-\bar{x}$	离差平方加权 $(x-\bar{x})^2 f$
60 以下	2	55	110	−24.25	1176.13
60～70	7	65	455	−14.25	1421.44
70～80	11	75	825	−4.25	198.69
80～90	12	85	1020	5.75	396.75
90～100	8	95	760	15.75	1984.50
合计	40	—	3170	—	5177.51

计算该班学生统计学考试成绩标准差为

$$\bar{x} = \frac{\sum xf}{\sum f} = \frac{3170}{40} = 79.25(分)$$

$$\sigma = \sqrt{\frac{\sum(x-\bar{x})^2 f}{\sum f}} = \sqrt{\frac{5177.51}{40}} \approx 11.38(分)$$

(四)离散系数

以上介绍的全距、平均差、标准差都是绝对数，而且与算术平均数有着相同的计量单位。其中，标准差是最常用的指标，但是标准差的数值要受到平均指标数值大小的影响。当总体平均指标数值比较大时，标准差的数值就大；反之，当总体平均指标数值较小时，标准差的数值就小。因此，在比较不同平均水平或不同计量单位的总体变异程度时，就要采用反映标志变动度的相对指标，这就是离散系数。

1．离散系数的含义

离散系数是标志变异指标与其算术平均数之比的百分数，也叫标志变异系数。离散系

数不受计量单位和标志值水平的影响。离散系数主要有全距系数、平均差系数和标准差系数，但最常用的是标准差系数。

2．标准差系数的计算方法

标准差系数(coefficient of variation)是标准差与其算术平均数对比的百分数。用 V_σ 表示，其计算公式如下：

$$V_\sigma = \frac{\sigma}{\bar{x}} \times 100\%$$

例如，有两个不同水平的工人日产量资料如下。(单位：件)

甲组：　60　65　70　75　80
乙组：　 2　 5　 7　 9　12

经计算，得

$$\bar{x}_甲 = 70(件)，\quad \sigma_甲 = 7.07(件)$$
$$\bar{x}_乙 = 7(件)，\quad \sigma_乙 = 3.41(件)$$

此例因为两组工人日产量水平相差太大，因此不能用标准差比较其标志变动度的大小，而应计算离散系数。

$$V_甲 = \frac{7.07}{70} \times 100\% = 10.1\%$$

$$V_乙 = \frac{3.41}{7} \times 100\% \approx 48.7\%$$

计算结果显示：甲组标准差系数小，说明甲组工人平均日产量的代表性高于乙组。

(五)是非标志的标准差

1．是非标志的含义

将总体单位划分为"是""否"两类的标志叫是非标志。例如，人口总体分为男性和女性；产品质量表现为合格或不合格；对某一电视节目，观众表现为收看或不收看；等等。我们把这种只表现是或否、有或无的标志称为是非标志，也叫交替标志。

2．成数

总体中是非标志只有两种表现。我们把具有某种表现的单位数占全部单位数的比重和不具有某种表现的单位数占全部单位数的比重都叫成数。设具有某种标志表现的单位数为 N_1，不具有某种标志表现的单位数为 N_0，全部总体单位数为 N，则 $N = N_1 + N_0$。

具有某种标志表现的单位数占全部单位数的比重 $p = \dfrac{N_1}{N}$

不具有某种标志表现的单位数占全部单位数的比重 $q = \dfrac{N_0}{N}$

这两部分单位数占全部单位数的比重均为成数。

两成数之和为

$$\frac{N_1}{N} + \frac{N_0}{N} = 1$$

即

$$p + q = 1$$

所以

$$q = 1 - p$$

3. 是非标志的平均数

是非标志是品质标志，要计算其平均数首先需要将是非标志的两种表现进行量化处理。用"1"表示具有某种表现的标志值，用"0"表示不具有某种表现的标志值，然后以"1"和"0"作为变量值计算加权算术平均数如下：

$$\bar{x} = \frac{\sum xf}{\sum f} = \frac{1 \times N_1 + 0 \times N_0}{N_1 + N_0} = \frac{N_1}{N} = p$$

或

$$\bar{x} = \sum x \cdot \frac{f}{\sum f} = 1 \times p + 0 \times q = p$$

可见，是非标志的平均数等于成数。

4. 是非标志的标准差

是非标志的标准差计算表如表 5-21 所示。

表 5-21 是非标志的标准差计算表

是非标志	标志值 x	次数 f	$x - \bar{x}$	$(x-\bar{x})^2 f$
是	1	N_1	$1 - P$	$(1-P)^2 N_1$
非	0	N_0	$0 - P$	$(0-P)^2 N_0$
合计	—	N	—	$(1-P)^2 N_1 + (0-P)^2 N_0$

是非标志的标准差计算公式如下：

$$\sigma_p = \sqrt{\frac{\sum (x-\bar{x})^2 f}{\sum f}}$$

$$= \sqrt{\frac{(1-p)^2 N_1 + (0-p)^2 N_0}{N}}$$

$$= \sqrt{(1-p)^2 \cdot \frac{N_1}{N} + (0-p)^2 \cdot \frac{N_0}{N}}$$

$$= \sqrt{q^2 p + p^2 q}$$

$$= \sqrt{pq(q+p)}$$

$$= \sqrt{pq}$$

$$= \sqrt{p(1-p)}$$

例如，已知一批产品共 3000 件，其中合格品 2700 件，不合格品 300 件。要求计算该批产品的平均合格率和标准差。

该批产品的平均合格率 $p = \dfrac{N_1}{N} = \dfrac{2700}{3000} = 90\%$

该批产品的标准差 $\sigma_p = \sqrt{p(1-p)} = \sqrt{0.9 \times (1-0.9)} = 30\%$

第三节　偏度和峰度

平均数与标准差是反映数据分布的重要指标，通过它们可以了解数据分布的集中趋势和离中趋势，掌握数据分布的主要特点。但是平均数与标准差相同的数列，其分布的形态可能并不完全一样，这与数据分布的对称、尖峭程度有密切关系。下面将介绍偏度和峰度。

一、偏度

(一)偏度的概念

总体分布有两种基本形态：对称分布和不对称分布。不对称分布就是偏态。偏度(skewness)是反映不对称分布的偏态方向和程度的统计分析指标，也叫偏斜度。它结合平均数、标准差，从另一角度描述了现象总体数据分布的特点。

偏态按偏斜方向分为左向偏态和右向偏态。当 $\bar{X} = M_e = M_o$ 时为对称分布，即正态分布。如果 $M_o < M_e < \bar{X}$，称为右向偏态，简称右偏，此时，算术平均数与众数之差为正值，所以，右向偏态又称正偏。如果 $\bar{X} < M_e < M_o$，称为左向偏态，简称左偏，此时，算术平均数与众数之差为负值，所以左向偏态又称负偏。

(二)偏度的计算

偏度是以正态分布曲线为标准，描述分布曲线是否偏态和偏斜程度的一种量度。其量度值为偏态系数，用 SK 表示。

简单偏态系数计算公式为

$$SK = \dfrac{\sum (x - \bar{x})^3}{\sigma^3 \cdot n}$$

加权偏态系数计算公式为

$$SK = \dfrac{\sum (x - \bar{x})^3 f}{\sigma^3 \cdot \sum f}$$

偏态系数不仅可以说明偏斜程度大小，还可以说明偏态方向。若 SK=0，表明分布是对称的，即正态分布；若 SK>0，表明是右偏分布或正偏；若 SK<0，表明是左偏分布或负偏。偏态系数的绝对值越小，表示数据偏斜程度越小；偏态系数的绝对值越大，表示数据偏斜程度越大。

二、峰度

(一)峰度的概念

峰度(kurtosis)是指数据分布平峰或尖峰的程度，也叫峰态。相对于标准正态分布而言，当标志值比较集中地分布于平均数的附近，其分布曲线就比较陡峭，属于尖顶峰度；当标志值的分布比较分散，没有很明显的集中点时，其分布曲线就比较平坦，属于平顶峰度。

(二)峰度的计算

峰度是以正态分布曲线为标准，描述分布曲线的尖峭程度的一种量度。其量度值称为峰度系数，用 K 表示。

简单峰度系数计算公式为

$$K = \frac{\sum (x-\bar{x})^4}{\sigma^4 \cdot n} - 3$$

加权峰度系数计算公式为

$$K = \frac{\sum (x-\bar{x})^4 f}{\sigma^4 \cdot \sum f} - 3$$

当 SK=0、K=0 时，标志值的分布为正态分布。以正态分布的峰度为标准，当 K<0 时，分布曲线是平顶峰度，表明频数分布比较分散；当 K>0 时，分布曲线呈尖顶峰度，表明频数分布比较集中。峰度系数偏离 0 的绝对值越小，表示数据的峰度偏离正态分布的程度越小；峰度系数偏离 0 的绝对值越大，表示数据的峰度偏离正态分布的程度越大。

例如，以表 5-20 中某班 40 名学生统计学考试成绩的各组均值数据为例，已知平均成绩为 79.55 分，标准差为 12.04 分(见图 10-12 中数据)。试计算该班统计学考试成绩的偏度和峰度，并作简要分析。

该班统计学考试成绩的偏度和峰度如表 5-22 所示。

$$偏度系数 SK = \frac{-12\,986.418}{12.04^3 \times 40} = -0.19$$

$$峰度系数 K = \frac{1\,499\,027.7}{12.04^4 \times 40} - 3 = -1.2$$

计算结果显示：偏度系数为-0.19，表明该班 40 名学生考试成绩略呈左偏态，偏斜的程度很小。峰度系数为-1.2，表明该班 40 名学生考试成绩呈平峰分布，分数有点分散。总体来说，该班 40 名学生考试成绩基本趋于正态分布。

表 5-22　统计学考试成绩偏度和峰度计算表

考分/分	学生人数 f	组均值/ x	$(x-\bar{x})^3 f$	$(x-\bar{x})^4 f$
60 以下	2	57.5	−21 441.53	472 785.74
60～70	7	63.7	−27 873.136	441 789.21
70～80	11	75.8	−580.078	2175.293
80～90	12	85	1942.543	10 586.862
90～100	8	95.9	34 965.783	571 690.55
合　计	40	—	−12 986.418	1 499 027.7

案例

大学毕业生的表现

一、提出问题

振兴大学是一所综合性大学，有三个附属学院，分别是商贸学院、生物学院和医学院。近期该校管理层为了解社会对本校学生的满意程度，并以此促进本校教学改革，进行了一项对本校毕业生的调查，随机抽取了 48 名毕业生组成样本，要求他们所在的工作单位对其工作表现、专业水平和外语水平三个方面的表现进行评分，评分由 0～10，分值越大表明满意程度越高。收集有关样本数据如表 5-23 和表 5-24 所示。

表 5-23　48 名毕业生工作表现、专业水平和外语水平评分资料表

学生编号	工作表现	专业水平	外语水平	学生编号	工作表现	专业水平	外语水平
1	7	8	3	14	9	6	6
2	8	9	4	15	9	5	6
3	8	7	4	16	7	7	3
4	9	8	5	17	7	5	2
5	7	6	3	18	9	5	4
6	7	4	6	19	9	6	7
7	7	6	4	20	9	9	5
8	6	5	8	21	8	6	4
9	8	6	3	22	7	6	5
10	9	6	7	23	7	6	8
11	7	6	6	24	8	6	8
12	9	6	2	25	6	6	6
13	8	7	7	26	7	8	4

续表

学生编号	工作表现	专业水平	外语水平	学生编号	工作表现	专业水平	外语水平
27	7	7	7	38	7	6	3
28	7	5	2	39	8	8	5
29	9	6	2	40	10	7	5
30	8	7	6	41	10	7	6
31	9	8	4	42	9	6	7
32	7	4	5	43	7	4	7
33	9	7	9	44	8	4	5
34	9	6	5	45	8	6	6
35	8	9	5	46	10	8	6
36	7	6	6	47	9	8	7
37	8	8	2	48	8	5	7

表 5-24 三个学院的 48 名毕业生的工作表现、专业水平和外语水平评分汇总表

商贸学院			生物学院			医学院		
工作表现	专业水平	外语水平	工作表现	专业水平	外语水平	工作表现	专业水平	外语水平
7	6	4	7	8	3	8	9	4
9	6	2	8	7	4	9	8	5
8	7	3	7	4	6	7	6	3
9	6	6	6	8	5	9	6	2
7	5	2	8	6	3	9	7	3
9	5	4	7	6	6	9	9	5
7	6	5	9	6	5	8	6	4
9	4	5	9	7	4	7	5	2
8	6	4	8	8	4	9	6	2
6	6	6	9	8	4	8	9	5
7	7	7	9	7	9	9	7	6
8	7	6	10	7	5	8	8	2
7	4	5	7	4	7	8	8	5
9	5	6	8	4	5	10	8	6
7	6	3	8	6	6			
10	7	6	9	8	7			
9	6	7	8	5	7			

该校管理层希望在调查分析报告中阐述以下几个问题。

(1) 用人单位对该校毕业生哪方面最为满意？对哪方面最不满意？应在哪些方面作出教学改革？

(2) 用人单位对该校毕业生哪方面的满意程度差别最大？是什么原因产生的？

(3) 社会对三个学院的毕业生的满意程度是否一致？能否提出提高社会对该校毕业生的满意程度的建议？

二、数据描述

将数据输入计算机，我们用 Excel 中的数据分析功能实现对数据的描述。输出结果如表 5-25 和表 5-26 所示。

表 5-25　48 名毕业生的评分统计汇总表

统计项目	工作表现	专业水平	外语水平
平均	8.042	6.375	5.083
中位数	8	6	5
众数	7	6	5
标准差	1.031	1.362	1.773
样本方差	1.062	1.856	3.142
峰值	−0.861	−0.532	−0.628
偏斜度	0.036	0.064	−0.107
极差	4	5	7
最小值	6	4	2
最大值	10	9	9
求和	386	306	244
计数	48	48	48

表 5-26　三个学院的 48 名毕业生的评分统计汇总表

统计项目	商贸学院			生物学院			医学院		
	工作表现	专业水平	外语水平	工作表现	专业水平	外语水平	工作表现	专业水平	外语水平
平均值	8	5.824	4.765	8	6.412	5.294	8.143	7.214	3.857
中位数	8	6	5	8	7	5	8	7.5	4
众数	7	6	6	7	6	4	8	6	5
标准差	1.118	0.951	1.602	1.061	1.460	1.611	0.949	1.369	1.512
样本方差	1.25	0.904	2.566	1.125	2.132	2.596	0.901	1.874	2.286

续表

统计项目	商贸学院			生物学院			医学院		
	工作表现	专业水平	外语水平	工作表现	专业水平	外语水平	工作表现	专业水平	外语水平
峰值	-1.093	-0.187	-0.907	-0.635	-0.896	0.147	-0.694	-1.507	-1.553
偏斜度	0	-0.597	-0.393	0	-0.554	0.575	0.308	-0.028	-0.032
极值	4	3	5	4	4	6	3	4	4
最小值	6	4	2	6	4	3	7	5	2
最大值	10	7	7	10	8	9	10	9	6
求和	136	99	81	136	109	90	114	101	54
计数	17	17	17	17	17	17	14	14	14

三、结果分析

从表 5-25 可以看出用人单位对毕业生的工作表现、专业水平和外语水平的评估如下。

(1) 用人单位对振兴大学毕业生的工作表现评估分最高，而外语水平评估分最低。工作表现平均评估分为 8.04 分，外语水平平均评估分为 5.08 分，两者平均评估分相差 2.96 分。由此可见，用人单位最满意该校毕业生的工作表现，最不满意毕业生的外语水平，这反映出振兴大学注重培养学生社会实践能力，也反映出毕业生适应能力较强。从用人单位对毕业生外语水平评分普遍偏低来看，反映出该校的外语教学方面存在严重问题，今后需要在外语教学方面加大力度，全面改革。

(2) 用人单位对振兴大学毕业生的外语水平评估分差异最大，样本评估分的标准差为 1.77 分，有的毕业生的外语水平评估分高达 9 分，有的才 2 分，相差 7 分。这说明振兴大学毕业生外语水平程度相差悬殊，参差不齐，这可能是该校在招生时忽视考虑学生的外语成绩所致。

从表 5-26 可以看出，用人单位对三个学院的毕业生评价是不一致的。

(1) **工作表现方面**：评估分最高的是医学院的毕业生，平均分为 8.14 分，高出样本平均分 0.10 分。该学院毕业生中评估分最高为 10 分，最低为 7 分，其标准差为 0.95 分，是三个学院中离散程度最小的，可见该学院毕业生工作表现普遍较好；商贸学院毕业生平均评分与生物学院相同，都是 8 分，但商贸学院毕业生评分的标准差最大(1.12 分)。

(2) **专业水平方面**：评估分最高的也是医学院的毕业生，平均分为 7.21 分，高出样本平均分 0.83 分。该学院毕业生中评估分最高的是 9 分，最低是 5 分，相差 4 分；商贸学院毕业生的评分最低，平均分为 5.82 分，低于样本平均分 0.56 分，该学院毕业生中评估分最高是 7 分，最低是 4 分，相差 3 分，评估分标准差为 0.95 分，其评估分离差程度在三个学院中最低。

(3) **外语水平方面**：评估分最高的是生物学院的毕业生，平均分为 5.29 分，高出样本平均分 0.21 分。该学院毕业生中评估分最高的是 9 分，最低是 3 分，相差 6 分；而医学院毕业生的评估分最低，平均分为 3.86 分，低于样本平均分 1.22 分，该学院毕业生中评估分最高的是 6 分，最低 2 分，相差 4 分。

综上所述，在工作表现及专业水平两个方面，社会对振兴大学医学院毕业生的评估分最高，这说明该学院的工作实践能力及专业基础知识较强。但专业水平上的评估分差异较大，说明该学院的学生专业知识水平及掌握程度上相差较大。外语水平严重低下，反映出该学院的外语教学工作或招生工作存在着很大的问题。因此，作为校管理层应深入调查，查明原因，尽快对该学院外语教学工作进行改革，或在招生中把好关，择优录取新生，以便提高该学院学生的综合素质。其次商贸学院毕业生的专业水平评分最低，说明该学院专业知识的教学工作存在严重问题，需要尽快更新教材，加强对教师的培训，注重学生经济理论知识的学习和扩大学生的知识面。同时值得注意的是，三个学院的外语水平普遍偏低，这一点应当引起校方的足够重视，采取有效措施，改变现状。

(资料来源：刘玉玫. 统计学基础[M]. 北京：中国统计出版社，2002.)

思考与练习

一、单项选择题

1. 计算平均指标的基本要求是，所要计算的平均指标的总体单位应是(　　)。
   ① 大量的　　　② 同质的　　　③ 差异的　　　④ 少量的
2. 加权算术平均数 $\bar{x}$ 的大小(　　)。
   ① 受各组次数 f 的影响最大　　② 受各组标志值 x 的影响最大
   ③ 只受各组标志值 x 的影响　　④ 受各组标志值 x 和次数 f 的共同影响
3. 在变量数列中，如果变量值较小的一组权数较大，则计算出来的算术平均数(　　)。
   ① 接近于变量值大的一方　　② 接近于变量值小的一方
   ③ 不受权数的影响　　　　　④ 无法判断
4. 算术平均数的基本公式是 (　　)。
   ① 总体部分总量与总体单位总量之比
   ② 总体标志总量与另一总体总量之比
   ③ 总体标志总量与总体单位总量之比
   ④ 总体标志总量与权数系数总量之比
5. 根据变量数列计算平均数时，在下列哪种情况下，加权算术平均数等于简单算术平均数(　　)。
   ① 各组次数递增　　② 各组次数递减
   ③ 各组次数相等　　④ 各组次数不等

6. 平均数是对 ( )。
　　① 变量的平均　　② 变异的平均　　③ 标志值的平均　　④ 次数的平均
7. 某公司下属5个企业，共有2000名工人。已知每个企业某日产值计划完成百分比和实际产值，要计算该公司月平均产值计划完成程度，应采用( )。
　　① 简单算术平均数　　　　　② 加权算术平均数
　　③ 加权调和平均数　　　　　④ 几何平均数
8. 平均指标反映了( )。
　　① 总体分布的集中趋势　　　② 总体分布的特征
　　③ 总体分布的离中趋势　　　④ 总体变动趋势
9. 某机械局下属3个企业2016年计划产值分别为400万元、600万元、500万元。执行结果，计划完成程度分别为108%、106%、108%，则该局3个企业平均计划完成程度为( )。
　　① $\sqrt[3]{108\% \times 106\% \times 108\%} = 107.33\%$
　　② $\dfrac{108\% + 106\% + 108\%}{3} = 107.33\%$
　　③ $\dfrac{400+600+500}{\dfrac{400}{108\%}+\dfrac{600}{106\%}+\dfrac{500}{108\%}} = 107.19\%$
　　④ $\dfrac{108\% \times 400 + 106\% \times 600 + 108\% \times 500}{400+600+500} = 107.2\%$
10. 在变异指标中，易受极端值影响的是( )。
　　① 全距　　② 平均差　　③ 标准差　　④ 标准差系数
11. 在变异指标中，其数值越小，则( )。
　　① 反映变量值越分散，平均数代表性越低
　　② 反映变量值越集中，平均数代表性越高
　　③ 反映变量值越分散，平均数代表性越高
　　④ 反映变量值越集中，平均数代表性越低
12. 标准差与平均差的主要区别在于( )。
　　① 意义不同　　　　　　② 计算结果不同
　　③ 计算条件不同　　　　④ 数学处理方法不同
13. 标志变异指标可以反映社会经济活动过程的均衡性，它们之间存在( )。
　　① 正比关系　　② 反比关系　　③ 恒等关系　　④ 倒数关系
14. 利用标准差比较两个总体的平均数代表性大小时，要求这两个总体的平均数( )。
　　① 不等　　② 相差不大　　③ 相差很大　　④ 相等
15. 两个总体的平均数不等，但标准差相等，则( )。

① 平均数小，代表性大 ② 平均数大，代表性大
③ 两个平均数代表性相同 ④ 无法进行正确判断

16. 若把全部产品分为合格品与不合格品，所采用的标志属于(   )。
① 不变标志 ② 是非标志 ③ 品质标志 ④ 数量标志

二、多项选择题

1. 下列指标中，属于平均指标的是(   )。
① 城市居民平均收入 ② 职工平均工资 ③ 工人劳动生产率
④ 人均国内生产总值 ⑤ 产品单位成本

2. 加权算术平均数的计算公式是(   )。
① $\dfrac{\sum x}{n}$ ② $\dfrac{\sum xf}{\sum f}$ ③ $\sum x \cdot \dfrac{f}{\sum f}$
④ $\dfrac{\sum M}{\sum \dfrac{1}{x} M}$ ⑤ $\dfrac{n}{\sum \dfrac{1}{x}}$

3. 在变量数列中，当标志值较大、权数较大时，计算出来的算术平均数(   )。
① 接近于权数较大的一方 ② 接近于权数较小的一方
③ 接近于较大的变量值 ④ 接近于较小的变量值
⑤ 不好确定

4. 应采用算术平均数计算的有(   )。
① 已知工资总额及工人数求平均工资
② 已知计划完成百分比和实际产值，求平均计划完成程度
③ 已知某公司 2011 年至 2015 年产值，求产值平均发展速度
④ 已知各级工人月工资额和相应的工人数，求工人平均工资
⑤ 已知计划完成百分比和计划产值，求平均计划完成百分比

5. 几何平均数主要适用于(   )。
① 具有等比关系的数列 ② 具有等差关系的数列
③ 总比率等于各组比率之积 ④ 总量等于各组变量值之和
⑤ 总速度等于各期速度之积

6. 标志变异指标可以反映(   )。
① 平均数的代表性大小 ② 总体各单位标志值分布的集中趋势
③ 总体各单位标志值的离中趋势 ④ 社会生产的规模和水平
⑤ 产品质量的稳定性

7. 标准差的意义是(   )。
① 标准差越大，表示标志变异越大
② 标准差越小，表示标志变异越小

③ 标准差越大，表示总体离中趋势越大

④ 标准差越大，表示平均数代表性越好

⑤ 标准差等于零，表示平均数代表性为 100%

8. 是非标志的标准差是(　　　)。

① $\sqrt{p+q}$　　　② $\sqrt{pq}$　　　③ $\sqrt{p-q}$

④ $\sqrt{(1-q)(1-p)}$　　　⑤ $\sqrt{p(1-p)}$

三、填空题

1. 变量值的次数多少对平均数的影响有(　　　)的作用，所以又称为(　　　)。
2. 调和平均数是(　　　)倒数的(　　　)的倒数，又称(　　　)平均数。
3. 利用组中值计算加权算术平均数是假定各组内的标志值是(　　　)分布的，其计算结果是一个(　　　)。
4. 加权算术平均数不但受变量数列中(　　　)的影响，而且也受(　　　)的影响。
5. 常用的标志变异指标有(　　　)、(　　　)、(　　　)和(　　　)。
6. 标志变异指标的大小与平均数代表性的大小成(　　　)关系。
7. 是非标志的平均数为(　　　)，标准差为(　　　)。
8. 全距是总体中(　　　)标志值与(　　　)标志值之差。在资料为组距数列时，可以用(　　　)和(　　　)之差来近似地表示全距。
9. 某种产品的合格率为 95%，废品率为 5%，则该种产品的平均合格率为(　　　)，其标准差是(　　　)。

四、判断题

1. 算术平均数的基本公式中，分子标志总量与分母总体单位总数是两个总量指标，它们之间没有直接关系。　　　　　　　　　　　　　　　　　　　　　　(　　)
2. 当各组的变量值所出现的次数相等时，加权算术平均数中的权数就失去作用，因而加权算术平均数也就等于简单算术平均数。　　　　　　　　　　　　　(　　)
3. 算术平均数反映总体各单位标志值的离中趋势。　　　　　　　　　　(　　)
4. 众数是一种数值平均数，它是总体中出现次数最多的标志值。　　　(　　)
5. 中位数是位置平均数，不受极端数值的影响。　　　　　　　　　　　(　　)
6. 两个总体中，组平均水平高的，其总体平均水平也一定高。　　　　(　　)
7. 平均差和标准差都表示各标志值对算术平均数的平均离差。　　　　(　　)
8. 在比较成人组和幼儿组身高的稳定性时，可以使用平均差或标准差。(　　)
9. 总体中各标志值之间的差异程度越大，标准差系数就越小。　　　　(　　)
10. 是非标志的方差就是具有某一标志的成数与不具有某一标志的成数的乘积。

(　　)

五、简答题

1. 什么是平均指标？其作用如何？
2. 算术平均数与强度相对数有什么区别？
3. 加权算术平均数受哪几个因素的影响？
4. 在组距数列中，组中值为什么只是一个近似值？
5. 加权调和平均数和加权算术平均数有什么关系？
6. 什么是标志变异指标？其作用有哪些？

六、计算题

1. 某轻工企业 125 名工人 3 月 1 日包装某种产品的数量资料如表 5-27 所示。

表 5-27　某轻工企业包装某种产品的数量

工人按包装数量分组/件	工人数/人
400 以下	10
400～500	25
500～600	45
600～700	30
700 以上	15
合　计	125

先用工人数作权数，再用工人比重作权数，分别计算该轻工企业工人的平均每人日包装数。

2. 甲、乙两企业生产同一种产品，1 月份各批产量和单位产品成本资料如表 5-28 所示。

表 5-28　甲、乙两企业 1 月份各批产量与单位产品成本资料

项　目	甲企业		乙企业	
	单位产品成本/元	产量比重/%	单位产品成本/元	产量比重/%
第一批	1.0	10	1.2	30
第二批	1.1	20	1.1	30
第三批	1.2	70	1.0	40

试比较和分析哪个企业的单位产品成本高，为什么？

3. 某市 5 个县 2016 年某种农产品的收购资料如表 5-29 所示。

试计算该市 5 个县 2016 年某种农产品的平均收购价格。

表 5-29　某市 5 个县 2016 年某农产品收购资料

县　别	收购价格/(元/公斤)	收购金额/万元
甲	2.2	26.4
乙	2.1	16.8
丙	2.5	20.0
丁	2.3	29.9
戊	2.0	18.0
合　计	—	111.1

4．已知某地区各工业企业产值计划完成情况及计划产值如表 5-30 所示。

表 5-30　某地区各工业企业产值计划完成情况及计划产值

计划完成程度/%	企业数/个	计划产值/万元
90 以下	7	140
90～100	22	310
100～110	57	1650
110～120	26	710
120 以上	3	40
合　计	115	2850

要求：(1) 根据上述资料计算产值计划平均完成程度。

(2) 如果在表 5-30 中，所给资料不是计划产值，而是实际产值，试计算产值计划平均完成程度。

5．某机械零件经车、镗、铣、钻四道工序，投入 500 件毛坯，生产出 428 件合格品，总合格率为 85.6%。已知各道工序合格率分别为 96%、95%、96.5%、97.3%，求各道工序的平均合格率。

6．某银行利息按复利计算，前 6 年年利率为 5%，后 4 年年利率为 6%，求这 10 年间的年平均利率。

7．某笔投资的年利率资料如表 5-31 所示。

表 5-31　某笔投资的年利率

年利率/%	年数/年
2	1
4	3
5	6
7	4
8	2

要求：(1) 若年利率按复利计算，则该笔投资的平均年利率为多少？
(2) 若年利率按单利计算，即利息不转为本金，则该笔投资的平均年利率又为多少？

8. 某生产车间 50 名工人日加工零件数分组资料如表 5-32 所示。

表 5-32　某生产车间 50 名工人日加工零件数分组资料

按日加工零件数分组/件	工人数/人
105～110	3
110～115	5
115～120	8
120～125	14
125～130	10
130～135	6
135～140	4
合　计	50

试计算该生产车间工人日加工零件的众数和中位数。

9. 某班 20 名同学参加两门课程的考试，成绩如表 5-33 和表 5-34 所示。
政治经济学考试成绩(按 4 级分制评分)。

表 5-33　某班 20 名同学政治经济学考试成绩

成绩/分	学生数/人
5	2
4	9
3	5
2	4
合　计	20

统计学考试成绩(按百分制评分)。

表 5-34　某班 20 名同学统计学考试成绩

成绩/分	学生数/人
60 以下	2
60～70	3
70～80	8
80～90	5
90～100	2
合　计	20

要求：(1) 分别计算各门课程的平均成绩。

(2) 通过计算，说明哪门课程的平均成绩具有较大的代表性。

10. 某地区甲、乙两商店售货员销售额的分组材料如表 5-35 所示。

表 5-35　某地区甲、乙商店售货员销售额的分组资料

甲　商　店		乙　商　店	
每个售货员的销售额/元	售货员人数/人	每个售货员的销售额/元	售货员人数/人
2000～3000	3	3000～4000	2
3000～4000	12	4000～5000	8
4000～5000	9	5000～6000	6
5000～6000	6	6000～7000	4
合　　计	30	合　　计	20

经过计算知道两个商店的标准差 σ =916 元，试问两个商店售货员平均销售额的代表性哪个大？为什么？

11. 某机械厂铸造车间生产 600 吨铸件，合格品 540 吨，试求平均合格率、标准差及标准差系数。

12. 某工厂生产一批零件共 10 万件，为了解这批零件的质量，采取不重复抽样的方法抽取 1000 件进行检查，其结果如表 5-36 所示。

根据质量标准，使用寿命 800 时及以上者为合格品。试计算平均合格率、标准差及标准差系数。

表 5-36　某工厂抽取 1000 件零件的检查结果

使用寿命/时	零件数/件
700 以下	10
700～800	60
800～900	230
900～1000	450
1000～1200	190
1200 以上	60
合　　计	1000

第六章

时间数列分析

本章导读：本章主要介绍各种动态分析指标及对经济现象进行动态分析的基本知识。通过本章的学习，要求理解时间数列的概念、种类和编制原则；熟练掌握时间数列各种水平指标和速度指标的计算方法和具体应用；掌握长期趋势和季节变动的分析测定方法。

第一节 时间数列的一般问题

一、时间数列的概念

将反映社会经济现象变动的一系列指标数值按照时间的先后顺序进行排列所形成的数列，叫时间数列(times series)，又叫动态数列(dynamic series)。例如，表6-1就是一个时间数列。

表6-1 我国国内生产总值

年　份	2011	2012	2013	2014	2015
国内生产总值/亿元	471 564	519 322	568 845	636 463	676 708

(资料来源：国家统计局网站，http://www.stats.gov.cn/tjzd.)

时间数列一般由两个基本要素构成：一个是现象所属的时间，另一个是反映客观现象的统计指标数值。

研究时间数列具有重要的作用：第一，它可以反映社会经济现象的发展状况和结果；第二，它是计算动态指标，进行动态分析的依据；第三，它可以反映社会经济现象的发展趋势和发展规律；第四，可以根据时间数列所反映的发展趋势和发展规律，进行经济预测；第五，不同总体的同类指标，可以通过时间数列进行动态对比。因此，时间数列是动态分析的基础。

二、时间数列的种类

时间数列按其排列的指标不同，可以分为绝对数时间数列、相对数时间数列和平均数时间数列3种。

(一)绝对数时间数列

将一系列同类的总量指标按时间先后顺序排列而形成的数列，叫绝对数时间数列。它反映社会经济现象在各个时期所达到的绝对水平及其发展状况。绝对数时间数列按其指标本身的性质不同，又分为时期数列和时点数列。

1. 时期数列

凡是数列的指标是反映某种现象在一段时期内的发展过程的总量，这样的时间数列叫作时期数列(Period series)。表 6-1 所列的我国国内生产总值就是一个时期数列。

时期数列具有以下几个特点。

第一，时期数列具有连续统计的特点。由于时期数列指标反映的现象是各个时期内的发展总过程或总水平，所以在研究的时间范围内，都应该进行统计。

第二，时期数列具有可加性的特点。即时期数列中的各项指标数值可以相加。相加后的指标数值就表示研究现象在一段时间内发展的总量。

第三，时期数列指标数值的大小与时期长短直接相关。在时期数列中每个指标所包括的时期长度，叫作"时期"。一般来说，时期越长，指标数值越大；时期越短，指标数值越小。

2. 时点数列

凡是数列的指标是反映现象在某一时点(或一瞬间)所处的水平组成的时间数列，叫作时点数列(time point series)。表 6-2 就是一个时点数列。

表 6-2　我国人口数

年　份	2011	2012	2013	2014	2015
年末人口数/亿人	13.47	13.54	13.61	13.68	13.75

(资料来源：国家统计局网站，http://www.stats.gov.cn/tjzd.)

时点数列具有以下几个特点。

第一，时点数列不具有连续统计的特点。时点数列只反映现象在某一时刻上所处的水平，只要求在某一时点上进行统计，以取得该时点上的资料，不必连续进行登记。

第二，时点数列中的各项指标数值不具有可加性。因为几个时点数列指标相加后，无法说明这个数值是属于哪一时点上现象的数量，没有实际意义。

第三，时点数列指标数值的大小与时间间隔长短没有直接联系。在时点数列中，两个相邻指标在时间上的距离叫作"间隔"。因为时点数列的每一个指标值只表明现象在某一瞬间上的数量。因而时间间隔的长短对指标数值大小不发生直接影响。

(二)相对数时间数列

将一系列同类的相对指标按时间先后顺序排列而形成的数列，叫作相对数时间数列。

它反映社会经济现象之间相互联系的发展过程。例如，几个时期的计划完成程度相对数组成的时间数列，几个时期的人口出生率、死亡率、自然增长率组成的时间数列等，都是相对数时间数列。在相对数时间数列中，各个指标数值是不能相加的。

(三)平均数时间数列

将一系列同类的平均指标按时间先后顺序排列而形成的数列，叫作平均数时间数列。它反映社会经济现象一般水平的发展趋势。例如，各个时期的职工平均工资组成的时间数列，各个时期单位面积产量组成的时间数列等，都是平均数时间数列。在平均数时间数列中，各个指标数值也是不能相加的，因为各个平均数相加没有意义。

在时间数列中，绝对数时间数列是动态分析的基本数列，相对数和平均数时间数列则是由绝对数时间数列派生出来的。为了对社会经济现象的发展变化情况进行全面的分析研究，往往需要同时将这三种动态数列结合起来运用。

例如，某企业2014—2016年职工人数、工业增加值和劳动生产率的时间数列资料，如表6-3所示。

表6-3　某企业时间数列表

时　　间	2014年	2015年	2016年
(1) 职工人数/人	1000	1040	1200
(2) 其中：生产工人数/人	840	832	996
(3) 生产工人占职工总人数的比重/%	84	80	83
(4) 工业增加值/万元	840	874	1248
(5) 全员劳动生产率/(万元/人)	0.84	0.84	1.04
(6) 生产工人劳动生产率/(万元/人)	1.0	1.05	1.25

表6-3中的第(1)、(2)、(4)行数字是绝对数时间数列，(6)行是平均数时间数列，(3)、(5)行是相对数时间数列。

三、时间数列的编制原则

编制时间数列的目的，就是要通过数列中各个指标对比，进行动态分析。因此，就要保证数列中各个指标数值具有可比性。为遵守这一原则，具体应注意以下几点。

(一)时间长短应一致

时期数列指标数值的大小与时期长短直接相关，因此时期数列各指标所属时期的长短一般应该一致，以便于比较。

对于时点数列来说，各个指标数值只是表明现象在某一时点上的状况，不存在资料所属时期的长短问题。但是间隔相等比间隔不等更能准确反映现象的发展过程及其规律性。为了便于分析，各指标的时间间隔最好也能够相等。

(二)总体范围应一致

在时间数列中，各个指标所包括的总体范围前后应该一致。例如，要研究某地区的人口变动情况，就必须保证地区前后有相同的行政区划，如有变动，就要进行调整，然后再作动态分析。

(三)计算口径应一致

时间数列采用的价格、计量单位、计算方法、各指标都应该相同。例如，要研究企业劳动生产率的变动，产量用实物量还是用价值量，人数用全部职工还是生产工人，前后都要统一起来。再如，要进行不同时期的工业产值对比，就要采用统一的不变价格。

(四)经济内容应一致

经济内容应一致就是说，要注意时间数列各个指标经济内容的一致性。不同质的指标不能编在一个时间数列中。例如，不能把全员劳动生产率与工人劳动生产率不加区别地编在一个时间数列中，也不能把商品产值与销售产值不加区别地编在一起。

第二节 时间数列的水平分析

为了对社会经济现象的发展变化情况进行深入的分析研究，在编制时间数列的基础上，还要计算一系列有关的动态分析指标。这些指标主要分为两大类：一类是水平指标，包括发展水平、平均发展水平、增长量、平均增长量等；另一类是速度指标，包括发展速度、增长速度、平均发展速度和平均增长速度等。本节先介绍时间数列的水平指标。

一、发展水平

发展水平(developing level)就是时间数列中每一项具体的指标数值。它反映社会经济现象在不同时期所达到的规模和水平。

发展水平多以总量指标表示，如国内生产总值、工资总额、人口总数等。发展水平有时也表现为相对指标或平均指标，如废品率、劳动生产率等。

发展水平指标由于在动态分析中所处的地位作用不同，可分为以下几种。

(1) 最初水平：时间数列中的第一项指标数值。
(2) 最末水平：时间数列中的最后一项指标数值。
(3) 中间各期水平：时间数列中除了第一项和最后一项以外的其余各项指标数值。

(4) 基期水平：在动态对比时作为对比基础时间的水平。

(5) 报告期水平：所要分析的时间水平。

如果用符号 a_0、a_1、a_2、…、a_{n-1}、a_n 分别表示时间数列中各个不同时间的发展水平，则 a_0 为最初水平，a_n 为最末水平，a_1、a_2、…、a_{n-1} 为中间各期水平。如果研究 a_n 和 a_0 的对比关系，则 a_n 为报告期水平，a_0 为基期水平；如果研究 a_2 和 a_1 的对比关系，那么 a_2 就为报告期水平，a_1 则为基期水平。

这些不同的水平，都不是固定的，而是随着研究目的的改变而改变。现在的报告期水平，可能是将来的基期水平；这个数列的最末水平，可能是另一个数列的最初水平。

发展水平在文字上习惯用"增加到""增加为""降低到""降低为"来表示。例如，2014 年我国粮食产量为 60 710 万吨，2015 年增加到 62 144 万吨。"增加"或"降低"后面一定要有一个"到"字或"为"字，不能遗漏。

二、平均发展水平

平均发展水平(average developing level)是把不同时期的发展水平加以平均而得到的平均数，统计上又叫"序时平均数"(chronological average)。

序时平均数与一般平均数有共同之处，即都是将研究现象的个别数量差异抽象化，概括地反映现象的一般水平。但两者也有区别。序时平均数是根据时间数列计算的，它所平均的是研究对象在不同时间上的数量差异，从动态上说明其在某一段时间内发展的一般水平。一般平均数是根据静态数列计算的，它是将总体各单位某一数量标志值在同一时间上的数量差异抽象化，从静态上说明其在具体历史条件下的一般水平。

序时平均数可以根据绝对数时间数列计算，也可以根据相对数和平均数时间数列计算。就计算方法而言，根据绝对数时间数列计算序时平均数是最基本的方法。

(一)根据绝对数时间数列计算序时平均数

绝对数时间数列分为时期数列和时点数列，二者计算序时平均数的方法是不一样的，现分别说明如下。

1. 由时期数列计算序时平均数

由时期数列计算序时平均数，可采用简单算术平均数的方法，即将数列中的各期发展水平相加后，除以时期项数。其计算公式为

$$\bar{a} = \frac{a_1 + a_2 + \cdots + a_{n-1} + a_n}{n} = \frac{\sum a}{n}$$

式中：$\bar{a}$——序时平均数；

a——各时期发展水平；

n——时期项数。

例如，某商店 2016 年第二季度各月销售额如下：4 月 100 万元，5 月 110 万元，6 月 120 万元，求第二季度月平均销售额。

第二季度月平均销售额 $\bar{a} = \dfrac{\sum a}{n} = \dfrac{100+110+120}{3} = 110$（万元）

2．由时点数列计算序时平均数

由于掌握资料的不同，时点数列计算序时平均数，可以分为四种情况。

(1) 掌握间隔相等的连续时点资料(连续变动的连续时点数列)求序时平均数。如果连续时点数列每日的指标数值都有变动，称为连续变动的连续时点数列，可用简单算术平均法计算序时平均数，即用各时点数值的总和($\sum a$)除以时点个数(n)求得。其计算公式为

$$\bar{a} = \dfrac{\sum a}{n}$$

例如，某车间一周内工人出勤人数资料如表 6-4 所示，试计算每日平均出勤人数。

表 6-4　某车间工人出勤情况

日期	星期一	星期二	星期三	星期四	星期五
出勤人数/人	101	99	102	100	98

该车间平均每日出勤人数为

$$\bar{a} = \dfrac{\sum a}{n} = \dfrac{101+99+102+100+98}{5} = 100\,(\text{人})$$

(2) 掌握间隔不等的连续时点资料(非连续变动的连续时点数列)求序时平均数。如果被研究现象不是逐日变动，而是间隔几天变动一次，这样的数列称为非连续变动的连续时点数列，可用加权算术平均法计算序时平均数，即以时间间隔长度(f)加权。其计算公式为

$$\bar{a} = \dfrac{\sum af}{\sum f}$$

例如，某单位人事部门，对本单位在册职工人数有如下记录：2016 年 3 月 1 日有职工 518 人，3 月 11 日调出 18 人，3 月 16 日调入 6 人，3 月 25 日又调入 9 人，4 月 2 日调出 1 人。问该单位 3 月份职工平均在册人数是多少？

以上资料可整理成表 6-5 所示的样子。

表 6-5　某单位在册职工人数资料表

时间	3月1日～3月10日	3月11日～3月15日	3月16日～3月24日	3月25日～4月1日	4月2日
职工人数/人	518	500	506	515	514

该单位 3 月份职工平均在册人数为

$$\bar{a} = \frac{\sum af}{\sum f} = \frac{518 \times 10 + 500 \times 5 + 506 \times 9 + 515 \times 7}{10 + 5 + 9 + 7} \approx 511(人)$$

(3) 掌握间隔相等的间断时点资料求序时平均数。在实际统计工作中对时点性质的指标，往往每隔一定时间登记一次，如商业企业中商品库存额、流动资金占用额等，只统计月末数字，这就组成间隔相等的间断时点数列，可采用"首末折半法"计算。此法须假定所研究的现象在两个相邻时点间的变动是均匀的，因而可以把两个相邻时点上的指标数值相加除以 2，以求得近似的平均数，再对这些平均数进行简单序时平均，就可以得出整个研究时期内的序时平均数。

例如，某企业 2016 年第三季度各时点职工人数资料如表 6-6 所示。试计算该企业 2016 年第三季度平均职工人数。

表 6-6　某企业职工人数表

时间	6月30日	7月31日	8月31日	9月30日
职工人数/人	1200	1260	1254	1290

根据表 6-6 的资料，可以首先计算出各月份的平均职工人数，即

7 月份平均职工人数 $= \dfrac{1200 + 1260}{2} = 1230(人)$

8 月份平均职工人数 $= \dfrac{1260 + 1254}{2} = 1257(人)$

9 月份平均职工人数 $= \dfrac{1254 + 1290}{2} = 1272(人)$

掌握了各月份的平均职工人数，就可以求出该企业第三季度的平均职工人数，即

第三季度平均职工人数 $= \dfrac{1230 + 1257 + 1272}{3} = 1253(人)$

以上计算第三季度平均职工人数的步骤可以简化为一步，即

$$\text{第三季度平均职工人数} = \frac{\dfrac{1200+1260}{2} + \dfrac{1260+1254}{2} + \dfrac{1254+1290}{2}}{3}$$

$$= \frac{\dfrac{1200}{2} + 1260 + 1254 + \dfrac{1290}{2}}{3}$$

$$= 1253(人)$$

由此得出间隔相等的间断时点数列计算序时平均数的一般公式为

$$\bar{a} = \frac{\dfrac{a_1 + a_2}{2} + \dfrac{a_2 + a_3}{2} + \cdots + \dfrac{a_{n-1} + a_n}{2}}{n - 1}$$

$$= \frac{\frac{a_1}{2} + a_2 + \cdots + a_{n-1} + \frac{a_n}{2}}{n-1}$$

这个公式用文字表述,即首项之半,加上中间各项,再加上末项之半,然后除项数减一。

(4) 掌握间隔不等的间断时点资料求序时平均数。若时点数列间隔不相等,也须假定指标值在两个时点之间的变动是均匀的,这时应先求出两时点指标值的平均数,然后再以间隔长度为权数进行加权平均,用公式表示为

$$\bar{a} = \frac{\frac{a_1+a_2}{2}f_1 + \frac{a_2+a_3}{2}f_2 + \cdots + \frac{a_{n-1}+a_n}{2}f_{n-1}}{f_1 + f_2 + \cdots + f_{n-1}} = \frac{\sum \bar{a}_i f_i}{\sum f_i}$$

式中:$\bar{a}_i$——各间隔指标平均值;

f_i——时间间隔的长度。

例如,2016 年某农场生猪存栏数如表 6-7 所示。试计算全年生猪平均存栏数。

表 6-7 某农场生猪存栏数

时间	1月1日	3月1日	8月1日	10月1日	12月31日
生猪存栏数/头	1420	1400	1200	1250	1460

2016 年全年生猪平均存栏数为

$$\bar{a} = \frac{\sum \bar{a}_i f_i}{\sum f_i}$$

$$= \frac{\frac{1420+1400}{2} \times 2 + \frac{1400+1200}{2} \times 5 + \frac{1200+1250}{2} \times 2 + \frac{1250+1460}{2} \times 3}{2+5+2+3} \approx 1320 (\text{头})$$

(二)根据相对数或平均数时间数列计算序时平均数

求相对数或平均数时间数列的序时平均数,要先计算构成其分子与分母的两个绝对数时间数列的序时平均数,然后进行对比。其基本公式为

$$\bar{c} = \frac{\bar{a}}{\bar{b}}$$

式中:$\bar{c}$——相对数或平均数时间数列的序时平均数;

$\bar{a}$——子项数列的序时平均数;

$\bar{b}$——母项数列的序时平均数。

在计算子项、母项时间数列序时平均数时,又根据子项、母项时间数列的性质,将其计算方法分为三种。

(1) 子、母项均为时期数列计算序时平均数,其基本公式为

$$\overline{c} = \frac{\overline{a}}{\overline{b}}$$

上式中，因为 a、b 都是时期指标，它们的序时平均数计算公式分别为

$$\overline{a} = \frac{a_1 + a_2 + \cdots + a_n}{n} = \frac{\sum a}{n}$$

$$\overline{b} = \frac{b_1 + b_2 + \cdots + b_n}{n} = \frac{\sum b}{n}$$

$$\overline{c} = \frac{\sum a}{n} \div \frac{\sum b}{n} = \frac{\sum a}{\sum b}$$

因此，这种序时平均数，就是两个时期数列的各个时期总量之和的比。

例如，2016 年第二季度某厂某产品产量计划完成情况如表 6-8 所示。试求该厂 2016 年第二季度产量平均计划完成情况。

表 6-8 某厂某产品产量资料表

时间	4月	5月	6月	合 计
实际产量(a)/件	500	612	832	1944
计划产量(b)/件	500	600	800	1900
计划完成百分比(c)/%	100	102	104	102.3

第二季度产量平均完成计划百分比为

$$\overline{c} = \frac{\sum a}{\sum b} = \frac{1944}{1900} \times 100\% = 102.3\%$$

或

$$\overline{c} = \frac{\overline{a}}{\overline{b}} = \frac{1944 \div 3}{1900 \div 3} \times 100\% = 102.3\%$$

因为 $c = \dfrac{a}{b}$，所以 $a = bc$ 或 $b = \dfrac{a}{c}$

当缺少 a 数列资料时，可用公式 $\overline{c} = \dfrac{\sum bc}{\sum b}$

当缺少 b 数列资料时，可用公式 $\overline{c} = \dfrac{\sum a}{\sum \dfrac{1}{c}a}$

究竟选用上述哪个公式，应根据所掌握的资料来确定。

(2) 子、母项均为时点数列计算序时平均数，其基本公式为

$$\overline{c} = \frac{\overline{a}}{\overline{b}}$$

上式中，因为 a、b 都是时点指标，所以计算 a、b 时间数列的序时平均数公式为

$$\bar{a} = \frac{\frac{a_1}{2} + a_2 + \cdots + a_{n-1} + \frac{a_n}{2}}{n-1}$$

$$\bar{b} = \frac{\frac{b_1}{2} + b_2 + \cdots + b_{n-1} + \frac{b_n}{2}}{n-1}$$

把两个时点数列的平均数 $\bar{a}$ 和 $\bar{b}$ 对比,来计算这种序时平均数,可以把上面两个算式的分母相消,得出如下计算公式:

$$\bar{c} = \frac{\frac{a_1}{2} + a_2 + \cdots + a_{n-1} + \frac{a_n}{2}}{\frac{b_1}{2} + b_2 + \cdots + b_{n-1} + \frac{b_n}{2}}$$

例如,某地区 2011—2015 年纺织局企业数及职工人数资料如表 6-9 所示。试计算 2012—2015 年每个企业平均职工人数。

表 6-9 某地区纺织局企业数及职工人数资料表

时间	2011 年末	2012 年末	2013 年末	2014 年末	2015 年末
企业数(b)/人	24	26	28	30	32
职工人数(a)/人	14 040	14 080	14 790	15 200	16 960
每个企业职工人数(c)	585	542	528	507	530

每个企业平均职工人数为 $\bar{c} = \dfrac{\frac{14\,040}{2} + 14\,080 + 14\,790 + 15\,200 + \frac{16\,960}{2}}{\frac{24}{2} + 26 + 28 + 30 + \frac{32}{2}} = \dfrac{59\,590}{112} = 532 \,(人)$

或

$$\bar{c} = \frac{59\,590 \div 4}{112 \div 4} = \frac{14\,898}{28} = 532 \,(人)$$

若基本公式的子、母项都是间隔不等的间断时点数列,则先要按间隔不等的间断时点数列求序时平均数的公式分别求出 $\bar{a}$ 和 $\bar{b}$,然后再代入基本公式求 $\bar{c}$ 即可。

(3) 子、母项是两个不同性质的数列计算序时平均数,其基本公式为

$$\bar{c} = \frac{\bar{a}}{\bar{b}}$$

上式中,如果子项是时期数列,母项是时点数列,那么,首先就得根据各自的计算方法求出各自的序时平均数后,再计算其相对数或平均数时间数列的序时平均数,即

$$\bar{a} = \frac{\sum a}{n}$$

$$\bar{b} = \frac{\frac{b_0}{2} + b_1 + \cdots + b_{n-1} + \frac{b_n}{2}}{n}$$

则

$$\bar{c} = \frac{\frac{\sum a}{n}}{\frac{\frac{b_0}{2} + b_1 + \cdots + b_{n-1} + \frac{b_n}{2}}{n}}$$

应注意，上述时点数列与时期数列中，时点数列指标数要比时期数列指标数多一项。

例如，某企业 2016 年第二季度增加值和职工人数资料如表 6-10 所示。试计算该企业第二季度月平均全员劳动生产率。

表 6-10　某企业增加值、职工人数资料表

时间	3月	4月	5月	6月
增加值(a)/万元	—	1170	1200	1370
月末职工人数(b)/人	6500	6700	6900	7100

第二季度月平均全员劳动生产率为

$$\bar{c} = \frac{\frac{1170+1200+1370}{3}}{\frac{\frac{6500}{2}+6700+6900+\frac{7100}{2}}{4-1}} = \frac{3740 \div 3}{20\,400 \div 3} = 1833(元/人)$$

在实际工作中，时点指标多数已按序时平均法计算出各时期的平均数，这样，分子和分母都按时期数列计算序时平均数的方法进行计算，然后将计算结果进行对比就可以了。

例如，2016 年某商店第一季度商品流转次数如表 6-11 所示。试计算该商店第一季度各月的平均商品流转次数。

表 6-11　某商店商品流转资料表

时间	1月	2月	3月
商品流转额(a)/万元	120	150	160
平均商品库存额(b)/万元	80	125	160
商品流转次数(c)/次	1.5	1.2	1.0

表 6-11 的商品流转额是时期数列，平均商品库存额是时点数列的序时平均数，也是平均数时间数列。如果要计算第一季度各月的平均商品流转次数，只要先计算出这两个时期数列的序时平均数，然后再进行对比即可。

第一季度各月平均商品流转次数为

$$\bar{c} = \frac{(120+150+160) \div 3}{(80+125+160) \div 3} \approx 1.18 (次)$$

如果要求第一季度的商品流转次数不能用各月的商品流转次数直接相加，而是用季度的各月平均商品流转次数乘以月数，即

$$n \cdot \bar{c} = 3 \times 1.18 = 3.54 (次)$$

也可以用季度商品流转额与季度平均商品库存额对比求得，即

$$全季周转次数 = \frac{\sum a}{\bar{b}} = \frac{120+150+160}{(80+125+160) \div 3} = 3.54 (次)$$

三、增长量

增长量(increment)是用来说明某种现象在一定时期内所增长的绝对数量的，它等于报告期水平减去基期水平。即

增长量=报告期水平-基期水平

增长量指标的数值可"正"可"负"，当报告期水平大于基期水平时，增长量为"正值"，表示增加；当报告期水平小于基期水平时，增长量为"负值"，说明减少。因此，增长量又称"增减量"指标。

由于采用的基期不同，增长量可分为逐期增长量和累计增长量。

下面以表 6-12 的资料为例，说明逐期增长量和累计增长量的计算。

表 6-12 某市工业局系统增加值动态分析表　　　　　　　　　单位：百万元

年份		2011	2012	2013	2014	2015
工业增加值		a_0	a_1	a_2	a_3	a_4
		40	43	48	54	60
增长量	逐期	—	3	5	6	6
	累计	—	3	8	14	20

(一)逐期增长量

逐期增长量是报告期水平与前一期水平之差，说明报告期较前期增长的绝对量。见表 6-12，用符号表示为

$$a_1 - a_0, \quad a_2 - a_1, \quad a_3 - a_2, \quad a_4 - a_3$$

(二)累计增长量

累计增长量是报告期水平与某一固定基期水平(通常是最初水平)之差，说明报告期较

某一固定基期增长量的绝对量,也就是由某一固定基期至报告期总的增长量。见表 6-12,用符号表示为

$$a_1-a_0, \quad a_2-a_0, \quad a_3-a_0, \quad a_4-a_0$$

(三)逐期增长量与累计增长量的关系

(1) 同一时间数列,各逐期增长量之和,等于相应的累计增长量,见表 6-12。

$$(a_1-a_0)+(a_2-a_1)+(a_3-a_2)+(a_4-a_3)=a_4-a_0$$

$$3+5+6+6=20(百万元)$$

(2) 同一时间数列,两个相邻时期的累计增长量之差,等于相应的逐期增长量,见表 6-12。

$$(a_4-a_0)-(a_3-a_0)=a_4-a_3$$

$$20-14=6(百万元)$$

在实际工作中,常计算年距增长量指标,它是报告期发展水平与上年同期发展水平之差。用公式表示如下:

$$年距增长量=报告期发展水平-上年同期发展水平$$

例如,某地区 2016 年第一季度钢产量为 600 万吨,2015 年第一季度为 500 万吨,则

$$年距增长量=600-500=100(万吨)$$

这说明 2016 年第一季度钢产量比上年同期增产 100 万吨。

计算年距增长量可以消除季节变动的影响,表明报告期水平较上年同期水平增加(或减少)的绝对数量。

四、平均增长量

平均增长量(average increment)是用来说明某种现象在一定时期内平均每期增长的数量的,它也是一种序时平均数。

$$平均增长量=\frac{逐期增长量之和}{逐期增长量个数}=\frac{累计增长量}{时间数列项数-1}$$

例如,表 6-12 中,某市工业局系统 2012—2015 年每年增加值平均增长量为

$$\frac{3+5+6+6}{4}=5(百万元)$$

或

$$\frac{20}{5-1}=5(百万元)$$

第三节 时间数列的速度分析

水平指标反映的是某种社会经济现象在不同时间上的绝对变动或平均绝对变动。速度指标反映的是某种社会经济现象在不同时间上的相对变动或平均相对变动。时间数列的速度指标主要有发展速度、增长速度、平均速度三种。

下面以表 6-13 的资料为例,说明时间数列速度指标的计算。

表 6-13 某市工业局系统增加值动态分析表

年份			2011	2012	2013	2014	2015
工业增加值/百万元		(1)	a_0	a_1	a_2	a_3	a_4
			40	43	48	54	60
发展速度/%	定基	(2)	100	107.5	120.0	135.0	150.0
	环比	(3)	—	107.5	111.6	112.5	111.1
增长速度/%	定基	(4)	—	7.5	20.0	35.0	50.0
	环比	(5)	—	7.5	11.6	12.5	11.1
增长 1% 的绝对值		(6)	—	0.4	0.43	0.48	0.54

一、发展速度

发展速度(speed of development)是两个时期发展水平指标对比的结果,主要说明报告期水平已发展到基期水平的若干倍或百分之几。

$$发展速度 = \frac{报告期水平}{基期水平}$$

发展速度由于采用基期的不同,分为定基发展速度和环比发展速度。

(一)定基发展速度

定基发展速度是报告期水平与某一固定基期水平对比,说明社会经济现象在一个较长时间内的变动情况。见表 6-13 第(2)栏,用符号表示为

$$\frac{a_1}{a_0}, \frac{a_2}{a_0}, \frac{a_3}{a_0}, \frac{a_4}{a_0}$$

(二)环比发展速度

环比发展速度是各期水平与前一期的水平对比,表明报告期水平比前一期水平的逐期

发展变动的情况。见表 6-13 第(3)栏，用符号表示为

$$\frac{a_1}{a_0}, \frac{a_2}{a_1}, \frac{a_3}{a_2}, \frac{a_4}{a_3}$$

(三)定基发展速度与环比发展速度的关系

(1) 定基发展速度等于相应各个环比发展速度的连乘积(见表 6-13)。

即

$$\frac{a_4}{a_0} = \frac{a_1}{a_0} \cdot \frac{a_2}{a_1} \cdot \frac{a_3}{a_2} \cdot \frac{a_4}{a_3}$$

$$150\% = 107.5\% \times 111.6\% \times 112.5\% \times 111.1\%$$

(2) 两个相邻时期的定基发展速度对比，等于相应的环比发展速度(见表 6-13)。

$$\frac{a_4}{a_0} \div \frac{a_3}{a_0} = \frac{a_4}{a_3}$$

即

$$150\% \div 135\% = 111.1\%$$

在实际工作中，还经常要计算一种年距发展速度指标，它是报告期发展水平与上年同期发展水平之比，用公式表示如下：

$$年距发展速度 = \frac{报告期发展水平}{上年同期发展水平}$$

例如，某地区 2016 年第一季度钢产量为 600 万吨，2015 年第一季度为 500 万吨，则

$$年距发展速度 = \frac{600}{500} = 120\%$$

这说明 2016 年第一季度钢产量已达到上年同期产量水平的 120%。

计算年距发展速度，也可以消除季节变动的影响，表明本期比上年同期相对发展程度。

二、增长速度与增长 1%的绝对值

(一) 增长速度

增长速度(increase speed)是反映现象增长程度的相对指标，由增长量对比基期水平而得。其计算公式为

$$增长速度 = \frac{增长量}{基期水平}$$

增长速度与发展速度的关系是

$$增长速度 = \frac{增长量}{基期水平} = \frac{报告期水平 - 基期水平}{基期水平}$$

$$= \frac{报告期水平}{基期水平} - 1 = 发展速度 - 1(或100\%)$$

发展速度说明报告期水平比基期水平发展到多少倍,增长速度只说明增长了多少倍或百分之几。当发展速度大于 1 时,增长速度为正值,表示现象的增长程度;当发展速度小于 1 时,增长速度为负值,表示现象的降低程度。因此,增长速度又称"增减速度"。

由于采用基期的不同,增长速度可分为定基增长速度与环比增长速度。

1. 定基增长速度

定基增长速度是从某一固定基期至报告期累计增长量对基期发展水平之比,表明现象在这一时期内增长的速度。其计算公式为

$$定基增长速度 = \frac{累计增长量}{固定基期水平} = 定基发展速度 - 1$$

见表 6-13 第(4)栏,用符号表示为

$$\frac{a_1 - a_0}{a_0} = \frac{a_1}{a_0} - 1$$

$$\frac{a_2 - a_0}{a_0} = \frac{a_2}{a_0} - 1$$

$$\frac{a_3 - a_0}{a_0} = \frac{a_3}{a_0} - 1$$

$$\frac{a_4 - a_0}{a_0} = \frac{a_4}{a_0} - 1$$

2. 环比增长速度

环比增长速度是逐期增长量对前一期发展水平之比,表明现象逐期增长的速度。其计算公式为

$$环比增长速度 = \frac{逐期增长量}{前一期水平} = 环比发展速度 - 1$$

见表 6-13 第(5)栏,用符号表示为

$$\frac{a_1 - a_0}{a_0} = \frac{a_1}{a_0} - 1$$

$$\frac{a_2 - a_1}{a_1} = \frac{a_2}{a_1} - 1$$

$$\frac{a_3 - a_2}{a_2} = \frac{a_3}{a_2} - 1$$

$$\frac{a_4 - a_3}{a_3} = \frac{a_4}{a_3} - 1$$

定基增长速度与环比增长速度之间没有直接的换算关系，定基增长速度不等于环比增长速度的连乘积。如果要由环比增长速度求定基增长速度，必须先把环比增长速度加上1(或 100%)，变成环比发展速度，然后将其连乘，得到定基发展速度，再将定基发展速度减去 1(或 100%)，即得定基增长速度。

例如，表 6-13 中第(5)栏，根据 7.5%、11.6%、12.5%、11.1%环比增长速度是不能直接推算定基增长速度的，只有把它们分别加上 100%，变成 107.5%、111.6%、112.5%、111.1%的环比发展速度，然后连乘 $107.5\% \times 111.6\% \times 112.5\% \times 111.1\% = 150\%$，再将所得的定基发展速度减去 100%，即 $150\% - 100\% = 50\%$，即得定基增长速度。

在实际工作中，我们也常计算年距增长速度，用于说明年距增长量与上年同期发展水平对比达到的相对增长程度。用公式表示如下：

$$年距增长速度 = \frac{年距增长量}{上年同期发展水平}$$

$$= 年距发展速度 - 1(或 100\%)$$

例如，根据上述某地区 2016 年第一季度钢产量资料，其年距增长速度为 120%-100%=20%。这说明 2016 年第一季度钢产量比上年同期增长了 20%。

(二)增长 1%的绝对值

增长速度是一种相对数，当不同总体的同类现象比较其增长程度时，如果各自的基期水平相差较大，仅用其相对增长速度就无法全面地认识现象的增长情况，因此，应该把速度指标与水平指标结合起来，这就需要计算增长 1%的绝对值。

增长 1%的绝对值，就是社会经济现象每增长 1%的增长量，它等于逐期增长量除以环比增长速度乘以 100，或等于前期水平除以 100。用公式表示如下：

$$增长 1\%的绝对值 = \frac{逐期增长量}{环比增长速度 \times 100}$$

$$= \frac{前期水平}{100}$$

例如，某企业 2015 年工业增加值为 300 万元，2016 年为 360 万元。试计算该厂工业增加值增长 1%的绝对值。

$$逐期增长量 = 360 - 300 = 60 (万元)$$

$$环比增长速度 = \frac{60}{300} \times 100\% = 20\%$$

$$增长 1\%的绝对值 = \frac{60}{20\% \times 100} = 3(万元)$$

或

$$= \frac{300}{100} = 3(万元)$$

三、平均速度

平均速度是各个时期环比速度的平均数，说明社会经济现象在较长时期内速度变化的平均程度。平均速度可分为平均发展速度和平均增长速度两种。平均发展速度(average speed of development)是表明现象逐期发展的平均速度，平均增长速度(average increase speed)则是反映现象逐期递增的平均速度。

平均发展速度与平均增长速度的关系是

$$\text{平均增长速度} = \text{平均发展速度} - 1(\text{或} 100\%)$$

平均发展速度总是正值，而平均增长速度则可为正值也可为负值。当平均发展速度大于1时，平均增长速度为正值，表明现象在一段时间内逐期平均递增的程度；当平均发展速度小于1时，平均增长速度为负值，表明现象逐期平均递减的程度。

平均速度指标的计算首先要计算平均发展速度。根据研究目的的不同，计算平均发展速度的方法可分为水平法和累计法两种。

(一)水平法计算平均发展速度

水平法计算平均发展速度一般用几何平均法，而不用累计法。这是因为现象发展的总速度，不等于各年发展速度之和，而等于各年环比发展速度的连乘积，所以在求环比发展速度的平均数时，要用几何平均数公式。其公式表示如下：

$$\bar{x}_g = \sqrt[n]{x_1 \cdot x_2 \cdot x_3 \cdots \cdots x_n} = \sqrt[n]{\prod x} \tag{6-1}$$

式中：$\bar{x}_g$——平均发展速度；

x——各年环比发展速度；

n——环比发展速度的项数。

由于定基发展速度等于各个环比发展速度的连乘积，故计算平均发展速度的公式又可以表示为

$$\bar{x}_g = \sqrt[n]{\frac{a_1}{a_0} \cdot \frac{a_2}{a_1} \cdot \frac{a_3}{a_2} \cdots \cdots \frac{a_n}{a_{n-1}}} = \sqrt[n]{\frac{a_n}{a_0}} \tag{6-2}$$

定基发展速度即为现象发展的总速度，故平均发展速度的公式还可以表示为

$$\bar{x}_g = \sqrt[n]{R} \tag{6-3}$$

式中：R——现象发展的总速度。

采用几何平均法计算平均发展速度的实质，是要求最初水平(a_0)在平均速度下发展以达到最末水平(a_n)。即

$$a_0 \cdot \underbrace{\bar{x} \cdot \bar{x} \cdots \cdots \bar{x} \cdot \bar{x}}_{n \text{个}} = a_0 \bar{x}^n = a_n$$

于是
$$\bar{x}^n = \frac{a_n}{a_0}$$

$$\bar{x} = \sqrt[n]{\frac{a_n}{a_0}}$$

所以,这种方法称"水平法"。

如果所研究的现象是以最初期水平为基础,逐期按同一个发展速度发展,到最末期能够达到怎样一个水平时,就要用"水平法"来计算平均发展速度。

水平法计算平均发展速度的三个公式,可根据所掌握资料的不同而分别加以选用。但不论选用哪个公式,一般来说 n 的数字较大,都需要求高次方根,所以必须借助多功能计算器。

下面仍以表 6-13 的资料为例,来说明平均发展速度三个公式的具体应用。

(1) 已知各期环比发展速度,求平均发展速度,选用式(6-1)。

$$\bar{x}_g = \sqrt[n]{\prod x} = \sqrt[4]{1.075 \times 1.116 \times 1.125 \times 1.111} \approx 110.7\%$$

(2) 已知期初、期末水平和时间长度,求平均发展速度,选用式(6-2)。

$$\bar{x}_g = \sqrt[n]{\frac{a_n}{a_0}} = \sqrt[4]{\frac{60}{40}} \approx 110.7\%$$

(3) 已知现象发展的总速度,求平均发展速度,选用式(6-3)。

$$\bar{x}_g = \sqrt[n]{R} = \sqrt[4]{1.5} \approx 110.7\%$$

如果要求平均增长速度,只需将所得的平均发展速度减去 1(或 100%)即可。本题工业增加值平均增长速度为 10.7%。

又如,根据第五次、第六次人口普查资料,我国大陆人口 2000 年普查时为 126 583 万人,2010 年普查时为 133 972 万人。试求两次人口普查之间我国大陆人口年平均增长速度。

$$\bar{x}_g = \sqrt[n]{\frac{a_n}{a_0}} = \sqrt[10]{\frac{133\,972}{126\,583}} \approx 100.57\%$$

年平均增长速度=100.57%-100%=0.57% 即 5.7‰

因此,两次人口普查之间我国大陆人口年平均增长速度为 5.7‰。

在实际工作中,还会遇到另外一些问题。比如,已知基期水平和平均增长速度,问经过若干时期后,能达到怎样一个水平。或者已知基期水平和平均增长速度,问要达到某一水平,需要多长时间等。

例如,第六次全国人口普查(2010 年)我国大陆人口为 133 972 万人,如果每年递增 0.57%,到 2020 年我国大陆人口将达到多少?

$$a_n = a_0 \cdot \bar{x}_g^n = 133\,972 \times 1.0057^{10} = 141\,807.28 \text{(万人)}$$

因此,到 2020 年我国大陆人口将达到 141 807.28 万人。

又如,某省工业增加值 2016 年为 500 亿元,如果今后每年平均增长 8%,预测达到 1500

亿元需要多少年？

因为
$$\bar{x} = \sqrt[n]{\frac{a_n}{a_0}}$$

所以
$$n = \frac{\lg a_n - \lg a_0}{\lg \bar{x}}$$
$$= \frac{\lg 1500 - \lg 500}{\lg 1.08}$$
$$\approx 14(年)$$

因此，某省工业增加值达到 1500 亿元需要大约 14 年时间。

如果现象的发展过程划分为几个时期，并且具有各时期的平均发展速度资料，要计算全过程的平均发展速度，这时就要以各时期的长度为权数，按加权几何平均法计算。其计算公式为

$$\bar{x}_g = \sqrt[f_1+f_2+\cdots+f_n]{x_1^{f_1} \cdot x_2^{f_2} \cdots\cdots x_n^{f_n}} = \sqrt[\Sigma f]{\prod x^f}$$

式中：x——各时期的平均发展速度；

f——各平均发展速度的时间长度。

例如，某企业工业增加值 2011—2013 年的年平均发展速度为 108.3%，2014—2015 年的年平均发展速度为 109%。计算该企业 2011—2015 年的工业增加值的平均增长速度。

平均发展速度为

$$\bar{x}_g = \sqrt[3+2]{(1.083)^3 \times (1.09)^2} \approx 108.58\%$$

平均增长速度为

$$\bar{x}_g - 1 = 108.58\% - 100\% = 8.58\%$$

即该企业 2011—2015 年的工业增加值的平均增长速度是 8.58%。

用几何平均法计算平均发展速度，名义上是各个环比发展速度的平均数，但实际上大多数只决定于数列的最初水平与最末水平，而不受中间各期水平的影响。如果中间各期发展水平出现了特殊高低的增减变化，或所选择的最初、最末水平受到特殊因素的影响，平均发展速度的代表性都会降低。因此，最好把平均发展速度与环比发展速度结合起来进行分析。另外，就是要联系绝对数进行分析。因为高速度可能掩盖低水平，而低速度背后也可能隐藏高水平。所以，既要看速度，又要看水平，注意增长 1% 所代表的绝对值，才不会产生片面性。

(二)累计法计算平均发展速度

累计法计算平均发展速度，仍假设 $\bar{x}$ 为所求的平均发展速度，那么从最初水平开始，每期根据 $\bar{x}$ 计算的逐期发展水平如下。

$$a_1 = a_0 \overline{x}$$
$$a_2 = a_0 \overline{x}^2$$
$$a_3 = a_0 \overline{x}^3$$
$$\vdots$$
$$a_{n-1} = a_0 \overline{x}^{n-1}$$
$$a_n = a_0 \overline{x}^n$$

采用累计法计算平均发展速度的实质，是要求各年根据 $\overline{x}$ 计算所达到水平的累计总和与各年实际所具有的水平总和相一致，因此这个方法称"累计法"。即

$$a_0 \overline{x} + a_0 \overline{x}^2 + a_0 \overline{x}^3 + \cdots + a_0 \overline{x}^{n-1} + a_0 \overline{x}^n = a_1 + a_2 + a_3 + \cdots + a_{n-1} + a_n$$

$$a_0 (\overline{x} + \overline{x}^2 + \overline{x}^3 + \cdots + \overline{x}^{n-1} + \overline{x}^n) = \sum a$$

即

$$\overline{x} + \overline{x}^2 + \overline{x}^3 + \cdots + \overline{x}^{n-1} + \overline{x}^n - \frac{\sum a}{a_0} = 0$$

解这个高次方程式，求出 $\overline{x}$ 的正根，就是所求的平均发展速度。

如果所研究的现象是以最初期水平为基础，逐期按同一个发展速度发展，到期末止，要求各期累计能达到怎样一个水平时，就要用累计法来计算其平均发展速度。

解高次方程式比较麻烦。在实际统计工作中，一般采用查《累计法递增速度查对表》的方法。其具体步骤如下。

(1) 计算各期发展水平之和与最初水平之比的百分数，用 M 表示。则

$$M = \frac{\sum a}{a_0} \times 100\%$$

(2) 将上述比值除以时期数，即 $\frac{M}{n}$（n 为时期数），所得结果如果大于 1 或 100%，就可以判断这是一个递增速度资料，据此可查《累计法递增速度查对表》；如果所得结果小于 1 或 100%，就可以判断这是一个递减速度资料，据此可查《累计法递减速度查对表》。

(3) 根据各期发展水平之和与最初期水平之比的百分数 M 查表。

现举例说明累计法递增速度查对表的使用方法。

例如，某地区股份制经济"十二五"时期固定资产投资额如表 6-14 所示。

表 6-14 某地区股份制经济固定资产投资额

年　份	固定资产投资额/万元
2010 年	6122
2011 年	6775
2012 年	7539
2013 年	8395

续表

年 份	固定资产投资额/万元
2014 年	9281
2015 年	9861
"十二五"时期合计数	41 851

试计算该地区股份制经济"十二五"期间固定资产投资额的年平均发展速度。

(1) $M = \dfrac{\sum a}{a_0} = \dfrac{41\ 851}{6122} \times 100\% = 683.62\%$

(2) $\dfrac{M}{n} = \dfrac{683.62\%}{5} = 136.72\% > 100\%$

(3) 查表，见表 6-15，在累计法查对表中的 $n=5$ 的栏内，找到接近 683.62%的数字是 683.33%，其对应的平均每年增长速度为 10.6%，则平均发展速度为 110.6%。即该地区股份制经济"十二五"期间固定资产投资额的年平均发展速度为 110.6%。

表 6-15 累计法递增速度查对表(部分)

平均每年增长/%	各年发展水平总和为基期的%				
	1 年	2 年	3 年	4 年	5 年
10.6	110.60	232.92	368.21	517.84	683.33
10.7	110.70	233.24	368.89	519.05	685.28
10.8	110.80	233.57	369.60	520.32	687.32
10.9	110.90	233.89	370.29	521.56	689.32
11.0	111.00	234.21	370.97	522.77	691.27

总之，水平法和累计法是计算平均发展速度的两种方法，二者的计算方法和应用场合是不同的。因此，应根据所用的时间数列的性质及分析研究的目的和具体要求来选择应用。

第四节 长期趋势的测定

长期趋势(long-time trend)是指现象在相当长的时间内，发展过程表现为不断增长或不断下降的总趋势。任何现象的发展变化都同时受到多种因素的影响，有些因素是长期起作用，有些因素只是短期或偶然起作用。长期趋势因素是指在较长时间内比较稳定，经常起作用的根本性因素。偶然因素则是指在目前科学技术条件下不能预测或控制的因素。例如，在农业方面，耕作技术的改进、优良种子的推广，对农产量增长的影响属于长期起作用的因素；而降雨量、温度等则属于偶然因素。由于这两方面因素的共同影响，有时不易看出现象的变化趋势。只有排除那些短期、偶然因素的影响，才能正确地研究现象变化的总趋势。那么，怎样排除偶然因素的影响呢？在统计上，就是要对原数列进行科学的加工和整理，也就是对动态数列进行修匀。修匀的方法就是长期趋势测定的方法。常用的方法有时距扩大法、移动平均法和最小平方法。

一、时距扩大法

时距扩大法(time-distance enlarged method)是对长期的动态数列资料进行统计修匀的一种简便方法。它是把原有数列中各时期资料加以合并，把较小时间跨度转化为较大时间跨度，来削弱偶然因素的影响，以反映出现象的发展趋势。

例如，某摩托车厂各月生产摩托车数量资料如表 6-16 所示。

表 6-16　某摩托车厂各月生产摩托车数量　　　　单位：辆

月份	1	2	3	4	5	6	7	8	9	10	11	12
摩托车数量	41	42	52	43	45	51	53	40	51	49	56	54

从表 6-16 中可以看出，数列变化并不均匀，即各月之间的摩托车数量起伏不定，用该时间数列不能清楚地反映该厂生产量变动的趋势。现将月资料整理成季资料，即将表 6-16 的资料整理成表 6-17 所示的资料。

表 6-17　某摩托车厂各季生产摩托车数量　　　　单位：辆

季度	1	2	3	4
摩托车数量	135	139	144	159

时距扩大后的资料，可以明显地显示出生产的摩托车数量呈现逐期增长的变化趋势。

时距扩大法可以用扩大时距后的总量指标表示(见表 6-17)，也可以用扩大时距后的平均指标表示，如表 6-18 所示。

表 6-18　某摩托车厂各季平均生产摩托车数量　　　　单位：辆

季度	1	2	3	4
摩托车数量	45	46.3	48	53

由此也可以看出，该厂摩托车生产量呈现逐期增长的趋势。

应用时距扩大法应注意：第一，同一数列前后时距应当一致，以便于比较；第二，时距的长短，应该根据具体现象的性质和特点而定，以能显示变化趋势为宜。

二、移动平均法

移动平均法(moving averages)是通过时距(项数)扩大，计算其移动平均数来削弱偶然因素的影响。根据各移动平均数编制的新的时间数列，能较明显地反映现象的发展趋势。

现在仍以表 6-16 某摩托车厂生产摩托车数量的资料为例，采用 3 项和 5 项移动平均分别进行修匀，计算其各个移动平均数，如表 6-19 所示。

表 6-19　某摩托车厂各月生产摩托车数量的移动平均数

月　份	摩托车数量/辆	3 项移动平均	5 项移动平均
1	41	—	—
2	42	45	—
3	52	45.7	44.6
4	43	46.7	46.6
5	45	46.3	48.8
6	51	49.7	46.4
7	53	48	48
8	40	48	48.8
9	51	46.7	49.8
10	49	52	50
11	56	53	—
12	54		—

应用移动平均法测定长期趋势，应注意以下问题。

第一，要选择适当的移动时距(项数)。当数列没有明显的周期变动时，应选择奇数项进行移动平均，因为奇数项平均较偶数项移动平均计算简便。当遇有原数列呈周期变动时，应该选择现象的变动周期作为移动的时距长度。例如，当数列资料为季资料时，可采用 4 项移动平均；若根据各年的月份资料，则应取 12 项移动平均，这样可消除受季节变动的影响，能较为准确地揭示现象发展的长期趋势。

第二，移动平均法不能完整地反映原数列的长期趋势。由移动平均数组成的趋势值数列，较原数列的项数少。如果是奇数项移动平均，两者的关系是：趋势值项数=原数列项数-移动项数+1；如果是偶数项移动平均，则趋势值项数=原数列项数-移动项数。因此，移动的时距越大，所得的趋势值数列项数越少，反映原数列的长期趋势也就越不完整。

三、最小平方法

最小平方法(Least square method)是分析长期趋势最常用、最科学的方法。这种方法是用一定的数学模型，对原有的动态数列配合一条适当的趋势线来进行修匀。最小平方法既可以配合直线，也可以配合曲线。

(一)长期趋势类型的判定

(1) 如果时间数列的逐期增长量(或称一次差)大体相同,可拟合直线;若时间数列的二次增长量(二次差)大体相同,可拟合抛物线;当时间数列的环比发展速度(或环比增长速度)大体相同,可拟合指数曲线。

(2) 画散点图。在平面直角坐标系中绘出 t、y 的坐标点,若这些点大致散布在一条直线的周围,则拟合直线;若散布在一条曲线的周围,则拟合曲线。

(二)最小平方法建立趋势方程的方法

1. 直线趋势

直线趋势方程为

$$y_c = a + bt$$

式中:y_c——时间数列 y 的趋势值;

t——时间序号;

a——趋势直线的截距(intercept),是 $t=0$ 时 y_c 的数值;

b——趋势直线的斜率(slope),表示 t 每增加一个单位,y_c 平均增减的数量,$b>0$ 为增量,$b<0$ 为减量。

最小平方法的基本要求是:原数列的实际观察值 y 与趋势线的趋势值 y_c 的离差平方和为最小,即 $\sum(y-y_c)^2 = \min$。这时,所拟合的直线方程是最优的线性回归模型。

将直线方程 $y_c = a+bt$ 代入上式,并令其为 Q,则 $Q = \sum(y-y_c)^2 = \sum(y-a-bt)^2 = \min$

为使 Q 具有最小值,必须使其对 a、b 的偏导数等于零,即

$$\begin{cases} \dfrac{\partial Q}{\partial a} = 2\sum(y-a-bt)(-1) = 0 \\ \dfrac{\partial Q}{\partial b} = 2\sum(y-a-bt)(-t) = 0 \end{cases}$$

经整理得如下联立方程式

$$\begin{cases} \sum y = na + b\sum t \\ \sum ty = a\sum t + b\sum t^2 \end{cases}$$

式中:y——原时间数列各期水平;

t——时间序号;

n——时间数列的项数。

解方程组得

$$b = \frac{n\sum ty - (\sum t)(\sum y)}{n\sum t^2 - (\sum t)^2}$$

$$a = \frac{\sum y}{n} - b\frac{\sum t}{n} = \bar{y} - b\bar{t}$$

将解得的 a、b 值代入到 $y_c = a + bt$ 中，就得到所需要的直线方程。

例如，某地区 2011—2016 年粮食产量资料如表 6-20 所示。

表 6-20　某地区粮食产量计算表　　　　　　　　　　　　　单位：万吨

年　份	时间代码 t	粮食产量 y	逐期增长量	t^2	ty	y_c
2011	1	85.6	—	1	85.6	85.6
2012	2	91	5.4	4	182	90.9
2013	3	96.1	5.1	9	288.3	96.2
2014	4	101.2	5.1	16	404.8	101.5
2015	5	107	5.8	25	535	106.8
2016	6	112.2	5.2	36	673.2	112.1
合　计	21	593.1	—	91	2168.9	593.1

根据表 6-20 的资料计算，逐期增长量大体相等，所以可拟合直线趋势方程。其计算方法如下：

$$b = \frac{6 \times 2168.9 - 21 \times 593.1}{6 \times 91 - 21^2} = 5.32$$

$$a = \frac{593.1}{6} - 5.32 \times \frac{21}{6} = 80.23$$

将 a、b 值代入直线方程式，得

$$y_c = 80.23 + 5.32t$$

将各年 t 值分别代入上列方程式，可得各年的趋势值 y_c，如表 6-20 中最后一栏所示。可见 $\sum y_c$ 和 $\sum y$ 的数值相等。

如果将趋势直线向外延伸，可预测该地区 2018 年的粮食产量。

$$y_{2018} = 80.23 + 5.32 \times 8 = 122.79 \,(万吨)$$

如果将原数列的中间项作为原点，使 $\sum t = 0$，则联立方程式可简化为下式：

$$\begin{cases} \sum y = na \\ \sum ty = b\sum t^2 \end{cases}$$

解得

$$a = \frac{\sum y}{n}$$

$$b = \frac{\sum ty}{\sum t^2}$$

当时间数列为奇数项时,可用中间项那一年为原点,中间项以前的时间序号为负值,中间项以后的时间序号为正值。

例如,某数列有 7 项,时间跨度从 2010 年到 2016 年,则 t 值分别为

2010	2011	2012	2013	2014	2015	2016
-3	-2	-1	0	1	2	3

当时间数列为偶数项时,则可用两个中间项的中点为原点。这时 t 的各项数值都有小数点,会使计算复杂一些,可以把各项数值乘以 2,化小数为整数。

例如,某数列有 6 项,时间跨度从 2011 年到 2016 年,则 t 值分别为

2011	2012	2013	2014	2015	2016
-5	-3	-1	1	3	5

下面仍以某地区 2011—2016 年粮食产量资料为例说明其简捷算法,如表 6-21 所示。

表 6-21 某地区粮食产量计算表 单位:万吨

年 份	时间代码 t	粮食产量 y	t^2	ty	y_c
2011	-5	85.6	25	-428	85.6
2012	-3	91	9	-273	90.9
2013	-1	96.1	1	-96.1	96.2
2014	1	101.2	1	101.2	101.5
2015	3	107	9	321	106.8
2016	5	112.2	25	561	112.1
合 计	0	593.1	70	186.1	593.1

$$a = \frac{\sum y}{n} = \frac{593.1}{6} = 98.85$$

$$b = \frac{\sum ty}{\sum t^2} = \frac{186.1}{70} = 2.66$$

趋势直线方程为

$$y_c = 98.85 + 2.66t$$

将各年 t 值分别代入上列方程式,可得各年的趋势值 y_c,如表 6-21 最后一栏所示。

需要指出的是,按上述移动原点简化求出的 a、b 值所建立的趋势直线方程,与未移动原点建立的方程相比较,对于奇数项时间数列来讲,两个方程中的截距 a 必然不同,而斜率 b 不变。对偶数项时间数列来讲,两个方程的 a 与 b 的值均不会相同,而且移动原点后方程的 b 值为未移动原点的方程中 b 值的 $\frac{1}{2}$,这时 b 表示原数列水平间隔一半的增长量,年增长量则应等于 $2b$。上例中,$b=2.66$ 万吨,就是这种情况。但不管怎样,按各自的年序号 t 值计算的趋势值都是一样的。

2. 曲线趋势

常用的曲线趋势包括抛物线和指数曲线两种。

(1) 抛物线方程为

$$y_c = a + bt + ct^2$$

用最小平方法配合抛物线趋势方程的道理与配合直线方程相同，只不过，抛物线趋势方程有三个参数，所以相应的标准方程组由三个标准方程式组成，即

$$\begin{cases} \sum y = na + b\sum t + c\sum t^2 \\ \sum ty = a\sum t + b\sum t^2 + c\sum t^3 \\ \sum t^2 y = a\sum t^2 + b\sum t^3 + c\sum t^4 \end{cases}$$

假定时间数列的中点为原点，使 $\sum t = 0$、$\sum t^3 = 0$，则上式简化为

$$\begin{cases} \sum y = na + c\sum t^2 \\ \sum ty = b\sum t^2 \\ \sum t^2 y = a\sum t^2 + c\sum t^4 \end{cases}$$

解方程组得

$$a = \frac{\sum t^4 \sum y - \sum t^2 \sum t^2 y}{n\sum t^4 - (\sum t^2)^2}$$

$$b = \frac{\sum ty}{\sum t^2}$$

$$c = \frac{n\sum t^2 y - \sum t^2 \sum y}{n\sum t^4 - (\sum t^2)^2}$$

例如，某市某种产品历年出口量资料如表 6-22 所示，要求拟合趋势方程，并预测 2018 年的产量。

表 6-22　某市某种产品历年出口量计算表　　　　　　　　　　　单位：吨

年份	t	出口量 y/吨	一次差	二次差	ty	t^2	t^2y	t^4	y_c
2011	−5	1200	—	—	−6000	25	30 000	625	1200.36
2012	−3	1400	200	—	−4200	9	12 600	81	1399.30
2013	−1	1620	220	20	−1620	1	1620	1	1620.03
2014	1	1862	242	22	1862	1	1862	1	1862.54
2015	3	2127	265	23	6381	9	19 143	81	2126.81
2016	5	2413	286	21	12 065	25	60 325	625	2412.93
合计	0	10 622	—	—	8488	70	125 550	1414	10 622

根据表 6-22 的资料计算，出口量的二次差大体相等，所以可拟合抛物线趋势方程。其计算方法如下：

$$a = \frac{\sum t^4 \sum y - \sum t^2 \sum t^2 y}{n \sum t^4 - (\sum t^2)^2}$$

$$= \frac{1414 \times 10\,622 - 70 \times 125\,550}{6 \times 1414 - 70^2} = 1738.5625$$

$$b = \frac{\sum ty}{\sum t^2} = \frac{8488}{70} = 121.2571$$

$$c = \frac{n \sum t^2 y - \sum t^2 \sum y}{n \sum t^4 - (\sum t^2)^2}$$

$$= \frac{6 \times 125\,550 - 70 \times 10622}{6 \times 1414 - 70^2} = 2.7232$$

抛物线趋势方程为

$$y_c = 1738.5625 + 121.2571t + 2.7232t^2$$

预测 2018 年的产量为

$$y_{2018} = 1738.5625 + 121.2571 \times 9 + 2.7232 \times 9^2 = 3050.46 \text{（吨）}$$

(2) 指数曲线方程为

$$y_c = ab^t$$

式中：a——时间数列的基期水平；

b——现象的发展速度；

t——时间序号。

进行指数曲线拟合时，一般是将指数方程通过取对数转化成直线方程，然后按直线方程办法确定出参数，再对直线方程求得的结果查反对数表还原。

先对上述方程两边各取对数，得

$$\lg y_c = \lg a + t \lg b$$

设 $Y = \lg y_c$ $A = \lg a$ $B = \lg b$

则

$$Y = A + Bt$$

应用最小平方法求得的联立方程组为

$$\begin{cases} \sum Y = nA + B \sum t \\ \sum tY = A \sum t + B \sum t^2 \end{cases}$$

同样设法使 $\sum t = 0$，则此联立方程组可简化为

$$\begin{cases} \sum Y = nA \\ \sum tY = B \sum t^2 \end{cases}$$

例如，某地区工业增加值资料如表 6-23 所示，要求拟合趋势方程，并预测 2018 年的

增加值。

表 6-23　某地区工业增加值计算表

年　份	增加值/千万元	环比增长速度/%	t	$Y=\lg y$	$t\lg y$	t^2	$\lg y_c$	y_c
2011	5.3	—	−5	0.7243	−3.6215	25	0.7269	5.3315
2012	7.2	36	−3	0.8573	−2.5719	9	0.8543	7.1500
2013	9.6	33	−1	0.9823	−0.9823	1	0.9818	9.5889
2014	12.9	34	1	1.1106	1.1106	1	1.1092	12.8197
2015	17.1	33	3	1.2330	3.6990	9	1.2367	17.2461
2016	23.2	36	5	1.3655	6.8275	25	1.3642	23.1313
合计	75.3	—	0	6.2730	4.4614	70	—	75.2675

由表 6-23 的资料可知

$$\sum Y = \sum \lg y = 6.2730$$
$$\sum tY = \sum t\lg y = 4.4614$$
$$\sum t^2 = 70$$

代入上述联立方程组，得

$$\begin{cases} 6.2730 = 6A \\ 4.4614 = 70B \end{cases}$$

解得

$$A = 1.0455$$
$$B = 0.06373$$

因为 $A = \lg a = 1.0455$　　所以 $a = 11.1045$
因为 $B = \lg b = 0.06373$　　所以 $b = 1.1581$

对数趋势直线方程式为

$$Y = \lg y_c = \lg a + t\lg b = 1.0455 + 0.06373t$$

指数曲线方程为

$$y_c = ab^t = 11.1045 \times (1.1581)^t$$

预测 2018 年的增加值如下：

$$y_{2018} = 11.1045 \times (1.1581)^9 = 41.6\,(千万元)$$

或

$$\lg y_{2018} = \lg a + t\lg b = 1.0455 + 0.06373 \times 9 = 1.61907$$

$$y_{2018} = 41.6\,(千万元)$$

第五节　季节变动的测定

一、季节变动分析的意义

季节变动(seasonal fluctuation)是指某些现象由于受自然因素和社会条件的影响,在一年之内表现出有规律的、周期性的变动。例如,商业活动中的"销售旺季"和"销售淡季",旅游业中的"旅游旺季"和"旅游淡季",客运量的变化、农副产品的收购及以农副产品为原料的加工工业的生产和销售等。这些现象在一年之中都存在明显的季节性变化。季节变动不仅是指一年中四季的变动,而是泛指所有有规律的、在一定周期(如年、季、月、周、日)内重复出现的变化。季节变动的原因通常与自然条件有关,同时也可能是由于生产条件、节假日、风俗习惯等社会经济因素所致。季节变动有时会给社会生产和人民生活造成某些不良影响。例如,在春耕时节,农民所需要的农业生产资料,若不能及时供应,就会影响生产的顺利进行;在农作物收获的季节,若缺少装运工具和适当的存放场地,会使农作物遭受额外的损失和浪费。因此,为了更好地组织生产和安排生活,就需要研究和掌握这些时节变动规律,以便预测未来,及时采取措施,克服其不良影响,提高经济效益和社会效益。

二、季节变动的测定方法

测定季节变动的方法按是否考虑长期趋势的影响分为两种:一种叫按月(季)平均法,另一种叫移动平均趋势剔除法。这两种方法都必须具备至少有 3 年按月(季)排列的资料,才能正确反映现象的季节变动情况。

(一)按月(季)平均法

按月(季)平均法是分析和测定季节变动最常用、最简便的方法。这种方法对原时间序列数据不剔除长期趋势因素,直接计算季节比率。季节比率可以按月计算,也可以按季计算。其计算步骤如下:

第一步,计算各年同月(季)的平均数。在不考虑长期趋势因素的情况下,这些平均数就消除了偶然因素的影响,只受季节因素的影响。

第二步,计算各年所有月(季)的总平均数。在不考虑长期趋势因素的情况下,这个平均数就消除了偶然因素和季节因素的影响。也就是说,如果没有任何因素的影响,各月(季)的发展水平都应当是这个水平。

第三步,计算季节比率(season ratios)。它是各年同月(季)的平均数与总平均数之比,反映季节因素对现象发展的影响方向和影响程度。

通过季节比率的计算，可以观察和分析某种社会经济现象季节变动的规律性。季节比率大于或小于100%，都说明存在季节变动；若大于100%的幅度比较大，则说明现象在该月(季)的发展处于高峰期或"旺季"，若小于100%的幅度比较大，则说明现象处于低谷期或"淡季"，等于100%则说明不受季节变动因素的影响。现举例说明，如表6-24所示。

表6-24　某地区旅游人数季节比率计算表　　　　　　　　　　单位：万人

年　份	第一季度	第二季度	第三季度	第四季度	合　计	季平均数
2014	32	40	61	28	161	40.25
2015	41	51	74	36	202	50.5
2016	57	65	93	57	272	68
合计	130	156	228	121	635	158.75
同季平均	43.33	52	76	40.33	211.66	52.915
季节比率%	81.88	98.27	143.63	76.22	400	100

预计2017年旅游人数为300万人，试预测各季度旅游人数。

其具体计算过程如下。

第一步，计算各年同季平均数。

$$\text{一季度平均数} = \frac{130}{3} = 43.33 \text{(万人)}$$

其他季度平均数以此类推。

第二步，计算所有年份总的季平均数。

$$\text{总的季平均数} = \frac{635}{12} = 52.915 \text{(万人)}$$

$$= \frac{211.66}{4} = 52.915 \text{(万人)}$$

$$= \frac{158.75}{3} = 52.915 \text{(万人)}$$

第三步，计算季节比率。

$$\text{一季度季节比率} = \frac{43.33}{52.915} = 81.88\%$$

其他季度季节比率以此类推。

若为月资料，12个月的季节比率之和应等于1200%；若为季资料，4个季度的季节比率之和应等于400%。如果不等，即是计算过程中的四舍五入造成的，应计算调整系数并加以调整。调整系数的计算公式为

$$\text{调整系数} = \frac{1200\%(\text{或}400\%)}{\sum \text{各月(季)实际季节比率}}$$

调整后的季节比率=各月(季)实际季节比率×调整系数

本例各季度季节比率之和刚好为 400%，故不需要调整。从表 6-24 中可以看出，该地区旅游人数受季节因素影响显著，三季度是旅游旺季，二季度次之，一、四季度为旅游淡季。

第四步，预测。预测方法有三种：其一，如果已测得下一年度全年预测值，则各月(季)预测值等于月(季)平均预测值乘以该月(季)的季节比率。其二，如果已知下一年度某个月(季)的实际数据，则以后各月(季)的预测值等于已知月(季)的实际数据乘以以后各月(季)的季节比率与已知月(季)季节比率之比。其三，如果上述两种资料均不能获得，则用上年各月(季)的平均值乘以各月(季)的季节比率，即得各月(季)的预测值。

本例应采用第一种预测方法。

依题意，2017 年平均每季旅游人数为 300÷4 = 75 (万人)

根据季节比率，其各季旅游人数如下。

一季度：75×81.88% = 61.41 (万人)

二季度：75×98.27% = 73.70 (万人)

三季度：75×143.63% = 107.72 (万人)

四季度：75×76.22% = 57.17 (万人)

按月(季)平均法计算季节比率，简便易行，容易掌握。但时间序列中存在明显的长期趋势影响时，季节比率的计算就不够准确。因此，应先剔除长期趋势的影响，再计算季节比率。

(二)移动平均趋势剔除法

如果 3 年或更多年份的资料表明：现象不仅有明显的季节变动，而且还有逐年显著增长或显著减少的趋势，则需用趋势剔除法来测定现象的季节变动。趋势剔除法的一般操作步骤如下。

第一步，计算移动平均数，剔除偶然因素的影响，求出现象发展的趋势值 y_c。如果是月份资料，采用 12 项移动平均；如果是季度资料，采用 4 项移动平均。由于是偶数项移动平均，趋势值需分两步求得。

第二步，用时间序列中各月(季)的实际值 y 与其相对应的趋势值 y_c 对比，计算 $\dfrac{y}{y_c}$ 的百分比数值，剔除长期趋势的影响。

第三步，把 $\dfrac{y}{y_c}$ 的百分比数值按月(季)排列，计算出各年同月(季)的平均数。这个平均数就是各月(季)的季节比率。

第四步，加总各月(季)的季节比率，其总和应为 1200%(400%)。如果不等，则需计算调整系数，并用调整系数对各月(季)的季节比率进行调整。这样求得的季节比率就是一个剔除了长期趋势影响后的季节比率。

例如，某地区 2014—2016 年各季的空调销售量资料如表 6-25 所示，用移动平均趋势剔除法测定其季节比率。

表 6-25 空调销售量

年 份	季 度	销售量 y/万台	4 项移动平均数 y_c/万台	y/y_c/%
2014	1	1.4	—	—
	2	4.0	—	—
	3	9.0	3.8750	232.26
	4	1.0	4.1625	24.02
2015	1	1.6	4.5750	34.97
	2	6.1	4.7750	127.75
	3	10.2	4.8500	210.31
	4	1.4	4.9875	28.07
2016	1	1.8	5.3625	33.57
	2	7.0	5.6375	124.17
	3	12.3	—	—
	4	1.5	—	—

首先，根据空调的销售资料，进行 4 项移动平均(表中为二次移正平均以后的数据)，并计算 $\dfrac{y}{y_c}$，剔除长期趋势的影响，见表 6-25。其次，将表 6-25 中的 $\dfrac{y}{y_c}$ 排列成表 6-26，并计算出同季平均数。

因为各季度的"同季平均"之和为 407.57%，而不是 400%，所以应进行调整。

$$\text{调整系数} = \frac{400\%}{407.57\%} = 0.9814$$

用 0.9814 分别乘以各季的"同季平均"，即得到所求的季节比率，见表 6-26 中的最后一行。其意义是：由于季节因素的影响，使实际销售量是趋势值(正常销售量)的百分比。

表 6-26 季节比率计算表

年 份	第一季度	第二季度	第三季度	第四季度	合 计
2014	—	—	232.26	24.02	—
2015	34.97	127.75	210.31	28.07	—
2016	33.57	124.17	—	—	—
同季平均/%	34.27	125.96	221.29	26.05	407.57
季节比率/%	33.63	123.62	217.18	25.57	400.00

案例 6-1

我国国民经济和社会发展统计公报摘选

2010年，全年国内生产总值397 983亿元，比上年增长10.3%。其中，第一产业增加值40 497亿元，增长4.3%；第二产业增加值186 481亿元，增长12.2%；第三产业增加值171 005亿元，增长9.5%。第一产业增加值占国内生产总值的比重为10.2%，第二产业增加值比重为46.8%，第三产业增加值比重为43.0%。

2011年，全年国内生产总值471 564亿元，比上年增长9.2%。其中，第一产业增加值47 712亿元，增长4.5%；第二产业增加值220 592亿元，增长10.6%；第三产业增加值203 260亿元，增长8.9%。第一产业增加值占国内生产总值的比重为10.1%，第二产业增加值占国内生产总值比重为46.8%，第三产业增加值占国内生产总值比重为43.1%。

2012年，全年国内生产总值为519 322亿元，比上年增长7.8%。其中，第一产业增加值52 377亿元，增长4.5%；第二产业增加值235 319亿元，增长8.1%；第三产业增加值231 626亿元，增长8.1%。第一产业增加值占国内生产总值的比重为10.1%，第二产业增加值占国内生产总值比重为45.3%，第三产业增加值占国内生产总值比重为44.6%。

2013年，全年国内生产总值为568 845亿元，比上年增长7.7%。其中，第一产业增加值56 957亿元，增长4.0%；第二产业增加值249 684亿元，增长7.8%；第三产业增加值262 204亿元，增长8.3%。第一产业增加值占国内生产总值的比重为10.0%，第二产业增加值占国内生产总值比重为43.9%，第三产业增加值占国内生产总值比重为46.1%，第三产业增加值占比首次超过第二产业。

2014年，全年国内生产总值636 463亿元，比上年增长7.4%。其中，第一产业增加值58 332亿元，增长4.1%；第二产业增加值271 392亿元，增长7.3%；第三产业增加值306 739亿元，增长8.1%。第一产业增加值占国内生产总值的比重为9.2%，第二产业增加值占国内生产总值比重为42.6%，第三产业增加值占国内生产总值比重为48.2%。

2015年，全年国内生产总值676 708亿元，比上年增长6.9%。其中，第一产业增加值60 863亿元，增长3.9%；第二产业增加值274 278亿元，增长6.0%；第三产业增加值341 567亿元，增长8.3%。第一产业增加值占国内生产总值的比重为9.0%，第二产业增加值占国内生产总值比重为40.5%，第三产业增加值占国内生产总值比重为50.5%，首次突破50%。

我们可以从国家统计局公布的2010—2015年中华人民共和国国民经济和社会发展统计公报的部分资料看出，这几年我国国民经济保持了良好的、快速的增长趋势。

(资料来源：国家统计局网站，http://www.stats.gov.cn/tjzd/)

要求：

(1) 根据案例编制时间数列，并说明它们属于时间数列的哪一种？有什么特点？

(2) 根据编制的时间数列计算水平分析指标和速度分析指标。

案例 6-2

某啤酒企业销售预测

一、选题

啤酒的生产和销售所需要的时间相对较短，库存量较低。原因是啤酒在短期内可能会变质，而且库存费用和生产费用相对也比较高。要减少库存量，又要保持较强的市场竞争能力，就需要对生产和需求量的变化做出迅速反应。这就要求对需求量做出科学的预测，以作为制订下一年度生产计划的依据。现选择某啤酒生产企业近 5 年的啤酒销售量资料，并对第 6 年销售量进行趋势预测和季节预测，为正确制订第 6 年的生产经营计划提供依据。

二、资料搜集整理

1. 该厂啤酒近 5 年分品种销售量，如表 6-27 所示。

表 6-27　分品种啤酒销售量　　　　　　　　　　　　　　　　单位：吨

年　序	瓶装啤酒	散装啤酒	散装扎啤	合　计
1	86	102	—	188
2	182	164	—	346
3	293	205	20	518
4	409	236	40	685
5	517	284	55	856

2. 该厂近 5 年啤酒分月销售量，如表 6-28 所示。

表 6-28　啤酒分月销售量　　　　　　　　　　　　　　　　单位：吨

月　份	第 1 年	第 2 年	第 3 年	第 4 年	第 5 年
1	18	20	27	40	48
2	10	12	18	30	36
3	4	5	10	18	23
4	4	6	9	15	30
5	11	25	40	45	78
6	15	30	55	80	97
7	18	42	90	114	125
8	12	21	25	40	47

续表

月　份	第1年	第2年	第3年	第4年	第5年
9	10	15	17	35	45
10	25	40	75	90	103
11	30	72	80	105	128
12	31	58	72	73	96

三、分析过程

1. 分析啤酒销售量发展趋势并预测第6年销售量，如表6-29所示。

表6-29　啤酒销售量　　　　　　　　　　　　　　　　　　单位：吨

项　目	第1年	第2年	第3年	第4年	第5年
啤酒销售量	188	346	518	685	856
逐期增长量	—	158	172	167	171

从表6-29中可以看出，啤酒销售逐期增长量大体相同，属直线型发展趋势，可配合直线方程式进行趋势预测。整理列表的资料如表6-30所示。

表6-30　啤酒销售计算表　　　　　　　　　　　　　　　　单位：吨

年　序	x	y	x^2	xy
1	−2	188	4	−376
2	−1	346	1	−346
3	0	518	0	0
4	1	685	1	685
5	2	856	4	1712
合　计	0	2593	10	1675

设直线方程为

$$y_c = a + bx$$

$$a = \frac{\sum y}{n} = \frac{2593}{5} = 518.6$$

$$b = \frac{\sum xy}{\sum x^2} = \frac{1675}{10} = 167.5$$

$$y_c = 518.6 + 167.5x$$

第6年 $x = 3$，其预测值为

$$y_c = 518.6 + 167.5 \times 3 = 1021.1 (吨)$$

第6年啤酒销售量预测值为1021.1吨。

2. 分析品种构成，以便预测各种啤酒销售量，如表6-31所示。

表6-31 啤酒品种构成表

年 序	瓶装啤酒		散装啤酒		散装扎啤		合 计	
	数量/吨	比重/%	数量/吨	比重/%	数量/吨	比重/%	数量/吨	比重/%
1	86	45.7	102	54.3	—	—	188	100.0
2	182	52.6	164	47.4	—	—	346	100.0
3	293	56.6	205	39.5	20	3.9	518	100.0
4	409	59.7	236	34.5	40	5.8	685	100.0
5	517	60.4	284	33.2	55	6.4	856	100.0

从表6-31中可以看出，瓶装啤酒和散装扎啤比重逐渐增大，散装啤酒比重逐渐缩小，这与销售地区远近和运输条件有关。但第4年和第5年的构成比重趋于稳定，可以按第5年的构成比重预测第6年的分品种销售量。

前面已预测出第6年啤酒销售量为1021.1吨，结合表6-31中第5年各种啤酒构成比重，可预计第6年分品种销售量：瓶装啤酒为617吨，散装啤酒为339吨，散装扎啤为65吨。

3. 分析啤酒销售季节比率，以便进行季节预测，如表6-32所示。

表6-32 啤酒销售季节比率计算表

月 份	年 序					相同月平均数/t	季节比率/%	调整后季节比率/%	季节预测值/吨
	1	2	3	4	5				
1	18	20	27	40	48	30.6	70.83	70.80	60
2	10	12	18	30	36	21.2	49.07	49.05	42
3	4	5	10	18	23	12.0	27.78	27.77	24
4	4	6	9	15	30	12.8	29.63	29.62	26
5	11	25	40	45	78	39.8	92.13	92.10	78
6	15	30	55	80	97	55.4	128.24	128.19	109
7	18	42	90	114	125	77.8	180.09	180.02	153
8	12	21	25	40	47	29.0	67.13	67.11	57
9	10	15	17	35	45	24.4	56.48	56.46	48
10	25	40	75	90	103	66.6	154.17	154.11	131
11	30	72	80	105	128	83.0	192.13	192.05	163
12	31	58	72	73	96	66.0	152.78	152.72	130
合计	188	346	518	685	856	518.6	1200.46	1200	1021
平均	15.7	28.8	43.2	57.1	71.3	43.2	100.04	100	85

为了使各个生产环节和各个部门的工作密切配合,按照季节规律搞好生产和经营,进一步提高经济效益,可计算啤酒销售季节比率,并对第6年啤酒销售量进行季节预测(见表6-32)。

(资料来源:张晓庆. 统计学[M]. 北京:科学出版社,2007.)

思考与练习

一、单项选择题

1. 时间数列一般由两个基本要素构成,它们是( )。
   ① 变量和次数　　　　　　② 主词和宾词
   ③ 时间和次数　　　　　　④ 时间和指标数值

2. 具有可加性的时间数列是( )。
   ① 相对数时间数列　　　　② 时期数列
   ③ 平均数时间数列　　　　④ 时点数列

3. 对时间数列进行分析的基础指标是( )。
   ① 发展速度　　② 发展水平　　③ 增长速度　　④ 增长量

4. 时间数列中的发展水平只能是( )。
   ① 总量指标　　② 相对指标　　③ 平均指标　　④ 以上三种指标

5. 某单位某年1月份平均职工人数200人,2月份平均职工人数240人,3月份平均职工人数230人,4月份平均职工人数220人,则该单位第一季度平均职工人数的算式为( )。

   ① $\dfrac{200+240+230}{3}$　　　　② $\dfrac{200+240+230+220}{4}$

   ③ $\dfrac{\frac{1}{2}\times 200+240+230+\frac{1}{2}\times 220}{4-1}$　　　　④ $\dfrac{\frac{1}{2}\times 200+240+240+\frac{1}{2}\times 230}{4-1}$

6. 平均增长量的计算公式是( )。

   ① $\dfrac{累计增长量}{逐期增长量个数-1}$　　　　② $\dfrac{累计增长量}{时间数列项数-1}$

   ③ $\dfrac{累计增长量}{时间数列项数}$　　　　④ $\dfrac{累计增长量之和}{时间数列项数}$

7. 由两个时点数列相应项对比所形成的相对数时间数列,计算序时平均数的公式是( )。

   ① $\bar{c}=\dfrac{\sum bc}{\sum b}$　　　　② $\bar{c}=\dfrac{\sum a}{\sum \dfrac{a}{c}}$

③ $\bar{c} = \dfrac{\frac{1}{2}a_1 + a_2 + \cdots + \frac{1}{2}a_n}{\frac{1}{2}b_1 + b_2 + \cdots + \frac{1}{2}b_n}$ ④ $\bar{c} = \dfrac{\sum a}{\sum b}$

8. 在下列动态分析指标中，不取负值的指标是(　　)。
   ① 增长量　　② 发展速度　　③ 平均增长量　　④ 平均增长速度

9. 如果某商店销售额的逐期增长量每年都相等，则其各年的环比增长速度(　　)。
   ① 年年增长　　② 年年下降　　③ 年年不变　　④ 无法确定

10. 某工业企业的增加值，2015年比2014年减少了5%，而2016年则比2015年增加了5%，所以2016年与2014年相比，该企业的增加值(　　)。
    ① 没有变化　　② 有所增加　　③ 有所减少　　④ 无法判断

11. 某地区粮食产量的环比发展速度，2013年为125%，2014年为108%，2016年为112%。又知2016年的定基发展速度为145%，则2015年的环比发展速度为(　　)。
    ① 104.3%　　② 151.2%　　③ 98.4%　　④ 95.9%

12. 某工业企业增加值2015年比2014年增长了5%，2016年比2015年增长了20%，因此该工业企业的增加值平均每年增长(　　)。
    ① 12.5%　　② 112.25%　　③ 12.25%　　④ 10%

二、多项选择题

1. 为保证时间数列中各指标数值的可比性，在编制时间数列时，应注意以下几点：(　　)。
   ① 时间长短应该一致　　　　② 总体范围必须一致
   ③ 计算口径应该一致　　　　④ 经济内容必须一致
   ⑤ 指标数值的变化幅度应该一致

2. 时期数列的特点有(　　)。
   ① 数列中各指标数值可以相加
   ② 数列中各指标数值不能相加
   ③ 数列中各指标数值的大小与时期长短有直接联系
   ④ 数列中各指标数值是连续登记而得到的
   ⑤ 数列中各指标数值与其间隔成正比关系

3. 下列属于时点数列的是(　　)。
   ① 历年石油产量　　② 历年商品库存量　　③ 历年人口出生数
   ④ 历年工资额　　⑤ 历年年末人口数

4. 定基增长速度等于(　　)。
   ① 环比增长速度的连乘积　　　　② 累计增长量除以固定基期水平
   ③ 环比发展速度连乘积减1　　　　④ 定基发展速度减100%

⑤ 逐期增长量之和除以固定基期水平

5. 下列动态指标中，可以取负值的指标是( )。
   ① 增长量　　　　② 发展速度　　　　③ 增长速度
   ④ 平均发展速度　　⑤ 平均增长速度

6. 已知报告期水平较基期水平翻了两番，则( )。
   ① 现象发展的总速度等于 4　　② 报告期水平比基期水平增长了 300%
   ③ 报告期水平比基期水平增加 75%　　④ 基期水平仅为报告期水平的 25%
   ⑤ 基期水平与报告期水平之比为 1 : 3

7. 时间数列中的发展水平具体包括( )。
   ① 增长量　　　　② 中间水平　　　　③ 平均发展水平
   ④ 期初水平和期末水平　　⑤ 报告期水平和基期水平

8. 若无季节变动，则各季的季节变动比率为( )。
   ① 0　　② 1　　③ 100%　　④ 小于 100%　　⑤ 大于 100%

三、填空题

1. 按照(　　)进行排列所形成的数列，叫作时间数列，又叫(　　)。
2. 在时间数列中(　　)时间数列是由绝对数时间数列派生出来的。
3. 掌握间隔相等的间断时点资料，可采用(　　)计算序时平均数。
4. 由于采用的基期不同，增长量可分为(　　)和(　　)。
5. 同一时间数列各逐期增长量之和等于(　　)；两个相邻时期的累计增长量之差等于(　　)。
6. 各个环比发展速度的连乘积等于(　　)；两个相邻时期的定基发展速度对比等于(　　)。
7. 某地区某农产品产量 2015 年较 2010 年增长 15%，2014 年较 2010 年增长 12%，则该地区农产量 2015 年较 2014 年增长(　　)。
8. 某商场销售额 2011—2013 年的年平均发展速度为 103.2%，2014—2015 年的年平均增长速度为 5.4%，则该商场 2011—2015 年间销售额的平均增长速度为(　　)。
9. 某地区 2015 年人口为 200 万人，而 2011 年为 190.68 万人，则这几年人口自然增长率为(　　)。
10. 某工业企业职工人数，2014 年年末比 2013 年年末减少了 12%，2015 年年末又比 2014 年年末减少了 8%，那么，2015 年年末与 2013 年年末相比，该工业企业职工人数减少了(　　)%，平均每年递减(　　)%。

四、判断题

1. 编制时间数列时，各指标的经济内容可不一致。　　　　　　　　　　( )
2. 时期数列中每个指标数值的大小和它所对应时期的长短有直接关系。　　( )

3. 时点数列中，各个时点的指标值可以相加。（   ）
4. 若各期的增长量相等，则各期的增长速度也相等。（   ）
5. 环比增长速度也可以表示为逐期增长量与基期水平之比。（   ）
6. 各期发展水平之和与最初水平之比，等于现象发展的总速度。（   ）
7. 相邻两项的累计增长量之差等于相应的逐期增长量。（   ）
8. 环比增长速度的连乘积等于定基增长速度。（   ）
9. 用移动平均法和最小平方法计算而得的长期趋势线完全一致。（   ）
10. 根据最小平方法建立直线方程后，可以精确地外推任意一年的趋势值。（   ）

五、简答题

1. 什么是时间数列？编制时间数列的原则是什么？
2. 时期数列与时点数列各有哪些特点？
3. 序时平均数与一般平均数有何异同？
4. 什么叫逐期增长量和累计增长量？二者有什么换算关系？
5. 什么叫定基发展速度和环比发展速度？二者有什么换算关系？
6. 计算平均发展速度的累计法与水平法分别在什么情况下具体运用？

六、计算题

1. 某工厂工人人数资料如表 6-33 所示。

表 6-33　某工厂工人人数资料

起止日期	1月1日—1月19日	1月20日—1月29日	1月30日—2月3日	2月4日—2月25日	2月26日—3月31日
工人数(人)	1256	1264	1275	1270	1281

试根据上述资料计算该厂第一季度平均工人数。

2. 某企业 2016 年上半年职工人数资料如表 6-34 所示。

表 6-34　某企业 2016 年上半年职工人数资料

日期	1月1日	2月1日	3月1日	4月1日	5月1日	6月1日	7月1日
职工人数/人	400	405	406	408	410	412	416

试根据上述资料计算该厂第一、第二季度和上半年平均职工人数。

3. 某工厂一车间有关资料如表 6-35 所示。

表 6-35　某工厂一车间有关资料

日期	1月1日	3月1日	4月1日	10月1日	12月末
职工人数/人	46	42	47	44	48

试根据上述资料计算该工厂一车间全年平均职工人数。

4. 某建筑工地水泥库存量资料如表 6-36 所示。

表 6-36　某建筑工地水泥库存量资料

日期	1月1日	2月1日	3月1日	4月1日	6月1日	7月1日	10月1日	11月1日	次年1月1日
水泥库存量/吨	8.14	7.83	7.25	8.28	10.12	9.76	9.82	10.04	9.56

试计算该工地各季度及全年的平均水泥库存量。

5. 某工业企业 2016 年各季度的计划产值和产值计划完成程度资料如表 6-37 所示。

表 6-37　某工业企业 2016 年各季度的计划产值和产值计划完成程度资料

日期	第一季度	第二季度	第三季度	第四季度
计划产值/万元	800	840	860	900
产值计划完成/%	105	102	106	110

试计算该企业 2016 年产值计划平均完成程度。

6. 某企业第一季度各月月初全部职工人数、生产工人数以及生产工人占全部职工人数的比重如表 6-38 所示。

表 6-38　某企业相关资料

日期	1月1日	2月1日	3月1日	4月1日
生产工人数/人	1884	1896	1980	2052
全部职工人数/人	2512	2528	2540	2562
生产工人占全部职工人数比重/%	75	75	78	80

试根据上述资料计算第一季度生产工人占全部职工人数的比重。

7. 某商店 2016 年上半年的零售额及商品库存额的资料如表 6-39 所示。

表 6-39　某商店相关资料　　　　　　　　　　单位：万元

月份	1月	2月	3月	4月	5月	6月	7月
零售额	22.0	21.5	22.4	23.2	24.6	25.0	24.0
月初库存额	12.0	11.2	12.5	13.0	13.4	14.0	14.8

试计算该商店上半年平均每月的商品流转次数及上半年商品流转次数。

8. 根据某厂"十二五"期间工业增加值资料，计算各种动态分析指标，填入表 6-40 的相应空格里。

表 6-40 某厂相应表格

年份		2011	2012	2013	2014	2015
工业增加值/万元		880	890	1020	1120	1250
增长量/万元	逐期					
	累计					
发展速度/%	环比					
	定基					
增长速度/%	环比					
	定基					
增长 1%的绝对值/万元						
平均发展速度/%						
平均增长速度/%						

注：2010 年工业增加值为 850 万元。

9. 根据表 6-41 中已有的数字资料，运用动态分析指标的相互关系，确定各年的发展水平及环比动态分析指标。

表 6-41 数字资料

年份	2012	2013	2014	2015
工业增加值/万元	400			
逐期增长量/万元	—	40		
环比发展速度/%	—		112.5	
环比增长速度/%				14.0

10. 某工业企业 2011—2015 年工业增加值的增长量资料如表 6-42 所示。

表 6-42 某工业企业 2011—2015 年工业增加值的增长量资料

年份	2011	2012	2013	2014	2015
逐期增长量/万元		28		35	
累计增长量/万元(2010 年为基础)	22			110	140

试计算表中所缺数字，并计算该工业企业 2011—2015 年工业增加值的年平均增长量。

11. 已知某市 2015 年年末人数为 188 万人，若在 2020 年年末争取将该市人口控制在 200 万人以内，应把人口自然增长率控制在什么水平上？若从 2016 年起，人口自然增长率为 11‰，则到 2020 年年末该市人口数将达到多少？

12. 2015 年甲省工业总产值为 230 亿元，乙省工业总产值为 920 亿元，如果今后甲省工业总产值年递增 10%，乙省工业总产值年递增 4%，问需要多少年时间这两省的工业总产值大体相等？到那时两省的工业总产值分别达到多少亿元？

13. 某化工厂纯碱产量资料如表 6-43 所示。

表 6-43　某化工厂纯碱产量资料

年份	2010	2011	2012	2013	2014	2015	2016
产量/万吨	2.4	2.3	2.6	2.8	3.0	3.2	3.1

试用最小平方法建立直线趋势方程，并预测该厂 2018 年的产量。

要求：(1) 以 2009 年为原点。

(2) 以 2013 年为原点。

14. 某企业连续四年的商品销售量资料如表 6-44 所示。

表 6-44　某企业连续四年的商品销售量资料

年份	季度			
	1	2	3	4
2013	2	8	4	1
2014	1	11	4	2
2015	2	14	3	2
2016	3	15	5	3

要求：(1) 用季平均法计算该商品销售量的季节比率。

(2) 用移动平均趋势剔除法计算季节比率。

第七章

统计指数分析

本章导读：本章主要介绍统计指数的含义、作用、分类及其编制与分析方法。通过本章的学习，要求掌握统计指数的基本编制方法及应用；重点掌握综合指数和平均数指数的编制以及运用指数体系进行因素分析。

第一节 统计指数的概念及种类

一、统计指数的概念

指数(index number)产生于17世纪末。最早计算的指数是个体物价指数，即对于一种商品，用现行市价与基期价格对比，反映价格变动的方向和程度。随着社会经济的发展，指数的概念、指数的运用以及指数的理论都在不断发展、不断完善。指数的研究已从动态发展到静态，即推广应用于反映不同空间的对比和实际与计划的对比。

统计指数的概念有广义和狭义之分。从广义上来说，凡是说明同类现象数量变动情况的相对数都可以称为统计指数。它包括简单现象数量变动的相对数和复杂现象数量变动的相对数。简单现象的数量指的是有共同的计量单位，其标志值可以直接加总计算的数量，如某一产品的价格、产量、成本等。复杂现象的数量指的是没有共同的计量单位，其标志值不能直接加总计算的数量，如某企业所有不同产品的价格、产量、成本等。根据统计指数广义的概念，前面讲过的动态、比较、计划完成相对数，都可以称为统计指数。对于综合反映不能直接加总计算的多种事物复杂现象数量变动情况的相对数，则称为狭义的统计指数。我们研究的主要是狭义的指数。

统计指数是一种特殊的相对数，它既有相对数和相对数运算的一般特征，也具有其独立的特征。这些特征具体如下。

(1) 同质性。统计指数对比的现象数量应该是同类的，具有某一相同的主要特征。

(2) 相对性。统计指数的同类现象在时空变化上的对比，表现现象变化的相对程度常用比率表示。

(3) 代表性。统计指数作为综合反映多种事物的复杂现象数量的变动也是有限的，不可能包罗万象、一统所有，只能是选择有代表性的事物，借以反映现象的总体变动。

(4) 综合性。统计指数是研究复杂现象的数量的总变动，这就需要有综合。

(5) 界定性。统计指数分析不但可以进行定性分析，明确判断总量变动的方向和受什么因素影响，还可以进行定量分析，测定总变动的幅度和各因素影响的程度。这种对变动要素的性质和数量进行的界定是其具有的分析优势。

二、统计指数的作用

统计指数主要具有以下五项作用。

(1) 综合反映复杂的、不能直接加总的社会经济现象总的变动方向和变动程度。统计指数可用于多种商品的价格总变动，由于这些商品的使用价值不同、计量单位不同，不能直接相加，就需要借助于指数。指数一般用百分数表示，这个百分数大于或小于100%，表示升降变动的程度。

(2) 用于分析复杂现象总变动中各个因素变动的方向和程度。只要某种经济现象总体可分解为两个或两个以上因素，就可以根据它们之间的经济联系，用指数分析法分析各个因素变动对现象总体变动影响的方向和程度。例如，产品总成本的变动取决于产品数量和单位产品成本两个因素的共同变动的影响，通过指数分析法，我们可以研究各个因素对产品成本的影响方向和影响程度。

(3) 研究社会经济现象在较长时间内的变动趋势。利用动态指数数列，可以进行长时间的单个现象发展趋势分析。通过对相互联系指标的指数数列的比较分析，还可以研究社会经济现象在较长时间内的相关变动趋势。例如，工农业产品的综合比价指数数列，就是从农产品收购价格指数和工业品零售价格指数两个指数数列的联系中进行比较分析的。

(4) 分析现象总体平均指标变动中各个因素的影响方向和程度。例如，单位职工平均工资受各类职工工资水平变动和各类职工人数结构变动的共同影响，用指数法可以分析测定以上两个因素对总平均工资变动的影响方向和影响程度。

(5) 可以用来分析计划完成情况和进行现象间的空间对比。例如，某种现象的实际水平与计划目标对比的结果，可以反映计划的执行情况；不同国家、地区、部门、企业的同类现象水平进行比较，可以反映现象在空间上的差异程度。

三、统计指数的种类

社会经济统计中的指数，根据着眼点的不同，可以分为不同的种类。

(1) 统计指数按研究对象的范围不同，可分为个体指数和总指数。个体指数(single index number)是指反映个体经济现象动态的相对数。例如，个体物价指数是反映一种商品价格变动的相对数；个体产量指数是反映一种产品产量变动的相对数。总指数(combined index)是指综合反映不能直接相加的复杂现象总变动的相对数。例如，价格总指数是综合反映多种商品价格变动的相对数；产量总指数是综合反映多种产品产量变动的相对数。

类指数是介于个体指数和总指数之间的一种指数，是在分组的基础上计算的一种总指数,它所包含的范围与总指数不同,但在性质和计算方法上与总指数并无区别。

个体指数与总指数是相互联系的,个体指数是计算和分析总指数、类指数的基础。

(2) 统计指数按指数化指标的性质不同,可分为数量指标指数和质量指标指数。数量指标指数(quantity index number)是指指数化指标是数量指标的指数,如工业产品生产量指数、商品销售量指数等。质量指标指数(quality index number)是指指数化指标是质量指标的指数,如产品成本指数、商品价格指数、劳动生产率指数等。

(3) 统计指数按编制指数所采用的基期不同,可分为定基指数和环比指数。定基指数(constant index number)是指在指数数列中,各个指数都是采用同一固定时期为基期计算的指数。环比指数(chain index number)是指在指数数列中,各个指数都是以前一期为基期进行计算的指数。定基指数和环比指数分别说明社会经济现象在长时间内总变动情况和逐期变动情况。

(4) 统计指数按所表现的形式不同,可分为综合指数(aggregative index number)、平均数指数(average index number)和平均指标对比指数(average indicator comparison index)。统计指数中的总指数有两种计算形式:综合指数和平均数指数。综合指数是指通过两个有联系的总量指标的对比所产生的指数,它是总指数的基本形式。平均数指数是指对个体指数进行平均运算所产生的指数,又进一步分为加权算术平均数指数和加权调和平均数指数。平均指标对比指数是指通过两个有联系的加权算术平均数对比所产生的指数。

此外,统计指数还可以做其他分类。例如,按指数所反映的社会经济现象的状态不同,可分为动态指数、检查计划指数和类比指数等。

第二节 综合指数的编制

综合指数是总指数的一种形式。它是通过两个总量指标对比形成的指数。凡是一个总量指标可以分解为两个或两个以上的因素指标时,只要其中一个或一个以上的因素指标固定下来,仅观察其中一个指标的变动程度,这样的总指数叫综合指数。

综合指数可分为数量指标指数和质量指标指数,两种指数在计算原理上是一致的,但在具体编制方法上是有区别的。

一、数量指标综合指数的编制方法

当编制的综合指数的指数化指标是数量指标时,这就是数量指标综合指数。常见的有商品销售量指数、工业产品产量指数和农副产品生产量指数等。

现以表 7-1 的资料为例,说明数量指标指数的编制方法。有关符号说明如下:

K ——个体指数;

$\bar{K}$ ——总指数;

P_0——基期价格；
P_1——报告期价格；
q_0——基期销售量；
q_1——报告期销售量。

表 7-1 某商店三种商品销售量和销售价格资料表

商品名称	计量单位	商品价格/元		商品销售量		商品销售额/元			
		基期 P_0	报告期 P_1	基期 q_0	报告期 q_1	P_1q_1	P_0q_0	P_1q_0	P_0q_1
甲	件	50	45	4000	3800	171 000	200 000	180 000	190 000
乙	台	100	120	550	600	72 000	55 000	66 000	60 000
丙	千克	15	10	2500	3000	30 000	37 500	25 000	45 000
合计	—	—	—	—	—	273 000	292 500	271 000	295 000

首先计算每种商品销售量个体指数，说明各种商品销售量的变化。其计算过程如下：

$$K_{q甲} = \frac{q_1}{q_0} = \frac{3800}{4000} \times 100\% = 95\%$$

$$K_{q乙} = \frac{q_1}{q_0} = \frac{600}{550} \times 100\% = 109.1\%$$

$$K_{q丙} = \frac{q_1}{q_0} = \frac{3000}{2500} \times 100\% = 120\%$$

计算结果表明，甲商品销售量报告期为基期的 95%，即下降了 5%；乙商品销售量报告期为基期的 109.1%，即增长了 9.1%；丙商品销售量报告期为基期的 120%，即增长了 20%。

以上的个体指数，只是反映了每一种商品销售量的变化，却没有反映这个商店三种商品销售量总的变动情况。如果要反映这三种商品销售量总的变动情况就需要计算三种商品销售量总指数。

我们知道，三种商品的计量单位不同，使用价值也不同，它们的销售量不能直接相加对比。这些不能直接相加的现象称为不同度量现象。必须把它们转化为同度量才能进行综合对比。为此，就要找一个中间媒介，使不能直接相加的实物量转化为可以直接相加的量，我们把这种媒介因素称为同度量因素。

同度量因素是指在编制综合指数时，把不能直接相加、对比的现象转化为能同度量的过程中起媒介过度作用的因素。同度量因素在综合指数中不但起同度量作用，同时也起到权数的作用，因此同度量因素也称权数。综合指数实际上是一种加权指数。在编制综合指数时，关键的问题就是选择什么样的因素，以及把同度量因素固定在什么时期。在编制某一指数时，选用哪些指标为同度量因素的原则如下：

(1) 社会经济现象的内在联系。某一经济现象的总量与其构成总量的各因素间若有一个确定性的关系，它们之间就构成了一个经济关系式。例如：

商品销售额=商品销售价格×商品销售量

产品总成本=产品单位成本×产品产量

粮食总产量=单位面积产量×播种面积

我们可归结为

经济总量=质量指标数值×数量指标数值

这些经济总量所分解的因素可以分成质量指标和数量指标两大类。在复杂的社会现象中，它们都不能同度量，只有经济总量才可以加总计算。因此，以质量指标或数量指标作为指数化指标时，都得相应地选择另一指标作为同度量因素才能加以综合。这就是在编制质量指标综合指数时，应选择相应的数量指标作为同度量因素。例如，在编制商品销售价格、产品单位成本的综合指数时，应分别选择各自对应的商品销售量、产品产量为同度量因素；在编制数量指标综合指数时，应选择其相应的质量指标作为同度量因素；编制商品销售量、产品产量的综合指数时，应选择各自对应的商品销售价格、产品单位成本作为同度量因素。

(2) 统计指数计算包括的范围。编制统计指数应注意其计算范围，不同的统计指数，其计算要求的同度量因素也不相同，但它们包括的范围应完全一致。例如，编制商品价格指数其计算范围有采购价格、批发价格、零售价格等的不同，其选用的同度量因素商品数量的范围也有采购数量、批发数量、零售数量的不同。因此，应选择与指数包括范围一致的同度量因素，以保证计算口径范围的一致。

同度量因素指标确定后，解决了可以综合的问题，过渡后的总量可以对比，但其对比的结果表现了众多因素变动的影响。既包括了质量指标因素变动的影响，也包括了数量指标因素变动的影响。为了突出某一因素，即指数化指标的变动影响，就要把相应的同度量因素固定下来。这样就需要对同度量因素的时期进行确定。

同度量因素时期的确定，在统计指数发展过程中德国经济学家派许(Passche)和拉斯贝尔(Laspeyre)两位学者提出了不同的方法。

在上例中，商品销售额=商品价格×商品销售量。其中商品销售量是不同度量现象，商品销售额是同度量现象，商品价格是商品销售量的同度量因素。反过来，商品销售量又是商品价格的同度量因素。找到同度量因素后将其固定下来，才能反映另一因素(指数化指标)的变动情况。

这样可得到如下两个公式。

$$\bar{K}_q = \frac{\sum q_1 p_0}{\sum q_0 p_0} \tag{7-1}$$

$$\bar{K}_q = \frac{\sum q_1 p_1}{\sum q_0 p_1} \tag{7-2}$$

在式(7-1)中，同度量因素固定为基期质量指标(拉氏指数)。按本例资料计算如下：

$$\bar{K}_q = \frac{\sum q_1 p_0}{\sum q_0 p_0} = \frac{295\,000}{292\,500} \times 100\% = 100.85\%$$

$$\sum q_1 p_0 - \sum p_0 q_0 = 295\,000 - 292\,500 = 2500(元)$$

计算结果表明，三种商品销售量指数为 100.85%，报告期比基期增长了 0.85%，由于三种商品销售量的增长，使商品销售收入增加 2500 元。

在式(7-2)中，同度量因素固定为报告期质量指标(派氏指数)，计算公式如下：

$$\bar{K}_q = \frac{\sum q_1 p_1}{\sum q_0 p_1} = \frac{273\,000}{271\,000} \times 100\% = 100.74\%$$

$$\sum q_1 p_1 - \sum q_0 p_1 = 273\,000 - 271\,000 = 2000(元)$$

计算结果表明，三种商品销售量指数为 100.74%，商品销售量增长了 0.74%，由于三种商品销售量的增长，使商品销售额增加 2000 元。

同一例中，用两个公式计算结果却不相同，这是因为式(7-1)不包含价格因素变动的影响，但两个公式都符合综合指数编制原理。在具体运用时，究竟采用哪个公式，要根据统计研究的目的和掌握的资料来确定。一般来说，观察数量指标的变动选用基期的质量指标作为同度量因素，在本例中采用式(7-1)较好。

二、质量指标综合指数的编制方法

当编制的综合指数的指数化指标是质量指标时，就称为质量指标综合指数。常见的有商品销售价格指数、产品出厂价格指数和产品成本指数等。

仍以表 7-1 的资料为例，说明质量指标指数的编制方法。先计算各种商品价格个体指数，说明各种商品价格的变化。其计算如下：

$$K_{P甲} = \frac{p_1}{p_0} = \frac{45}{50} \times 100\% = 90\%$$

$$K_{P乙} = \frac{p_1}{p_0} = \frac{120}{100} \times 100\% = 120\%$$

$$K_{P丙} = \frac{p_1}{p_0} = \frac{10}{15} \times 100\% = 66.7\%$$

计算结果表明，甲商品价格指数为 90%，价格下降了 10%；乙商品价格指数为 120%，价格上升了 20%；丙商品价格指数为 66.7%，价格下降了 33.3%。

以上价格个体指数反映了每一种商品价格的变化情况，但没有反映这些商品价格总的变动情况。要说明这个问题，必须计算三种商品价格总指数。不同商品的价格是不同度量现象，不能直接相加对比，必须转化为同度量才能相加对比。从上面的分析中知道，商品销售量是商品价格的同度量因素，在观察商品价格的变动时，就要将商品销售量因素固定下来，这样可得到如下两个公式：

$$\overline{K}_P = \frac{\sum p_1 q_1}{\sum p_0 q_1} \tag{7-3}$$

$$\overline{K}_P = \frac{\sum p_1 q_0}{\sum p_0 q_0} \tag{7-4}$$

式(7-3)将同度量因素固定为报告期，以表 7-1 的资料代入公式

$$\overline{K}_P = \frac{\sum p_1 q_1}{\sum p_0 q_1} = \frac{273\,000}{295\,000} \times 100\% = 92.54\%$$

273 000−295 000=−22 000(元)

计算结果表明，三种商品价格指数为 92.54%，报告期比基期下降了 7.46%。由于三种商品价格下降，使商品销售额减少 22 000 元。

式(7-4)将同度量因素固定为基期，以表 7-1 的资料代入公式

$$\overline{K}_P = \frac{\sum p_1 q_0}{\sum p_0 q_0} = \frac{271\,000}{292\,500} \times 100\% = 92.65\%$$

271 000−292 500=−21 500(元)

计算结果表明，三种商品价格指数为 92.95%，报告期比基期下降了 7.35%。由于三种商品价格下降，商品销售额减少 21 500 元。

以上两个公式计算的商品价格总指数是不同的，它们所包含的经济内容也不相同。先看式(7-3)，它的分子 $\sum p_1 q_1$ 是报告期实际销售额，分母 $\sum p_0 q_1$ 是报告期商品销售量按基期价格计算的销售额。分子与分母的绝对差额说明，商品价格的变动影响了商品销售额。再看式(7-4)，它的分子 $\sum p_1 q_0$ 是以基期商品销售量按报告期价格计算的商品销售额，分母 $\sum p_0 q_0$ 是基期实际商品销售额。分子与分母的绝对差额表示，基期销售的那些商品的价格变化将影响商品销售额的变动。究竟这两个公式采用哪一个公式为好，考虑到指数的经济意义和保持指数体系的完整性，我国多数人主张在计算质量指标指数时，使用报告期数量指标为同度量因素，即

$$\overline{K}_P = \frac{\sum p_1 q_1}{\sum p_0 q_1}$$

但是，分析成本计划完成情况时，为了揭露某些企业用破坏产品产量计划的办法来完成产值计划的不正当行为，我们就应该用基期生产量作为同度量因素，而不应该用报告期生产量作为同度量因素，因为它包含了生产量变化的因素在内，即计划成本指数公式应为

$$\overline{K}_P = \frac{\sum I_1 q_n}{\sum I_n q_n} \quad (q_n \text{ 为计划期产量})$$

综上所述，编制综合指数的一般原则是：编制质量指标指数，一般应以报告期的数量指标为同度量因素；编制数量指标指数，一般应以基期质量指标为同度量因素。但这一原

则不是固定不变的,而要根据现象的特点及统计研究的目的不同,具体决定同度量因素所属时期。

三、综合指数的特点

从以上关于采用综合指数法编制总指数的方法和原理可知,综合指数具有以下三个特点。

(一)借助于同度量因素进行综合对比

人们从事社会生产活动,创造了各式各样的产品,这些不同的产品具有不同的使用价值和不同的计量单位,是不能直接相加的。但有时又需要把它们作为一个总体来研究,必须把它们加总起来。因此在编制指数时,就可以用不同的产品数量乘以它们相应的价格,借助价格这一媒介因素,使不能同度量的使用价值量转化为能同度量的价值量。这是运用综合指数法首先要解决的问题。

(二)同度量因素的时期要固定

运用综合指数法编制总指数时,人们只关心一个因素的变动程度。例如,工业产品产量总指数只反映各种工业产品产量的总变动;商品零售价格总指数只反映多种商品零售价格的总变动。这就需要在编制指数时,把新加入的媒介因素作为同度量因素加以固定,来测定人们所关心的因素的变动。

(三)用综合指数法编制总指数没有代表性误差

用综合指数法编制总指数,使用的是全面调查的资料,没有代表性误差。例如,用综合指数法编制产品产量指数,要求使用基期和报告期的全部产品产量资料,即利用全面调查的资料。全面调查的资料只存在登记误差,而没有代表性误差。

第三节 平均数指数的编制

一、平均数指数的含义

综合指数是从客观实际出发,用相对数和绝对数全面表示指数的经济内容,从而反映出复杂现象总量指标的变动方向和程度,以及由此产生的经济效果。但是,用综合指数公式计算总指数需要一定的条件,需要掌握全面的原始资料,而有些资料在很多情况下是很难得到的。例如,在编制综合物价指数和综合商品销售量指数时,需要有基期和报告期各种商品的价格和销售量资料。在实际工作中,商品销售总额和商品价格资料可以取得,而商品的销售量资料则不易找到。因此,根据原始资料直接用综合指数公式计算总指数往往是有困难的，需要使用综合指数的变形，即用平均数指数来综合反映复杂现象的动态及其产生的经济效果。

所谓平均数指数，就是利用数量指标或质量指标的个体指数，进行加权平均计算，以测定现象总变动的指数。平均数指数是编制总指数的另一种重要形式，有它的独立应用意义。它有两种基本形式，即加权算术平均数指数和加权调和平均数指数。

二、平均数指数的编制

(一)加权算术平均数指数

加权算术平均数指数是指在已知或能够计算个体指数的基础上采用加权算术平均法进行综合平均的一种总指数。

当已知数量指标的个体指数 K_q 或报告期与基期的个体数量指标 q_1、q_0，以及基期的总量指标(产值或销售额) p_0q_0，并以其作为权数时，即可计算数量指标的加权算术平均数指数，即

商品销售量综合指数为

$$\bar{K}_q = \frac{\sum q_1 p_0}{\sum q_0 p_0}$$

商品销售量个体指数为

$$K_q = \frac{q_1}{q_0}, \quad q_1 = K_q q_0$$

将上式代入商品销售量综合指数公式，得到商品销售量的加权算术平均数指数公式，即

$$\bar{K}_q = \frac{\sum k_q q_0 p_0}{\sum q_0 p_0} \tag{7-5}$$

由式(7-5)可知，在一定条件下，加权算术平均数指数是拉氏综合指数的变形。同时只有用 p_0q_0 为权数的情况下加权，加权算术平均数指数才可能与拉氏综合指数相互转换变为综合指数。如果权数不是 p_0q_0，而使用 p_0q_0 以外的任何其他权数进行加权，加权算术平均数指数就不可能等于综合指数，当然，这种变形关系也就不复存在。

在用拉氏综合指数公式计算商品销售量指数时，必须掌握基期和报告期各种商品的销售量及基期各种商品的价格资料。但在实践中，按基期价格与报告期销售量所计算的假定销售额(p_0q_1)资料不易取得，而基期的销售额资料(p_0q_0)与各种商品的销售量个体指数却很容易取得。因此，加权算术平均数指数适用于数量指标平均数指数的计算。

下面仍用表 7-1 的资料，说明商品销售量加权算术平均数指数的计算过程，如表 7-2 所示。

表 7-2　某商店三种商品销售量变动和销售额资料表

商品名称	计量单位	基期销售额/元 p_0q_0	销售量个体指数/% $k_q=\dfrac{q_1}{q_0}$	个体指数与基期销售额乘积/元 $k_q q_0 p_0$
甲	件	200 000	0.9500	190 000
乙	台	55 000	1.0909	60 000
丙	斤	37 500	1.2000	45 000
合　计	—	292 500	—	295 000

$$\bar{K}_q = \frac{\sum k_q p_0 q_0}{\sum p_0 q_0} = \frac{295\,000}{292\,500} \times 100\% = 100.85\%$$

$$\sum k_q p_0 q_0 - \sum p_0 q_0 = 295\,000 - 292\,500 = 2500(元)$$

计算结果表明，三种商品销售量报告期比基期平均增长 0.85%，由于销售量增长使销售额增加了 2500 元，与前面用综合指数公式计算的结果相同。

(二)加权调和平均数指数

加权调和平均数指数是以综合指数的分母中指数指标各个个体指数的倒数为变量，以综合指数的分子为权数计算的平均数。当已知质量指标的个体指数 k_p 或报告期与基期的个体价格指标 p_1、p_0，及报告期的总量指标(产值或销售额) p_1q_1 为权数时，即可计算质量指标的加权调和平均数指数，即

商品价格综合指数为

$$\bar{K}_p = \frac{\sum p_1 q_1}{\sum p_0 q_1}$$

商品价格个体指数为

$$K_p = \frac{p_1}{p_0}, \quad p_0 = \frac{p_1}{k_p}$$

将上式代入商品价格综合指数公式得到商品价格的加权调和平均数指数公式，即

$$\bar{K}_p = \frac{\sum p_1 q_1}{\sum \dfrac{p_1 q_1}{k_p}} \tag{7-6}$$

由式(7-6)可知，在一定条件下，加权调和平均数指数是派氏综合指数的变形，而只有用 $q_1 p_1$ 这个权数进行加权，加权调和平均数指数才有可能变形为综合指数；否则，若要用 $q_1 p_1$ 以外的其他任何权数进行加权，这种变形关系就不复存在。

在用派氏综合指数公式计算商品价格指数时，必须具备报告期与基期的销售量、价格

以及报告期(q_1p_1)及(q_1p_0)的销售额资料。但在实践中，按基期价格计算的报告期假定销售额(q_1p_0)资料不易取得，而报告期销售额(q_1p_1)是现实可以取得的资料。因此，加权调和平均指数适合于质量指标平均指数的计算。

下面仍以表 7-1 的资料，说明商品价格的加权调和平均数指标的计算过程，如表 7-3 所示。

表 7-3　某商店三种商品销售价格变动及销售额资料表

商品名称	计量单位	报告期实际销售额/元 p_1q_1	个体价格指数/% $K_p = \dfrac{p_1}{p_0}$	报告期销售额除以个体价格指数/元 $\dfrac{p_1q_1}{K_p}$
甲	件	171 000	0.9000	190 000
乙	台	72 000	1.2000	60 000
丙	斤	30 000	0.666 67	45 000
合计	—	273 000	—	295 000

$$F_p = \frac{\sum p_1q_1}{\sum \dfrac{p_1q_1}{k_p}} = \frac{273\ 000}{295\ 000} \times 100\% = 92.54\%$$

$$\sum p_1q_1 - \sum \frac{p_1q_1}{k_p} = 273\ 000 - 295\ 000 = -22\ 000(元)$$

计算结果表明，三种商品价格报告期比基期平均下降了 7.46%。由于价格下降，销售额减少 22 000 元，这与前面价格综合指数的计算结果是一致的。

从上面加权算术平均数和加权调和平均数的公式来源和计算结果可以看出，平均数指数是综合指数的变形。在实际应用中，由于资料的限制，平均数指数成为比较常用的计算形式。也就是说，编制质量指标指数时，多用报告期总值加权计算调和平均数指数。

必须指出的是平均数指数也是计算总指数的一种独立形式。它除了上述两种比较常用的计算形式外，还有其他形式的平均数指数，在重要的经济指数的编制工作中，得到广泛应用。例如，我国计算社会商品零售物价指数，就是采用固定权数的平均数指数形式计算的。

综合指数和平均数指数各有优缺点：综合指数须有全面的资料，工作量大，但能综合反映复杂现象的变动和实际效果；而平均数指数可用非全面的资料，具有简便、快速、灵活的特点，但有时不能用来直接反映复杂现象变动的实际效果。

因此，综合指数和平均数指数的应用要根据占有材料的情况，以及研究对象的特点和计算的需要加以选用。

(三)固定权数加权平均数指数

固定权数平均数指数是以指数化指标的个体指数为基础,使用固定权数对个体指数或类指数进行加权平均计算的一种总指数。所谓固定权数,是指加权平均法计算中的权数用比重形式固定下来,在一段时间内不作变动并固定使用的权数。

加权平均法计算平均数的权数,既可用频数,也可用频率,其计算结果是相同的。在平均数指数计算中,其权数的两种表现都可以使用。前面介绍的就是使用频数为基期、报告期,假定其总量指标为权数计算的平均数指数。这些都需要有具体的实际数值,由于资料不足,特别是假定的总量指标,缺少全面、实际的资料或不容易或难以及时取得具体有关频数资料。这时可以用频率,即权数的比重代替实际数值为权数,使无法取得或无法确定权数具体数值时,可以进行平均指数的计算。

在计算加权平均数指数时,若权数的资料难以取得,就要计算固定权数加权平均数指数。在我国,编制零售物价指数时,是用固定权数加权算术平均数指数形式计算的。因为我国零售物价指数是按月编制的,按上述两种方法计算不易取得资料。即使能取得资料,计算工作量也很繁重,不能把指数按时编制出来。零售物价固定权数加权算术平均数的计算公式为

$$\bar{K}_P = \frac{\sum KW}{\sum W} = \frac{\sum KW}{100} \tag{7-7}$$

式中:W——各类商品销售额所占比重;

K——各类商品价格指数。

根据某地区细粮小类零售价格及权数资料计算固定权数加权算术平均数物价指数,计算表如表7-4所示。

表7-4 某地区细粮小类零售价格指数计算表

商品名称	计量单位	价 格		个体价格指数/%	权数/%	指数×权数/%
		基 期	报 告 期	k	w	kw
大米	千克	3.00	3.20	106.67	60	6400.2
面粉	千克	4.00	3.90	97.5	40	3900.0
合计	—	—	—	—	100	10 300.2

$$\text{细粮小类零售物价指数} = \frac{\sum KW}{\sum W} = \frac{10\,300.2\%}{100\%} \approx 103\%$$

计算结果表明,细粮小类零售物价指数为103%,提高了3%。

实际编制零售物价指数时,将全部商品分成若干大类,大类分成中类,中类再分成小类。先计算小类物价指数,后计算中类物价指数,最后根据大类指数计算出物价总指数。

第四节 总量指标指数体系的因素分析

一、指数体系

(一)指数体系的概念

社会经济现象之间是相互联系、相互制约的,一种社会经济现象的变动,往往受到两个或两个以上因素共同变动的影响。表现在指数上,这种联系同样存在,即反映经济现象总变动的指数和反映因素变动的指数之间具有一定的经济联系。指数体系是由三个或三个以上具有内在联系的,即经济上有联系、数量上保持一定对等关系的统计指数组成的整体。指数体系一般保持两个对等关系,即若干因素的乘积等于总变动指数;若干因素影响之和等于实际发生的总额,例如:

商品销售额指数=商品价格指数×商品销售量指数

产品产值指数=产品出厂价格指数×产品产量指数

产品原材料支出额指数=产品产量指数×原材料单耗量指数×原材料价格指数

指数体系内部的数量对等关系也表现在绝对数之间,例如:

商品销售额的实际增减额=销售量变动的影响额+价格变动的影响额

原材料费用支出总额的增减额=产量变动影响额+单耗变动影响额

+原材料价格变动影响额

(二)指数体系的作用

指数体系在统计分析中的作用主要表现在:通过指数体系可以对复杂经济现象的变动进行因素分析,说明各个因素的影响方向和影响程度,从而找出现象变动的具体原因;根据指数体系中各个指数之间的联系,可以利用指数体系进行估计推算。例如,利用商品销售额指数和商品价格指数,就可以推算商品销售量指数。

二、因素分析法

(一)因素分析法的意义

因素分析法是根据指数体系理论,通过分解因素分析各个因素在社会经济现象总变动中的影响方向和影响程度的一种方法。

因素分析法的研究对象是复杂的经济现象,这些复杂现象受两个或两个以上因素变动的共同影响。因素分析的目的,就是测定各个因素对总体的影响方向和影响程度。

因素分析法的基本特点是以假定一个因素变动,其余因素不变为前提。如果是三个因素的影响,必须假定其中两个因素不变,只测定另一个因素的影响。依各因素分步进行,每一步只测定诸因素中的一个因素的影响方向和影响程度。

因素分析法的作用是揭示复杂现象总变动和影响复杂现象变动的各种因素变动的相对数和绝对数的变动方向与程度,为经济活动分析和决策提供可靠的依据。

(二)因素分析法的种类

(1) 因素分析法按分析时包含的因素多少不同,可分为两因素分析和多因素分析。两因素分析是指研究对象仅包含两个因素的变动的分析,它是因素分析的基本方法,如销售额受销售价格和销售量的影响分析。多因素分析是指研究对象包含两个以上的因素变动的分析,如原材料支出额受产量、原材料单耗、原材料价格的影响。

(2) 因素分析法按分析的指标种类不同,可分为总量指标指数因素分析和平均指标指数因素分析。总量指标指数因素分析是指对复杂现象总量指标和总量指标分解后各类因素的分析,如产值受产量、出厂价格因素影响的分析。平均指标指数因素分析是指分析现象的量是平均指标及其影响因素的分析。例如,同一单位不同时期职工平均工资受各类职工工资水平和职工人数构成因素影响的分析。

(三)因素分析法的程序

因素分析法的运用应建立指数体系,并依据指数体系从相对数及绝对数两个方面进行分析计算。其程序如下。

首先,计算被分析指标的总变动程度和绝对数。

其次,计算各因素变动影响程度和影响绝对数。

最后,计算指数体系间的等量关系并进行综合分析。

三、总量指标指数体系及其因素分析

总量指标指数,如工业总产值指数、商品销售额指数、总成本指数、工资总额指数等,都是报告期实际总量和基期实际总量的比值,对这些由总量指标构成的指数进行因素分析就是总量指标指数因素分析。总量指标指数因素分析按分析对象包含的因素多少,可分为两因素分析和多因素分析两类。

(一)总量指标指数的两因素分析

仍以表 7-1 的资料为例,说明总量指标指数的两因素分析方法的步骤。

第一步,编制总指数体系,计算各个指数的数值。

商品销售额指数=商品销售量指数×商品价格指数

$$\frac{\sum q_1 p_1}{\sum q_0 p_0} = \frac{\sum q_1 p_0}{\sum q_0 p_0} \times \frac{\sum q_1 p_1}{\sum q_1 p_0}$$

(1) 商品销售额指数 $\bar{K}_{qp} = \dfrac{\sum q_1 p_1}{\sum q_0 p_0} = \dfrac{273\,000}{292\,500} = 93.33\%$

分子分母差额 $\sum q_1 p_1 - \sum q_0 p_0 = 273\,000 - 292\,500 = -19\,500\,(元)$

(2) 商品销售量指数 $\bar{K}_q = \dfrac{\sum q_1 p_0}{\sum q_0 p_0} = \dfrac{295\,000}{292\,500} = 100.85\%$

分子分母差额 $\sum q_1 p_0 - \sum q_0 p_0 = 295\,000 - 292\,500 = 2500\,(元)$

(3) 商品价格指数 $\bar{K}_P = \dfrac{\sum q_1 p_1}{\sum q_1 p_0} = \dfrac{273\,000}{295\,000} = 92.54\%$

分子分母差额 $\sum q_1 p_1 - \sum q_1 p_0 = 273\,000 - 292\,500 = -22\,000\,(元)$

第二步,从相对数和绝对数两方面进行因素分析。

(1) 从相对数方面分析如下:

$$\dfrac{\sum q_1 p_1}{\sum q_0 p_0} = \dfrac{\sum q_1 p_0}{\sum q_0 p_0} \times \dfrac{\sum q_1 p_1}{\sum q_1 p_0}$$

93.33% = 100.85% × 92.54%

(2) 从绝对数方面分析如下:

$$\sum q_1 p_1 - \sum q_0 p_0 = \left(\sum q_1 p_0 - \sum q_0 p_0\right) + \left(\sum q_1 p_1 - \sum q_1 p_0\right)$$

$-19500 = 2500 + (-22000)$

第三步,分析评价。

某商店销售的三种商品,报告期与基期相比,商品销售额下降 6.67%,减少的商品销售额为 19 500 元。这是由于商品销售量上升 0.85%,促使销售额增加 2500 元,商品价格下降了 7.46%,影响销售额减少 22 000 元的综合结果。

(二)总量指标指数的多因素分析

总量指标指数的多因素分析的对象是由两个以上的因素构成的总量指标指数。在进行分析时,首先要对受多因素影响的指标的经济内容和各影响因素间的内在联系进行科学的分解,并按一定的顺序排列,根据现象的内在联系,即按数量指标在前、质量指标在后的顺序排列,然后按综合指数编制的一般原则编制各因素指数。在测定分析数量指标因素的变动时,应以基期的质量指标为同度量因素;在测定质量指标因素的变动时,应以报告期的数量指标为同度量因素。在测定某一个因素影响时,要把其他因素固定下来。

多因素现象的指数体系,由于包括的影响因素众多,指数体系的编制比较复杂,所以需要注意它们之间的经济含义。在多因素分析中,要掌握现象因素间的联系,依先数量指标、后质量指标,以两因素乘积为数量指标在前、两因素乘积为质量指标在后的顺序排列,例如:

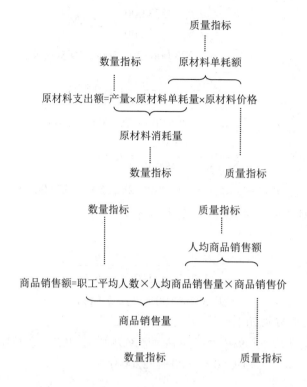

当以指数体系反映，商品销售额指数则为

商品销售额指数=职工平均人数指数×人均商品销售量指数×商品销售价格指数

例如，原材料支出总额指数=产品产量指数×单位原材料消耗量指数×原材料价格指数。

设 q 为产品产量，m 为单位原材料消耗量，p 为原材料价格，则可列出指数体系如下：

相对数关系为

$$\frac{\sum q_1 m_1 p_1}{\sum q_0 m_0 p_0} = \frac{\sum q_1 m_0 p_0}{\sum q_0 m_0 p_0} \times \frac{\sum q_1 m_1 p_0}{\sum q_1 m_0 p_0} \times \frac{\sum q_1 m_1 p_1}{\sum q_1 m_1 p_0}$$

绝对数关系为

$$\sum q_1 m_1 p_1 - \sum q_0 m_0 p_0 = (\sum q_1 m_0 p_0 - \sum q_0 m_0 p_0) + (\sum q_1 m_1 p_0 - \sum q_1 m_0 p_0) + (\sum q_1 m_1 p_1 - \sum q_1 m_1 p_0)$$

与总量指标指数两因素分析的方法步骤一样，分别计算指数体系中的总变动指数和各因素指数，以及各指数的分子分母差额后，便可从相对数和绝对数两个方面进行具体分析。

例如，某企业三种产品的生产量、单位产品原材料消耗量、单位原材料价格及原材料费用总额资料，如表 7-5 所示。

表 7-5 某企业生产三种产品消耗原材料资料表

原材料种类	产品种类	生产量		单位产品原材料消耗量		单位原材料价格/元	
		q_0	q_1	m_0	m_1	p_0	p_1
甲/千克	A/件	600	800	0.5	0.4	20	21
乙/米	B/套	400	400	1.0	0.9	15	14
丙/米	C/套	800	1000	2.2	2.3	30	28
合计	—	—	—	—	—	—	—

原材料费用总额指数 $=\dfrac{\sum q_1 m_1 p_1}{\sum q_0 m_0 p_0}=\dfrac{76\,160}{64\,800}=117.53\%$

原材料费用实际总变动额为

$$\sum q_1 m_1 p_1 - \sum q_0 m_0 p_0 = 76\,160 - 64\,800 = 11\,360(元)$$

由于报告期较基期原材料费用支出增长了 17.53%,使原材料费用多支出 11 360 元。

生产量指数 $=\dfrac{\sum q_1 m_0 p_0}{\sum q_0 m_0 p_0}=\dfrac{80\,000}{64\,800}=123.46\%$

生产量变动对原材料费用影响的绝对差额为

$$\sum q_1 m_0 p_0 - \sum q_0 m_0 p_0 = 80\,000 - 64\,800 = 15\,200(元)$$

由于产量增长了 23.46%,所以多支出原材料费用 15 200 元。

原材料单耗指数 $=\dfrac{\sum q_1 m_1 p_0}{\sum q_1 m_0 p_0}=\dfrac{80\,800}{80\,000}=101\%$

原材料单耗变动对原材料费用影响的绝对额为

$$\sum q_1 m_1 p_0 - \sum q_1 m_0 p_0 = 80\,800 - 80\,000 = 800(元)$$

由于单位产品原材料消耗量增长了 1%,所以多支出原材料费用 800 元。

原材料单价指数 $=\dfrac{\sum q_1 m_1 p_1}{\sum q_1 m_1 p_0}=\dfrac{76\,160}{80\,800}=94.26\%$

原材料单价变动对原材料费用影响的绝对额为

$$\sum q_1 m_1 p_1 - \sum q_1 m_1 p_0 = 76\,160 - 80\,800 = -4640(元)$$

由于原材料单价降低了 5.74%,所以节约原材料费用 4640 元。

4 个指数之间的关系为

$$117.53\% = 123.46\% \times 101\% \times 94.26\%$$

4 个差额之间的关系为 11 360=15 200+800+(-4640)

上述分析表明:原材料费用总额报告期比基期多支出 11 360 元,是由于生产量增加使费用超支 15 200 元,原材料单耗增加使费用超支 800 元,原材料单价下降使费用减少 4640 元,三者共同作用的结果。

第五节　平均指标对比指数体系的因素分析

一、平均指标对比指数的概念

平均指标对比指数是两个不同时期的总加权平均指标进行动态对比而形成的指数。它反映了总平均水平变动的方向和程度。平均指标对比指数因素分析的目的是测定总平均指标的变动中，变量和结构的影响方向和影响程度。

在分组条件下，总平均指标的变动，一般受两个因素的影响。一个因素是各组变量值的变动影响，另一个因素是各组单位数在总体中所占比重变动的影响。这样总平均指标指数与它的两个因素指数组成一个指数体系，总平均指标指数是各个因素指数的乘积。

在进行总平均指标变动分析中，把总平均指标指数称为可变构成指数，把固定总体单位构成以测定变量值变动的指数称为固定构成指数，把固定变量值以测定总体结构变动的指数称为结构影响指数。

二、平均指标对比指数的分析方法

下面以平均工资指数为例，说明平均指标对比指数的分析方法。在分组条件下，平均工资为

$$\bar{X} = \frac{\sum xf}{\sum f}$$

则平均工资指数公式为

$$\frac{\bar{X}_1}{\bar{X}_0} = \frac{\dfrac{\sum x_1 f_1}{\sum f_1}}{\dfrac{\sum x_0 f_0}{\sum f_0}}$$

式中：$\bar{X}_1$——报告期平均工资；

$\bar{X}_0$——基期平均工资；

$\bar{X}_n$——假定平均工资；

$\sum f_1$——报告期人数；

$\sum f_0$——基期人数；

$\sum x_1 f_1$——报告期工资总额；

$\sum x_0 f_0$——基期工资总额。

根据前面编制综合指数确定同度量因素的原则，固定构成指数是质量指标指数，同度量因素应固定报告期的总体结构指标；结构影响指数是数量指标指数，同度量因素应固定基期的变量值。编制总平均工资指数体系如下：

$$可变构成指数=\frac{\overline{X}_1}{\overline{X}_0}=\frac{\frac{\sum x_1 f_1}{\sum f_1}}{\frac{\sum x_0 f_0}{\sum f_0}}=\frac{\sum x_1 \frac{f_1}{\sum f_1}}{\sum x_0 \frac{f_0}{\sum f_0}}$$

$$固定构成指数=\frac{\overline{X}_1}{\overline{X}_n}=\frac{\frac{\sum x_1 f_1}{\sum f_1}}{\frac{\sum x_0 f_1}{\sum f_1}}=\frac{\sum x_1 \frac{f_1}{\sum f_1}}{\sum x_0 \frac{f_1}{\sum f_1}}$$

$$结构影响指数=\frac{\overline{X}_n}{\overline{X}_0}=\frac{\frac{\sum x_0 f_1}{\sum f_1}}{\frac{\sum x_0 f_0}{\sum f_0}}=\frac{\sum x_0 \frac{f_1}{\sum f_1}}{\sum x_0 \frac{f_0}{\sum f_0}}$$

可变构成指数=固定构成指数×结构影响指数，即

$$\frac{\overline{X}_1}{\overline{X}_0}=\frac{\overline{X}_1}{\overline{X}_n}\times\frac{\overline{X}_n}{\overline{X}_0}$$

$$\frac{\frac{\sum x_1 f_1}{\sum f_1}}{\frac{\sum x_0 f_0}{\sum f_0}}=\frac{\frac{\sum x_1 f_1}{\sum f_1}}{\frac{\sum x_0 f_1}{\sum f_1}}\times\frac{\frac{\sum x_0 f_1}{\sum f_1}}{\frac{\sum x_0 f_0}{\sum f_0}}$$

上面各指数的分子与分母差额之间的关系如下：

$$\overline{X}_1-\overline{X}_0=(\overline{X}_1-\overline{X}_n)+(\overline{X}_n-\overline{X}_0)$$

即

$$\frac{\sum x_1 f_1}{\sum f_1}-\frac{\sum x_0 f_0}{\sum f_0}=\left(\frac{\sum x_1 f_1}{\sum f_1}-\frac{\sum x_0 f_1}{\sum f_1}\right)+\left(\frac{\sum x_0 f_1}{\sum f_1}-\frac{\sum x_0 f_0}{\sum f_0}\right)$$

现以表 7-6 的资料为例，说明总平均工资变动的因素分析。

表 7-6　某高校教师人数及月平均工资资料表

教师分组	人数/人		月平均工资/元		工资总额/元		按报告期人数和基期工资水平计算 $x_0 f_1$
	基期 f_0	报告期 f_1	基期 x_0	报告期 x_1	基期 $x_0 f_0$	报告期 $x_1 f_1$	
高级职称者	600	400	13 000	14 000	7 800 000	5 600 000	5 200 000
非高级职称者	400	800	8500	9000	3 400 000	7 200 000	6 800 000
合　计	1000	1200	11 200	10 666.7	11 200 000	12 800 000	12 000 000

(一)计算总平均工资指数及其各因素指数

可变构成指数 $\dfrac{\overline{X}_1}{\overline{X}_0} = \dfrac{\dfrac{\sum x_1 f_1}{\sum f_1}}{\dfrac{\sum x_0 f_0}{\sum f_0}} = \dfrac{\dfrac{12\,800\,000}{1200}}{\dfrac{11\,200\,000}{1000}} = \dfrac{10\,666.7}{11\,200} = 95.24\%$

分子与分母的差额为

$$\overline{X}_1 - \overline{X}_0 = \dfrac{\sum x_1 f_1}{\sum f_1} - \dfrac{\sum x_0 f_0}{\sum f_0} = 10\,666.7 - 11\,200 = -533.3(元)$$

计算结果表明,教师总平均工资下降 4.76%,每人每月平均工资减少 533.3 元。

固定构成指数 $\dfrac{\overline{X}_1}{\overline{X}_n} = \dfrac{\dfrac{\sum x_1 f_1}{\sum f_1}}{\dfrac{\sum x_0 f_1}{\sum f_1}} = \dfrac{\dfrac{12\,800\,000}{1200}}{\dfrac{12\,000\,000}{1200}} = \dfrac{10\,666.7}{10\,000.0} = 106.67\%$

分子与分母的差额为

$$\overline{X}_1 - \overline{X}_n = \dfrac{\sum x_1 f_1}{\sum f_1} - \dfrac{\sum x_0 f_1}{\sum f_1} = 10\,666.7 - 10\,000.0 = 666.7(元)$$

计算结果表明,由于各组平均工资提高(高级职称者平均工资指数为 $\dfrac{14\,000}{13\,000} = 107.69\%$,非高级职称者平均工资指数为 $\dfrac{9000}{8500} = 105.88\%$)使教师总平均月工资提高了 6.67%,平均每人每月增加工资 660.7 元。

结构影响指数 $\dfrac{\overline{X}_n}{\overline{X}_0} = \dfrac{\dfrac{\sum x_0 f_1}{\sum f_1}}{\dfrac{\sum x_0 f_0}{\sum f_0}} = \dfrac{\dfrac{12\,000\,000}{1200}}{\dfrac{11\,200\,000}{1000}} = \dfrac{10\,000}{11\,200} = 89.29\%$

分子与分母的差额为

$$\overline{X}_n - \overline{X}_0 = \dfrac{\sum x_0 f_1}{\sum f_1} - \dfrac{\sum x_0 f_0}{\sum f_0} = 10\,000 - 11\,200 = -1200(元)$$

计算结果表明,由于各组人数比重的变化,即非高级职称者(工资水平低的组)人数比重由 40% $\left(\dfrac{400}{1000} = 40\%\right)$ 提高到 66.67% $\left(\dfrac{800}{1200} = 66.7\%\right)$,而高级职称者(工资水平高的组)人数比重由 60% $\left(\dfrac{600}{1000} = 60\%\right)$ 下降到 33.33% $\left(\dfrac{400}{1200} = 33.33\%\right)$,从而影响了平均工资水平下降 10.71%,使平均每人每月减少工资 1200 元。

(二)分析评价

通过以上分析可知,该高校教师总平均工资报告期与基期相比下降 4.76%,平均每人每月减少 533.3 元。这是由于各组教师平均工资水平普遍提高了 6.67%,使每人每月增加了 666.7 元,和各组人数结构的变动影响总平均工资下降 10.71%,使每人每月减少 1200 元两个因数共同作用的结果,即

相对数:95.24%=106.67%×89.29%

绝对数:-533.3=666.7+(-1200)

三、总量指标指数和平均指标对比指数的综合分析

总量指标指数与构成总量指标的几个因素的指数的乘积是相等的。在因素指标中,既有数量指标指数,又有质量指标指数。其中,总量指标的变动往往与平均指标的变动有关。因此,在统计分析中,可以将总量指标指数和平均指标对比指数结合起来分析。

现以表 7-6 的资料为例进行分析。

工资总额指数=教师人数指数×平均工资指数

=教师人数指数×平均工资固定构成指数×平均工资结构影响指数

即

$$\frac{\sum x_1 f_1}{\sum x_0 f_0} = \frac{\sum f_1}{\sum f_0} \times \frac{\frac{\sum x_1 f_1}{\sum f_1}}{\frac{\sum x_0 f_0}{\sum f_0}} = \frac{\sum f_1}{\sum f_0} \times \left(\frac{\frac{\sum x_1 f_1}{\sum f_1}}{\frac{\sum x_0 f_1}{\sum f_1}} \times \frac{\frac{\sum x_0 f_1}{\sum f_1}}{\frac{\sum x_0 f_0}{\sum f_0}} \right)$$

工资总额指数=$\frac{\sum x_1 f_1}{\sum x_0 f_0} = \frac{12\,800\,000}{11\,200\,000} = 114.29\%$

工资总额增加额=$\sum x_1 f_1 - \sum x_0 f_0$=12 800 000-11 200 000=1 600 000(元)

计算结果表明,该高校工资总额报告期比基期增长 14.29%,增加 1 600 000 元。

教师人数指数=$\frac{\sum f_1}{\sum f_0} = \frac{1200}{1000} = 120\%$

增加的教师人数=$\sum f_1 - \sum f_0 = 1200 - 1000 = 200$(人)

因教师人数增加而增加的工资总额为

11 200×200=2 240 000(元)

计算结果表明,该高校的教师人数报告期比基期增长 20%,增加教师 200 人,因而增加工资 2 240 000 元。

平均工资固定构成指数=$\frac{\frac{\sum x_1 f_1}{\sum f_1}}{\frac{\sum x_0 f_1}{\sum f_1}} = \frac{\frac{12\,800\,000}{1200}}{\frac{12\,000\,000}{1200}} = \frac{10\,666.67}{10\,000.00} = 106.67\%$

因各组教师工资的变动影响,总平均工资增加额为

$$\frac{\sum x_1 f_1}{\sum f_1} - \frac{\sum x_0 f_1}{\sum f_1} = 10\,666.67 - 10\,000.0 = 666.67(元)$$

因各组教师工资的变动影响,工资总额的增加额为

$$666.67 \times 1200 \approx 800\,000(元)$$

计算结果表明,由于各组教师工资提高,使月总平均工资提高 6.67%,使平均每人每月增加工资 666.67 元,从而使月工资总额增加 800 000 元。

$$\text{平均工资结构影响指数} = \frac{\dfrac{\sum x_0 f_1}{\sum f_1}}{\dfrac{\sum x_0 f_0}{\sum f_0}} = \frac{\dfrac{12\,000\,000}{1200}}{\dfrac{11\,200\,000}{1000}} = \frac{10\,000}{11\,200} = 89.29\%$$

因各组教师人数构成的变动影响,总平均工资减少额为

$$\frac{\sum x_0 f_1}{\sum f_1} - \frac{\sum x_0 f_0}{\sum f_0} = 10\,000 - 11\,200 = -1200(元)$$

因各组教师人数构成的变动影响,工资总额减少额为

$$-1200 \times 1200 = -1\,440\,000(元)$$

计算结果表明,由于各组教师比重的变化影响,使月总平均工资下降 10.71%,使平均每人每月减少工资 1200 元,从而使月工资总额减少 1 440 000 元。

相对指数关系为

$$\frac{\sum x_1 f_1}{\sum x_0 f_0} = \frac{\sum f_1}{\sum f_0} \times \left(\frac{\dfrac{\sum x_1 f_1}{\sum f_1}}{\dfrac{\sum x_0 f_1}{\sum f_1}} \times \frac{\dfrac{\sum x_0 f_1}{\sum f_1}}{\dfrac{\sum x_0 f_0}{\sum f_0}} \right)$$

$$114.2\% = 120\% \times 106.67\% \times 89.29\%$$

绝对数关系为

$$160 \text{ 万元} = 224 \text{ 万元} + 80 \text{ 万元} - 144 \text{ 万元}$$

上述分析表明:该高校报告期与基期相比,由于教师人数增长 20%,增加 200 人,使月工资总额增加 224 万元;由于各组教师月工资水平提高 6.67%,使月工资总额增加 80 万元;又由于各组教师人数比重的变化影响,使月工资总额减少 144 万元。三个因素共同作用的结果,使该高校月工资总额增长 14.29%,增加的绝对额为 160 万元。

第六节 几种常用的统计指数

一、居民消费价格指数

大多数国家都编制居民消费价格指数(CPI),反映城乡居民购买并用于消费的消费品及

服务价格水平的变动情况,并用它来反映通货膨胀程度。

从 2001 年开始,我国采用国际通用做法,逐月编制并公布以 2000 年价格水平为基期的居民消费价格指数,作为反映我国通货膨胀(或紧缩)程度的主要指标。经国务院批准,国家统计局负责全国居民消费价格指数的编制及相关工作,并组织、指导和管理各省(区、市)的消费价格统计工作。

我国编制消费价格指数的商品和服务项目,根据全国城乡近 11 万户居民家庭消费支出构成资料和有关规定确定,目前包括食品、烟酒及用品、衣着、家庭设备用品及服务、医疗保健及用品、交通和通信、娱乐教育文化用品及服务、居住八大类,251 个基本分类,约 700 个代表品种。居民消费价格指数是在对全国 550 个样本市县近 30 000 个采价点进行价格调查的基础上,根据国际规范的流程和公式计算得出的。

二、国房景气指数

国房景气指数是全国房地产开发业综合景气指数的简称。它是对房地产行业发展变化趋势和变化程度的量化反应,由八个分类指数合成运算出综合指数,并用百分制表示。其中,综合指数 100 为景气线,100 以上为景气空间,100 以下为不景气空间。通过对景气所处空间、景气值波动幅度、趋势的评估发布,可以为国家宏观调控提供决策依据,也为社会提供统计信息,引导中国房地产行业健康、有序地发展。

国房景气指数的编制方法是根据经济周期波动理论和景气指数原理,采用合成指数的计算方法,从房地产行业发展必须同时具备的土地、资金和市场需求三个基本条件出发,选择房地产开发投资、资金来源、土地转让收入、土地开发面积、新开工面积、空置面积、商品房销售价格等八个具有代表性的统计指标进行分类测算,再以 1995 年 3 月为基期对比计算出的综合指数体系。国房景气指数的计算分为八个部分:一是确定指标体系;二是建立原始数据库;三是消除量纲的影响;四是确定权数;五是确定基准对比期;六是消除季节、价格因素的影响;七是建立分类指数和国房景气指数计算数学模型;八是国房景气指数计算结果的分析报告。通过分析报告可以综合反映全国房地产行业运行的景气状况。政府可以据此制定房地产改革和发展的各项政策,出台调节房地产行业健康发展的有效措施。投资者可以接受信息的正确导向,权衡投资的得失利弊,支配自己的投资行为,这样就对房地产行业的健康发展起到了信息导向作用。

三、消费者信心指数

20 世纪 40 年代,美国密歇根大学的调查研究中心为了研究消费需求对经济周期的影响,首先编制了消费者信心指数,随后欧洲一些国家也先后开始建立和编制消费者信心指数。1997 年 12 月,中国国家统计局景气监测中心开始编制中国消费者信心指数。

消费者信心指数是反映消费者信心强弱的指标,是综合反映并量化消费者对当前经济形势评价和对经济前景、收入水平、收入预期以及消费心理状态的主观感受，预测经济走势和消费趋向的一个先行指标。

消费者信心指数由消费者满意指数和消费者预期指数构成。消费者满意指数是指消费者对当前经济生活的评价。消费者预期指数是指消费者对未来经济生活发生变化的预期。二者分别由一些二级指标构成：对收入、生活质量、宏观经济、消费支出、就业状况、购买耐用消费品和储蓄的满意程度与未来一年的预期，对未来两年在购买住房及装修、购买汽车和未来6个月股市变化的预期。

四、企业家信心指数

企业家信心指数(宏观经济景气指数)是根据企业家对本企业所在国民经济行业的当前经济运行态势，做出的定性判断和对未来发展变化的定性预期(通常是指"乐观""不变""不乐观"的选择)而编制的景气指数。

五、股价指数

在证券市场上的股价指数是运用统计学原理中的指数方法编制而成的，是反映股市总体价格或某类股价变动和走势的指数。

根据股价指数反映的价格走势所涵盖的范围，股价指数可以划分为反映整个市场价格走势的综合指数和反映某一行业或某一类股票价格走势的分类指数，如上证综合指数、深证综合指数、工业指数、农林牧渔业指数等。按照编制股价指数时纳入指数计算范围的股票样本数量不同，可以将股价指数分为全部上市股价指数和成分指数，如上证30指数、沪深300指数等。

股价指数在计算上参考了股票发行数量或成交量对市场的影响，采用加权平均的方法进行计算。目前，股价指数的计算是以某一基准日的平均价格为基准，将以后各个时期的平均价格与基准日平均价格相比较，计算得出各期的比值，再用百分比或千分比来表示。实际公告时，仅以百分点数公告。例如，上海证券交易所和深圳证券交易所发布的综合指数基准日指数均为100点，而两所发布的成分指数基准日指数均为1000点。

案例

恒大港航事业交通规费收入因素分析

港航事业交通规费收入中，进出港船舶港务费收入占有及其重要的地位，因此在进行经济活动分析时，不可避免地要对影响其变动的各因素进行分析。指数体系中因素分析法在经济活动分析中的应用不可忽视。对于进出港船舶港务费的变动，在其他因素相对稳定的前提下，主要取决于两个方面：国际航线与国内航线船舶的吨位的变动影响和吨位征收率的变动影响。通过指数体系可以起到对复杂的社会经济现象进行全面分析的作用，说明其中各因素的变动情况和影响程度。

现通过恒大港航事业的数据,说明因素分析法在港航事业规费征管经济活动分析中的应用,如表7-7所示。

表7-7 恒大港航事业规费收入基础资料

类别	船舶总吨/万吨		船舶港务费/万元			征收率/%	
	2008年	2009年	2008年	2009年	q_1f_0	2008年	2009年
	q_0	q_1	$s_0=q_0\times f_0$	$s_1=q_1\times f_1$		f_0	f_1
国际航线	1735	1700	450.93	496.91	441.83	0.2599	0.2923
国内航线	565	474	74.02	70.01	62.09	0.1310	0.1477
总计	2300	2174	524.95	566.92	503.92	0.2283	0.2608

船舶港务费收入指数为

$$\frac{\sum s_1}{\sum s_0}=\frac{566.92}{524.95}\times 100\%=108\%$$

从相对数来看,报告期船舶港务费收入比基期增加8%。从绝对数来看,船舶港务费收入比基期增加566.92-524.95=41.97(万元)。

但从基础数据上我们可以看到,2009年(报告期)的船舶总吨比基期减少126万吨,而收入却增加41.97万元,这是为什么?

首先,分析国际航线与国内航线船舶的吨位的变动影响。由于指数法采用了测定某一个因素的影响时,固定其他因素不变的方法,分析征收吨位的变动的影响,应将征收率固定在基期。

从相对数来看:

$$\frac{\sum q_1f_0}{\sum q_0f_0}=\frac{503.92}{524.95}=95.99\%$$

从绝对数来看:

$$\sum q_1f_0-\sum q_0f_0=503.92-524.95=-21.03(万元)$$

这说明应征吨位的变动使船舶港务费收入减少4.01%,减少21.03万元。

其次,分析吨位征收率的变动影响。分析吨位征收率的变动影响,应将应征吨位固定在报告期。

从相对数来看:

$$\frac{\sum q_1f_1}{\sum q_1f_0}=\frac{566.92}{503.92}=112.5\%$$

从绝对数来看：

$$\sum q_1 f_1 - \sum q_1 f_0 = 566.92 - 503.92 = 63(万元)$$

这说明吨位数在总征收吨位数中的比重变动使收入增加 12.5%，增加 63 万元。

以上两因素共同变动的结果，使收入增加 8%，绝对值增加 41.97 万元。它们之间的关系式如下。

从相对数来看：

$$\frac{\sum q_1 f_1}{\sum q_0 f_0} = \frac{\sum q_1 f_1}{\sum q_1 f_0} \times \frac{\sum q_1 f_0}{\sum q_0 f_0} = 112.5\% \times 95.99\% = 108\%$$

从绝对值来看：

$$\sum q_1 f_1 - \sum q_0 f_0 = (\sum q_1 f_1 - \sum q_1 f_0) + (\sum q_1 f_0 - \sum q_0 f_0)$$
$$= 63 + (-21.03) = 41.97(万元)$$

这就是说，由于吨位下降与征收率上升这两个因素的变动影响，使得报告期的收入增加 8%，绝对值增加 41.97 万元；反过来说，报告期收入增加 8%，是由于报告期征收率上升 12.5%和报告期应征吨位降低 4.01%共同影响的结果。从绝对值来看，报告期增加 41.97 万元收入，是由于征收率上升，收入增加 63 万元，应征吨位下降，收入减少 21.03 万元，二者抵消的结果。

由此可见，利用指数体系中的因素分析法不仅可以从变动程度方面分析各因素的变动以及对于复杂现象变动的影响，而且还可以从实际效率方面分析总增减量中各个因素的作用。本文中提到的征收率是表明征收额与吨位数所固有的对比关系，即平均每吨征收额多少。

（资料来源：百度网站，http://wenku.baidu.com/view/b85b05c608a1284ac850438b.html.）

思考与练习

一、单项选择题

1. 产品产量综合指数的同度量因素是(　　)。
   ① 报告期产值　　② 基期产量　　③ 报告期价格　　④ 基期价格

2. 价格加权平均数指数的权数是(　　)。
   ① 基期产值　　② 报告期产值　　③ 基期产量　　④ 报告期产量

3. 产量指数 $\dfrac{\sum k p_0 q_0}{\sum p_0 q_0}$ 中的 k 是(　　)。
   ① 同度量因素　　　　　　　　② 数量指标的项数
   ③ 产量个体指数　　　　　　　④ 价格个体指数

4. 公式 $\sum q_1 p_0 - \sum q_0 p_0$ 的经济意义是(　　)。
   ① 综合反映销售额变动的绝对额
   ② 反映销售量变动引起的销售额变动的绝对额
   ③ 反映价格变动的绝对额
   ④ 反映价格变动而使消费者少付(多付)的金额
5. 某厂产品单位成本今年比去年增长20%,产量增长25%,则产品总成本增长(　　)。
   ① 5%　　② 80%　　③ 45%　　④ 50%
6. 某厂今年比去年产品销售量增长15%,销售额增长20%,则产品价格增长(　　)。
   ① 35%　　② 5%　　③ 4.35%　　④ 38%
7. 某市2012年社会商品零售额为120亿元,2016年为220.8亿元,这4年中物价上涨47.2%,则商品零售指数为(　　)。
   ① 170.8%　　② 86.8%　　③ 125%　　④ 289.8%
8. 价格上涨5%,产量提高10%,则产值(　　)。
   ① 增50%　　② 增12%　　③ 增15%　　④ 增15.5%
9. 若销售量指数增长、价格指数持平,则销售额指数(　　)。
   ① 增长　　② 下降　　③ 不变　　④ 无法确定
10. 某厂产品产量增长5%,材料单耗下降5%,材料价格提高20%,则材料消耗额(　　)。
    ① 增20%　　② 增19.7%　　③ 降0.5%　　④ 增0.5%
11. 某厂产品产量增长8%,材料单耗下降8%,材料消耗额增长23.2%,则材料价格(　　)。
    ① 增23.2%　　② 增24%　　③ 降36.25%　　④ 增124%
12. 当我们研究各技术级工人工资的变动影响全体工人平均工资的变动程度时,应计算(　　)。
    ① 结构影响指数　　② 可变构成指数
    ③ 固定构成指数　　④ 加权算术平均数指数

二、多项选择题

1. 按指数指标的性质不同,可将综合指数分为(　　)。
   ① 个体指数　　② 总指数　　③ 平均数指数
   ④ 数量指标指数　　⑤ 质量指标指数
2. 下列属于质量指标指数的有(　　)。
   ① 劳动生产率指数　　② 商品销售量指数　　③ 价格指数
   ④ 产品成本指数　　⑤ 职工人数指数
3. 下列属于数量指标指数的有(　　)。

① 产品销售量指数　　② 商品销售额指数　　③ 工资水平指数
④ 职工人数指数　　⑤ 材料消耗量指数

4. 某厂 10 种产品的产量今年是去年的 110%，这个指数是(　　)。
① 个体指数　　② 综合指数　　③ 平均数指数
④ 质量指标指数　　⑤ 数量指标指数

5. 平均指标指数体系中包括的指数有(　　)。
① 可变构成指数　　② 算术平均数指数
③ 调和平均数指数　　④ 固定构成指数
⑤ 结构影响指数

6. 已知某工业企业报告期生产费用($\sum Z_1 q_1$)为 2850 万元，比基期增长 14%，又知报告期假定生产费用($\sum Z_0 q_1$)为 3000 万元，则(　　)。
① 成本降低 5%
② 产量增长 20%
③ 报告期生产费用比基期增加 350 万元
④ 由于成本降低而节约的生产费用为 150 万元
⑤ 由于产量增加而多支出的生产费用为 500 万元

7. 同度量因素的作用有(　　)。
① 比较作用　　② 稳定作用　　③ 同度量作用
④ 权数作用　　⑤ 平衡作用

8. 要反映某地区工业产品产量报告期比基期的增长情况，应采用(　　)。
① 个体指数　　② 总指数　　③ 动态指数
④ 静态指数　　⑤ 数量指标指数

三、填空题

1. 按指数包括的范围不同，可以将指数分为(　　)和(　　)。
2. 在综合指数研究中，将指数研究的对象称为(　　)指标。
3. 一般来说，数量指标指数应采用(　　)做同度量因素；质量指标指数应采用(　　)做同度量因素。
4. 加权算术平均数指数适用于计算(　　)，而加权调和平均数指数适用于计算(　　)。
5. 某商品销售量增长 5%，价格增长 2%，则销售额增长(　　)。
6. 物价上涨以后，同样多的人民币少购买 15% 的商品，则物价上涨(　　)。
7. 劳动生产率的可变构成指数为 119.6%，结构影响指数为 110.2%，则劳动生产率的固定构成指数为(　　)。

四、判断题

1. 同度量因素在综合指数中既起同度量作用，也有权数作用。（ ）
2. 综合指数是根据全面资料计算的，平均数指数是根据非全面资料计算的。（ ）
3. 在编制质量指标指数时，一般把作为同度量因素的数量指标固定在报告期。（ ）
4. 如果产值增长50%，职工人数增长20%，则全员劳动生产率将增长70%。（ ）
5. 根据指数 $\dfrac{\sum q_1 z_0}{\sum q_0 z_0}=120\%$，说明各种产品的产量报告期比基期平均提高了20%。（ ）
6. 物价综合指数分子减去分母后的差额，综合反映了由于物价变动而增减的销售额。（ ）
7. 价格降低后，同样多的人民币可多购买商品15%，则价格指数为85%。（ ）
8. 加权调和平均数要成为综合指数的变形，其权数必须是 $q_0 p_0$。（ ）
9. 如果零售物价上涨2%，商品销售量增长5%，则商品销售额增长10%。（ ）
10. 用综合指数编制总指数，可以使用非全面材料，因此也有代表性误差。（ ）

五、简答题

1. 什么是综合指数？它有什么特点？
2. 什么是同度量因素？它有什么作用？
3. 编制综合指数时，选择同度量因素的一般原则是什么？
4. 平均数指数与综合指数有什么关系？
5. 什么是指数体系？它有什么作用？

六、计算题

1. 某工厂产量和价格资料如表7-8所示。

表7-8　某工厂产量和价格资料

产　品	计量单位	产　量		价　格	
		基　期	报告期	基　期	报告期
甲	架	2000	2400	100	120
乙	台	1000	1300	50	60
丙	吨	50	150	2000	2400
合　计	—	—	—	—	—

试计算：(1) 产量综合指数。
(2) 由于产量增加而增加的产值。

2. 某工厂的单位产品成本和产量资料如表7-9所示。

表 7-9 某工厂的单位产品成本和产量资料

产品名称	计量单位	单位成本/元		产量	
		基期	报告期	基期	报告期
甲	台	180	175	2100	1900
乙	吨	95	90	2400	4100
丙	件	115	100	1800	1900

试计算：(1) 单位成本综合指数。

(2) 报告期由于降低成本而节省的生产费用额。

3. 某工厂三种产品产量及现行价格变动资料如表 7-10 所示。

表 7-10 某工厂三种产品产量及现行价格变动资料

产品名称	计量单位	产量		价格/元	
		基期	报告期	基期	报告期
A	件	1500	1600	180	170
B	吨	2300	2700	60	60
C	吨	300	300	340	310

试计算：(1) 产量综合指数和价格综合指数。

(2) 产量变动和价格变动对产值的影响。

4. 某商店资料如表 7-11 所示。

表 7-11 某商店资料

商品名称	计量单位	报告期销售额/万元 p_1q_1	个体价格指数/% $k = \dfrac{p_1}{p_0}$
写字台	张	146	115
椅子	把	94	120
书柜	个	106	110
合计	—	346	—

求三种商品价格综合指数及价格变动对销售额变动影响的绝对值。

5. 三种产品的产值及产量资料如表 7-12 所示。

表7-12　三种产品的产值及产量资料

产品名称	产值/万元		报告期产量比基期增长的百分比/%
	基　期	报　告　期	
甲	200	240	15
乙	450	500	10
丙	350	360	4
合　计	1000	1100	—

试计算三种产品的产量综合指数及由于产量增加而增加的产值。

6. 三种商品的销售额及价格资料如表7-13所示。

表7-13　三种商品的销售额及价格资料

商品名称	销售额/万元		报告期价格比基期降低的百分比/%
	基　期	报　告　期	
甲	70	72	10
乙	20	19	5
丙	110	114	5
合　计	200	205	—

要求：(1) 计算三种商品的销售额总指数以及报告期比基期增加的销售额。
(2) 计算三种商品的价格综合指数以及由于价格降低而减少的商品销售额。
(3) 计算三种商品的销售量综合指数以及由于销售量增加而增加的商品销售额。

7. 某工厂生产三种产品，它们的单位成本及产量资料如表7-14所示。

表7-14　某工厂三种产品的单位成本及产量资料

产品名称	计量单位	单位成本/元		产　　量	
		基　期	报　告　期	基　期	报　告　期
甲	件	100	90	20 000	22 000
乙	台	400	400	5000	5200
丙	千克	40	50	10 000	8000

试从相对数和绝对数两方面分析该厂生产费用的增长情况，并分析其中由于单位成本变动及产量变动的影响程度。

8. 某市纺织局所属三个企业工人劳动生产率及工人人数资料如表7-15所示。

表 7-15 某市纺织局所属三个企业职工劳动生产率及职工人数资料

企业名称	工人数/人		劳动生产率/元	
	基 期	报告期	基 期	报告期
甲	6000	6400	5000	6000
乙	3000	6000	4000	5000
丙	1000	3600	2500	3000

试计算劳动生产率可变构成指数、固定构成指数和结构影响指数，并从相对数和绝对数上对劳动生产率的变动原因进行简要分析。

9. 某地区轻重工业总产值及职工平均人数资料如表 7-16 所示。

表 7-16 某地区轻重工业总产值及职工平均人数资料

工业类型	工业总产值/万元		职工人数/人	
	基 期	报告期	基 期	报告期
轻工业	8000	15 000	20 000	30 000
重工业	5000	6000	20 000	20 000
合 计	13 000	21 000	40 000	50 000

从相对数和绝对数两方面分析轻重工业劳动生产率变动和职工人数构成变动对该地区劳动生产率变动的影响。

第八章

抽 样 推 断

本章导读：本章主要介绍抽样推断的基本理论和方法。通过本章的学习，要求了解抽样调查的概念、特点及作用；理解抽样误差的含义和影响抽样误差的主要因素；熟练掌握抽样平均误差的计算、点估计和区间估计方法以及必要样本容量的确定方法；会进行假设检验。

第一节 抽样调查的一般问题

一、抽样调查概述

(一)抽样调查的含义

抽样调查(sampling survey)又称抽样推断(sampling inference)，是按照随机原则，从总体中抽选部分单位进行调查，然后，用这一部分单位的指标数值去推断总体的一种非全面调查方法。例如，根据少数员工家庭的生活状况调查资料推算全国员工生活的实际水平，根据部分居民的电视收视率去推断全部居民的电视收视率，根据部分产品质量去推断全部产品的质量等，均属抽样调查。

可见，抽样调查既是搜集统计资料的方法，又是对现象总体进行估计和判断的分析方法。因此，抽样调查在统计调查和统计分析中有广泛的应用。抽样调查的理论是统计理论的重要组成部分。

(二)抽样调查的特点

1. **抽样调查是一种非全面调查**

抽样调查只抽取总体中的一部分单位进行调查，因而样本单位数少，成本低，能够节省人力、物力和财力，并且具有非全面调查所拥有的各种优点。

2. **抽样调查根据部分推断总体**

抽样调查要根据对样本单位进行观察所得的实际资料，对全部总体的数量特征作出判断，这是抽样调查的基本特征，也是抽样调查的目的。

3. 抽样调查按随机原则抽选调查单位

随机原则是指在抽取调查单位时，总体中的每个单位都有同等被抽中的机会，调查单位的确定既不受调查者主观愿望的影响，也不取决于被调查者是否愿意合作，完全排除了人的主观意识的影响，抽中与否纯粹是偶然事件。按随机原则抽取调查单位，是抽样调查的基本要求。只有这样，才能保证被抽中的单位在总体中的均匀分布，不致出现倾向性误差，使抽中的单位具有较大的代表性。

4. 抽样误差可以事先计算并加以控制

抽样调查是以样本的统计量来估计总体的数量特征，虽然存在一定的误差，但在随机抽样条件下，抽样误差可以事先根据样本单位数和总体中各单位之间的差异程度进行计算。因而也就有可能按一定的程序对总体数量特征做出具有一定可靠程度的推断，而且能够通过各种组织措施来控制抽样误差范围，保证抽样调查的结果达到预定的可靠程度的要求。

(三) 抽样调查的作用

1. 对于无限总体只能进行抽样调查

无限总体是指总体中所包括的总体单位数是无限的。例如，在连续大量生产的某种小件产品中，总产量是无限的。对于这类无限总体，统计上无法进行全面的调查了解，只能借助于抽样调查的方法来认识总体的数量特征。

2. 对于有破坏性的产品质量检查只能进行抽样调查

有些产品的例行质量检验是带有破坏性或消耗性的。例如，灯泡寿命试验要长期试点直到烧毁，罐头食品、烟、酒的品尝等，均属于消耗性的质量检验。这些都无法进行全面调查，只能从一批产品中抽出少量样品进行抽样调查，以了解其产品质量。

3. 理论上可以进行全面调查，但实际上办不到的总体，只能进行抽样调查

以对城乡居民家庭收支情况的了解为例，虽然可以对所有城乡居民逐个进行调查，经常登记，定期观察，但这样做牵涉的面太广，实际困难很多，也没有必要。实际操作中只需从城乡各种类型的居民中，采用抽样推断方法抽取一部分居民家庭进行调查，就可以了解全部城乡居民家庭收支的一般情况。

4. 对于需要及时了解情况的现象，也常采用抽样调查

因为全面调查费时、费力、费财，资料也不易及时取得，而抽样调查不仅节省人力、资金，而且时间快，方式灵活，能够满足及时了解情况的需要。例如，为了及时对旅游者的旅游目的、停留天数、购物等情况进行调查，需要在旅游者启程之前和旅游过程中进行调查，这时就应采用抽样调查，以及时获取所需的统计资料。

5. 对全面调查的资料进行评价和修正

由于全面调查的工作量大,在调查登记和整理汇总资料的过程中,受主观和客观原因的影响,工作容易发生差错。为了增强全面调查资料的准确性,可以用抽样调查取得的资料来验证全面调查资料,并以此作为修正的依据。例如,为了检查人口普查资料的准确程度,往往在普查完毕后再抽取一定数量的居民户,对一些最重要的登记项目进行详细的复查,用复查的结果评价普查的准确程度,或者修正普查的资料。

6. 可以用于工业生产过程的质量控制,实行科学管理

抽样调查不仅广泛用于生产成果的核算估计,而且还可以用于生产过程中的质量控制,检查生产过程是否正常。根据抽样调查反映的产品质量信息,能够进一步分析生产过程是否失控,从而找出影响因素,以便及时采取措施,使生产能正常进行,防止出现不必要的损失。

二、抽样调查的基本概念

(一)全及总体

全及总体是指由研究对象的全部单位组成的总体,简称总体(population)或母体,由具有某种共同性质的许多单位组成。例如,要研究某乡粮食亩产水平,则该乡的全部粮食播种面积即是一个全及总体。再如,要研究某学校学生的学习情况,则该学校的所有学生即构成全及总体。可见,全及总体既是我们所要研究的对象,又是样本所赖以抽取的母体。组成全及总体的单位称为总体单位,全及总体的单位数通常用 N 表示。

(二)样本总体

样本总体是从全及总体中随机抽选出来的单位所组成的小总体,简称样本(sample)。例如,从全市少年儿童中抽取 100 人进行健康状况调查,这 100 人即构成了一个样本总体。样本总体单位数用 n 表示。

样本单位数 n 相对于全及总体单位数 N 要小得多。统计把 n/N 称为抽样比例。一般来说,样本单位数达到或超过 30 个($n \geq 30$)称为大样本,而在 30 个以下($n \leq 30$)称为小样本。社会经济现象的抽样调查多取大样本,而自然实验观察则多取小样本。以很小的样本来推断很大的总体,这是抽样调查法的重要特点。

(三)全及指标

全及指标是根据全及总体各单位标志值计算的统计指标,也称为总体指标,主要包括以下指标。

(1) 总体平均数,用 $\bar{X}$ 表示。

(2) 总体成数，用 P 表示。

(3) 总体标准差或总体方差，分别用 σ 和 σ^2 表示。

(4) 总体是非标志的标准差或方差，分别用 $\sqrt{P(1-P)}$ 和 $P(1-P)$ 表示。

在抽样调查中，上述指标是唯一确定的不变量，是需要根据样本指标进行推断估计的未知数字，其真实值不能计算，所以上述总体指标又叫总体参数(population parameter)。

(四)样本指标

样本指标是指根据样本总体各单位标志值计算的统计指标。样本指标是用来推断总体参数值的主要资料依据，又称为样本统计量(sample statistic)。由于一个全及总体有很多可能样本，而抽到不同的样本就会得到不同的样本指标，所以样本指标是样本这个随机变量(random variable)的函数，其本身也是随机变量。与全及指标相对应，常用的样本指标主要有以下几种。

1. 样本平均数

样本平均数是样本总体各单位标志值的平均数，用 $\bar{x}$ 表示。其计算方法为

$$\bar{x} = \frac{\sum x}{n} \quad \text{或} \quad \bar{x} = \frac{\sum xf}{\sum f} \quad \text{或} \quad \bar{x} = \sum \left(x \cdot \frac{f}{\sum f} \right)$$

式中，f——各组单位数。

2. 样本成数

样本成数是指样本总体中具有某种标志表现的单位数(n_1)占样本总体单位数(n)的比重，用 p 表示，即

$$p = \frac{n_1}{n}$$

3. 样本标准差($S_{\bar{x}}$)或样本方差($S_{\bar{x}}^2$)

根据未分组资料计算如下：

$$S_{\bar{x}} = \sqrt{\frac{\sum(x-\bar{x})^2}{n}} \quad S_{\bar{x}}^2 = \frac{\sum(x-\bar{x})^2}{n}$$

根据分组资料计算如下：

$$S_{\bar{x}} = \sqrt{\frac{\sum(x-\bar{x})^2 f}{\sum f}} \quad S_{\bar{x}}^2 = \frac{\sum(x-\bar{x})^2 f}{\sum f}$$

4. 样本是非标志的标准差(S_p)或方差(S_p^2)

$$S_p = \sqrt{p(1-p)} \quad S_p^2 = p(1-p)$$

三、抽样方法

1. 重复抽样

重复抽样(sampling with replacement)也称重置抽样。采用这种方法抽取样本单位的特点是：同一单位有多次被抽中的机会，并且总体单位数目始终不变，每个单位抽中或抽不中的机会每次都是相同的。其具体做法是：从总体的 N 个单位中随机抽取一个容量为 n 的样本，每次只从总体中抽取一个单位，连续抽 n 次，构成一个样本。每次抽出一个单位把结果登记下来后，再把该单位放回，重新参加下一次的抽选。这样重置抽样的样本是由 n 次连续抽取的结果组成的，每次的结果是相互独立的，而且每次抽取都是在相同的条件下进行的，因此，每一单位可能中选的机会每一次都是相同的。例如，从 10 个单位中抽取 2 个单位为样本，抽取第一个时，每个单位被抽中的机会为 1/10；抽取第二个时，每个单位被抽中的机会仍然是 1/10。

2. 不重复抽样

不重复抽样(sampling without replacement)也称不重置抽样。采用这种方法抽取样本单位的特点是：同一单位只有一次被抽中的机会，并且总体单位数目随着样本单位数目抽取次数的增多而越来越少。每个单位抽中或抽不中的机会在各次是不同的。它的具体做法如下：从 N 个单位的总体中抽取 n 个单位构成样本，虽然也是每次抽取一个单位，连续抽 n 次构成的，但每次抽出一个单位后，被抽出单位就不再重新放回。因此，不重置抽样连续抽几次，每抽一次总体单位数便少一个，所以各单位在每次抽取时中选的机会都不相同。例如，从总体 10 个单位中抽取 2 个单位构成样本，抽取第一个时，每个单位都有 1/10 的中选机会；而抽取第二个时，每个单位有 1/9 的中选机会，因此每个单位在各次抽取中的中选机会是不同的。

四、抽样方法与抽样数目的关系

1. 考虑顺序的不重复抽样数目

考虑顺序的不重复抽样数目，即通常所说的不重复排列数。一般来说，从总体的 N 个不同单位每次抽取 n 个不重复的排列，组成样本的可能数目记作 A_N^n，由下列公式计算。

$$A_N^n = N(N-1)(N-2)\cdots(N-n+1) = \frac{N!}{(N-n)!}$$

2. 考虑顺序的重复抽样数目

考虑顺序的重复抽样数目，即通常所说的可重复排列数。一般来说，从总体的 N 个不同单位每次抽取 n 个允许重复的排列，组成样本的可能数目记作 B_N^n，由下列公式计算。

$$B_N^n = N^n$$

3. 不考虑顺序的不重复抽样数目

不考虑顺序的不重复抽样数目，即通常所说的不重复组合数。一般来说，从总体的 N 个不同单位每次抽取 n 个不重复的组合，组成样本的可能数目记作 C_N^n，由下列公式计算。

$$C_N^n = \frac{N(N-1)(N-2)\cdots(N-n+1)}{n!} = \frac{N!}{n!(N-n)!}$$

4. 不考虑顺序的重复抽样数目

不考虑顺序的重复抽样数目，即通常所说的可重复组合数。一般来说，从 N 个不同单位抽取 n 个的允许重复的组合记作 D_N^n，它等于$(N+n-1)$个不同单位每次抽取 n 个的不重复组合，即

$$D_N^n = C_{N+n-1}^n$$

应用以上公式，首先应该注意分析样本的要求，采用恰当的抽样方法，针对提出的问题确定样本的数目，有时还需要多种方法结合应用。

第二节 抽样误差

一、抽样误差的概念

抽样误差(Sampling error)是指按照随机原则抽样，所得的样本指标和总体指标之间的数量差别。

在实际工作中，由于种种原因，统计的结果与现象实际数值之间往往存在一定的差异，我们称为统计误差。按照误差产生的原因不同，统计误差可以分为登记性误差和代表性误差两类。

登记性误差也叫工作性误差，是指在统计调查过程中，由于调查者工作中的差错，如重复登记、遗漏、汇总计算错误及有意地弄虚作假等行为而引起的误差。不论是全面调查还是非全面调查，都可能存在这种误差。登记性误差虽然在理论上是可以避免的，但实际中却难以完全避免。

代表性误差是指在抽样调查中，由于样本不足以代表总体而产生的误差，按其产生的原因不同，又可分为两类：一类是系统性误差，它是指由于违反抽样的随机原则而使样本不足以代表总体而产生的误差；另一类是偶然性误差，它是指完全遵循随机原则抽样，由于随机抽样本身一般会使样本内部结构与总体结构不完全一致而产生的误差。在随机抽样的前提下，抽中的样本的内部结构与总体内部结构完全一致的情形，属极小概率事件，现实中几乎不可能发生。例如，假设全部 10 000 件商品中，有 95%的合格品和 5%的不合格

品，而在随机抽取的 100 件商品中，也恰好有 95 件合格品和 5 件不合格品的情况是很少或几乎不可能发生的。因此，偶然性误差的产生是不可能避免的。

我们所说的抽样误差，既不是登记性误差，也不是系统性误差，而是偶然性的代表性误差。只要进行随机抽样，就必然产生这种随机性的抽样误差。抽样误差是客观存在的，除非进行全面调查，否则，我们不可能用主观的办法消除它。

抽样误差虽然可以表示为样本指标与总体指标的绝对离差，但要依据上述公式计算抽样误差是不可能的。事实上，由于总体指标($\bar{X}$ 或 P)的真实值是未知的，所以抽样误差的确切数值也是无从知道的，我们只能用一定的方法去估计它，并可采用相应的措施对它加以控制。另外，由于总体指标是确定的量，而样本指标是随机变量，所以抽样误差也是随机变量。

二、抽样平均误差

在一定抽样组织方式下进行一次抽样调查，根据统计研究的目的和任务，可以取一个样本，也可以取多个样本。在抽取多个样本时，就其中每个样本来说，都有其相应的样本指标。

由于样本是按随机原则抽取的，故在同一总体中，按相同的抽取数目可以抽出许多相同和不同的样本，而每次抽出的样本都可以计算出相应的抽样平均数、抽样成数和抽样误差。即从理论上来说，可以计算出多个抽样误差，它们带有偶然性，有的可能是正误差，有的可能是负误差；有的可能大一些，有的可能小一些。为了用样本指标去推算总体指标，就需要计算这些抽样误差的平均数，这就是抽样平均误差，用以反映抽样误差的一般水平。

(一)抽样平均误差的含义

抽样平均误差(average error of sampling)就是所有可能出现的样本指标的标准差，是由于抽样的随机性而产生的样本指标与总体指标之间的平均离差，用符号 μ 表示，通常用 $\mu_{\bar{x}}$ 代表平均数的抽样平均误差，用 μ_p 代表成数的抽样平均误差，用 K 代表可能组成的样本总数。

(二)抽样平均误差的理论公式

根据抽样平均误差的含义，可得如下一般计算公式

$$\mu = \sqrt{\frac{\sum(\text{样本指标} - \text{总体指标})^2}{\text{样本组合总数}}}$$

即

$$\mu_{\bar{x}} = \sqrt{\frac{\sum(\bar{x} - \bar{X})^2}{K}}$$

$$\mu_p = \sqrt{\frac{\sum(p-P)^2}{K}}$$

例如,有 4 个工人,每人每月的产量分别为 50、60、70、80 件,现在随机从中抽取两人的产量作为样本,求抽样平均误差。

根据例题中的数据,计算总体平均数为

$$\bar{X} = \frac{\sum X}{N} = \frac{50+60+70+80}{4} = \frac{260}{4} = 65 \text{(件)}$$

若采用重复抽样法,可能组成的样本数目及相应指标的计算如表 8-1 所示。

表 8-1 重复抽样的抽样平均误差计算表

序号	样本变量 x		样本平均数 $\bar{x}$	离差 $\bar{x}-\bar{X}$	离差平方 $(\bar{x}-\bar{X})^2$
1	50	50	50	−15	225
2	50	60	55	−10	100
3	50	70	60	−5	25
4	50	80	65	0	0
5	60	50	55	−10	100
6	60	60	60	−5	25
7	60	70	65	0	0
8	60	80	70	5	25
9	70	50	60	−5	25
10	70	60	65	0	0
11	70	70	70	5	25
12	70	80	75	10	100
13	80	50	65	0	0
14	80	60	70	5	25
15	80	70	75	10	100
16	80	80	80	15	225
合计	—		1040	—	1000

$$\mu_{\bar{x}} = \sqrt{\frac{\sum(\bar{x}-\bar{X})^2}{K}} \sqrt{\frac{1000}{16}} = 7.91\text{(件)}$$

全部可能组成的样本平均数的平均数($\bar{\bar{x}}$),一定会等于总体的平均数($\bar{X}$),如上例

$$\bar{\bar{x}} = \frac{\sum \bar{x}}{K} = \frac{1040}{16} = 65\text{(件)} = \bar{X}$$

因此,抽样平均误差实质就是全部可能组成的样本指标的标准差。

$$\sigma_{\bar{x}} = \sqrt{\frac{\sum(\bar{x}-\bar{\bar{x}})^2}{K}} = \sqrt{\frac{\sum(\bar{x}-\bar{X})^2}{K}} = \mu_{\bar{x}}$$

7.91 件是 16 个样本平均数的标准差，即 16 个样本平均数与总体平均数的平均离差，称为抽样平均误差。

若采用不重复抽样法，可能组成的样本数目及相应指标的计算如表 8-2 所示。

表 8-2 不重复抽样的抽样平均误差计算表

序 号	样本变量 x		样本平均数 $\bar{x}$	离 差 $\bar{x}-\bar{X}$	离差平方 $(\bar{x}-\bar{X})^2$
1	50	60	55	−10	100
2	50	70	60	−5	25
3	50	80	65	0	0
4	60	50	55	−10	100
5	60	70	65	0	0
6	60	80	70	5	25
7	70	50	60	−5	25
8	70	60	65	0	0
9	70	80	75	10	100
10	80	50	65	0	0
11	80	60	70	5	25
12	80	70	75	10	100
合计	—		780	—	500

$$\mu_{\bar{x}} = \sqrt{\frac{\sum(\bar{x}-\bar{X})^2}{K}} = \sqrt{\frac{500}{12}} = 6.45(\text{件})$$

6.45 件是 12 个可能组合的样本平均数的标准差，即抽样平均误差。公式表明了抽样平均误差的意义，它们是理论计算公式，实际计算时不能用。这是因为，首先，在实际工作中从全及总体中一般只抽取一个样本总体，不可能抽取所有可能的抽样总体，所有可能出现的抽样平均数更是求不出来；其次，在进行抽样调查的全过程中，全及平均数 $\bar{X}$ 是未知的，因此用上述抽样平均误差的公式是无法计算的。实际计算是根据样本单位数和总体标准差之间的关系进行推算的。

(三)抽样平均误差的计算公式

1. 平均数抽样平均误差的计算

(1) 在重复抽样条件下，平均数抽样平均误差的计算公式如下：

$$\mu_{\bar{x}} = \sqrt{\frac{\sigma^2}{n}} = \frac{\sigma}{\sqrt{n}}$$

式中：σ——总体标准差；

σ^2——总体方差；

n——样本单位数。

(2) 在不重复抽样条件下，平均数抽样平均误差的计算公式如下：

$$\mu_{\bar{x}} = \sqrt{\frac{\sigma^2}{n}\left(\frac{N-n}{N-1}\right)}$$

式中：N——总体单位数。

当 N 很大时

$$\mu_{\bar{x}} = \sqrt{\frac{\sigma^2}{n}\left(1-\frac{n}{N}\right)}$$

2．成数抽样误差的计算

(1) 在重复抽样条件下，成数抽样误差的计算公式如下：

$$\mu_p = \sqrt{\frac{P(1-P)}{n}}$$

式中：P——总体成数；

n——样本单位数。

(2) 在不重复抽样条件下，成数抽样误差的计算公式如下：

$$\mu_p = \sqrt{\frac{P(1-P)}{n}\left(\frac{N-n}{N-1}\right)}$$

当 N 很大时

$$\mu_p = \sqrt{\frac{P(1-P)}{n}\left(1-\frac{n}{N}\right)}$$

应用上式计算抽样平均误差时要注意以下两点。

第一，上式中的标准差 σ 和成数 P 是全及总体的标准差和成数，而全及总体的指标通常是未知的，一般用经验数据或样本的标准差 s 和成数 p 来代替，得到近似值。

第二，不重复抽样的抽样平均误差小于重复抽样的抽样平均误差，这是因为两者的抽样平均误差公式相差一个修正系数 $\left(1-\frac{n}{N}\right)$，而这个修正系数永远小于 1。上面不重复抽样公式中，如果抽样单位数相对较少，而全及总体单位数相对较多，则 $\left(1-\frac{n}{N}\right)$ 这个系数就接近于 1，乘上这个系数后，对抽样平均误差的影响不大。为了简化，在实际工作中，对不重复抽样的情况也往往采用重复抽样公式计算抽样平均误差。

【例 8-1】某工厂生产一种新型聚光灯泡共 2000 只,随机抽选 400 只做耐用时间实验。测试和计算结果是,平均寿命为 4800 时,样本标准差为 300 时。求抽样平均误差。

解: 在重复抽样条件下

$$\mu_{\bar{x}} = \frac{S}{\sqrt{n}} = \frac{300}{\sqrt{400}} = 15 \text{(时)}$$

在不重复抽样条件下

$$\mu_{\bar{x}} = \sqrt{\frac{S^2}{n}\left(1-\frac{n}{N}\right)} = \sqrt{\frac{300^2}{400}\left(1-\frac{400}{2000}\right)} = 13.42 \text{(时)}$$

【例 8-2】一批罐头共 60 000 盒,随机抽查 300 盒,发现其中有 6 盒不合格。求合格品率的抽样平均误差。

解: 合格率如下:

$$p = \frac{300-6}{300} = 0.98$$

在重复抽样条件下

$$\mu_p = \sqrt{\frac{P(1-P)}{n}} = \sqrt{\frac{0.98 \times (1-0.98)}{300}} = 0.808\%$$

在不重复抽样条件下

$$\mu_p = \sqrt{\frac{P(1-P)}{n}\left(1-\frac{n}{N}\right)} = \sqrt{\frac{0.98 \times (1-0.98)}{300}\left(1-\frac{300}{60\,000}\right)} = 0.806\%$$

三、影响抽样误差的因素

1. 抽样单位数目的多少

在其他条件不变的情况下,抽样单位数越多,抽样误差就越小。因为抽样单位数越多,样本就越能反映总体的数量特征,如果把抽样单位数扩大到接近于总体单位数,那么抽样调查也就近似于全面调查,抽样误差就缩小到几乎完全消失的程度。

2. 总体标志变异程度的大小

在其他条件不变的情况下,总体标志的变异程度越小,则抽样误差也越小。如果总体单位标志值相等,即标志变动度为零,这时抽样指标就完全等于总体指标,抽样误差也就不存在了。

3. 抽样调查的组织方式和抽样方法

不同的抽样组织形式有不同的抽样误差;而同一组织形式的合理程度不同,抽样效果也不同。一般来说,类型抽样、等距抽样误差较小;而简单随机抽样、整群抽样则误差较大。抽样方法不同,抽样误差也不同。一般来说,不重复抽样的抽样误差要小于重复抽样的抽样误差。

四、抽样极限误差及其可靠程度

(一)抽样极限误差

前面我们介绍了抽样平均误差的含义。它是所有的样本指标与总体指标平均相差的多少。但是在进行抽样调查时,实际上只抽取一个样本。因此,实际的抽样误差可能大于抽样平均误差,也可能小于抽样平均误差。但对于某一项调查来说,根据客观要求一般应有一个允许的误差限度。也就是说,若抽样误差在这个限度之内就认为是可允许的,这一允许的误差限度就称为抽样极限误差。

抽样极限误差(the limit error of sampling)是指样本指标与总体指标之间可允许的最大误差范围,也称为抽样允许误差(bound on sampling error)。由于总体指标是客观存在的唯一确定的数值,而样本指标则围绕着总体指标左右变动,与总体指标之间的差别可能是正的(大于总体指标)也可能是负的(小于总体指标),因此允许误差采取绝对值的形式,通常用 Δ 表示。即

$$\Delta_{\bar{x}} = |\bar{x} - \bar{X}|$$
$$\Delta_p = |p - P|$$

将上式变换为下列的不等式关系,即

$$\bar{x} - \Delta_{\bar{x}} \leq \bar{X} \leq \bar{x} + \Delta_{\bar{x}}$$
$$p - \Delta_p \leq P \leq p + \Delta_p$$

上述公式说明,要将抽样误差的绝对值 $|\bar{x} - \bar{X}|$ 保持在极限误差 $\Delta_{\bar{x}}$ 范围内,也就是要使 $\Delta_{\bar{x}} = |\bar{x} - \bar{X}|$ 这一式子成立,就要求 $\bar{X}$ 被包含在区间 $(\bar{x} - \Delta_{\bar{x}}, \bar{x} + \Delta_{\bar{x}})$ 之内。反过来说,如果 $\bar{X}$ 果然在 $\bar{x} \pm \Delta_{\bar{x}}$ 的范围内,那么 $\bar{x}$ 与 $\bar{X}$ 的误差就不会超过 $\Delta_{\bar{x}}$ 这一极限误差。

抽样成数极限误差的两个式子也可以作相似的分析。

但是,由于样本指标与抽样误差都是随机变量,因而全及指标包括在我们所希望的 $(\bar{x} - \Delta_{\bar{x}}, \bar{x} + \Delta_{\bar{x}})$ 或 $(p - \Delta_p, p + \Delta_p)$ 范围内并非必然事件。我们只能在一定的概率保证下,希望全及指标包括在给定的误差区间范围内,因此要研究抽样误差范围估计的可靠程度问题,即抽样误差的概率度。

(二)抽样误差的概率度

抽样误差的概率度是表明样本指标和总体指标的误差不超过一定范围的概率保证程度,用符号 t 表示。即

$$t = \frac{\Delta_{\bar{x}}}{\mu_{\bar{x}}}$$

则
$$\Delta_{\bar{x}} = t\mu_{\bar{x}}$$
$$t = \frac{\Delta_p}{\mu_p}$$
则
$$\Delta_p = t\mu_p$$

上述公式表明，在一定抽样平均误差条件下，概率度 t 越大，则抽样误差范围 Δ 越大，区间($\bar{x} - \Delta_{\bar{x}}$，$\bar{x} + \Delta_{\bar{x}}$)或($p - \Delta_p$，$p + \Delta_p$)越宽，总体参数落在该区间内的概率(可能性)越大，抽样估计的可靠程度就越高；反之，t 越小，抽样误差范围 Δ 越小，估计区间越窄，总体参数落在区间($\bar{x} - \Delta_{\bar{x}}$，$\bar{x} + \Delta_{\bar{x}}$)或($p - \Delta_p$，$p + \Delta_p$)内的概率(可能性)越低，抽样估计的可靠程度也就越低。因此，概率度 t 与概率 $F(t)$ 成正比，两者具有表 8-3 所示的数量关系。

表 8-3 常用概率度 t 与概率 $F(t)$ 对照表

概率度 t	概率 $F(t)$
1.00	0.6827
1.28	0.8000
1.64	0.9000
1.96	0.9500
2.00	0.9545
3.00	0.9973
4.00	0.9999

第三节 抽 样 估 计

一、点估计

点估计(point estimate)就是用样本指标直接代表总体指标的估计方法。也就是说，点估计是不考虑抽样误差的参数估计。例如，以实际计算的样本平均数作为相应总体平均数的估计值，以实际计算的样本成数作为相应总体成数的估计值等。设以样本平均数 $\bar{x}$ 作为总体平均数 $\bar{X}$ 的估计值，样本成数 p 作为总体成数 P 的估计值，则有

$$\bar{x} = \bar{X}$$
$$p = P$$

点估计的优点是原理直观、计算简便。不足之处是这种估计方法没有考虑到抽样估计的误差，更没有指明误差在一定范围内的概率保证程度。要解决这些问题，就要采用区间估计的方法。

二、区间估计

(一)区间估计的含义

区间估计(interval estimate)就是把样本指标和抽样平均误差结合起来,去推断总体指标的可能范围,并给出总体指标落在这个区间的概率保证程度。区间估计是抽样估计的主要方法。它包括对总体平均数的区间估计和对总体成数的区间估计两种。

总体平均数的估计区间为

$$\bar{x} - \Delta_{\bar{x}} \leqslant \bar{X} \leqslant \bar{x} + \Delta_{\bar{x}}$$

总体成数的估计区间为

$$p - \Delta_p \leqslant P \leqslant p + \Delta_p$$

(二)区间估计的一般模式

在进行区间估计的时候,根据所给定条件的不同,总体平均数和总体成数的估计有以下两套模式可供选择使用。

(1) 根据已给定的置信度(概率),求抽样极限误差。其具体步骤如下。

第一步,抽取样本,计算抽样指标,即计算样本平均数 $\bar{x}$ 或样本成数 p,作为总体指标的估计值,并计算样本标准差 s 或方差 s^2 以推算抽样平均误差 μ。

第二步,根据给定的置信度 $F(t)$ 的要求,查正态分布概率表求得概率度 t 值。

第三步,根据概率度 t 和抽样平均误差 μ 推算抽样极限误差 Δ,并根据抽样极限误差求出被估计总体指标的上限和下限。

【例 8-3】 对 10 000 只灯泡进行质量检查,随机抽取 100 只做实际检验,所得资料整理如表 8-4 所示。

表 8-4 100 只灯泡质量标准差计算表

耐用时间 /时	灯泡数/只 f	组中值/时 x	xf	$(x-\bar{x})^2 f$
900 以下	3	850	2550	250 563
900~1000	7	950	6650	250 047
1000~1100	28	1050	29 400	221 788
1100~1200	32	1150	36 800	3872
1200~1300	20	1250	25 000	246 420
1300 以上	10	1350	13 500	445 210
合 计	100	—	113 900	1 417 900

① 试以 95.45%的概率保证，对 10 000 只灯泡的平均耐用时间进行区间估计。

② 若耐用时间在 1000 小时以上者为合格品，试以 95%的概率保证，对 10 000 只灯泡的合格率进行区间估计。

解：①第一步，计算 $\bar{x}$、s^2、$\mu_{\bar{x}}$ 如下。

$$\bar{x} = \frac{\sum xf}{\sum f} = \frac{113\,900}{100} = 1139 \,(时)$$

$$s^2 = \frac{\sum (x-\bar{x})^2 f}{\sum f} = \frac{1\,417\,900}{100} = 14\,179 \,(时)$$

$$\mu_{\bar{x}} = \sqrt{\frac{s^2}{n}\left(1-\frac{n}{N}\right)} = \sqrt{\frac{14\,179}{100} \times \left(1-\frac{100}{10\,000}\right)} = 11.85 \,(时)$$

第二步，根据给定的概率保证程度 $F(t)=95.45\%$，查正态分布概率表得概率度 $t=2$。

第三步，计算 $\Delta_{\bar{x}} = t\mu_{\bar{x}} = 2 \times 11.85 = 23.70$(时)，则 10 000 只灯泡的平均耐用时间的上下限为

$$下限 = \bar{x} - \Delta_{\bar{x}} = 1139 - 23.70 = 1115.30 \,(时)$$

$$上限 = \bar{x} + \Delta_{\bar{x}} = 1139 + 23.70 = 1162.70 \,(时)$$

即在 95.45%的概率保证程度下，10 000 只灯泡的平均耐用时间范围为 1115.30～1162.70 时。

② 第一步，计算 p、μ_p 如下。

$$p = \frac{28+32+20+10}{100} = 0.9$$

$$\mu_p = \sqrt{\frac{P(1-P)}{n}\left(1-\frac{n}{N}\right)}$$

$$= \sqrt{\frac{0.9 \times (1-0.9)}{100} \times \left(1-\frac{100}{10\,000}\right)} = 2.98\%$$

第二步，根据给定的概率保证程度 $F(t)=95\%$，查正态分布概率表得概率度 $t=1.96$。

第三步，计算 $\Delta_p = t\mu_p = 1.96 \times 2.98\% = 5.84\%$，则 10 000 只灯泡合格率的上下限为

$$下限 = p - \Delta_p = 90\% - 5.84\% = 84.16\%$$

$$上限 = p + \Delta_p = 90\% + 5.84\% = 95.86\%$$

即在 95%的概率保证程度下，10 000 只灯泡的合格率范围为 84.16%～95.84%。

(2) 根据已给定的误差范围，求概率保证程度。其具体步骤如下。

第一步，抽取样本，计算抽样指标，即计算样本平均数 $\bar{x}$ 或样本成数 p，作为总体指标的估计值，并计算样本标准差 s 或方差 s^2 以推算抽样平均误差 μ。

第二步，根据给定的抽样极限误差 Δ，估计总体指标的上限和下限。

第三步，将抽样极限误差 Δ 除以抽样平均误差 μ，求出概率度 t，再根据 t 值查正态分

布概率表，求出相应的概率保证程度。

【例 8-4】 服装设计师想知道推出的新款服装受到哪种年龄人群的喜爱，抽选了 100 名购买者进行调查，样本得到平均年龄为 26 岁，标准差为 10 岁，要求估计误差范围不超过 2 岁。求以多大的可靠性保证，总体喜欢此款服装的平均年龄的区间范围。

解： $n=100$，$\bar{x}=26$，$s=10$，$\Delta_{\bar{x}}=2$，则

$$\mu_{\bar{x}} = \frac{s}{\sqrt{n}} = \frac{10}{\sqrt{100}} = 1$$

由

$$\bar{x} - \Delta_{\bar{x}} \leqslant \bar{X} \leqslant \bar{x} + \Delta_{\bar{x}}$$

得

$$26 - 2 \leqslant \bar{X} \leqslant 26 + 2$$

$$24 \leqslant \bar{X} \leqslant 28$$

$$t = \frac{\Delta_{\bar{x}}}{\mu_{\bar{x}}} = \frac{2}{1} = 2$$

查正态分布概率表得 $F(t)=95.45\%$，即以 95.45% 的可靠性保证，总体喜欢此款服装的平均年龄范围为 24～28 岁。

【例 8-5】 对某广播电台的 800 名听众进行调查，发现有 600 名是青少年。要求允许误差不超过 3%，求以多大的概率保证全部听众中青少年听众所占比重的区间范围。

解： $n=800$，$p=\frac{600}{800}=0.75$，$\Delta_p=3\%$，则

$$\mu_p = \sqrt{\frac{P(1-P)}{n}} = \sqrt{\frac{0.75 \times 0.25}{800}} = 1.53\%$$

由

$$p - \Delta_p \leqslant P \leqslant p + \Delta_p$$

得

$$75\% - 3\% \leqslant P \leqslant 75\% + 3\%$$

$$72\% \leqslant P \leqslant 78\%$$

$$t = \frac{\Delta_p}{\mu_p} = \frac{3\%}{1.53\%} = 1.96$$

查正态分布概率表得 $F(t)=95\%$，即以 95% 的概率保证，全部听众中青少年听众所占比重的区间范围为 72%～78%。

三、对总体总量指标的推算

进行抽样调查，利用抽样平均数推断全及总体平均数，利用抽样成数推断全及总体成数，是抽样推断的主要内容，但还需要利用抽样调查资料进一步推算全及总体的总量指标。因为总体平均数(或成数)有点估计和区间估计之分，所以对总量指标的推算也分为点估计和区间估计两种。

点估计是样本指标值乘以总体单位数，即 $\bar{x}N$、pN 是总体总量指标的点估计值。区间

估计是总体指标的区间估计值乘以总体单位数，即 $(\bar{x}-\Delta_{\bar{x}})N$、$(\bar{x}+\Delta_{\bar{x}})N$、$(p-\Delta_p)N$、$(p+\Delta_p)N$ 是总体总量指标的区间估计值。

【例 8-6】 对某公司 2500 名员工进行工资收入的抽样调查，调查结果表明，平均工资为 3200 元，抽样平均误差为 10 元，试在 99.73%的概率保证下，推算该公司月工资总额的范围。

解：由表 8-3 知 t 为 3，则

$$\bar{x}-\Delta_{\bar{x}} \leqslant \bar{X} \leqslant \bar{x}+\Delta_{\bar{x}}, \quad \Delta_{\bar{x}}=t\mu_{\bar{x}}$$
$$3200-3\times10 \leqslant \bar{X} \leqslant 3200+3\times10$$
$$3170 \leqslant \bar{X} \leqslant 3230$$
$$3170\times2500 \leqslant \bar{X}N \leqslant 3230\times2500$$
$$7\,925\,000 \leqslant \bar{X}N \leqslant 8\,075\,000$$

即在 99.73%的概率保证下，该公司月工资总额范围为 7 925 000～8 075 000 元。

如果不考虑抽样误差，即用点估计，月工资总额为 8 000 000 元。

【例 8-7】 对 5000 件零件进行抽样调查，调查结果废品率为 1.5%，抽样平均误差为 0.5%，在 95%的概率保证下，推算全部零件废品量的区间范围。

解：由表 8-3 知 t 为 1.96，则

$$p-\Delta_p \leqslant P \leqslant p+\Delta_p, \quad \Delta_p=t\mu_p$$
$$1.5\%-1.96\times0.5\% \leqslant P \leqslant 1.5\%+1.96\times0.5\%$$
$$0.52\% \leqslant P \leqslant 2.48\%$$
$$0.52\%\times5000 \leqslant PN \leqslant 2.48\%\times5000$$
$$26 \leqslant PN \leqslant 124$$

即在 95%的概率保证下，全部零件废品量的区间范围为 26～124 件。

如果不考虑抽样误差，即用点估计，废品量为 75 件。

第四节　必要样本容量的确定

一、确定必要样本容量的意义

必要样本容量(sample size)是指在一定的抽样误差以及可靠程度的要求下所必须抽取的最小样本单位数。样本容量过大，会增加调查的工作量，造成人力、财力、物力和时间的浪费；样本容量过小，则样本对总体缺乏足够的代表性，从而难以保证推算结果的精确度和可靠性，达不到预期的抽样效果。因此，确定必要的样本容量具有重要的意义，它是抽样推断必须解决的基本问题之一。

二、必要样本容量的计算公式

(一)重复抽样的必要样本容量

(1) 平均数的必要样本容量为

$$n = \frac{t^2 \sigma^2}{\Delta_{\bar{x}}^2}$$

具体推导过程如下：

因为

$$\Delta_{\bar{x}} = t\mu_{\bar{x}} = t \cdot \sqrt{\frac{\sigma^2}{n}}$$

所以

$$\Delta_{\bar{x}}^2 = t^2 \cdot \frac{\sigma^2}{n}$$

$$n = \frac{t^2 \sigma^2}{\Delta_{\bar{x}}^2}$$

(2) 成数的必要样本容量为

$$n = \frac{t^2 p(1-p)}{\Delta_p^2}$$

(二)不重复抽样的必要样本容量

(1) 平均数的必要样本容量为

$$n = \frac{Nt^2 \sigma^2}{N\Delta_{\bar{x}}^2 + t^2 \sigma^2}$$

具体推导过程如下：

因为

$$\Delta_{\bar{x}} = t\mu_{\bar{x}} = t \cdot \sqrt{\frac{\sigma^2}{n}\left(1 - \frac{n}{N}\right)}$$

所以

$$\Delta_{\bar{x}}^2 = t^2 \cdot \frac{\sigma^2}{n}\left(1 - \frac{n}{N}\right) = \frac{t^2 \sigma^2}{n} - \frac{t^2 \sigma^2}{N}$$

移项得

$$\frac{t^2 \sigma^2}{n} = \Delta_{\bar{x}}^2 + \frac{t^2 \sigma^2}{N} = \frac{N\Delta_{\bar{x}}^2 + t^2 \sigma^2}{N}$$

所以

$$n = \frac{Nt^2 \sigma^2}{N\Delta_{\bar{x}}^2 + t^2 \sigma^2}$$

(2) 成数的必要样本容量为

$$n = \frac{Nt^2 p(1-p)}{N\Delta_p^2 + t^2 p(1-p)}$$

【例 8-8】在某市组织职工家庭生活抽样调查，已知职工家庭平均每人每月生活费收入的标准差为 11.5 元，要求推断的把握程度为 0.9545，允许误差为 1 元，试问需要抽查多少户进行调查？

解：由表 8-3 知，概率为 0.9545 时对应的 t 为 2

$$n = \frac{t^2 \sigma^2}{\Delta_x^2} = \frac{2^2 \times 11.5^2}{1^2} = 529 \,(户)$$

【例 8-9】调查一批机械零件的合格品率，根据过去的资料，合格品率曾有过 99%、97%、95%三种情况。现在要求允许误差不超过 1%，要求推断的把握程度为 95%，试问需要抽查多少个零件？

解：由表 8-3 知，概率为 0.95 时 t 为 1.96

$$n = \frac{t^2 p(1-p)}{\Delta_p^2} = \frac{1.96^2 \times 0.95 \times (1-0.95)}{0.01^2} \approx 1825 \,(个)$$

【例 8-10】要调查某企业 3000 名职工的平均月工资水平，根据以往资料该企业职工工资的方差为 400 元，要求推断的把握程度为 99.73%，抽样极限误差为 5 元，试问至少需要抽查多少名职工进行调查？

解：由表 8-3 知，概率为 0.9973 时 t 为 3

$$n = \frac{Nt^2 \sigma^2}{N\Delta_x^2 + t^2 \sigma^2} = \frac{3000 \times 3^2 \times 400}{3000 \times 5^2 + 3^2 \times 400} \approx 138 \,(名)$$

【例 8-11】某灯泡厂日产灯泡 15 000 只，经多次一般测试一等品率为 90%，现拟采用随机抽样方法进行抽检，如要求误差范围在 2%之内，概率为 95.45%，试求需要抽取多少只灯泡进行检验？

解：$n = \dfrac{Nt^2 p(1-p)}{N\Delta_p^2 + t^2 p(1-p)} = \dfrac{15\,000 \times 2^2 \times 0.90 \times (1-0.90)}{15\,000 \times 0.02^2 + 2^2 \times 0.90 \times (1-0.90)} \approx 850 \,(只)$

三、影响必要样本容量的因素

1. 总体标志变动度

总体标志变动度，即标准差或方差的影响。在其他条件不变的前提下，总体标志变动度越大，则抽样误差就越大，因此样本容量应大些；反之，总体标志变动度越小，抽样误差就越小，则样本容量可小些。二者成正比关系。

2. 抽样极限误差

在其他条件不变的前提下，抽样极限误差越小，即抽样估计的精确度要求越高，样本容量应越大；抽样极限误差越大，即精确度要求越低，样本容量应越小。二者成反比关系。

3. 概率保证程度

在其他条件不变的前提下，抽样估计所要求的概率保证程度越高，样本容量应越大；概率保证程度越低，样本容量应越小。二者成正比关系。

4. 抽样组织方式和方法

不同的抽样组织方式会有不同的抽样误差，因此样本容量也应有所不同。一般采用类型抽样和等距抽样，抽样的样本容量可定得小些；若采用简单随机抽样和整群抽样方式，抽样的样本容量就要定得大些。至于抽样方法，由于不重复抽样的误差小于重复抽样的误差，因此不重复抽样的样本容量可比重复抽样小些。

第五节 抽样调查的组织方式

一、简单随机抽样

简单随机抽样(simple random sampling)又称纯随机抽样。它是对总体中的所有单位不进行任何分组、排队，完全随机地从总体中抽选样本单位进行调查。它可使总体中的各个单位具有同等被抽中的机会。这种抽样方法简单易行，是抽样调查中最基本的方式。其具体方法有以下几种。

1. 直接抽选法

从调查对象中直接抽选样本。例如，从仓库中存放的所有同类产品中随机指定若干箱产品进行质量检验；从粮食仓库中不同的地点取出若干粮食样本进行含杂量、含水量的检验等。

2. 抽签法

先给每个单位编上序号，将号码写在纸片上，掺和均匀后从中抽选，抽到哪一个单位就调查哪个单位，直到抽够预先规定的数量为止。这种方法简单易行，总体单位数目不多时可以使用。

3. 随机数码表法

首先要将全及总体中所有的单位加以编号，根据编号的位数确定选用随机数码表中若干栏数字。然后从任意一栏、任意一行的数字开始数，可以向任何方向数过去，碰上属于编号范围内的数字号码就定下来作为样本单位。如果是不重复抽样，碰上重复的数字时则不要它，直到抽够预定的数量为止。

表 8-5 是从随机数码表中摘取一部分组成的表，下面举例说明抽选过程。

假如要从 30 个总体单位中抽取 5 个单位，首先要将总体单位按 1～30 编号。编号最多是两位数，因此从随机数码表上取两列作为计算单位。假定从该随机数码表的第 3 列开始，即从 43 开始，顺次序向下数。第二个数字 24 在编号范围内，这算一个，下面的 62、85、56、77 超出了范围，全不用。17 是在编号范围之内的，因此 17 号作为样本单位，依次还可取出 12、07、28 作为样本单位。

表 8-5　随机数码表

03	47	43	73	86	36	96	47	36	61
97	74	24	67	62	42	81	14	57	20
16	76	62	27	66	56	50	26	71	07
12	56	85	99	26	96	96	68	27	31
55	59	56	35	64	38	54	82	46	22
16	22	77	94	39	49	54	43	54	82
84	42	17	53	31	57	24	55	06	88
63	01	63	78	59	16	95	55	67	19
33	21	12	34	29	78	64	56	07	82
57	60	86	32	44	09	47	27	96	54
18	18	07	92	45	44	17	16	58	09
26	62	38	97	75	84	16	07	44	99
23	42	40	64	74	82	97	77	77	81
52	36	28	19	95	50	92	26	11	97
37	85	94	35	12	83	39	50	08	30

这种办法虽要编号，但免除了做签和掺匀的工作，因而比较简单。如果总体单位数很多，只要把数字栏数放宽就可以了。例如，从 4000 个单位中抽选 50 个单位，则从随机数码表中任取 4 列数字作为计算单位顺序数下去，只要碰到 4000 以内的数字号码就作为样本单位，超过 4000 的不要，重复的不要，直到取够 50 个单位为止。

简单随机抽样方法简单，主要用于以下情况。
(1) 对调查对象的情况了解很少。
(2) 总体单位的排列没有秩序。
(3) 抽到的单位比较分散时也不影响调查工作。

前面所讨论的抽样误差计算方法就是从简单随机抽样组织方式出发的，因此简单随机抽样的误差公式如下：

在重复抽样条件下

$$\mu_{\bar{x}} = \sqrt{\frac{\sigma^2}{n}} = \frac{\sigma}{\sqrt{n}}$$

$$\mu_p = \sqrt{\frac{P(1-P)}{n}}$$

在不重复抽样条件下

$$\mu_{\bar{x}} = \sqrt{\frac{\sigma^2}{n}\left(1-\frac{n}{N}\right)}$$

$$\mu_p = \sqrt{\frac{P(1-P)}{n}\left(1-\frac{n}{N}\right)}$$

二、类型抽样

类型抽样(stratification sampling)又称分类抽样或分层抽样。它是先对总体各单位按主要的标志加以分类，然后再按随机原则从各类中抽取一定单位进行调查。例如，在调查职工生活情况时，可先将职工按平均收入水平分为三个组：收入水平较高的组、收入水平中等的组、收入水平较低的组；然后再从每个组中，采用简单随机抽样的方法抽取样本，或者采用机械抽样的方法抽取样本。由于总体经过分组，同组内各单位之间的差异比较小，所以从各组抽取的样本的代表性就比较高。

类型抽样实质上是分组法和随机抽样法相结合的产物。先划分出性质不同的各个组，以减少组内标志值之间的差异程度，然后遵循随机原则，从各组中选取调查单位。因此，类型抽样法所抽出的样本代表性较高，抽样误差小，能够以较少的抽样单位数获得比较准确的推断结果。特别是当全及总体各单位标志值相差悬殊，各组间标志值变动程度很大时，类型抽样则更为优越。

经过划类分组后，确定各类型组抽样单位数一般有两种方法。

第一，不等比例抽样。即各类型组所抽选的单位数，按各类型组标志值的变动程度来确定，变动程度大的多抽一些单位，变动程度小的少抽一些单位，没有统一的比例关系。这种方法称为类型适宜抽样，或称一般抽样。

第二，等比例抽样。即按照样本单位数在各类之间分配的比重与总体在各类之间分配相同的比重进行抽样。

在实际工作中，由于事先很难了解各组的标志变异程度，所以，大多数类型抽样采用等比例类型抽样法。

类型抽样的特点是，样本单位数不是从整个总体抽取，而是从各类中分别抽取，且彼此独立。以类型等比例抽样中的重复抽样为例，要先求各类的方差 σ_i^2，然后以其加权算术平均数作为总体方差，即

$$\bar{\sigma}^2 = \frac{\sum \sigma_i^2 N_i}{N}$$

式中：N_i ——各类单位数；

N——总体单位数。

在重复抽样的条件下，类型抽样的抽样平均误差公式为

$$\mu_{\bar{x}} = \sqrt{\frac{\sigma^2}{n}}$$

$$\mu_p = \sqrt{\frac{p(1-p)}{n}}$$

上式中，$\overline{p(1-p)} = \frac{\sum p_i(1-p_i)N_i}{N_i}$。在大样本条件下，$p_i$ 可用相应的样本指标代替。在不重复抽样的条件下，抽样平均误差的计算可用重复样本的公式计算。

三、等距抽样

等距抽样(systematic sampling)又称机械抽样，是先将总体各单位按某一标志加以排队，然后依一定间隔抽取样本单位进行调查。例如，对2000个职工家庭生活情况进行抽样调查，先将职工按姓氏笔画多少顺序排列，然后再分成200个组，每组包括10个职工。从每组中抽取一个职工，即抽取的样本数共为200个。在对第一组职工抽样时，完全按照随机原则，即第一组的10个职工被抽中的机会是均等的。假如第一组抽中了6号，然后按照相等的间隔依次抽取。排列的标志可以是与调查标志无关的，也可以是与调查标志有关的。

按无关标志排列是指排列时采用与调查项目无关的标志进行。例如，按姓氏笔画多少排列，按身份证号码排列，按地名笔画排列，按人名册、户口簿及按地图上的地理位置排列等；也可以按时间顺序排列，如检查产品质量，确定按10%的比率抽检，这时即可按时间顺序每10个产品中抽取一个进行质量检查，直到将规定的样本单位数抽满为止。

按有关标志排列是指排列时采用与调查项目有关的标志进行。例如，进行我国粮食产量抽样调查，由省抽县、县抽乡、乡抽村，都是按前三年的粮食平均亩产量排列的；进行我国城市职工家计抽样调查，是按职工平均工资排列的。按有关标志排列能使被研究对象标志值的变动均匀地分布在全及总体中，保证样本具有较高的代表性。

等距抽样除排列的标志以外，还需要考虑抽样间隔的问题。设 N 为全及总体单位数，n 为样本单位数，k 为抽样距离，则 $k = \frac{N}{n}$。

等距抽样的随机性表现在抽取的第一个样本单位上，当第一个单位确定后，其余的各个样本单位也就确定了。也就是说，第一个样本单位确定后，以后每加一个抽样间隔就是下一个被抽中的样本单位，直至抽满规定的样本单位数为止。例如，进行工业产品质量检查，当确定按5%的比率抽取样本单位时，可以按时间顺序每隔5件抽取一件产品进行登记，一直达到预定的样本单位数为止。又如，进行粮食产量抽样调查时，抽取调查单位是先按最近三年粮食平均亩产量排列，再根据累计播种面积和预定抽取的样本单位数计算抽样距

离，第一个样本单位在 1/2 抽样距离处，以后每加一个抽样距离就是下一个被抽中的样本单位，直至抽完规定的样本单位数为止。

如果按无关标志排列，等距抽取样本单位时，实质上仍是简单随机抽样，其抽样平均误差的计算公式与简单随机抽样相同。如果按有关标志排列，等距抽取样本单位时，实质上就成为类型抽样的特例。按有关标志排列的等距抽样与类型抽样略有不同的是，等距抽样只在各组中抽取一个单位，而类型抽样是在各组中抽取若干个单位。因此，等距抽样平均误差的公式与类型抽样公式相同。

四、整群抽样

整群抽样(cluster sampling)也称成组抽样。它是先将总体各单位划分成许多群，然后以群为单位，从其中随机抽取部分群，对中选群的所有单位进行全面调查。例如，对产品质量进行检验时，可每隔 50 分钟抽取 10 分钟所生产的全部产品进行检验，或者每隔 7 小时抽取 1 小时所生产的全部产品作为样本。这 10 分钟和 1 小时所生产的产品就不是一件、两件产品，可能是十件、几十件，即有多少算多少。

整群抽样容易组织，多用于进行产品的质量检查。缺点是由于样本在全及总体中太集中，分布不均匀，与其他几种抽样方式比较，误差较大，代表性较差。但是如果群内差异大而群间差异小，即群内方差大，群间方差小，则可使样本代表性提高，使抽样误差减小。考虑到编制名单和抽选样本的工作比其他各种组织形式省事，调查也集中方便，这时整群抽样又是有益的。

若把总体划分为 R 个群，则从 R 个群中抽出 r 个群加以全面调查，抽样方式为不重复抽样。它的误差视各群方差大小而定。各群方差的加权平均数是计算抽样平均误差的依据。从公式的形式上看，它与类型抽样的公式类似，即

$$\mu_{\bar{x}} = \sqrt{\frac{\delta_R^2}{r}\left(1-\frac{r}{R}\right)}$$

$$\mu_p = \sqrt{\frac{p_R(1-p_R)}{r}\left(1-\frac{r}{R}\right)}$$

式中：R ——总体群数；
　　　r ——样本群数；
　　　δ_R^2 ——群间方差；
　　　p_R ——群间成数。

群间方差的计算公式为

$$\delta_R^2 = \frac{\sum(\bar{x}_i - \bar{X}_R)^2 F_i}{\sum F_i}$$

式中：$\bar{x}_i$——每个群的平均数；
　　　$\bar{X}_R$——总体平均数；
　　　F_i——各群的单位数。

群间成数的计算公式为

$$p_R = \frac{\sum p_i F_i}{\sum F_i}$$

式中：p_i——每个群的成数；
　　　F_i——各群的单位数。

第六节　假　设　检　验

一、假设检验的概念

　　参数估计和假设检验是抽样推断的两个组成部分，它们都是利用样本对总体进行某种推断，但推断的角度不同。例如，在参数估计中，目的是用样本指标去估计全及指标，如用 $\bar{x}$ 去估计 $\bar{X}$，在估计前，$\bar{X}$ 是未知的；而在假设检验中，则是先对总体指标的数值提出一个假设，如 $\bar{X} \leqslant 30$，然后用样本资料去判断这个假设 $\bar{X} \leqslant 30$ 是否成立。

　　假设检验(hypothesis testing)也称显著性检验，是对总体参数的数值提出某种假设，然后抽取样本，构造适当的统计量，对假设的正确性进行判断的一种统计方法，包括参数检验和非参数检验。如果进行假设检验时总体的分布形式已知，仅对总体的未知参数进行假设检验，则称为参数检验；如果事先对总体分布形式所知甚少，假设其具体形式的检验称为非参数检验。本节只讨论参数检验问题。

二、假设检验的一般方法

1. 原假设和备择假设

　　统计假设检验是借助样本统计量来检验关于总体的假设是"是"还是"否"。首先根据已知的信息，在经过周密考虑之后提出原假设 H_0 和备择假设 H_1。其中，原假设(null hypothesis)是检验中要予以拒绝或接受的假设。一般来说，原假设建立的依据都是已有的，具有稳定性。从经验来看，没有发生条件的变化原假设是不会轻易被否定的。换句话讲，进行假设检验的基本目的，就在于做出决策：是接受还是拒绝原假设。我们说，原假设一般是稳定的，但这并不能保证原假设永远正确，不会被否定，如果原假设被拒绝，就等于接受了备择假设。备择假设(alternative hypothesis)是原假设被否定之后应选择的、与原假设逻辑对立的假设。

2. 显著性水平 α

在进行假设检验时,确定一个可允许的作为判断界限的小概率标准也非常重要。这个小概率标准就是统计假设检验中的显著性水平(level of significance)。在假设检验过程中,我们可以依据显著性水平的大小把概率分布划分为两个区间:小于给定标准的概率区间称为拒绝区间,大于这个标准的则为接受区间。假如给定的小概率标准为 $\alpha = 0.1$,即凡概率小于 10% 的事件我们都称为小概率事件,都属于拒绝区间。若事件属于接受区间,则原假设成立而无显著差异;若事件属于拒绝区间,则拒绝原假设而认为有显著差异。显著性水平(α)所对应的概率度称为 α 的临界值,是原假设的拒绝域和接受域的分界线。仅以单边右侧检验为例,我们称概率小于 α 的事件为小概率事件,大于等于临界值的事件就是小概率事件,可以直接利用概率表查找临界值作为判断的依据。另外,显著性水平(α)并不是一个固定不变的数字,它的大小随着研究的问题的性质及对结论准确性所做的要求不同而变动,主要依据拒绝区间可能承担的风险来决定。一般而言,显著性水平(α)采用 0.01、0.05 和 0.10 等数值。

3. 双边检验和单边检验

根据所研究问题的性质有两种不同的构造假设的方法,统计假设检验可分为双边检验和单边检验两种类型。

双边检验(two-tailed test)是指当我们所关心的问题是要检验样本平均数和总体平均数有没有显著性差异,而不问差异的方向是正差异还是负差异时,所采用的一种统计检验方法。

在双边检验中,原假设取等式,如

$$H_0 : \mu = \mu_0 ; \quad H_1 : \mu \neq \mu_0$$

单边检验(one-tailed test)是指当所要检验的是样本取自的总体的参数值是偏高(大于)或偏低(小于)于某个特定值时,所选择使用的一种单方面的检验方法。它包括左单边检验和右单边检验两种。如果所要检验的是样本取自的总体的参数值是否大于某个特定值,应采用右单边检验;反之,若检验是否小于某个特定值,则采用左单边检验。

在单边检验中,原假设采取不等式形式。

左单边检验时

$$H_0 : \mu \geq \mu_0 ; \quad H_1 : \mu < \mu_0$$

右单边检验时

$$H_0 : \mu \leq \mu_0 ; \quad H_1 : \mu > \mu_0$$

4. 假设检验中的两类错误

在假设检验中,人们对于总体提出的问题的真实性往往是未知的,因此我们通过从样本获得的信息,用假设检验的方法来对原假设的真实性做出拒绝或接受的判断。这种判断并不能保证不犯错误，做到百分之百的正确，而是要承担一定的风险。正确决策与错误决策的所有可能情况可以归纳为表 8-6 所示的内容。

表 8-6　假设检验决策结果表

对 H_0 的决策	真实状况	
	H_0 真实	H_0 不真实
接受 H_0	决策正确(概率为 $1-\alpha$)	第二类错误(概率为 β)
拒绝 H_0	第一类错误(概率为 α)	决策正确(概率为 $1-\beta$)

第一类错误(Type Ⅰ error)就是弃真错误。弃真是指否定了未知的真实状况，把真当成了假。它是在拒绝原假设时出现的错误。假设检验是以概率性质的反证法为基础的一种统计分析方法。因此，我们给定一个显著性水平 α，进而通过计算发现样本平均数的差异出现的概率等于或小于 α，则认为此事件出现的可能性很小，所以拒绝接受原假设。但是，可能性很小的事件，并不等于它完全不可能发生，而且仍然以 α 的概率存在。这样，我们做出拒绝原假设的判断是要冒一定风险的，要冒把正确的假设当作假的而拒绝的风险，即犯弃真的错误。犯这类错误的概率大小就是显著性水平 α。

第二类错误(Type Ⅱ error)就是取伪错误。取伪是指接受了未知的不真实状态，把假的当作真的接受，因此它是在接受原假设时出现的错误。犯第二类错误的概率以 β 表示。对于检验者来说，当然希望 β 值尽可能的小。换言之，就是希望 $1-\beta$ 值尽可能的大，即希望 H_0 不真实而被舍弃的概率越大越好。$1-\beta$ 接近于 1，表示不真实的原假设 H_0 几乎都能够加以拒绝；反之，$1-\beta$ 越接近于 0，犯第二类错误的可能性越大。因此，$1-\beta$ 是衡量检验工作做得好坏的一个指标，在统计上称为检验功效。

在进行检验决策时，我们当然希望所有真实的原假设都能够被接受，所有不真实的原假设都被拒绝，做到既降低犯第一类错误的可能性，也减少犯第二类错误的概率水平。但事实上第一类错误和第二类错误是一对矛盾体。在其他条件不变的情况下，减少犯第一类错误的可能性，势必增加犯第二类错误的可能性。因此，在样本容量不变的情况下，要想同时减少两类错误是不可能的；要同时减少犯两类错误的可能性，只能采用增加样本单位数的办法来解决。但在实际工作中，不可能无限增大样本容量，因此决策人往往通过权衡犯两种错误所可能花费的代价来决定适当的显著性水平。如果犯第一类错误所付出的代价与承担的风险比犯第二类错误的大，则我们宁可犯第二类错误，即规定一个较小的 α 值而使 β 值增加；反之，则选择一个较大的 α 值。总之，在进行假设检验过程中，为了减少犯两种错误可能带来的损失，必须根据实际需要谨慎行事。

5. 假设检验的一般步骤

统计假设检验的一般过程可以总结为下述几个步骤。

(1) 根据具体问题的要求，提出原假设 H_0 和备择假设 H_1。

(2) 确定适当的检验统计量，主要依据总体方差已知还是未知，以及检验用的样本容量大小等。

(3) 规定检验的显著性水平 α，并确定 α 水平的拒绝域。

(4) 抽取样本，计算检验统计量的值。

(5) 做出统计决策，即用检验统计量的值与临界值(critical value)进行比较，判断原假设是否成立。

三、总体均值的假设检验

(一)总体方差已知的假设检验

在假设检验中，当总体是正态总体，总体方差 σ^2 已知时，可以证明其样本平均数 $\bar{x}$ 服从期望为 μ、方差为 σ^2/n 的正态分布，因此可选择 Z 作为检验统计量。

$$Z = \frac{\bar{x} - \mu_0}{\sigma/\sqrt{n}} \sim N(0, 1)$$

检验统计量 Z 服从均值为 0、方差为 1 的标准正态分布。

1. 双边检验

在正态分布中，$|Z| \geqslant Z_{\alpha/2}$ 的概率很小，只有 α 大小。例如，$\alpha = 0.05$，临界值 $|Z_{\alpha/2}| = 1.96$，则 $|Z| \geqslant 1.96$ 的概率只有 5%。从总体中抽取一个样本，计算 $|Z|$ 值，如果该值是大于 1.96 的，则小概率事件发生了，有理由认为该样本不是抽取自假设的总体，所以拒绝原假设。综上所述，双边检验中的决策规则为：当 $|Z| \geqslant Z_{\alpha/2}$ 时，拒绝原假设 H_0；当 $|Z| < Z_{\alpha/2}$ 时，接受原假设 H_0。

双边检验的决策规则如图 8-1 所示。

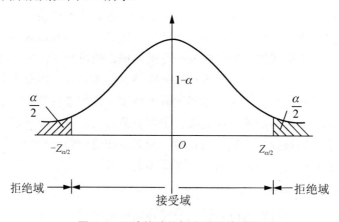

图 8-1 双边检验的拒绝域和接受域

【例 8-12】 某医院想了解病人的候诊时间与以往相比是否发生了显著变化。往年的情况是，平均每个病人的候诊时间是 40 分钟，方差为 400 分钟。现在抽取 100 名病人进行调查，其平均候诊时间为 45 分钟。试帮助医院做出决策。(α =0.01)

解：根据题意建立假设为

$H_0: \mu = 40$ 分， $H_1: \mu \neq 40$ 分

总体方差 σ^2 已知，选择 Z 作为检验统计量。

已知 $\bar{x}$ =45 分，μ_0=40 分，σ^2=400 分，n=100 名，则

$$Z = \frac{\bar{x} - \mu_0}{\sigma/\sqrt{n}} = \frac{45 - 40}{20/\sqrt{100}} = 2.5$$

α =0.01，查标准正态分布表可知 Z 的临界值 $Z_{\alpha/2}$ = 2.58。

因为 $|Z|$ = 2.5 < $Z_{\alpha/2}$ = 2.58，所以接受原假设，即该医院病人候诊的时间无显著变化。

2. 单边检验

(1) 左边检验。在正态分布中，$Z \leqslant -Z_\alpha$ 的概率只有 α 大小。例如，α =0.05，临界值 $-Z_\alpha = -1.645$，则 $Z \leqslant -1.645$ 的概率只有 5%。若某次抽取样本所计算的 Z 值是小于 -1.645 的，则小概率事件就发生了，所以拒绝原假设。即左边检验的决策规则为：当 $Z \leqslant -Z_\alpha$ 时，拒绝原假设 H_0；当 $Z > -Z_\alpha$ 时，接受原假设 H_0。

左边检验的决策规则如图 8-2 所示。

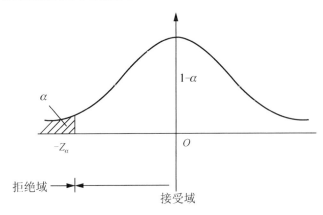

图 8-2 左边检验的拒绝域和接受域

(2) 右边检验。在正态总体中，$Z \geqslant Z_\alpha$ 的概率只有 α 大小。例如，α =0.05，临界值 $Z_\alpha = 1.645$，则 $Z \geqslant 1.645$ 的概率只有 5%。若一次抽取中，根据样本计算的 Z 值是大于 1.645 的，则小概率事件就发生了，所以拒绝原假设。即右边检验的决策规则为：当 $Z \geqslant Z_\alpha$ 时，拒绝原假设 H_0；当 $Z < Z_\alpha$ 时，接受原假设 H_0。

右边检验的决策规则如图 8-3 所示。

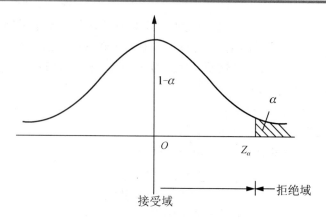

图 8-3　右边检验的拒绝域和接受域

【例 8-13】 某电池生产厂家声称其生产的某种 5 号电池平均使用寿命在 4 时以上，标准差为 1 时。现在从中抽取 25 节电池，测得其平均使用寿命为 3.5 时，试判断厂家的说法是否正确？（$\alpha=0.05$，电池使用寿命服从正态分布）

解： 根据题意建立假设为

$H_0: \mu \leqslant 4$ 时，$H_1: \mu > 4$ 时

总体服从正态分布且 σ^2 已知，因此选择 Z 作为检验统计量。

已知 $\bar{x}=3.5$ 时，$\mu_0=4$ 时，$n=25$ 节，$\sigma=1$ 时，则

$$Z = \frac{\bar{x}-\mu_0}{\sigma/\sqrt{n}} = \frac{3.5-4}{1/\sqrt{25}} = -2.5$$

当 $\alpha=0.05$ 时，根据正态分布表，得 Z 的临界值 $Z_\alpha=1.645$。

因为 $Z=-2.5 < Z_\alpha=1.645$，所以接受原假设 H_0，即不能认为厂家的声称是正确的。

(二) 总体方差未知的假设检验

在假设检验中，当总体方差 σ^2 未知，需要用样本方差 $s^2 = \dfrac{\sum(x-\bar{x})^2}{n-1}$ 作为总体方差 σ^2 的估计量，此时样本平均数 $\bar{x}$ 服从期望为 μ、方差为 s^2/n、自由度为 $n-1$ 的 t 分布，因此可以选择 t 作为检验统计量，计算公式为

$$t = \frac{\bar{x}-\mu_0}{s/\sqrt{n}}$$

在大样本情况下，t 分布和标准正态分布极为相似，因此，在大样本下，可用 Z 检验来近似代替 t 检验。

【例 8-14】 某汽车轮胎厂宣称，该厂一等品轮胎的平均寿命在一定承重和正常行驶条件下大于 25 000 千米。对一个由 15 个轮胎组成的随机样本进行试验，得到的平均值和标准差分别为 27 000 千米和 5000 千米。假定轮胎寿命近似服从正态分布，试问：是否可以

相信产品标准与厂家所说的标准相符？（$\alpha = 0.05$）

要为汽车轮胎厂所说的标准取得强有力的支持，必须把不符合标准作为原假设，而把符合标准作为备择假设。

解：根据题意建立假设为

$$H_0: \mu \leqslant 25\,000, \quad H_1: \mu > 25\,000$$

由于总体方差 σ^2 未知，所以选择 t 作为检验统计量。

$$t = \frac{\bar{x} - \mu_0}{s/\sqrt{n}} = \frac{27\,000 - 25\,000}{5000/\sqrt{15}} = 1.55$$

查 t 分布表得，$t_{0.05}(14) = 1.76$。由于 $t < t_{0.05}(14)$，所以只能接受 H_0，即没有充分的理由相信汽车轮胎厂所说的标准与实际相符。

无论是哪一种检验过程，小样本容量的总体均值检验必须先确定或有理由假定总体服从正态分布。如果实际情况无法满足这样的前提，唯一的途径就是尽可能增加样本容量，使其达到大样本标准（一般要求样本单位的个数超过 30），进而转换成大样本情形下的总体均值检验问题。

四、总体成数的假设检验

对总体成数的假设检验实际上是对两点分布总体均值的检验，因此必须在大样本条件下进行检验，其检验步骤与 Z 检验法相同，只是统计量不相同。

当我们要检验总体的成数是否等于某一常数时，其假设如下。

(1) $H_0: P = P_0$，$H_1: P \neq P_0$；

(2) $H_0: P \leqslant P_0$，$H_1: P > P_0$；

(3) $H_0: P \geqslant P_0$，$H_1: P < P_0$。

检验的统计量为 $Z = \dfrac{P - P_0}{\sqrt{P_0(1-P_0)/n}}$（其中 P 为样本成数），在原假设为真时，Z 渐进服从标准正态分布，用显著水平 α 查标准正态分布表得临界值。

若 $H_1: P \neq P_0$，当 $|z| > Z_{\alpha/2}$，拒绝原假设，否则接受原假设；

若 $H_1: P > P_0$，当 $z > Z_\alpha$，拒绝原假设，否则接受原假设；

若 $H_1: P < P_0$，当 $z < -Z_\alpha$，拒绝原假设，否则接受原假设。

【**例 8-15**】某公司负责人发现开出去的发票有大量笔误，而且断定这些发票中错误的发票占 20% 以上。随机抽取 400 张检查，发现错误的发票有 100 张，即占 25%。这是否可以证明负责人的判断正确？（$\alpha = 0.05$）

解：根据题意建立假设为

$$H_0: P \leqslant 0.2, \quad H_1: P > 0.2$$

选取检验统计量为

$$Z = \frac{P - P_0}{\sqrt{P_0(1-P_0)/n}}$$

其观测值为

$$Z = \frac{\frac{100}{400} - 0.2}{\sqrt{\frac{0.2(1-0.2)}{400}}} = 2.5$$

由于 $\alpha = 0.05$，查表得临界值 $Z_\alpha = 1.645$，因为 $Z = 2.5 > Z_\alpha = 1.645$，故拒绝原假设，即通过检验，以 5% 的显著水平，认为这些数据可以证明负责人的判断是正确的。

案例 8-1

大连民族大学经济管理学院学生考试成绩分析

随机抽取大连民族大学经济管理学院四个班级学生的考试成绩数据，如表 8-7～表 8-10 所示。

表 8-7 旅游管理专业 13-1 班成绩表

学 号	姓 名	政治经济学	微观经济学	统计学	会计学	管理学
2013050434	×××	65.0	81.0	80.0	78.0	67.0
2013050613	××	63.0	82.0	87.0	75.0	76.0
2013050619	××	64.0	82.0	92.0	83.0	79.0
2013011101	×××	60.0	60.0	63.0	64.0	65.0
2013011102	××	83.0	95.0	92.0	91.0	94.0
2013011103	×××	68.0	80.0	90.0	90.0	69.0
2009011105	×××	82.0	89.0	96.0	92.0	84.0
2013011106	×××	76.0	86.0	88.0	82.0	78.0
2013011107	××	61.0	60.0	61.0	60.0	60.0
2013011108	×××	66.0	70.0	82.0	71.0	71.0
2013011109	×××	68.0	87.0	78.0	83.0	75.0
2013011111	××	70.0	89.0	98.0	95.0	90.0
2013011112	×××	74.0	72.0	95.0	75.0	77.0
2013011113	××	64.0	84.0	83.0	85.0	76.0
2013011114	×××	61.0	75.0	81.0	69.0	66.0

续表

学 号	姓 名	政治经济学	微观经济学	统计学	会计学	管理学
2013011115	××	60.0	60.0	61.0	72.0	61.0
2013011116	×××	61.0	60.0	74.0	80.0	73.0
2013011117	×××	78.0	88.0	84.0	85.0	82.0
2013011118	××	63.0	88.0	91.0	85.0	86.0
2013011119	×××	78.0	71.0	79.0	82.0	60.0
2013011120	××	75.0	78.0	84.0	80.0	70.0
2013011121	××	78.0	64.0	79.0	73.0	63.0
2013011122	×××	62.0	75.0	87.0	89.0	78.0
2013011123	×××	77.0	87.0	96.0	94.0	94.0
2013011124	××	73.0	84.0	75.0	82.0	70.0
2013011125	×××	74.0	78.0	86.0	85.0	77.0
2013011126	××	65.0	73.0	86.0	94.0	72.0
2013011127	××	65.0	62.0	66.0	72.0	67.0
2013011128	×××	78.0	89.0	95.0	85.0	74.0
2013011129	××	66.0	76.0	74.0	73.0	62.0
2013011130	××	60.0	87.0	95.0	89.0	80.0
2013011131	××	65.0	72.0	80.0	81.0	64.0
2013011132	×××	63.0	83.0	93.0	89.0	77.0
2013011133	××	73.0	76.0	69.0	80.0	71.0
2013011134	××	70.0	82.0	82.0	90.0	79.0
2013011135	××	74.0	82.0	82.0	77.0	75.0

表 8-8　旅游管理专业 13-2 班成绩表

学 号	姓 名	政治经济学	微观经济学	统计学	会计学	管理学
2013050429	×××	83.0	88.0	94.0	90.0	93.0
2013050501	×××	61.0	70.0	67.0	60.0	49.0
2013050616	××	74.0	81.0	75.0	83.0	68.0
2013050626	×××	70.0	81.0	84.0	76.0	80.0
2013011201	××	53.0	51.0	42.0	23.0	44.0
2013011202	×××	65.0	73.0	74.0	77.0	60.0

续表

学　号	姓　名	政治经济学	微观经济学	统计学	会计学	管理学
2013011203	×××	61.0	83.0	92.0	82.0	61.0
2013011204	×××	71.0	86.0	81.0	88.0	71.0
2013011205	×××	61.0	60.0	60.0	60.0	60.0
2013011206	×××	82.0	91.0	93.0	88.0	83.0
2013011207	××	63.0	82.0	76.0	76.0	76.0
2013011208	×××	77.0	82.0	91.0	79.0	77.0
2013011209	×××	61.0	60.0	60.0	65.0	64.0
2013011210	××	60.0	71.0	76.0	78.0	60.0
2013011211	××	82.0	78.0	94.0	76.0	80.0
2013011212	××	70.0	80.0	88.0	83.0	76.0
2013011213	×××	81.0	86.0	92.0	90.0	76.0
2013011214	×××	71.0	69.0	68.0	68.0	64.0
2013011215	××	70.0	86.0	91.0	89.0	77.0
2013011216	××	66.0	82.0	87.0	78.0	79.0
2013011217	×××	76.0	85.0	96.0	93.0	89.0
2013011218	××	77.0	72.0	82.0	70.0	71.0
2013011219	×××	68.0	62.0	70.0	82.0	67.0
2013011220	××	69.0	80.0	82.0	73.0	85.0
2013011221	××	76.0	80.0	82.0	86.0	70.0
2013011222	×××	83.0	82.0	94.0	93.0	76.0
2013011223	××	71.0	66.0	65.0	66.0	64.0
2013011224	××	63.0	70.0	76.0	81.0	81.0
2013011225	×××	76.0	83.0	82.0	81.0	87.0
2013011226	××	77.0	92.0	92.0	93.0	84.0
2013011227	×××	60.0	70.0	79.0	81.0	64.0
2013011228	××	78.0	82.0	86.0	87.0	70.0
2013011229	××	80.0	74.0	78.0	75.0	78.0
2013011230	×××	83.0	91.0	97.0	94.0	89.0
2013011231	××	60.0	79.0	67.0	80.0	66.0
2013011232	×××	69.0	76.0	78.0	79.0	65.0

表8-9 经济学专业13-1班成绩表

学　号	姓　名	微观经济学	统计学	经济法	宏观经济学	货币银行学
2012050637	××	85.0	85.0	88.0	84.0	83.0
2013014101	×××	90.0	81.0	80.0	83.0	86.0
2013014102	×××	88.0	91.0	68.0	76.0	87.0
2013014103	××	93.0	90.0	74.0	83.0	88.0
2013014104	××	87.0	86.0	78.0	66.0	82.0
2013014105	××	72.0	72.0	79.0	80.0	83.0
2013014106	×××	89.0	88.0	85.0	77.0	73.0
2013014107	××	77.0	81.0	61.0	60.0	80.0
2013014108	××	84.0	80.0	62.0	73.0	74.0
2013014109	×××	93.0	94.0	88.0	85.0	95.0
2013014110	××	76.0	62.0	60.0	73.0	73.0
2013014111	××	88.0	85.0	69.0	87.0	90.0
2013014112	××	88.0	80.0	74.0	69.0	86.0
2013014113	××	81.0	74.0	80.0	73.0	80.0
2013014114	×××	83.0	76.0	71.0	70.0	75.0
2013014115	××	88.0	88.0	90.0	81.0	83.0
2013014116	×××	90.0	92.0	73.0	84.0	85.0
2013014117	×××	86.0	83.0	74.0	80.0	82.0
2013014118	××	78.0	67.0	74.0	72.0	79.0
2013014119	××	92.0	92.0	72.0	86.0	90.0
2013014120	×××	79.0	62.0	52.0	64.0	72.0
2013014121	××	87.0	76.0	74.0	78.0	88.0
2013014122	×××	79.0	76.0	66.0	60.0	72.0
2013014123	×××	75.0	74.0	60.0	60.0	70.0
2013014124	××	82.0	77.0	64.0	76.0	86.0
2013014125	×××	76.0	60.0	60.0	72.0	74.0
2013014126	×××	90.0	96.0	81.0	83.0	94.0
2013014127	××	80.0	80.0	69.0	75.0	79.0
2013014128	×××	78.0	80.0	76.0	77.0	88.0
2013014129	××	86.0	96.0	80.0	75.0	78.0

学 号	姓 名	微观经济学	统计学	经济法	宏观经济学	货币银行学
2013014130	××	74.0	68.0	71.0	80.0	79.0
2013014131	×××	87.0	80.0	71.0	69.0	78.0
2013014132	×××	89.0	94.0	88.0	90.0	90.0

表 8-10　经济学专业 13-2 班成绩表

学 号	姓 名	微观经济学	统计学	经济法	宏观经济学	货币银行学
2012050654	××	75.0	62.0	76.0	65.0	80.0
2013014201	××	82.0	68.0	69.0	80.0	74.0
2013014202	××	83.0	89.0	80.0	75.0	79.0
2013014203	×××	79.0	62.0	68.0	68.0	85.0
2013014204	×××	78.0	70.0	75.0	70.0	85.0
2013014205	××	86.0	68.0	70.0	79.0	79.0
2013014206	×××	60.0	60.0	68.0	73.0	80.0
2013014207	××	74.0	71.0	65.0	71.0	76.0
2013014208	×××	84.0	77.0	73.0	66.0	78.0
2013014209	××	82.0	71.0	64.0	73.0	76.0
2013014211	×××	78.0	60.0	64.0	60.0	67.0
2013014212	×××	80.0	62.0	60.0	60.0	63.0
2013014213	××	77.0	67.0	63.0	77.0	83.0
2013014214	×××	75.0	74.0	67.0	73.0	82.0
2013014215	×××	93.0	89.0	83.0	90.0	86.0
2013014216	××	77.0	65.0	71.0	66.0	66.0
2013014217	×××	79.0	69.0	63.0	60.0	77.0
2013014218	×××	92.0	86.0	60.0	76.0	90.0
2013014219	×××	86.0	92.0	80.0	76.0	93.0
2013014220	××	84.0	69.0	69.0	88.0	89.0
2013014221	×××	79.0	65.0	79.0	66.0	67.0
2013014222	××	93.0	95.0	79.0	72.0	84.0
2013014223	×××	81.0	85.0	72.0	76.0	87.0
2013014224	×××	87.0	80.0	60.0	63.0	84.0

续表

学　号	姓　名	微观经济学	统计学	经济法	宏观经济学	货币银行学
2013014225	×××	64.0	62.0	63.0	75.0	83.0
2013014226	×××	90.0	68.0	82.0	80.0	80.0
2013014227	××	88.0	87.0	75.0	73.0	82.0
2013014228	×××	83.0	83.0	80.0	76.0	73.0
2013014229	××	76.0	61.0	63.0	68.0	80.0
2013014230	××	75.0	84.0	65.0	68.0	78.0
2013014231	××	82.0	77.0	60.0	81.0	88.0

注：以上表内姓名一栏，已将真实姓名作保密处理。

要求：

(1) 用 Excel 中的"描述统计"分析工具计算各班各科平均成绩和标准差。

(2) 对经济管理学院全体学生有关科目的平均成绩和及格率进行区间估计，概率为 95.45%。

(3) 根据所计算的指标对各班学生的考试成绩进行分析。

案例 8-2

我国人口变动抽样调查方案

一、说明

为了准确、及时地掌握全国和各省、自治区、直辖市人口变动以及人口计划执行情况，为国家和省级人民政府制订国民经济和社会发展计划、掌握人口增长情况提供可靠的人口数据，特进行年度人口变动情况抽样调查。人口登记的原则是，以户为单位调查，既调查家庭户，也调查集体户。全国约抽取 120 万人。应在本调查小区登记的人员如下。

(1) 住本调查小区，户口在本乡、镇、街道。

(2) 住本调查小区半年以上，户口在外乡、镇、街道。

(3) 住本调查小区不满半年，离开户口登记地半年以上。

(4) 住本调查小区，户口待定。

以上四种人既包括城镇人口，也包括农村人口。

社区调查：仅调查被抽中的调查小区所在村委会的情况。

二、调查内容

(1) 按人填报的项目有：个人的基本情况、就业和失业情况、婚姻状况、妇女生育状况、出生和死亡情况等。

(2) 按户填报的项目有：本户住址编码、户别、本户总人口、上年全户纯收入、上年

10月1日以来出生人口和死亡人口，本户户籍人口中外出半年以上的人口等。

(3) 按社区填报的项目有：居住地类型，全村户数，人口数和出生、死亡人口，公共交通、教育、医疗、饮水、通信等方面的条件，耕地面积和上年人均年纯收入等。

三、调查时间

调查的标准时间为当年10月1日零时，现场登记的时间为10月份。

四、调查方法

以全国为总体，省级单位为次总体，采用分层、多阶段、等比例抽样的方法。各省、自治区、直辖市参照国家抽样基础方案，具体设计本省(自治区、直辖市)抽样方案，按照国家分配的样本量抽取样本单位，由调查员进行入户访问。

五、数据处理

数据的审核、录入、编辑工作由各省、自治区、直辖市统计局负责，并将录入的数据通过网络传输报国家统计局，由国家统计局进行省级和国家级的汇总、制表工作。

(资料来源：国家统计局网站，http://www.stats.gov.cn/tjzd.)

要求：

(1) 了解我国人口变动抽样调查方案的编制方法和基本内容。
(2) 上网查询我国不同年份的人口资料，谈一谈人口变动调查的重要意义。

思考与练习

一、单项选择题

1. 抽样调查所必须遵循的基本原则是(   )。
   ① 可比性原则   ② 可靠性原则   ③ 精确性原则   ④ 随机性原则
2. 抽样调查的目的是(   )。
   ① 为了"解剖麻雀"   ② 为了了解一般趋势
   ③ 为了从数量上推断总体   ④ 为了利用概率论原理
3. 所谓小样本一般是指样本单位数(   )。
   ① 30个以下   ② 30个以上   ③ 100个以下   ④ 100个以上
4. 抽样平均误差就是抽样平均数(或抽样成数)的(   )。
   ① 平均数   ② 平均差   ③ 标准差   ④ 标准差系数
5. 抽样误差来源于(   )。
   ① 登记性误差   ② 系统性误差
   ③ 登记性误差与系统性误差   ④ 偶然性的代表性误差
6. 在同样条件下，不重复抽样的抽样平均误差与重复抽样的抽样平均误差相比，

有( )。
① 前者小于后者　② 前者大于后者　③ 两者相等　④ 无法判断

7. 在总体方差一定的前提下,抽样平均误差最小的是( )。
① 抽样单位数为 20　　　　② 抽样单位数为 60
③ 抽样单位数为 40　　　　④ 抽样单位数为 80

8. 在重复抽样的情况下,要使抽样平均误差减少为原来的 1/3(其他条件不变),则样本单位数必须( )。
① 增加 3 倍　② 增加到 3 倍　③ 增加 9 倍　④ 增加到 9 倍

9. 在简单随机重复抽样条件下,当误差范围扩大两倍时(其他条件不变),则抽样单位数只需原来的( )。
① 1/2　② 1/3　③ 1/4　④ 1/9

10. 在简单随机重复抽样条件下,当误差范围缩小 1/6 时(其他条件不变),则抽样单位数必须增加到原来的( )。
① 1.44 倍　② 6 倍　③ 12 倍　④ 36 倍

11. 在计算必要样本容量时,如果有多个标准差的资料,则应选择( )。
① 最小一个　② 最大一个　③ 中间一个　④ 平均值

12. 在计算必要样本容量时,若成数方差未知,则可选择( )进行计算。
① $p = 0.25$　② $p = 0.5$　③ $p = 1$　④ p 为任意值

二、多项选择题

1. 抽样调查的特点有( )。
① 抽样调查是一种非全面调查
② 可以深入研究某些复杂的专门问题
③ 按随机原则抽选调查单位
④ 用部分单位的指标数值去推断总体的指标数值
⑤ 抽样误差可以事先计算并加以控制

2. 影响抽样误差的因素有( )。
① 是有限总体还是无限总体　② 是重复抽样还是不重复抽样
③ 总体被研究标志的变异程度　④ 抽样单位数目的多少
⑤ 抽样组织方式不同

3. 在其他条件不变的情况下,抽样极限误差的大小和概率的保证程度的关系是( )。
① 允许误差范围越小,概率保证程度越大
② 允许误差范围越小,概率保证程度越小
③ 允许误差范围越大,概率保证程度越大

④ 成正比关系

⑤ 成反比关系

4. 在一定误差范围的要求下( )。

① 概率度大，要求可靠性低，抽样数目相应要多

② 概率度大，要求可靠性高，抽样数目相应要多

③ 概率度小，要求可靠性低，抽样数目相应要少

④ 概率度小，要求可靠性高，抽样数目相应要少

⑤ 概率度小，要求可靠性低，抽样数目相应要多

5. 重复随机抽样的特点是( )。

① 总体中每个单位在各次抽样中被抽取的机会相等

② 总体中每个单位在各次抽样中被抽取的机会不等

③ n 次抽样就是 n 次相互独立的试验

④ 每次抽选时，总体单位数始终不变

⑤ 每次抽选时，总体单位数逐渐减少

6. 全面调查和抽样调查中都存在的误差是( )。

① 调查误差　　　　　② 系统性误差　　　　　③ 登记性误差

④ 偶然性误差　　　　⑤ 责任性误差

7. 若进行区间估计，应掌握的指标数值是( )。

① 样本指标　　　　　② 概率度　　　　　　　③ 总体单位数

④ 抽样平均误差　　　⑤ 总体指标

8. 在总体 500 个单位中，抽取 50 个单位，下列说法正确的是( )。

① 样本个数为 50 个

② 样本容量为 50 个

③ 抽取的 50 个单位是一个大样本

④ 抽取的 50 个单位是一个小样本

⑤ 一个样本有 50 个单位

三、填空题

1. 样本单位的抽选方法有( )和( )两种。

2. 抽样平均误差和总体标志变动度的大小成( )比，而和样本单位数的平方根成( )比。

3. 抽样单位数增加 2 倍，随机重复抽样平均误差缩小为原来的( )倍；当抽样单位数减少 20%，重复抽样平均误差扩大为原来的( )倍。

4. 在缺少总体方差 σ^2 时，可用( )来代替计算抽样误差。

5. 某灯泡厂为了掌握该厂的产品质量，拟进行一次全厂的质量大检查，这种检查应

选择( )调查方法。

6. 在抽样估计中，以样本指标估计总体指标的估计方法有( )和( )两种。
7. 为测定某种产品的质量，采用纯随机重复抽样方式，抽选500件检验的结果，一级品率为95%，则抽样平均误差为( )。

四、判断题

1. 抽样平均误差越大，样本的代表性越大。 ( )
2. 所有可能的样本平均数的平均数，等于总体平均数。 ( )
3. 随机原则并不排除人的主观意识的作用。 ( )
4. 抽样推断多采用大样本，一般以40个为标准。 ( )
5. 对于具有破坏性和消耗性的产品质量检查，只能进行抽样推断。 ( )
6. 样本容量的大小与抽样推断的把握程度成正比，与抽样极限误差成反比。 ( )
7. 抽样误差的产生是由于破坏了抽样的随机原则而造成的。 ( )
8. 重复抽样的抽样误差一定大于不重复抽样的抽样误差。 ( )
9. 一般而言，类型抽样的误差比简单随机抽样的误差小。 ( )
10. 简单随机重复抽样全部样本可能数目为 n^N。 ( )

五、简答题

1. 什么是抽样调查？它有哪些主要特点？
2. 什么是抽样误差？影响抽样误差的因素主要有哪些？
3. 点估计与区间估计有什么区别？
4. 影响必要样本容量的因素有哪些？

六、计算题

1. 某乡随机抽取44块麦田进行实割实测，求得小麦的平均亩产量为440.8千克，标准差为63.4千克。试在95%的概率保证程度下，估计全乡小麦平均亩产量的范围。

2. 某公司仓库库存的轴承有些生锈了，随机抽查40个，发现有8个需要除锈，当把握程度要求为86.64%时，试估计全部轴承生锈的比重在哪个区间。

3. 对一批成品按不重复随机抽样的方法抽选200件，其中废品8件，又知道样本是成品总量的1/20，当概率为95.45%时，可否认为这一批产品的废品率不超过5%？

4. 为了解农民安装电话的情况，在某地5000户农户中，按不重复简单随机抽样法抽取400户进行调查，得知这400户中已安装电话的农户为87户。试以95%的概率保证程度估计：
(1) 该地区全部农户中已安装电话的农户在多大比例之间？
(2) 若要求抽样极限误差不超过0.02，至少应抽取多少户作为样本？

5. 从以往的调查得知，某产品重量标准差不超过2克。要求抽样极限误差不超过0.2

克,置信度为 95.45%,试确定重复抽样的必要单位数。

6. 某地收购大豆,已知过去几次抽样调查合格率分别为 91%、92%、93%,今年要求把握程度为 0.8664,允许误差不超过 3%,则需要抽多少包大豆进行检查?

7. 某电子产品使用寿命在 3000 小时以下为不合格品,现用简单随机抽样的方法,从 5000 个产品中抽取 100 个,对其使用寿命进行调查,结果如表 8-11 所示。

表 8-11 某电子产品资料

使用寿命/时	产品个数/个
3000 以下	2
3000~4000	30
4000~5000	50
5000 以上	18
合 计	100

试以 68.27% 的概率保证程度,对该产品的平均使用寿命和合格率进行区间估计。

8. 一位电视节目主持人想了解观众对她主持的电视节目的喜欢程度,选取了 500 名观众作样本,结果发现其中喜欢该节目的有 175 人,现以 99.73% 的概率保证程度估计观众喜欢这个节目的区间范围。若该节目主持人希望估计误差范围不超过 5%,则有多大的把握程度?

9. 某厂生产一种产品,原月产量服从平均值为 75、方差为 14 的正态分布。设备更新后,为了考查产量是否提高,抽查了 6 个月的产量,求得平均产量为 78。假定方差不变,则在显著性水平 $\alpha = 0.05$ 下,设备更新后的月产量是否有显著提高?

10. 某食品厂用自动装袋机包装食品,每袋标准重量为 50 克,每隔一定时间抽取包装袋进行检验。现抽取 10 袋,测得其重量如下:(单位:克)

49.8,51,50.5,49.5,49.2,50.2,51.2,50.3,49.7,50.6

若每袋重量服从正态分布,则每袋重量是否合乎要求?($\alpha = 0.10$)

11. 某产品的废品率是 17%,在对该产品的生产设备进行技术改造后,从中抽取 200 件产品检验,发现有次品 28 件,能否认为技术改造后提高了产品的质量?($\alpha = 0.05$)

第九章

相关与回归分析

本章导读：本章主要介绍相关分析、回归分析与预测的基本理论与方法。通过本章的学习，要求了解相关关系的概念和种类；掌握相关关系的判断标准以及相关分析与回归分析的区别与联系；熟练掌握直线相关系数、一元线性回归模型以及估计标准误差的计算方法，并能对具有相关关系的社会经济现象进行分析与预测。

第一节 相关分析的一般问题

自然界和人类社会中的任何事物都不是孤立存在的，而是相互联系、相互依存的。这种现象之间的关系大致可以概括为两种不同的类型，即函数关系和相关关系。

一、函数关系与相关关系

1. 函数关系

函数关系(function relationship)是指现象之间的一种确定的数量依存关系，即对于某一个变量的每一个数值，都有另一个变量的确定值与之相对应。例如，圆的周长 L 与半径 r 之间就存在着函数关系 $L=2\pi r$，当 r 确定后，则 L 就有唯一的值与之对应。在这一函数关系中，一般称 r 为自变量，L 为因变量。自变量与因变量之间具有一一对应关系。又如，在商品价格不变的情况下，销售额与销售量之间的关系也属于函数关系。

2. 相关关系

相关关系(correlation relationship)是指现象之间的一种不完全确定的关系，即对于一个变量的某一个确定的数值，另有一个变量可以有几个数值与之对应。例如，每亩耕地的施肥量与亩产量之间就存在着相关关系。在一般条件下，施肥量适当增加，亩产量便会相应地提高。但是，亩产量的增长与施肥量增长的数值之间，并不存在严格的依存关系。对于每亩耕地的产量来说，除了受施肥量多少这一因素影响外，还受种子、土壤、降雨量等其他因素的影响，这就造成即使在施肥量相同的条件下，其亩产量也并不完全相同的结果。但二者还是存在一定的规律性，即施肥量增加，亩产量提高。再如，身高与体重之间的关系也是相关关系。一般来说，身体越高的人，体重也越重，但身高与体重之间却不是一一对应关系，身高 1.70 米的人，对应的体重有许多个数值。因为影响体重的因素不只是身高，还有遗传、地区等因素。这些现象之间确实存在着数量关系，但又不是严格确定的依存关系，都是相关关系。

二、相关关系的种类

现象之间的相互关系很复杂，它们涉及的因素多少不同，作用方向不同，表现出来的形态和密切程度也不同。相关关系大体可以分为以下几种类型。

1. 按相关涉及因素的多少，分为单相关和复相关

只涉及两个变量的相关称为单相关。例如，身高与体重之间的关系、施肥量与亩产量之间的关系、总产量与单位成本之间的关系等都是单相关。若涉及三个或三个以上变量的相关则称为复相关。例如，施肥量、降雨量、气温与亩产量之间的关系，某种商品的需求与其价格水平以及人们收入水平之间的关系都是复相关。

2. 按相关的表现形态，分为线性相关和非线性相关

对于两个具有相关关系的现象进行实际调查，获得一系列成对的数据。在平面直角坐标系中绘出这些数据的坐标点，如果这些点大致分布在一条直线的周围，则称为线性相关。例如，工龄与劳动生产率之间的关系大致呈直线相关。如果这些点大致散布在一条曲线的周围，则称为非线性相关。例如，从人的生命全程来看，年龄与医药费支出呈非线性相关。

3. 按相关的密切程度，分为完全相关、完全不相关和不完全相关

两种相关的现象，其中一种现象的数量变化完全由另一种现象的变化确定，则称这两种现象之间的关系为完全相关。例如，在价格不变的条件下，某种商品的销售总额与其销售量总是成正比关系。在这种情况下，相关关系便成为函数关系。因此，也可以说函数关系是相关关系的一个特例。若两种现象之间的数量变化互相没有任何影响，就称这两种现象之间的关系为完全不相关。例如，学生的学习成绩与其身高一般是不相关的。若两种现象之间的相关程度介于完全相关和完全不相关之间，则称为不完全相关。一般的相关现象都是指这种不完全相关，它是相关分析的研究对象。

4. 按相关关系的方向，分为正相关和负相关

当两个变量之间的变化方向一致，即一个变量的数值增加(或减少)，另一个变量的数值也随之增加(或减少)，这种相关称为正相关。例如，家庭消费支出随收入增加而增加。当两个变量之间的变化方向相反，即一个变量的数值增加(或减少)，而另一个变量的数值呈相反的减少(或增加)变化，这种相关称为负相关。例如，商品的销售额越多，流通费率则越低。

以上相关关系的种类如图 9-1 所示。

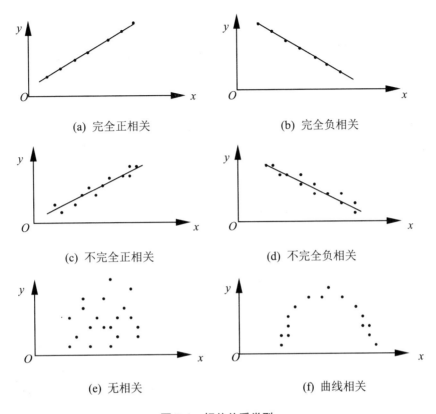

图 9-1 相关关系类型

三、相关分析的内容

相关分析(correlation analysis)是对客观现象之间存在的相关关系进行分析研究的一种统计方法。相关分析的内容包括以下几点。

1. 确定现象之间有无相关关系

这是相关分析的起点,只有现象间确实存在相关关系,才有必要进行相关分析。

2. 确定相关关系的表现形式

只有判明现象之间相互关系的具体表现形式,才能运用相应的相关分析方法去解决。如果把曲线相关误认为是直线相关,按直线相关来分析,便会出现认识上的偏差,导致错误的结论。

3. 测定相关关系的密切程度和方向

统计上,一般是通过计算相关系数来反映现象之间相关关系的密切程度。相关系数有正负号,分别表示正相关和负相关,并能据此做出数量上的具体分析。

第二节 相关表、相关图与相关系数

一、相关表与相关图

进行相关分析,首先要判断现象之间是否存在相关关系。通过制作相关表和相关图,可以直观地判断现象之间有无相关关系以及相关关系的类型。

(一)相关表

相关表(correlation table)是表现变量之间相关关系的一种表格。一般先把自变量的数值从小到大依次排列,然后再把因变量的数值一一对应地排列,就得到了相关表。

例如,有 8 个企业生产某种产品,月产量和生产费用的资料如表 9-1 所示。

表 9-1 8 个企业月产量和生产费用资料

企业编号	1	2	3	4	5	6	7	8
月产量/千吨	3.1	3.8	2.0	5.0	1.2	6.1	7.2	8.0
生产费用/万元	80	110	86	115	62	132	135	160

根据以上原始资料,将月产量按从小到大的顺序排列,可编制成相关表,如表 9-2 所示。

表 9-2 8 个企业月产量和生产费用相关表

月产量/千吨	1.2	2.0	3.1	3.8	5.0	6.1	7.2	8.0
生产费用/万元	62	86	80	110	115	132	135	160

从表 9-2 中可以看出,随着月产量的增加,生产费用有明显的提高趋势,两者之间存在正相关关系。

(二)相关图

相关图(correlation diagram)又称散点图,它是以直角坐标系的横轴代表变量 x,纵轴代表变量 y,将两变量相对应的成对数据用坐标点的形式描绘出来,用于反映两变量之间相关关系的图形。根据表 9-2 的资料绘制的相关图如图 9-2 所示。

从图 9-2 中也可以看出,8 个企业的月产量与生产费用之间有明显的直线趋势。

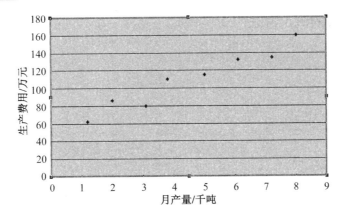

图9-2 月产量与生产费用相关图

二、相关系数

通过编制相关表和绘制相关图只能初步判断变量之间有无相关关系以及相关关系的表现形式,为了进一步准确说明现象之间相关关系的密切程度,则需要计算相关系数。

(一)相关系数的意义

相关系数(correlation coefficient)是在直线相关条件下,用来反映相关关系密切程度的统计分析指标。通常用 r 表示相关系数。

相关系数的取值范围是:$-1 \leqslant r \leqslant 1$。计算结果带有负号表示负相关,带有正号表示正相关。

相关系数的数值越接近于1(+1或-1),表示相关关系越强;越接近于0,表示相关关系越弱。如果 $r = +1$ 或 $r = -1$,则表示两个现象完全线性相关。如果 $r = 0$,则表示两个现象完全不相关(没有直线相关关系)。

在具体判断相关程度时,一般认为 r 的绝对值在 0.3 以下是无直线相关关系,在 0.3 以上有直线相关关系,在 0.3～0.5 之间是低度相关,在 0.5～0.8 之间是显著相关,在 0.8 以上是高度相关。判断标准如表 9-3 所示。

表9-3 变量之间相关密切程度的判断标准

相关系数 r 的绝对值	相关密切程度
$\lvert r \rvert < 0.3$	不相关
$0.3 \leqslant \lvert r \rvert < 0.5$	低度相关
$0.5 \leqslant \lvert r \rvert < 0.8$	显著相关
$0.8 \leqslant \lvert r \rvert < 1.0$	高度相关

(二)相关系数的测定方法

计算相关系数采用积差法,其公式如下:

$$r = \frac{L_{xy}}{\sqrt{L_{xx} \cdot L_{yy}}}$$

式中:$L_{xx} = \sum x^2 - \frac{(\sum x)^2}{n}$;

$L_{yy} = \sum y^2 - \frac{(\sum y)^2}{n}$;

$L_{xy} = \sum xy - \frac{(\sum x)(\sum y)}{n}$;

n 为项数。

现以表 9-4 的资料来说明相关系数的计算过程。

表9-4 企业产量与生产费用相关计算表

企业编号	月产量/千吨 x	生产费用/万元 y	x^2	y^2	xy
1	1.2	62	1.44	3844	74.4
2	2.0	86	4.00	7396	172.0
3	3.1	80	9.61	6400	248.0
4	3.8	110	14.44	12 100	418.0
5	5.0	115	25.00	13 225	575.0
6	6.1	132	37.21	17 424	805.2
7	7.2	135	51.84	18 225	972.0
8	8.0	160	64.00	25 600	1280.0
合计	36.4	880	207.54	104 214	4544.6

根据计算表可得

$$L_{xx} = \sum x^2 - \frac{(\sum x)^2}{n} = 207.54 - \frac{36.4^2}{8} = 41.92$$

$$L_{yy} = \sum y^2 - \frac{(\sum y)^2}{n} = 104\,214 - \frac{880^2}{8} = 7414$$

$$L_{xy} = \sum xy - \frac{(\sum x)(\sum y)}{n} = 4544.6 - \frac{36.4 \times 880}{8} = 540.6$$

$$r = \frac{L_{xy}}{\sqrt{L_{xx} \cdot L_{yy}}} = \frac{540.6}{\sqrt{41.92 \times 7414}} = 0.9697$$

计算结果表明，产品产量与生产费用之间是高度正相关关系。

第三节 回归分析的一般问题

一、回归分析的概念

相关分析中的相关系数可以从数量上说明在直线相关的条件下，变量之间相关关系的方向和密切程度。但它不能说明变量间的数量变动关系，不能说明一个现象发生一定量的变化时，另一个变量将会发生多大的变化。为解决这一问题，就必须采用回归分析方法。

回归分析(analysis of regression)是指对具有相关关系的变量，选择一个合适的数学模型，用来近似地表示变量间的平均变化关系的一种统计方法。回归分析的内容很多，按分析变量的多少不同，可分为一元回归分析与多元回归分析；按分析变量间的表现形态不同，可分为线性回归分析与非线性回归分析。本节只讨论一元线性回归分析的理论和方法。

二、回归分析与相关分析的关系

1. 回归分析与相关分析的区别

(1) 相关分析研究的两个变量的地位是对等的，不分自变量(dependent variable)和因变量(independent variable)，因此相关系数只有一个；回归分析研究的两个变量不是对等的，若互换位置，其回归方程的含义不同，计算结果也不同，因此要事先确定自变量和因变量。

(2) 相关分析计算的相关系数，只能反映变量之间关系的方向和紧密程度，不能估计推算具体的数值；回归分析可以根据回归方程，用自变量数值推算因变量的估计值。在 x、y 两个变量中，从方程式来看，可以建立两个回归方程，一个是以 x 为自变量、y 为因变量求出的回归方程，称为"y 倚 x 回归方程"，即 $y_c = a + bx$。另一个是以 y 为自变量、x 为因变量求出的回归方程，称为"x 倚 y 回归方程"，即 $x_c = c + dy$。一个回归方程只能作一种推算。

(3) 在相关分析中，两个变量必须都是随机的；而在回归分析中，因变量是随机变量，自变量不是随机的，是给定的数值。

2. 回归分析与相关分析的联系

(1) 相关分析是回归分析的基础和前提。如果缺少相关分析，没有说明现象间是否存在相关关系，没有对相关关系的紧密程度作出判断，就不能进行回归分析，即便勉强进行了回归分析，也没有实际意义。

(2) 回归分析是相关分析的深入和继续。仅仅说明现象间有密切的相关关系是不够的，只有进行了回归分析，拟合了回归方程，才能表明现象数量关系的具体形式，并进行预测。因此，如果仅有回归分析而缺少相关分析，将会因为缺少必要的基础和前提而影响回归分析的可靠性；如果仅有相关分析而缺少回归分析，就会降低相关分析的意义。只有把两者结合起来，才能达到统计分析的目的。

三、回归分析的内容

1. 建立相关关系的回归方程

利用回归方法，配合一个表明变量之间数量上相关的方程式，并依据自变量的数值来预测因变量的估计值。

2. 测定回归方程的拟合精度

回归方程建立后，需要对其精确度进行检验。统计上，一般通过计算估计标准误差来测定。估计标准误差小，说明方程的拟合精度高，从而进行统计分析结论的可靠性就大；反之，估计标准误差大，说明方程的拟合精度低，则统计分析结论的可靠性就小。

第四节　直线回归方程的拟合与检测

一、一元线性回归方程

一元线性回归方程(equation of one-variable linear regression) 只有一个因变量和一个自变量，是线性回归方程中最简单的一种，所以又称简单直线回归方程。根据观测数据绘制散点图，如果各散点的分布大致呈直线趋势，就可以判断两个变量存在线性关系。因此，可以配合直线回归方程进行分析。直线回归方程式为

$$y_c = a + bx$$

式中，x 为自变量，y_c 为因变量的估计值，a、b 为待定参数。a 表示回归直线的截距，是 $x=0$ 时 y_c 的数值；b 为回归直线的斜率，也称回归系数(regression coefficient)。b 的经济意义是：x 每增加一个单位，y_c 平均增减的数量，$b>0$ 为增量，$b<0$ 为减量。

依最小平方法的要求，要满足实际观察值 y 与估计值 y_c 离差平方和等于最小值，即 $\sum(y-y_c)^2 = \min$，将直线方程 $y_c = a+bx$ 代入，则 $\sum(y-y_c)^2 = \sum(y-a-bx)^2 = \min$，分别求函数 $\sum(y-a-bx)^2$ 对 a、b 的偏导数，并令其等于零，经整理得如下联立方程式。

$$\begin{cases} \sum y = na + b\sum x \\ \sum xy = a\sum x + b\sum x^2 \end{cases}$$

解方程组得

$$b = \frac{n\sum xy - (\sum x)(\sum y)}{n\sum x^2 - (\sum x)^2} = \frac{L_{xy}}{L_{xx}}$$

$$a = \frac{\sum y}{n} - b\frac{\sum x}{n} = \bar{y} - b\bar{x}$$

将解得的 a、b 值代入到 $y_c = a + bx$ 中,就得到所需要的直线方程。

现以表 9-5 的数据,拟合产品产量与生产费用的直线方程。

表 9-5 企业产量与生产费用回归计算表

企业编号	月产量/千吨 x	生产费用/万元 y	x^2	y^2	xy	估计值/万元 y_c	$(y-y_c)^2$
1	1.2	62	1.44	3844	74.4	66.80	23.04
2	2.0	86	4.00	7396	172.0	77.12	78.85
3	3.1	80	9.61	6400	248.0	91.30	127.69
4	3.8	110	14.44	12 100	418.0	100.33	93.51
5	5.0	115	25.00	13 225	575.0	115.80	0.64
6	6.1	132	37.21	17 424	805.2	129.99	4.04
7	7.2	135	51.84	18 225	972.0	144.17	84.09
8	8.0	160	64.00	25 600	1280.0	154.49	30.36
合计	36.4	880	207.54	104 214	4544.6	880.00	442.22

根据计算表可得

$$b = \frac{8 \times 4544.6 - 36.4 \times 880}{8 \times 207.54 - 36.4^2} = 12.896$$

$$a = \frac{880}{8} - 12.896 \times \frac{36.4}{8} = 51.323$$

将 a 和 b 代入回归直线方程式得

$$y_c = 51.323 + 12.896x$$

在回归直线方程中,$b = 12.896$,表明产品产量每增加 1 千吨,生产费用平均增加 12.896 万元;$a = 51.323$,表示即使在产量为 0 的情况下,生产费用也需要支出 51.323 万元。

如果前面已求出了相关系数,还可以用以下公式计算。

$$L_{xx} = \sum x^2 - \frac{(\sum x)^2}{n} = 207.54 - \frac{36.4^2}{8} = 41.92$$

$$L_{xy} = \sum xy - \frac{(\sum x)(\sum y)}{n} = 4544.6 - \frac{36.4 \times 880}{8} = 540.6$$

$$b = \frac{L_{xy}}{L_{xx}} = \frac{540.6}{41.92} = 12.896$$

$$a = \frac{880}{8} - 12.896 \times \frac{36.4}{8} = 51.323$$

计算结果与前面完全一致。

利用直线方程 $y_c = 51.323 + 12.896x$ 可以推算出表 9-4 中的估计值 y_c，并可以进行外推预测。

二、估计标准误差

(一) 估计标准误差的意义

回归方程的一个重要作用在于根据自变量的已知值推算出因变量的可能值，这个可能值叫估计值或理论值，它与实际值可能一致，也可能不一致，因此就产生了估计值的代表性问题。当 y_c 值与 y 值一致时，表明推断准确；当 y_c 值与 y 值不一致时，表明推断不够准确。估计值与实际值差距越大，估计值的代表性就越小。将一系列 y_c 与 y 加以比较，可以发现其中存在着一系列离差，有的是正差，有的是负差。那么，所有的实际值 y 与估计值 y_c 之间的平均差异程度是多少呢？这就需要计算估计标准误差(standard error of estimate)。估计标准误差就是因变量的实际值与其估计值离差的平均数，也叫估计标准差。它是用来说明回归方程代表性大小的统计分析指标。

(二) 估计标准误差的计算

估计标准误差的计算原理与标准差基本相同。其计算公式如下：

$$S_{yx} = \sqrt{\frac{\sum (y - y_c)^2}{n - 2}}$$

式中：S_{yx}——估计标准误差，其下标 yx 代表 y 倚 x 回归方程；

y_c——根据回归方程推算出来的因变量的估计值；

y——因变量的实际值；

n——项数。

按上式计算估计标准误差过程较繁杂，经过变换，可得简化式为

$$S_{yx} = \sqrt{\frac{\sum y^2 - a \sum y - b \sum xy}{n - 2}}$$

根据表 9-5 的资料可得

$$S_{yx} = \sqrt{\frac{442.22}{8 - 2}} = 8.59 \,(万元)$$

或

$$S_{yx} = \sqrt{\frac{104\,214 - 51.323 \times 880 - 12.896 \times 4544.6}{8-2}} = 8.59\,(万元)$$

计算结果表明，因变量的实际值与估计值的平均离差为 8.59 万元。

计算出了估计标准误差，便可以对回归方程的代表性进行检验。若估计标准误差小，说明回归方程准确性高，代表性大；反之，则说明估计不够准确，代表性小。因此，只有在估计标准误差小的情况下，用回归方程估计或预测才具有实际意义。

(三)估计标准误差与相关系数的关系

这两个指标在数量上具有如下关系：

$$r = \sqrt{1 - \frac{S_{yx}^2}{\sigma_y^2}}$$

$$S_{yx} = \sigma_y \cdot \sqrt{1 - r^2}$$

式中：r——相关系数；

σ_y——因变量数列的标准差；

S_{yx}——估计标准误差。

仍用表 9-5 的资料，按上式计算相关系数如下：

$$\sigma_y^2 = \frac{\sum(y - \bar{y})^2}{n} = \frac{7414}{8} = 926.75$$

$$S_{yx}^2 = 8.59^2 = 73.788\,1$$

$$r = \sqrt{1 - \frac{73.788\,1}{926.75}} \approx 0.96$$

计算结果显示，相关系数为 0.96，与前面计算的结果基本相同。但这种计算相关系数的方法，需要先求出回归直线方程，计算出估计标准误差，才能进行推算。而从一般的认识程序来看，只有相关关系密切，计算回归方程才有意义；如果关系不密切，下一步的计算就没有必要了，而且这样计算出来的相关系数，不能判断是正相关或负相关。因此，在实际工作中很少应用。

在实际工作中常用相关系数去推算估计标准误差，以判断回归方程的代表性大小。仍用前例资料计算如下：

$$\sigma_y = \sqrt{\frac{\sum(y - \bar{y})^2}{n}} = \sqrt{\frac{7414}{8}} = 30.44$$

$$r = 0.96$$

$$S_{yx} = 30.44 \times \sqrt{1 - 0.96^2} = 8.59\,(万元)$$

通过计算可以看出,相关系数与估计标准误差在数值的大小上表现为相反的关系。当 r 越大时,S_{yx} 越小,这时相关密切程度较高,回归方程的代表性较大;当 $r = \pm 1$ 时,$S_{yx} = 0$,现象间完全相关,各相关点均落在回归直线上。当 r 越小时,S_{yx} 越大,这时相关密切程度较低,回归方程的代表性较小;当 $r = 0$ 时,S_{yx} 取得最大值,这时,现象间不存在直线相关关系。

案例 9-1

利兴铸造厂产品成本分析

一、选题

最近几年利兴铸造厂狠抓成本管理,提高经济效益,在降低原材料和能源消耗、提高劳动生产率以及增收节支等方面,均取得了显著成绩,单位成本明显下降,基本扭转了亏损局面。但是各月单位成本起伏很大,有的月份盈利,有的月份盈利少甚至亏损。为了控制成本波动,并指导今后的生产经营,利兴铸造厂统计部门进行了产品成本分析。

二、资料搜集、整理、分析

首先,研究单位成本与产量的关系,如表9-6所示。

表9-6 铸铁件产量及单位成本

年 月	铸铁件产量/吨	单位产品成本/元	出厂价/(元/吨)
上年 1月	810	670	750
2月	547	780	750
3月	900	620	750
4月	530	800	750
5月	540	780	750
6月	800	675	750
7月	820	650	730
8月	850	620	730
9月	600	735	730
10月	690	720	730
11月	700	715	730
12月	860	610	730
今年 1月	920	580	720
2月	840	630	720
3月	1000	570	720

从表 9-6 可以看出，铸铁件单位成本波动很大，在 15 个月中，最高的是上年 4 月，单位成本达 800 元，最低的是今年 3 月，单位成本为 570 元，全距是 230 元。上年 2、4、5、9 月 4 个月成本高于出厂价，出现亏损，而今年 3 月毛利率达到 20.8% [(720−570)÷720×100%)]。

成本波动大的原因是什么呢？从表 9-6 可以发现，单位成本的波动与产量有关。上年 4 月成本最高，而产量最低，今年 3 月成本最低，而产量最高，去年亏损的 4 个月中，产量普遍偏低。这显然是个规模效益问题。在成本构成中，可以分为变动成本和固定成本两部分。根据利兴铸造厂的实际情况，变动成本主要包括原材料及能源消耗、工人工资、销售费用、税金等，固定成本主要包括折旧费用、管理费用和财务费用。在财务费用中，绝大部分是贷款利息。由于贷款余额大，在短期内无力偿还，所以每个月的贷款利息支出基本上是一项固定开支，不可能随产量的变动而变动，故将贷款利息列入固定成本中。从目前情况来看，在成本构成中，固定成本所占比重较大，每月产量大，分摊在单位产品中的固定成本就小，如果产量小，分摊在单位产品中的固定成本就大，因此每月产量的多少，直接影响单位成本的波动。为了论证单位成本与产量之间是否存在相关关系，并找出其内在规律，以指导今后的工作，现计算相关系数，并建立回归方程。

列表整理资料如表 9-7 所示，为了便于比较，15 个月的资料按产量排序。

表 9-7 铸铁件产量与单位成本的回归计算表

序号	铸铁件产量/吨 x	单位产品成本/元 y	x^2	y^2	xy
1	530	800	280 900	640 000	424 000
2	540	780	291 600	608 400	421 200
3	547	780	299 209	608 400	426 660
4	600	735	360 000	540 225	441 000
5	690	720	476 100	518 400	496 800
6	700	715	490 000	511 225	500 500
7	800	675	640 000	455 625	540 000
8	810	670	656 100	448 900	542 700
9	820	650	672 400	422 500	533 000
10	840	630	705 600	396 900	529 200
11	850	620	722 500	384 400	527 000
12	860	610	739 600	372 100	524 600
13	900	620	810 000	384 400	558 000
14	920	580	846 400	336 400	533 600
15	1000	570	1 000 000	324 900	570 000
合计	11 407	10 155	8 990 409	6 952 775	7 568 260

首先计算相关系数。设 r 代表相关系数，则

$$r = \frac{n\sum xy - \sum x \sum y}{\sqrt{n\sum x^2 - (\sum x)^2}\sqrt{n\sum y^2 - (\sum y)^2}}$$

$$= \frac{15 \times 8\,568\,260 - 11\,407 \times 10\,155}{\sqrt{15 \times 8\,990\,409 - (11\,407)^2}\sqrt{15 \times 6\,952\,775 - (10\,155)^2}} = -0.98$$

计算结果表明，单位成本与产量之间，存在着高度负相关，相关系数为-0.98。

设各月产量为自变量 x，单位成本为因变量 y，则有直线方程式如下：

$$y_c = a + bx$$

根据本章原理和上述资料，我们可以得到计算结果为

$$y_c = 1049 - 0.49x$$

计算结果表明，铸铁件产量每增加 1 吨，单位成本可以下降 0.49 元。设某月产量 x 为 1100 吨，则单位产品成本为

$$y_c = 1049 - 0.49 \times 1100 = 510 \,(元)$$

若 $x = 600$ 吨，则

$$y_c = 1049 - 0.49 \times 600 = 755 \,(元)$$

三、分析报告

增加产量是降低单位成本的重要途径

最近几年我厂狠抓成本管理，提高经济效益，基本上扭转了亏损局面，但各月单位成本波动很大，有的月份仍出现亏损。自去年1月至今年3月的15个月中，有4个月的单位成本超过出厂价，有些月份的单位成本则比较低，可获得10%~20%的利润(见表9-6)。

各月单位成本产生波动的原因是什么呢？从近15个月的资料来看，单位成本的高低与产量有关，两者成反比，即产量高，成本低；产量低，成本高。经过相关分析，单位成本与产量之间存在高度负相关，相关系数为-0.98。

我厂当前单位成本与产量的关系如此密切，主要有两个原因。一个原因是一般的规模效益。在单位成本中包含变动成本和固定成本两个部分，分摊到每个单位产品上的固定成本是随产量的变化而变化的，产量多，分摊到每个单位产品上的固定成本就少；产量少，分摊到每个单位产品上的固定成本就多。另一个原因是贷款利息支出大，增大了固定成本。在正常情况下，贷款的多少是随产量变化而变化的，贷款利息应该计算在变动成本中，可是现在贷款余额大，短期内又无偿还能力，银行利息成为每个月固定开支的费用，因此它成为固定成本的重要组成部分。

为了有效控制成本，不断提高经济效益，除继续采取措施增收节支外，还必须努力增加产量和销售量，因为增加产量是降低单位成本的重要途径。

为了掌握在不同产量条件下的单位成本，我们根据实际情况建立了单位成本对产量的回归方程如下：

$$y_c = 1049 - 0.49x$$

回归方程表明，铸铁件产量每增加 1 吨，单位成本可以下降 0.49 元。

设月产量 x 为 700 吨，则单位成本为

$$y_c = 1049 - 0.49 \times 700 = 706(元)$$

即月产量达到 700 吨以上的规模，按目前的出厂价格，可以保持较好的经济效益。

(资料来源：利兴铸造厂统计科.)

启示：

(1) 规模效益是企业生产经营中的一条规律。人们认识了这条规律，特别是像利兴铸造厂这样，结合本企业的实际情况，具体计算产量与单位成本之间的相关系数和回归方程，将规模效益量化，就能够更自觉地应用规模效益这条规律，指导生产经营，从而促进和提高经济效益。

(2) 本案例是应用统计资料和统计方法揭示规律，说明规模效益在利兴铸造厂当时条件下的具体表现，用以指导生产经营，提高经济效益。这说明统计在企业经营管理中具有重要的作用。

案例 9-2

某市 15 家重点企业主要指标分析

表 9-8 为某市 15 家重点企业的资料。

表 9-8　某市 15 家重点企业数据

企业序号	年平均从业人员数/人		从业人员劳动报酬/元		固定资产原值/万元		工业总产值/万元		利润总额/万元	
	本年	去年	本年	去年	本年	去年	本年	去年	本年	去年
	(1)	(2)	(3)	(4)	(5)	(6)	(7)	(8)	(9)	(10)
1	2622	2949	2108.0	2217.0	27 458.0	27 448.0	80 461.0	85 376.0	554.0	468.0
2	1325	1287	632.0	556.0	30 351.0	29 881.0	13 632.0	14 658.0	-1801.0	0
3	2105	2557	1321.0	1461.0	83 914.0	60 623.0	52 369.0	44 055.0	783.0	315.0
4	2081	2272	1346.0	1297.0	106 102.0	104 018.0	59 431.0	59 677.0	536.0	84.0
5	9020	8123	6598.8	4842.2	90 035.0	64 110.0	621 430.0	504 643.0	4604.0	941.0
6	1216	1413	823.0	750.0	21 212.0	22 328.0	53 237.0	53 005.0	-704.0	89.0
7	8188	9700	2958.0	3079.0	74 458.0	78 826.0	46 754.0	33 381.0	-408.0	0
8	2193	2475	1647.0	1555.0	192 542.0	117 387.0	706.0	474.0	212.0	1438.0
9	5841	5431	3790.0	3057.0	113 427.0	117 266.0	62 557.0	38 324.0	218.0	1.0

续表

企业序号	年平均从业人员数/人		从业人员劳动报酬/元		固定资产原值/万元		工业总产值/万元		利润总额/万元	
	本年	去年	本年	去年	本年	去年	本年	去年	本年	去年
	(1)	(2)	(3)	(4)	(5)	(6)	(7)	(8)	(9)	(10)
10	13 920	14 086	10 134.0	8700.0	273 846.0	264 156.0	358 275.0	316 245.0	13 363.0	2417.0
11	10 424	9308	8690.0	5900.0	191 254.0	185 568.0	91 148.0	75 678.0	7205.0	1247.0
12	6989	8878	4587.0	6714.0	122 076.0	143 583.0	25 739.0	25 377.0	−672.0	12.0
13	6789	7585	4348.0	4151.0	281 572.0	206 362.0	161 000.0	139 017.0	688.0	556.0
14	15 834	16 442	9262.0	7668.0	541 755.0	526 578.0	207 895.0	187 377.0	813.0	307.0
15	16 483	17 723	7495.0	7276.0	196 309.0	188 729.0	142 451.0	153 520.0	4140.0	826.0

(资料来源：张晓庆. 统计学[M]. 北京：科学出版社，2007.)

要求：

(1) 计算15家企业各年平均工资和劳动生产率。
(2) 计算和分析年平均工资与劳动生产率之间的相关关系并建立回归方程。
(3) 对15家企业的经营状况进行综合评价。

思考与练习

一、单项选择题

1. 在简单回归直线方程 $y_c = a + bx$ 中，b 表示(　　)。
   ① 当 x 增加一个单位时，y 增加 a 的数量
   ② 当 y 增加一个单位时，x 增加 b 的数量
   ③ 当 x 增加一个单位时，y 的平均增加值
   ④ 当 y 增加一个单位时，x 的平均增加值

2. 测定变量之间相关密切程度的代表性指标是(　　)。
   ① 两个变量的平均数　　　　　　② 估计标准误差
   ③ 两个变量的标准差　　　　　　④ 相关系数

3. 相关系数的取值范围是(　　)。
   ① $0 \leq r \leq 1$　　② $-1 \leq r \leq 0$　　③ $r > 0$　　④ $-1 \leq r \leq 1$

4. 现象之间相互依存关系的程度越低，则相关系数(　　)。
   ① 越接近于0　② 越接近于1　③ 越接近于−1　④ 越接近于0.5

5. 正相关的特点是(　　)。

① 当自变量的值变动时，因变量的值也随着变动
② 当自变量的值增加时，因变量的值也随着增加
③ 当自变量的值增加时，因变量的值反而减少
④ 当自变量的值变动时，因变量的值不随着变动

6. 相关系数 $r=-1$，说明两个变量之间(　　)。
① 无相关　　② 相关程度很低　　③ 相关程度很高　　④ 完全负相关

7. 每吨铸件的成本(元)与每一个工人劳动生产率(吨)之间的回归方程式为 $y_c=270-0.5x$，这意味着劳动生产率每提高一个单位(吨)，成本就(　　)。
① 提高 270 元　　② 提高 269.5 元　　③ 降低 0.5 元　　④ 提高 0.5 元

8. 两个变量 x、y 之间是正相关还是负相关，取决于(　　)。
① L_{xy} 的符号　　② L_{xx} 的符号　　③ L_{yy} 的符号　　④ 分母的符号

9. 应交税费与应纳税总额之间存在着(　　)。
① 相关关系　　② 因果关系　　③ 函数关系　　④ 回归关系

10. 在一般情况下，下列直线相关关系中，负相关是(　　)。
① 产量增加，总成本随之增加
② 产量增加，单位产品成本随之降低
③ 消费水平随工资收入的增加而增加
④ 产量减少，生产用的电费减少

11. 当所有观测值都落在回归直线上时，则两个变量之间的相关系数为(　　)。
① 1　　② -1　　③ +1 或-1　　④ 大于-1，小于+1

12. 下列直线回归方程中，(　　)是错误的。
① $y-35+0.3\ x$，$r=0.8$　　② $y=-124+1.4\ x$，$r=0.89$
③ $y=18-2.2\ x$，$r=0.74$　　④ $y=-87-0.9\ x$，$r=-0.9$

二、多项选择题

1. 下列现象属于相关关系的是(　　)。
① 家庭收入越多，则消费越增长　　② 圆的半径越长，则圆的面积越大
③ 产量越高，原材料消耗量越大　　④ 施肥量增加，粮食产量也增加
⑤ 体积随温度升高而膨胀，随压力加大而减小

2. 相关系数按相关关系的方向不同，分为(　　)。
① 单相关　　② 负相关　　③ 复相关　　④ 线性相关　　⑤ 正相关

3. 商品流通费用率随商品销售额的增加而降低，但这种变动不是均等的。可见这种关系是(　　)。
① 函数关系　　② 相关关系　　③ 正相关　　④ 负相关　　⑤ 曲线相关

4. 下列说法正确的有(　　)。

① $r=1$ 为完全正相关   ② $|r|=1$ 为完全相关

③ $r=0$ 为零相关   ④ $r=-0.98$ 为高度负相关

⑤ $0 \leqslant |r|$ 是相关系数的取值范围

5. 相关分析的主要特点有( )。

① 两个变量是对等的   ② 两个变量不是对等的

③ 相关系数只有一个   ④ 相关系数有正号或负号

⑤ 自变量是给定的，因变量是随机的

6. 如果直线回归方程为 $y_c=500+0.25x$，则说明( )。

① x 每增加一个单位，y_c 平均增加 0.25 个单位

② x 每增加一个单位，y_c 平均减少 0.25 个单位

③ x 增加 10，y_c 增加 2.5

④ x 为 10，y_c 等于 502.5

⑤ 0.25 是回归系数

7. 若相关系数 $r>0$，在 $y_c=a+bx$ 中，则( )。

① a 可以是正数   ② a 可以是负数   ③ a 可以是零

④ b 可以是正数   ⑤ b 可以是负数和零

8. 一元线性回归分析中( )。

① 两个变量之间不是对等关系

② 因变量是随机的，自变量是给定值

③ 回归方程表明变量间的变动关系

④ 因变量的系数称为回归系数

⑤ 回归系数有正负号，正号表示回归方程配合一条上升的直线，负号表示回归方程配合一条下降的直线

三、填空题

1. 现象之间的相关关系按相关的方向分为( )和( )；按相关的形式分为( )和( )。

2. 如果自变量 x 的值增加，因变量 y 的值也随之相应增加，这样的相关关系就是( )相关；如果自变量 x 的值增加，因变量 y 的值随之相应减少，则这样的相关关系就是( )相关。

3. 相关系数 r 的符号反映相关关系的( )，其绝对值的大小则反映变量相关的( )，相关系数的取值范围是( )。

4. 简单直线回归方程的基本形式有两种：一种是 y 倚 x 回归方程，即( )。另一种是 x 倚 y 回归方程，即( )。这两条直线的回归系数分别是( )和( )。

5. 计算回归方程时，要求因变量是( )的，而自变量不是( )的，是

(   )的数值。

6. 单相关是指(   )之间的相关关系，复相关是指(   )之间的相关关系。

7. 回归方程中(   )的系数称为回归系数。

四、判断题

1. 计算相关系数时，应首先确定自变量和因变量。　　　　　　　　　　　(   )
2. 相关系数 r 取值范围在 $+1$ 和 -1 之间。　　　　　　　　　　　　　(   )
3. 按变量之间关系的密切程度不同，相关关系可分为正相关和负相关。　(   )
4. 两个变量中无论假定哪个变量为自变量 x，哪个为因变量 y，都只能计算一个相关系数。　　　　　　　　　　　　　　　　　　　　　　　　　　　　(   )
5. 回归系数 b 大于 0 或小于 0 时，则相关系数 r 也是大于 0 或小于 0。　(   )
6. 回归方程要求自变量和因变量都是随机变量。　　　　　　　　　　　　(   )
7. 由直线回归方程 $y_c = 200 + 1.5x$ 可知，变量 x 与 y 之间存在正相关关系。(   )
8. 甲产品产量与单位成本的相关系数是 -0.9，乙产品的产量与单位成本的相关系数是 0.8，因此乙比甲的相关程度高。　　　　　　　　　　　　　　　　(   )
9. 估计标准误差计算公式中的 $n-2$ 是自由度。　　　　　　　　　　　　(   )
10. 若估计标准误差 $S_{yx} = 0$，则说明实际值与估计值完全一致。　　　　(   )

五、简答题

1. 简述相关关系的种类。
2. 回归分析与相关分析的区别是什么？
3. 在直线回归方程 $y_c = a + bx$ 中，参数 a 和 b 的几何意义和经济意义是什么？

六、计算题

1. 某工业企业 2012—2016 年的工业增加值和利润额资料如表 9-9 所示。

表 9-9　某工业企业 2012—2016 年的工业增加值和利润额资料

年　份	工业增加值/万元	利润额/万元
2012	65	12
2013	70	14
2014	75	15
2015	65	13
2016	75	16

要求：(1) 计算该工业企业的工业增加值与利润额的相关系数。

(2) 根据相关系数说明其相关关系属于哪种类型？其相关关系的密切程度如何？

(3) 求出利润额倚工业增加值的回归直线方程。

(4) 说明工业增加值每增加 1 万元时，利润额平均增加多少元？

(5) 若 2017 年工业增加值为 80 万元，试估计其利润额。

2. 某工业企业 2016 年下半年各月份生产某种产品的产量与单位成本的资料如表 9-10 所示。

表 9-10 某工业企业 2016 年下半年各月份生产某种产品的产量与单位成本资料

月 份	产量/千件	单位成本/(元/件)
7	2	73
8	3	72
9	4	71
10	3	73
11	4	69
12	5	68

要求：(1) 计算该企业产量与单位成本的相关系数。

(2) 说明其相关关系属于何种类型？其相关关系的密切程度如何？

(3) 求出单位成本倚产量的回归直线方程及产量倚单位成本的回归直线方程。

(4) 根据回归直线方程指出：产量每增加 1 千件时，单位成本平均下降多少元？单位成本每增加 1 元时，产量平均减少多少件？

(5) 假定产量为 6 千件时，估计单位成本为多少元？假定单位成本为 70 元时，估计产量为多少件？

3. 某市电子工业公司有 14 个所属企业，其 2016 年的设备能力和劳动生产率统计数据如表 9-11 所示。

表 9-11 某市电子工业公司 14 个所属企业资料

企业编号	设备能力/(千瓦/时) x	劳动生产率/(千元/人) y
1	2.8	6.7
2	2.8	6.9
3	3.0	7.2
4	2.9	7.3
5	3.4	8.4
6	3.9	8.8
7	4.0	9.1

续表

企业编号	设备能力/(千瓦时) x	劳动生产率/(千元/人) y
8	4.8	9.8
9	4.9	10.6
10	5.2	10.7
11	5.4	11.1
12	5.5	11.8
13	6.2	12.1
14	7.0	12.4

要求：(1) 绘出散点图，并且建立直线回归方程。

(2) 当某一企业的年设备能力达到 8.0 千瓦时，试预测其劳动生产率。

(3) 计算估计标准误差。

4. 8个企业的可比产品成本降低率和销售利润资料如表 9-12 所示。

表9-12　8个企业的可比产品成本降低率和销售利润资料

企业编号	可比产品成本降低率/%	销售利润/万元
1	2.1	4.1
2	2	4.5
3	3	8.1
4	3.2	10.5
5	4.5	25.4
6	4.3	25
7	5	35
8	3.9	23.4

要求：(1) 计算相关系数。

(2) 建立直线回归方程。

(3) 说明回归系数 b 的经济含义。

(4) 计算估计标准误差。

第十章

Excel 在统计中的应用

本章导读：本章介绍 Excel 在统计中的各种应用。通过本章的学习，要求学生能用 Excel 进行数据资料的整理，绘制统计图表；用 Excel 的统计函数功能、数据分析功能、公式和填充柄功能进行快捷的统计数据运算，并对输出结果做出正确的解释，以达到熟练利用 Excel 对各种问题进行分析的目的。

第一节　Excel 在数据整理中的应用

一、用 Excel 进行统计分组

利用 Excel 数据分析的"直方图"工具可以方便地进行统计数据的整理。下面以《统计学》课程学生的考试成绩分析为例，说明其操作步骤。

例如，某班 40 名学生《统计学》考试成绩如下：

89	88	76	99	74	60	82	60	89	86
93	99	94	82	77	79	97	78	95	92
87	84	79	65	98	67	59	72	84	85
56	81	77	73	65	66	83	63	79	70

根据这些数据进行统计分组并制作直方图。

第一步，进入 Excel 工作表，在 A 单元列中输入 40 名学生《统计学》的考试成绩，并按升序排列。

第二步，在 B 单元列中输入各组的分组上限，无论连续变量还是离散变量，其分组的频数都只计算到各组上限包括的变量值数目为止。本例从 59 到 99(见图 10-1)。

第三步，从"数据"菜单中选择"数据分析"选项，并从其对话框中选择"直方图"选项，打开"直方图"对话框，如图 10-2 所示。

第四步，在"直方图"对话框的"输入区域"文本框中输入$A$2:$A$41，在"接受区域"文本框中输入$B$2:$B$6。在"输出区域"文本框可以直接输入一个单元格，代表输出区域的左上角(必须是空的单元)，本例取$C$8。

第五步，选择"图表输出"复选框，在 Excel 工作表上可以得到频率分布表和直方图；选择"累计百分率"复选框，系统将在直方图上添加累计频率折线；选择"柏拉图"复选

框，可得到按降序排列的直方图。本例选择"图表输出"和"累计百分率"复选框，单击"确定"按钮，便可得到输出结果，如图 10-3 所示。

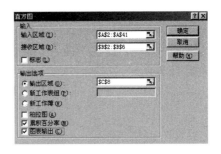

图 10-1　Excel 数据表　　　　　　　　　图 10-2　"直方图"对话框

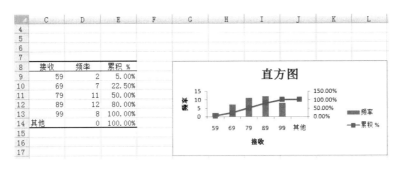

图 10-3　频数分布和直方图

应当注意，图 10-3 实际上是一个"草图"，还需要作如下修改。

(1) 单击任一直条，然后右击，在弹出的快捷菜单中选取设置数据系列格式，弹出"设置数据系列格式"对话框，选择"系列选项"选项卡，调整分类间距到无间距。

(2) 将 C14 中的"其他"清除，直方图中的"其他"直条消失。

(3) 在数值轴上单击清除图例"频率"，在框内输入"学生数"；在分类轴上单击清除图例"接收"，在框内输入"考分"；在图表标题"上单击清除图例"直方图"，在框内输入"统计学考试成绩分布直方图"；同时，将图表右侧"频率"和"累计"示意框删除。调整后的直方图如图 10-4 所示。

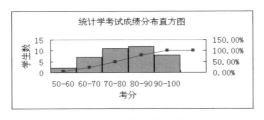

图 10-4　调整后的直方图

二、用 Excel 图表向导工具绘制统计图

仍以前例 40 名学生《统计学》考试成绩的资料说明饼图的绘制方法，如图 10-5 所示。

第一步，选择要绘制统计图的资料，本例选择 A1:B6 区域。然后，单击"插入"菜单中的"饼图"按钮，或在"插入"菜单中单击"创建图表"选项，弹出"插入图表"对话框，如图 10-6 所示。

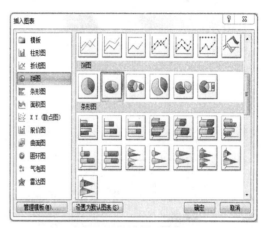

图 10-5 频数表　　　　　　　　图 10-6 "插入图表"对话框

第二步，在图表类型中选择"饼图"选项，然后在子图表类型中任选一种类型，本例选择第二种类型，图形显示为"三维饼图"的一类，单击"确定"按钮，可以查看图形示例(草图)，如图 10-7 所示。

第三步，将鼠标移至饼图图形上右击，进而单击"选择数据"功能项，打开"选择数据源"对话框，如图 10-8 所示。对话框上方显示有"图表数据区域"，此为生成饼图的数据来源，下方有"切换行/列"功能键，分为"图例项(系列)"和"水平(分类)轴标签"两项，在"图例项(系列)"中可以添加、更改或删除标题名称。在本例中，所绘图形按照行标题分组，饼图所反映的是人数构成。在"图例项(系列)"选项中，由于本例在选定数据区域时连同列标题一起选定，所以在"图例项(系列)"选项左侧的列表框下列出了"人数/人"，右侧"分类"文本框中显示出列的数值区域，接下来可以单击"图例项(系列)"中的"编辑"按钮，弹出"编辑数据系列"对话框，如图 10-9 所示。在"系列名称"文本框中输入"学生人数(人)"，单击"确定"按钮，将饼图标题改为"学生人数(人)"。

完成以上操作后，再次将鼠标移至饼图图形上右击，在弹出菜单中单击"添加数据标签"选项，即可在饼图中显示各组对应的学生人数数值。此外，于饼图图形上右击时，会出现"三维旋转""设置数据系列格式"等选项，在不同的选项中可以对图形进行不同的设置，可根据需要选用。本例绘制的各组人数结构饼图，如图 10-10 所示。

绘制其他种类图形的方法与此操作类似。

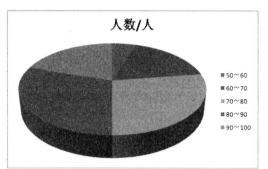
图 10-7　图形示例

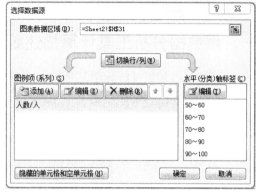
图 10-8　"选择数据源"对话框

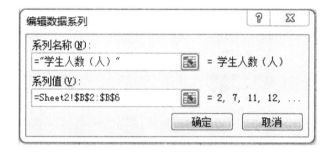
图 10-9　"编辑数据系列"对话框

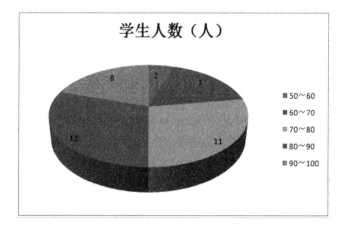
图 10-10　饼图

第二节　Excel 在描述统计中的应用

一、用数据分析工具计算描述统计量

仍以 40 名学生《统计学》考试成绩的资料为例，说明描述统计量的计算步骤。

第一步，进入 Excel 工作表，在 A 单元列中输入 40 名学生《统计学》的考试成绩。

第二步，从"数据"菜单中选"择数据分析"选项，并从对话框中选择"描述统计"选项，打开"描述统计"对话框，如图 10-11 所示。

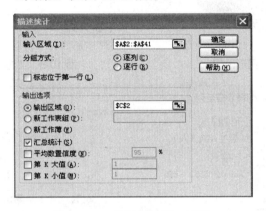

图 10-11　"描述统计"对话框

第三步，在"输入区域"文本框中输入$A$2:$A$41，在"输出区域"文本框中输入$C$2。选中"汇总统计"复选框，可给出一系列描述统计量，其他复选框可根据需要选定，本例只选汇总统计。单击"确定"按钮，可得输出结果，如图 10-12 所示。

	A	B	C	D
1	考试成绩			
2	89		列1	
3	93			
4	87		平均	79.55
5	56		标准误差	1.904431
6	88		中位数	80
7	99		众数	79
8	84		标准差	12.04468
9	81		方差	145.0744
10	76		峰度	-0.8356
11	94		偏度	-0.19948
12	79		区域	43
13	77		最小值	56
14	99		最大值	99
15	82		求和	3182
16	65		观测数	40

图 10-12　描述统计输出结果

"描述统计"分析工具输出结果有关指标的解释如下：

平均　　　　（算术平均数）
标准误差　　（抽样平均误差）
区域　　　　（全距）
最小值　　　（第 K 个小值）
最大值　　　（第 K 个大值）
求和　　　　（标志值总和）
观测值　　　（总频数）

二、用函数公式计算描述统计量

仍用前例资料为例，计算方法如下。

算术平均数：单击任一空白单元格，输入公式"=AVERAGE(A2:A41)"，按 Enter 键后得算术平均数为 79.55。

调和平均数：单击任一空白单元格，输入公式"=HARMEAN(A2:A41)"，按 Enter 键后得调和平均数为 77.67。

几何平均数：单击任一空白单元格，输入公式"=GEOMEAN(A2:A41)"，按 Enter 键后得几何平均数为 78.63。

众数：单击任一空白单元格，输入公式"=MODE(A2:A41)"，按 Enter 键后得众数为 79。

中位数：单击任一空白单元格，输入公式"=MEDIAN(A2:A41)"，按 Enter 键后得中位数为 80。

全距：单击任一空白单元格，输入公式"=MAX(A2:A41)-MIN(A2:A41)"，按 Enter 键后得全距为 43。

标准差：单击任一空白单元格，输入公式"=STDEV(A2:A41)"，按 Enter 键后得标准差为 12.04。

标准差系数：单击任一空白单元格，输入公式"=STDEV(A2:A41)/AVERAGE(A2:A41)"，按 Enter 键后得标准差系数为 0.1514。

偏态系数：单击任一空白单元格，输入公式"=SKEW(A2:A41)"，按 Enter 键后得偏度系数为 –0.199 48。

峰度系数：单击任一空白单元格，输入公式"=KURT(A2:A41)"，按 Enter 键后得峰度系数为 –0.835 6。

第三节　Excel 在时间数列分析中的应用

一、用 Excel 计算各种动态分析指标

根据某市工业局增加值资料，计算各种动态分析指标，如图 10-13 所示。

	A	B	C	D	E	F
1			某市工业局系统增加值动态分析表			
2	年份	2011	2012	2013	2014	2015
3	工业增加值（百万元）	40	43	48	54	60
4	逐期增长量（百万元）	—	3	5	6	6
5	累计增长量（百万元）	—	3	8	14	20
6	环比发展速度（%）	—	107.5	111.6279	112.5	111.1111
7	定基发展速度（%）	—	107.5	120	135	150
8	环比增长速度（%）	—	7.5	11.6279	12.5	11.1111
9	定基增长速度（%）	—	7.5	20	35	50
10	增长1%的绝对值（百万元）	—	0.4	0.43	0.48	0.54
11						
12	平均增长量（百万元）	5				
13	平均发展速度（%）	110.6682				
14						

图 10-13　动态分析指标计算表

其计算方法如下。

计算逐期增长量：在 C4 单元格中输入公式"=C3-B3"，并用鼠标向右拖曳将公式复制到 C4:F4 区域。

计算累计增长量：在 C5 单元格中输入公式"= C3-$B$3"，并用鼠标向右拖曳将公式复制到 C5:F5 区域。

计算环比发展速度：在 C6 单元格中输入公式"=C3/B3*100"，并用鼠标向右拖曳将公式复制到 C6:F6 区域。

计算定基发展速度：在 C7 单元格中输入公式"=C3/$B$3*100"，并用鼠标向右拖曳将公式复制到 C7:F7 区域。

计算环比增长速度：在 C8 单元格中输入公式"=C6-100"，并用鼠标向右拖曳将公式复制到 C8:F8 区域。

计算定基增长速度：在 C9 单元格中输入公式"=C7-100"，并用鼠标向右拖曳将公式复制到 C9:F9 区域。

计算增长 1%的绝对值：在 C10 单元格中输入公式"=B3/100"，并用鼠标向右拖曳将公式复制到 C10:F10 区域。

计算平均增长量：在 B12 单元格中输入公式"=(F3-B3)/4"，单击 Enter 键，即可得到平均增长量。

计算平均发展速度(水平法)：选中 B13 单元格，输入"="，在左上角选择"函数"选项中的"其他函数"选项，在"插入函数"对话框的"选择类别"中，选择"统计"选项，然后在下方"选择函数"中选择 GEOMEAN 函数，在数值区域中输入 C6:F6，单击"确定"按钮即可。

二、用 Excel 进行时间数列的修匀处理

现以第六章表 6-19 的资料为例，进行三项移动平均。

第一步，进入 Excel 工作表，将原始资料输入到 A、B 两列单元格中。

第二步,从"数据"菜单中选择"数据分析"选项,并从其对话框中单击"移动平均"命令,打开"移动平均"对话框,如图10-14所示。

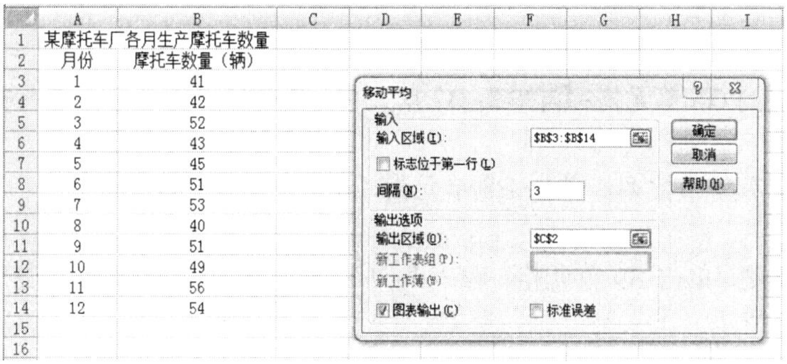

图10-14 Excel数据表与"移动平均"对话框

第三步,在"输入区域"文本框中输入$B$3:$B$14,在"间隔"文本框中输入 3。一般采用奇数项间隔移动,如果采用偶数项,还需进行二次移动平均才能完成。

第四步,选定输出选项的区域,通常设定为紧靠原始时间数列右边一列的最上方的单元格,本例为$C$2。

第五步,选中"图表输出"复选框,可进行实际数列与移动平均后的新数列之间趋势线的比较,观察修匀情况。

第六步:单击"确定"按钮,即显示输出结果。也可以在圆柱上右击,选择"更改系列图表类型"选项,单击"带数据标记的折线图"命令,即显示修改后的输出结果,如图10-15所示。

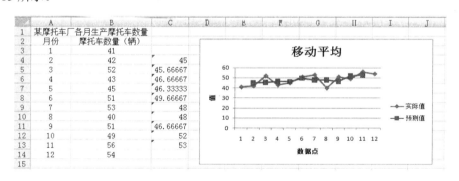

图10-15 修改后的移动平均输出结果

三、用Excel测定季节变动

(一)按月(季)平均法

现以第六章表6-24旅游人数的资料为例,进行季节变动的分析。

第一步，计算三年的同年合计和季平均。单击 F3 单元格，输入"=SUM(B3:E3)"，得到 2014 年的合计数 161，并用填充柄复制到 F5 单元格；再单击 G3 单元格，输入"=F3/4"，并用填充柄复制到 G5 单元格。

第二步，计算三年的同季合计和同季平均。单击 B6 单元格，输入"= SUM(B3:B5)"，并用填充柄复制到 G6 单元格；再单击 B7 单元格，输入"= B6/3"，并用填充柄复制到 G7 单元格。

第三步，计算季节比率。单击 B8 单元格，输入"= B7/$G$7*100"，并用填充柄复制到 G8 单元格。

第四步，预测。单击 B9 单元格，输入"= B8/100*75"，并用填充柄复制到 G9 单元格。具体如图 10-16 所示。

	A	B	C	D	E	F	G
1	旅游人数季节比率计算表						
2	年份\季度	一季度	二季度	三季度	四季度	合计	季平均
3	2014	32	40	61	28	161	40.25
4	2015	41	51	74	36	202	50.5
5	2016	57	65	93	57	272	68
6	合计	130	156	228	121	635	158.75
7	同季平均	43.33333	52	76	40.33333	211.6667	52.91667
8	季节比率 (%)	81.88976	98.26772	143.622	76.22047	400	100
9	预测值	61.41732	73.70079	107.7165	57.16535	300	75
10							

图 10-16　季节变动资料及输出结果

计算出各季的季节变动比率后，可以利用图表向导绘制季节变动图。首先选定季节变动比率所在区域"A8:E8"，然后选择"插入"菜单的"图表"命令中的"折线图"选项。在"折线图"选项中，选择"二维折线图"中的第四种"带数据标记的折线图"项，再按照向导操作，完成后得到季节变动图，如图 10-17 所示。

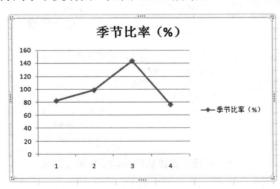

图 10-17　季节变动

(二)移动平均趋势剔除法

以第六章表 6-25 为例，说明如何用移动平均趋势剔除法测定季节变动，如图 10-18

所示。

	A	B	C	D	E	F
1	年份	季度	销售量Y	四项移动平均	趋势值Y_c	Y/Y_c/%
2	第一年	1	1.4			
3		2	4			
4		3	9	3.85	3.875	232.2580645
5		4	1	3.9	4.1625	24.02402402
6	第二年	1	1.6	4.425	4.575	34.9726776
7		2	6.1	4.725	4.775	127.7486911
8		3	10.2	4.825	4.85	210.3092784
9		4	1.4	4.875	4.9875	28.07017544
10	第三年	1	1.8	5.1	5.3625	33.56643357
11		2	7	5.625	5.6375	124.1685144
12		3	12.3	5.65		
13		4	1.5			
14						

图 10-18　季节变动资料

第一步，按图上的格式在 A 单元列输入年份，在 B 单元列输入季度，在 C 单元列输入销售量。

第二步，计算四项移动平均。在 D4 单元格中输入"=SUM(C2:C5)/4"，并用鼠标拖曳将公式复制到 D4:D12 区域(也可用前述数据分析中的移动平均方法求四项移动平均)。

第三步，计算趋势值(即二项移动平均)Y_c。在 E4 单元格中输入"=(D4+D5)/2"，并用鼠标拖曳将公式复制到 E4:E11 区域(也可用数据分析中的移动平均方法求二项移动平均)。

第四步，剔除长期趋势，即计算 Y/Y_c。在 F4 单元格中输入"=C4/E4*100"，并用鼠标拖曳将公式复制到 F4:F11 区域。

第五步，重新排列 F4:F11 区域中的数据，使同季的数据位于一列，共排成 4 列，无数据的单元格以"—"填充，如图 10-19 所示。

	A	B	C	D	E	F
19						
20		第一季度	第二季度	第三季度	第四季度	合计
21	第一年	—	—	232.25806	24.024024	—
22	第二年	34.972678	127.74869	210.30928	28.070175	
23	第三年	33.566434	124.16851			
24	同季平均(%)	34.269556	125.9586	221.28367	26.0470995	407.55893
25	季节比率(%)	33.63396442	123.622467	217.1795597	25.56400841	400
26	调整系数	0.981453171				
27						

图 10-19　季节变动输出结果

第六步，计算各年同季平均数。在 B24 单元格中输入"=AVERAGE(B22:B23)"，并用填充柄拖至 C24 单元格；在 D24 单元格中输入"=AVERAGE(D21:D22)"，并用填充柄拖至 E24 单元格。选定 B24:E24 区域，单击"公式"菜单上的∑按钮，在 F24 单元格出现该行的求和数。由于合计数不等于 400%，所以要通过计算调整系数加以调整。

第七步，计算调整系数。在 B26 单元格中输入公式"=400/F24"，单击 Enter 键确认，即得调整系数。

第八步，计算季节比率。在 B25 单元格中输入公式"=B24*$B$26"，并用填充柄横拖至 F25 单元格，就可以得到调整后季节比率的数值。其具体结果如图 10-19 所示。

第四节　Excel 在指数分析中的应用

一、用 Excel 计算总指数

例如，根据图 10-20 所示的某商店销售甲、乙、丙三种商品的有关资料，试计算销售额总指数、销售量综合指数和物价综合指数。

	A	B	C	D	E	F	G	H	I
1	商品	计量单位	基期价格 P_0	基期销售量 Q_0	报告期价格 P_1	报告期销售量 Q_1	P_0Q_0	P_0Q_1	P_1Q_1
2	甲	尺	1.1	400	1.4	500	440	550	700
3	乙	千克	1.2	200	1.2	250	240	300	300
4	丙	个	0.8	300	1	200	240	160	200
5	合计	—	—	—	—	—	920	1010	1200
6									
7	销售额总指数/%		130.43478						
8	销售量综合指数/%		109.78261						
9	物价综合指数/%		118.81188						
10									

图 10-20　总指数计算表

其计算步骤如下。

第一步，计算各个 P_0Q_0 和 $\sum P_0Q_0$。在 G2 单元格中输入"=C2*D2"，并用鼠标拖曳将公式复制到 G2:G4 区域。选定 G2:G4 区域，单击"公式"菜单上的 $\sum$ 按钮，在 G5 单元格中出现该列的求和值。

第二步，计算各个 P_0Q_1 和 $\sum P_0Q_1$。在 H2 单元格中输入"=C2*F2"，并用鼠标拖曳将公式复制到 H2:H4 区域。选定 H2:H4 区域，单击"公式"菜单上的 $\sum$ 按钮，在 H5 单元格中出现该列的求和值。

第三步，计算各个 P_1Q_1 和 $\sum P_1Q_1$。在 I2 单元格中输入"=E2*F2"，并用鼠标拖曳将公式复制到 I2:I4 区域。选定 I2:I4 区域，单击"公式"菜单上的 $\sum$ 按钮，在 I5 单元格中出现该列的求和值。

第四步，计算销售额总指数。在 C7 单元格中输入"=I5/G5*100"，即求得销售额总指数。

第五步，计算销售量综合指数。在 C8 单元格中输入"=H5/G5*100"，即得销售量综合指数。

第六步，计算物价综合指数。在 C8 单元格中输入"=I5/H5*100"，即求得物价综合指数。

二、用 Excel 计算平均数指数

(一)加权算术平均数指数

现以图 10-20 中的销售量为例,说明加权算术平均数指数的计算方法。

其计算步骤如下。

第一步,计算个体指数 $K=Q_1/Q_0$。在 F2 单元格中输入"=D2/C2",并用鼠标拖曳将公式复制到 F2:F4 区域。

第二步,计算 $K*P_0Q_0$ 并求和。在 G2 单元格中输入"=F2*E2",并用鼠标拖曳将公式复制到 G2:G4 区域。选定 G2:G4 区域,单击"公式"菜单上的 ∑ 按钮,在 G5 单元格中出现该列的求和值。

第三步,计算销售量平均数指数。在 C7 单元格中输入"=G5/E5*100",即得到所求的数值,如图 10-21 所示。

	A	B	C	D	E	F	G
1	商品	计量单位	基期销售量 Q_0	报告期销售量 Q_1	P_0Q_0	$K=Q_1/Q_0$	$K*Q_0Q_0$
2	甲	尺	400	500	440	1.25	550
3	乙	千克	200	250	240	1.25	300
4	丙	个	300	200	240	0.666 67	160
5	合计	—	—	—	920	—	1010
6							
7	销售量平均数指数/%	109.782 61					
8							

图 10-21 加权算术平均数指数计算表

(二)加权调和平均数指数

现以图 10-20 中的物价为例,说明加权调和平均数指数的计算方法。

第一步,计算个体指数 $K=P_1/P_0$。在 F2 单元格中输入"=D2/C2",并用鼠标拖曳将公式复制到 F2:F4 区域。

第二步,计算 $1/K*P_1Q_1$ 并求和。在 G2 单元格中输入"=E2/F2",并用鼠标拖曳将公式复制到 G2:G4 区域。选定 G2:G4 区域,单击"公式"菜单上的 ∑ 按钮,在 G5 单元格中出现该列的求和值。

第三步,计算物价平均数指数。在 C7 单元格中输入"=E5/G5*100",即得到所求的数值,如图 10-22 所示。

	A	B	C	D	E	F	G
1	商品	计量单位	基期价格 P_0	报告期价格 P_1	P_1Q_1	$K=P_1/P_0$	$1/K*P_1Q_1$
2	甲	尺	1.1	1.4	700	1.27273	550
3	乙	千克	1.2	1.2	300	1	300
4	丙	个	0.8	1	200	1.25	160
5	合计	—	—	—	1200	—	1010
6							
7	物价平均数指数/%		118.8119				
8							

图 10-22　加权调和平均数指数计算表

第五节　Excel 在抽样推断中的应用

例如，某饭店一周内抽查了 30 位顾客的消费额如下。(单位：元)

26　46　32　12　40　36　32　28　20　36
15　28　20　36　32　42　26　30　32　20
18　24　26　30　25　34　21　45　19　28

试在 95%的概率保证下，估计顾客平均消费水平的区间范围。

其计算方法如下。

第一步，把数据输入到 A2:A31 单元格区域。

第二步，在以下单元格中输入公式：

C2：= COUNT (A2 : A31)

C3：= AVERAGE (A2 : A31)

C4：= STDEV (A2 : A31)

C5：= C4 / SQRT (C2)

C6：= 0.95

C7：= C2−1

C8：= ABS (NORMSINV ((1− C6) / 2))

C9：= C8 * C5

C10：= C3 − C9

C11：= C3 + C9

在输入每一个公式后单击 Enter 键，便可以得到输出结果，如图 10-23 所示。

从上面的结果可知，顾客平均消费水平范围 25.57~31.696 元。

	A	B	C	D	E
1	样本数据	计算指标			
2	26	样本数据个数	30		
3	46	样本均值	28.63333		
4	32	样本标准差	8.560065		
5	12	抽样平均误差	1.562847		
6	40	置信水平	0.95		
7	36	自由度	29		
8	32	Z值	1.959964		
9	28	误差范围	3.063124		
10	20	置信下限	25.57021		
11	36	置信上限	31.69646		
12	15				
13	28				
14	20				
15	36				

图 10-23　区间估计数据及输出结果

第六节　Excel 在相关与回归分析中的应用

一、用 Excel 进行相关分析

用 Excel 进行相关分析，主要是计算相关系数，以判断相关关系的密切程度。用 Excel 计算相关系数有多种方法，这里主要介绍 CORREL 函数和数据分析工具。

(一)采用 CORREL 函数求相关系数

例如，有 8 个企业生产某种产品，月产量和生产费用资料如图 10-24 所示。

	A	B	C	D
1	序号	月产量x	生产费用y	
2	1	1.2	62	
3	2	2	86	
4	3	3.1	80	
5	4	3.8	110	
6	5	5	115	
7	6	6.1	132	
8	7	7.2	135	
9	8	8	160	
10				

图 10-24　Excel 数据表

第一步，单击任一空白单元格，在“公式”菜单中选择“插入函数”命令，打开“插入函数”对话框。在函数类别中选择“统计”选项，在函数名中选择 CORREL 选项，单击“确定”按钮，进入 CORREL 对话框，如图 10-25 所示。

第二步，在 CORREL 对话框中的 Array1 文本框中输入 B2:B9，在 Array2 文本框中输入 C2:C9，对话框底部即显示出计算结果 0.9697。单击 Enter 键确认后，该计算结果就会显示在所选定的单元格中。

图 10-25　CORREL 对话框

(二)用数据分析工具求相关系数

第一步，在"数据"菜单中选择"数据分析"选项，在"数据分析"选项中选择"相关系数"命令，弹出"相关系数"对话框，如图 10-26 所示。

图 10-26　"相关系数"对话框

第二步，在"输入区域"文本框中输入$B$1:$C$9，分组方式选择"逐列"单选按钮，选择"标志位于第一行"复选框，在"输出区域"文本框中输入$E$3，单击"确定"按钮，便可以得到输出结果，如图 10-27 所示。

	A	B	C	D	E	F	G	H
1	序号	月产量x	生产费用y					
2	1	1.2	62					
3	2	2	86			月产量x	生产费用y	
4	3	3.1	80		月产量x	1		
5	4	3.8	110		生产费用y	0.969704	1	
6	5	5	115					
7	6	6.1	132					
8	7	7.2	135					
9	8	8	160					
10								

图 10-27　相关分析输出结果

表中数据表明产品产量和生产费用之间的相关系数是 0.9697，与使用函数计算的结果完全相同。同时，还显示两列变量自身为完全正相关。

二、用 Excel 进行回归分析

(一)使用函数配合回归直线进行回归分析

在 Excel 工作表中，使用 INTERCEPT 函数求截距，SLOPE 函数求斜率，从而形成回归方程。仍以前例资料为例，如图 10-24 所示。

其计算步骤如下。

第一步，将数据输入表格后，在"公式"菜单中选择"插入函数"命令，打开"插入函数"对话框。在函数类别中选择"统计"选项，在函数名中选择 INTERCEPT 选项，单击"确定"按钮，进入 INTERCEPT 对话框，如图 10-28 所示。

图 10-28　INTERCEPT 对话框

第二步，在 INTERCEPT 对话框的 Known-y's 文本框中输入 C2:C9，在 Known-x's 文本框中输入 B2:B9，对话框底部即显示截距的计算结果为 51.323。

用上述同样的步骤打开 SLOPE 函数对话框，照此操作，便可得到斜率为 12.896，如图 10-29 所示。

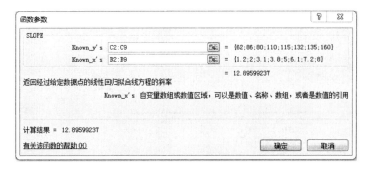

图 10-29　SLOPE 对话框

由此建立的直线趋势方程为 $y_c = 51.323 + 12.896x$。

(二)使用数据分析工具进行回归分析

使用数据分析工具可以一次性给出参数、估计标准误差、各年趋势值,同时给出趋势线拟合图。这种方法比用函数更简便、给出的信息更多。仍以前例资料说明其操作方法。

第一步,在"数据"菜单中选择"数据分析"选项,从其对话框的"分析工具"中选择"回归"选项,打开"回归"对话框,如图10-30所示。

第二步,在"Y值输入区域"输入$C$2:$C$9,在"X值输入区域"输入$B$2:$B$9,在"输出区域"中要求输入放置输出结果的区域左上角单元格的行列号,本例取$D$1。

图 10-30 "回归"对话框

在对话框中还有以下复选框,可根据需要加以选择。

(1) 常数为零:如果需要回归直线从原点开始,可选中此复选框。

(2) 置信度:如果要改变概率保证程度,可选中此复选框,并在右侧的框中输入所要使用的置信度(系统默认为95%)。

(3) 残差:如果需要在残差输出表中包含残差,可以选中此复选框。

(4) 标准残差:如果需要在残差输出表中包含标准残差,可以选中此复选框。

(5) 残差图:如果需要为每个自变量及其残差生成一张图表,可选中此复选框。

(6) 线性拟合图:如果需要为预测值和观察值生成一张图表,可选中此复选框。

(7) 正态概率图:如果需要生成一张图表绘制正态概率,可选中此复选框。

完成操作后,单击"确定"按钮,便可得到回归分析输出结果,如图10-31所示。

	D	E	F	G	H	I	J	K	L
	SUMMARY OUTPUT								
	回归统计								
	Multiple	0.9697038							
	R Square	0.9403255							
	Adjusted	0.9303798							
	标准误差	8.587069							
	观测值	8							
	方差分析								
		df	SS	MS	F	Significance F			
	回归分析	1	6971.573	6971.573	94.54551	6.79489E-05			
	残差	6	442.4265	73.73775					
	总计	7	7414						
		Coefficient	标准误差	t Stat	P-value	Lower 95%	Upper 95%	下限 95.0%	上限 95.0%
	Intercept	51.323235	6.755231	7.597554	0.000271	34.79377902	67.85269	34.79378	67.85269
	X Variabl	12.895992	1.326277	9.723451	6.79E-05	9.650708876	16.14128	9.650709	16.14128

图 10-31 回归分析输出结果

上面输出结果包括三部分，解释如下。

第一部分是"回归统计"。该部分给出了回归分析中的一些常用统计量，包括 Multiple R(相关系数)、R Square(判定系数)、Adjusted R Square(调整的判定系数)、标准误差(估计标准误差)、观测值(样本容量)。

第二部分是"方差分析"。该部分包括 df(自由度)、SS(回归平方和、残差平方和、总平方和)、MS(回归和残差的均方)、F(检验统计量)、Significance F(F 检验的显著性水平)。"方差分析"部分的主要作用是对回归方程的线性关系进行显著性检验。

第三部分是"回归系数表"。该表包括两个系数：一个是 Intercept(回归方程的截距)，另一个是回归系数 X Variable 1(回归方程的斜率)。另外还列出了这两个系数的标准误差，检验统计量 t 值和 p 值，以及在 95%置信水平下两个系数的置信区间等。

第十一章

统计分析报告及其写作

本章导读：本章主要介绍统计分析报告及其写作知识。通过本章的学习，要求了解统计分析报告的一般问题；重点掌握统计分析报告的基本结构、语言运用和数字表达，掌握统计分析报告类型，并能运用所学知识写好统计分析报告。

第一节 统计分析报告的一般问题

一、统计分析报告的含义和特点

(一)统计分析报告的含义

统计分析报告是表达统计分析成果的一种应用文体。统计工作的全过程包括统计设计、统计调查、统计整理和统计分析等相互联系的几个阶段。统计分析是根据研究目的，在有关理论的指导下，运用定性分析和定量分析相结合的方法，结合具体实际情况，对统计数据进行系统的分析研究，阐明问题产生的原因，解释这些现象的本质及其规律性，提出解决问题的办法。统计分析报告正是表达这种统计分析成果的一种文体。

(二)统计分析报告的特点

1. 大量使用社会经济统计资料

统计分析报告既不同于文艺作品，也不同于一般的议论文和说明文，它的主要"原料"是社会经济统计资料。社会经济统计资料是指人们在社会经济统计实践活动过程中取得的各项数字资料以及与之相关的其他实际资料的总称。它包括观察、调查的原始资料和经过整理、加工的系统资料。社会经济统计工作就是对社会经济资料进行搜集、整理和分析，因而作为这种活动最终成果的重要表现形式之一的统计分析报告，必然大量使用社会经济统计资料。这是统计分析报告区别于其他应用文体的一个重要特征。

一篇好的统计分析报告，它所使用的统计资料不是个别的、零碎的，而是大容量的、系统的。通过对这些统计资料进行深刻分析，得出具有普遍意义或典型意义的结论。当然，这并不意味着统计分析报告使用的统计资料越多越好。一般来说，统计资料是比较枯燥的，统计分析报告对统计资料的使用不仅要有一个度的问题，还要有一个使统计资料"活"起来的问题,对于这一点,我们在后面还将作进一步的说明。

2. 使用统计学的定量分析方法

统计分析报告大量使用统计数据,但使用这些数据时,并非是作单纯罗列,而是要应用统计学方法对这些数据进行处理,以揭示事物的本质和规律。仅依靠取得的数据资料,我们只能得到对社会经济现象的初步认识。这些初步认识仅仅是基于事物表面现象的一种感性认识。这些数据不是孤立存在,而是相互联系、相互依赖的。对隐藏在数据背后的本质和原因,则必须通过统计分析方法才能得到比较深刻的认识。因此,统计分组、时间数列分析、相关与回归分析、指数分析、统计预测与决策方法在统计分析报告中得到了广泛的应用。这是统计分析报告有别于其他一般应用问题的又一个重要特点。

3. 表达方式和文章结构有自己的特色

统计分析报告的基本表达方式是在确定事物"质"的基础上,用数据说话,在对数据的分析研究中深化对社会经济发展规律的认识。从结构特点来看,统计分析报告要求脉络清晰、层次分明,通常是按照提出问题、分析原因、给出措施的顺序展开。统计分析报告表达方式和文章结构方面的这种特点,使之与其他应用问题有明显的区别。第一,统计分析报告既有数据,又有分析;既提出问题,又有解决问题的措施,比一般的总结报告更深刻、更有说服力。第二,统计分析报告大量运用数据资料去揭示事物发展的规律性,在阐述观点时,比一般的学术论文更侧重于用事实和数据说话。第三,统计分析报告要求从更宽的面上交代背景,用较多的篇幅系统地分析问题,因而解剖矛盾比一般的新闻报道更系统、更全面。

二、编写统计分析报告的意义

认真编写统计分析报告,对于充分发挥统计的整体功能、提高统计人员素质起着十分重要的作用。

(一)充分发挥统计部门的信息功能

统计部门是社会经济信息的主要部门,它根据科学的统计指标体系和统计调查方法,系统地采集、整理、存储了大量的统计数据。这些以数量描述为基本特征的社会经济信息,无疑是党和政府、科研部门、企事业单位以及社会各界分析判断社会经济形势的重要依据,是科学地进行社会经济决策和调控的前提。但是,统计部门仅仅提供这些统计数据还是远远不够的。一方面,统计部门有搜集社会经济信息的强大网络,拥有丰富的统计数据和实际情况,能够及时掌握社会经济发展动态,又熟悉统计口径,提供的分析材料一般容易做到时效性强、资料翔实可靠、公正客观;另一方面,统计分析报告把数据情况、问题、建议融为一体,既有定量分析,又有定性分析,能够更加集中、鲜明、系统地反映客观实际情况,又便于人们阅读、理解和使用,受到党政机关和社会各界的欢迎。

(二)促进统计咨询职能的实现

充分利用统计部门掌握的丰富的统计信息资源，运用科学的分析方法和先进的技术手段，深入开展综合分析和专题研究，为科学决策和管理提供各种可供选择的对策方案，是统计工作的一项极为重要的任务，而统计分析报告正是统计分析成果的最重要的载体。写好统计分析报告的关键是对现象进行深入的分析和研究。统计分析是从数量入手，在质与量的密切联系中全面系统地分析和研究大量社会经济现象的数量表现，探求由量的积累到质的转化的界限，并揭示其发展和变化规律。而事物质变的数量界限、发展趋势和变化规律，正是进行科学决策和管理的基本依据。

(三)有效实施统计监督的职能

统计监督是通过统计调查和统计分析，及时、准确地反映社会经济运行状态，并对其实行全面、系统的定量检查、监测和预警，以保证社会经济按照客观规律的要求健康发展。在做出决策之后，必须对决策的执行情况进行全面的动态跟踪，及时掌握数据资料及其他反馈信息。对这些资料信息进行统计分析，一方面可以检验决策的正确性；另一方面可以及时发现实际运行状况与决策目标的差距，以便及时采取措施，纠正偏差，排除决策实施和调节过程中的障碍，把社会经济运行纳入正常发展的轨道。

(四)有利于统计人员素质的提高

我国的社会主义现代化建设需要一支庞大的，既熟悉实际情况，又具有较高的理论素养、较强文字表达能力和定量分析能力的干部队伍。为了采集、整理国家进行社会经济管理所必需的统计数据，广大统计工作人员付出了大量的心血，这是必须充分肯定的。但是，如果仅仅同数字打交道而不去对统计数据进行分析研究，就很难提高统计工作水平和自身素质。写好统计分析报告，不仅需要较强的文字表达能力，还需要掌握党和国家的方针政策，了解实际情况，具备较扎实的社会经济理论功底和统计专业知识，具有较强的观察能力、思维能力、创新能力。因此，经常认真撰写统计分析报告，是全面提高统计人员素质，培养优秀经济管理人才的有效途径。

(五)衡量统计工作的综合水准

统计分析报告是统计工作的最终成果。在一定意义上，也就是统计设计、统计调查、统计整理、统计分析与统计分析写作全部工作水平的综合。前面几个环节是统计的基础工作，统计分析才是出成果的阶段。一般来说，高质量的统计分析报告，来自高质量的统计设计、统计调查、统计整理、统计分析和统计分析写作。但是，如果仅有较好的写作水平，统计设计、统计调查、统计整理和统计分析都是低质量的，也不可能产生高质量的统计分析报告。因此，统计分析报告写不好，一般是统计工作水平不高的表现。更重要的是，应该看到，还要具备方方面面的科学文化知识，这其中包括统计专业知识。统计人员需要掌握党和国家的方针政策，需要具备较强的观察能力、思维能力、创新能力、组织能力等。所以，统计分析报告的质量如何，也就反映了统计工作水平如何，这是一个非常重要的综合标准。另外，统计分析的结果虽可以用多种形式表达(如表格式、图形式、文章式等)，但只有文章式统计分析报告最好，也最为常用。因此，统计分析报告也是表现统计成果的最好形式。

(六)增进社会了解，提高统计工作的社会地位

由于历史原因、体制原因等，多数人都缺乏统计知识，对统计不够了解，对统计工作不够重视，认为"统计是三分统计，七分估计"，统计工作只是加加减减，填个表而已，把统计置于可有可无的地位。要改变这种状况，一方面要加强统计宣传工作，扩大统计的影响，提高人们的认识；另一方面，则要提高统计工作水平，写好统计分析报告，做好统计服务和统计监督工作，提高统计工作的社会地位。

三、统计分析报告的选题原则和方法

编写统计分析报告，首先要决定写什么内容，这就是选题。选题就是选择、确定统计分析报告的研究对象，这是统计分析报告写作过程中关键性的环节之一。选题是否得当，在很大程度上决定写作的成败。统计分析报告的选题应该遵循以下三个原则。

1. 根据社会经济发展的实际情况来选题

选题要善于捕捉时机，有一定的超前意识。

2. 根据服务对象的需要来选题，做到新颖独到

写好统计分析报告，必须注意培养灵敏的观察力，避免千篇一律、人云亦云的情况。当选题与他人相同时，要注意从不同的角度进行分析，写出新意来。选题能否做到新颖独到，在很大程度上反映着一个人的观察能力和水平。

3. 根据本身的工作条件来选题，量力而行

一般情况下，最好是结合自己的专业工作，选择自己熟悉的、适合自己业务水平的、各项资料也比较齐全的课题来写。这样，成功的把握较大。选题既要考虑各级领导和社会公众的实际需要，又要考虑自身的搜集资料的方便程度，不可贪大图全。否则，结果只能是力不从心，事与愿违。

统计分析报告的课题虽然很多，但不等于随便什么都可以写，而是要抓住党政领导和社会各界需要知道、了解他们尚未认识或尚未充分认识的社会经济情况。这是主观与客观应该结合的点，常常表现为"注意点""矛盾点"和"发生点"。统计分析报告的选题应该抓住这"三点"。

所谓"注意点"，就是党政领导和社会各界比较关注的热点问题。例如，近几年的通

货膨胀、物价上涨、农民收入等都是人们比较关注的社会热点问题。

所谓"矛盾点",就是问题比较集中,影响比较大,争议比较多,但长期得不到很好解决的社会难点问题,如国有企业改革、下岗员工再就业问题等。

所谓"发生点",就是我们常说的新情况、新问题、新联系和新趋势,如经济由卖方市场转入买方市场、居民消费等。

四、统计分析报告的写作提纲

选好题目之后,通常还需要拟订一个写作提纲。写作提纲实际上相当于由序码和文字组成的一种逻辑图表,如图11-1所示。

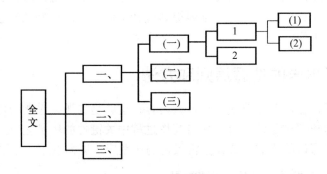

图 11-1 写作提纲

图11-1中的"一、二、三"表示统计分析报告的三大论点,"(一)、(二)、(三)"表示第一大论点的从属论点,"1、2"是(一)的从属论点,"(1)、(2)"又是1的从属论点。这些大大小小论点之间的关系,通过图11-1清楚地表示出来。根据上述形式的提纲进行写作,就可以从细目群上着手,先逐个写每个观点,在此基础上形成一篇完整的报告。

在对资料进行分析和初步构思的基础上拟订提纲,实际上既是对研究对象进行再思考的过程,又是对整个分析报告进行再构思的过程,对分析报告的写作很有益。仔细拟订提纲,有益于作者把握分析报告的整体结构,使写作的材料更有针对性,将材料与观点、部分与整体有机地结合起来,使整个分析报告浑然一体。同时也便于在正式写作之前让领导把关,也可请教专家和同行。

第二节 统计分析报告的基本结构

结构是文章的组织构造,又叫"谋篇布局",是指安排、组织材料的方式。如果说分析报告的观点是灵魂,那么材料是分析报告的血肉,而结构就是骨骼。统计分析报告的安排有一定的规律性,一篇完整的统计分析报告一般包括标题、引言、正文(主体)、结尾四个要素。但有时为了避免与主题部分重复,一些统计分析报告省略了引言和结尾部分。另外,还有一些统计分析报告附有背景资料,对统计分析报告的内容起到补充作用。

一、统计分析报告的标题

统计分析报告的标题是文章的名称,它居于文章之首,常常是主题思想的体现。人们阅读文章首先看到的是标题,因而标题通常被称为文章的眼睛。一个好的标题,能够起到画龙点睛、吸引读者的作用。对于统计分析报告来说,标题要做到醒目、贴切、简洁。

醒目是指标题要力求新颖生动、不落俗套,有较强的吸引力和感染力,使读者迅速产生阅读的愿望。格式老化、缺乏吸引力是统计分析报告中常出现的问题,如"关于……的调查""关于……的分析""对……的研究"等。这些题目缺乏个性,人人可用,时时可用,显得死板、陈旧。要做到标题醒目,关键是要避免千篇一律,人云亦云。写作中要注意发现新材料,不断挖掘新观点,特别是别人写过的问题,要注意换个角度去分析研究。

贴切就是标题要能够准确地概括统计分析报告的内容,做到标题与内容相符,文切题旨,宽窄适宜。我们既要反对文不对题,又要避免题意过大或过小,出现"大文章、小题目"或"小题目、大文章"的现象。同时还要注意推敲文字,使标题的每一个字、每一个词都用得准确、恰当。

简洁是指标题要言简意赅、高度概括,以尽可能少的文字揭示全文的内容,使读者看到题目就能了解全文的梗概。标题简洁到什么程度,并没有固定的标准,但有一点是可以肯定的,那就是当你对标题经过仔细推敲之后,如果再减一个字,意义就不再完整或不符合语法规范,这时标题就达到了简洁的要求。为了做到简洁,要注意标题中不要使用不常见的字和词,尽量少用过于专业化的技术词和专业术语。

二、统计分析报告的引言

引言也称为导语,是指统计分析报告开头的部分。引言通常是用来交代作者撰写统计分析报告的动机、目的、想法,或者说明报告所涉及的范围及其焦点。引言也可以向读者提供必要的背景知识。也就是说,引言是让读者明白作者为什么要写这样的统计分析报告,打算涉及的范围有多大。作者在引言中可以把即将研究的问题或准备阐述的观点先提出来,也可以说明自己拟用的研究方法。好的引言不仅可以帮助读者迅速了解全文的基本精神和主要内容,使读者急于读下去,而且还应有利于作者顺利展开全文。因此,对引言的基本要求是:①要抓住读者的心理,引起他们的注意和兴趣;②要为展开全文、理清脉络做好铺垫,定好基调;③文字要少,语言要精,形式要新。

三、统计分析报告的正文

正文就是统计分析报告的主体,报告的观点是在正文里充分展开的。正文部分要求结构严谨、层次清晰、重点突出。正文部分一般要分几个层次，先写什么，后写什么，哪些地方应该写得详细一些，哪些地方可以写得简略一些，所有这些问题都应该根据主体的需要，统筹安排，合理组织。

为了便于读者阅读，对于篇幅较长的统计分析报告，可以把正文分为几个部分，每一部分都标有一个概括性的或提示性的小标题，使主体的层次结构及每一部分的内容一目了然。有时主体每个部分的主要内容已经十分明显，为了避免重复，每个部分也可以不设小标题。如果编制过多的小标题，则会影响读者的阅读。

统计分析报告的层次结构，常见的有横向式结构、纵向式结构和纵横式结构三种。

1. 横向式结构

横向式结构又叫并列结构，它是按照所要研究的事物的情况，把报告的主体分成并列的几个部分展开。例如，要撰写《某市2005年经济运行情况》的统计分析报告，主体就要写"经济发展所取得的成绩""经济发展所面临的主要困难和问题""展望与建议"三部分。这三部分都是围绕经济运行所形成的并列关系展开的。编写综合性进度报告一般都使用这种结构。

2. 纵向式结构

纵向式结构又叫递进结构，它是按照事物的因果关系或逻辑关系，把文章的主体分成几个部分，各部分之间形成发展或递进关系。这种安排的优点是，使文章的论述能层层深入，便于文章的展开和读者的理解。

3. 纵横式结构

横向式结构和纵向式结构是主体的两种基本形式，这两种形式的派生和结合就是所谓的纵横式结构，也叫交叉式结构。例如，某市连续五年的税收占国内生产总值的比重上升，与全省这一比重连年下降的情形形成明显反差，引起该市社会各界的广泛关注。在调研后有人撰写了《近五年我市税收连续增长的本质及其影响》。此文的主体部分："连续增长的本质是紧缩性的宏观税收政策""紧缩性的宏观税收政策的积极影响""紧缩性的宏观税收政策所面临的矛盾和问题"。这三部分中，前一部分与后两部分之间是纵向式结构，后两部分是横向式结构，三部分合为一体，形成纵横式结构。

四、统计分析报告的结尾

结尾是统计分析报告的结束语。它是文章思路发展过程中问题分析、解决的自然结果，也是文章思想内容的必然归宿，应该与报告的导语部分相呼应。好的结尾可以帮助读者明确题旨，加深认识，引起读者的联想和思考。对结尾的要求要自然完满、简短有力，不拖泥带水，画蛇添足。

统计分析报告结尾有以下几种形式：①总结全文，照应开头；②重申观点，强调对问题的看法和建议；③补充说明，强调引言和正文未提到的问题；④以饱满的热情展示前景，提出新问题，大胆预测未来发展趋势。

统计分析报告结尾的写法没有硬性规定，主要依文章的思想内容而定，要不断创新，突破俗套。

第三节 统计分析报告的语言运用和数字表达

统计分析报告是一种独立文体，它具有较强的专业性和实用性。统计分析报告语言的运用不同于文学和理论文章，要力求准确、精炼、生动具体、通俗易懂。

一、统计分析报告的语言要准确

语言准确是指语句要符合语法规范，能准确地表达叙述对象和作者的观点。这也是对所有应用文体的共同要求。在统计分析报告中，对语言有特殊的要求，主要表现在三个方面：①有一说一，有二说二，不说含糊的词语，如不说"空前""大约""估计""可能""也许""极其""首创"等词语；②恰当使用形容词，如"基本持平""持续增长""有所增长""较快增长""显著增长""大幅度增长""高速增长"等，这些形容词是人们形容经济增长的，在分析报告中一定要选择恰当，否则会和统计数字不符；③不能下断语忽视差别，没有掌握应有分寸(如太好、很好、好、较好、尚可、不够理想、较差、很差，全部、绝大多数、大多数、多数、一半、近半数、少数、极少数、个别)。

二、统计分析报告的语言要精炼

语言精炼是指在不妨碍读者理解的前提下，以尽可能少的文字表达尽可能多的内容，使读者能在较短的时间内获得尽可能多的有价值的信息。

要做到语言精炼，就要注意以下四点：①朴实性，即文风朴实不要滥用文言、欧化语和浮华的形容词；②鲜明性，语言要明快、直截了当、不隐讳、不拐弯抹角、更不能讲暧昧不明的话；③简炼性，就是语言要干脆利落，凡是不需要的，再好的词句、段落也要删去，伸出的枝杈都要砍去，直到再删除一字就不能清楚、准确地表达为止；④清晰性，就是理清头脑思路，在思路没有理清之前，不要匆匆动笔，以免造成主题不明、不着边际、东拉西扯、拖泥带水。

三、统计分析报告的语言要通俗易懂

统计分析报告要用通俗的语言，不要用令人费解的、深奥难懂的语言。只有这样，才能使报告深入浅出。统计分析报告的读者绝大部分都是党政领导和社会公众，语言的表达一定要考虑这些读者的社会背景、工作性质、文化程度、专业知识。报告语言的使用一定

要大众化、平易近人。切忌武断、生硬、摆架子，不说指教人的话。即使专门为一些专家写报告，也必须注意语言的通俗易懂。如果故弄玄虚、晦涩费解，只会影响读者群的扩大，影响内容的传播，也影响社会效益的更好发挥。统计分析报告的专业性较强，经常要使用一些经济学和统计学的术语，在使用这些术语时，最好给予适当的解释和说明。

四、统计分析报告的数字表达

数字是统计的语言，是统计分析报告论事说理的工具，必须很好地表达。统计分析报告中运用的数字比较多，处理不好会使读者感到枯燥乏味，影响阅读兴趣，因此要用好、用活统计数字，变枯燥乏味为引人入胜。统计分析报告的基本特色就是运用了大量的统计数据。无论是通过研究去认识事物，还是通过反映去表现事物，都是要运用统计数据。统计部门这一巨大的"数据库"为统计分析提供了丰富的资料来源，写统计分析报告就应充分运用这个资料源，而且要用好、用活。运用大量的统计数据，是统计分析报告与其他文体最明显的区别。可以说，没有统计数字的运用，就不能称其为统计分析报告。

要想用活数字和准确表达数字，必须遵循数字使用规范，掌握数字使用技巧，理解和把握数字的内涵和意义。

(一)遵守数字使用规定

使用数字的原则是：汉字和阿拉伯数字要求体例统一，凡是可以使用阿拉伯数字的地方，都可以使用阿拉伯数字。在特殊情况下可以变通，但应保持相对一致。数字使用原则具体如下。

(1) 除标题和文末标明写作日期外，文章的其他部分表示公历、年代、年、月、日和时刻都应使用阿拉伯数字。例如，公元前7世纪，19世纪30年代，2016年10月12日16时10分等。同时年份不能简写，2016年不能简写16年。但星期几一律使用汉字，如星期四不能写为星期4。

(2) 一些结构定型的缩略语、惯用语、词组中的数字，应当使用汉字，如"十一五"规划、"十六届四中全会"等。

(3) 临近的两个数并列表示大约数时，应使用汉字，并且连用的两个汉字之间不能用顿号隔开，如四五天、八九千米、两三杯等。

(4) 通常计数和计量都应使用阿拉伯数字，包括正负数、小数、倍数、百分数、千分数、翻番数等，如657、103%、2番、5倍等。但按习惯，某些一位数可以用汉字表示，如"三只羊""三个民族"等。

(5) 正确地表达数字。当说明一个指标的发展变化情况时，如用"增加到""减少到""下降到""提高到"等专业用语时，必须使用发展速度；如用"增加了""减少了""下降了""提高了"等专业用语时，必须使用增长速度。

(二)防止数据文字化

大量使用数据是统计分析报告的特点,但是如果数据的密度掌握不好,就会使读者感到枯燥乏味。在统计分析报告写作中,要注意繁简得当地使用数据,即给读者清晰准确的量化概念,又不让读者因数据过多而感到厌烦枯燥。

数据文字化有三种形式:①用文字叙述报表内容,在一段文字中罗列一长串的数据。②不考虑读者需要,分析报告中计算过程占了很多篇幅。有时为了使读者,特别是一些专家了解报告中一些关键数据和结论的来龙去脉,必须适当介绍一些必要的计算过程和计算方法。但在大部分场合,统计分析报告是面向一般读者的,这些读者只关心文章的结论,这时就没有必要介绍过多的计算过程。否则,只能是适得其反。③简单罗列一些数字,没有深入的分析和说明。统计分析报告不仅是数据与文字的结合,而且是数据与分析的结合。现在有些人特别是一些基层同志写的分析报告,全篇知识用很多的数据简单地介绍社会经济现象,而不去揭示这些现象的实质,这实际上也是一种统计数据文字化的表现。

(三)使抽象的数字生动、形象、易记

数字总是比较枯燥,因此很多人都把"少用数字"作为新闻写作的一条重要原则。如果说新闻容易做到少用数字的话,那么统计分析报告是很难做到这一点的。如何使统计分析报告中的数字生动、形象,就成为写好统计分析报告的重要一环。在这方面有很多的经验值得我们借鉴。例如,英国《泰晤士报》指出:美国第一季度国内生产总值数字表明,美国经济以年增长率5%的速度增长,其经济规模高达12万亿美元,相当于每年在全球经济活动中增加一个巴西或澳大利亚。又如,世界卫生组织有封公开信说:"现在全世界每年因吸烟而死亡的人数高达250万人,这相当于一年中每天有20架满载乘客的大型喷气式客机坠毁,而客机中所载乘客全部遇难。"这里把吸烟的后果同如此频繁的空难事故联系起来,对吸烟的危害性给人留下了更为深刻的印象。为了把不太直观的数字延伸为人们比较熟悉的数字,有人这样介绍全国的化纤产量:"现在全国化纤年产量可达42万吨,如果把这些化纤织成布,全国每人平均可得3米。"有一些数字太大,不便记忆。有时把它换算为比较小的数字,会给读者留下深刻的印象。例如,某汽车厂年产汽车20万辆,即不到3分钟就生产一辆车。有人在分析我国人口面临的严峻形势时这样写道:"现在我国每年新增的人口至少相当于两个海南省,四个新西兰。"

第四节 统计分析报告的类型

一、统计分析报告的分类

统计分析报告的应用是很广泛的。由于它主要是报告社会经济情况的一种文体,因而属于应用文范畴。统计分析报告可以从不同角度来划分种类,主要有以下四种。

(1) 按统计领域分，可分为工业、农业、商业、科技、教育、文化、卫生、体育、人口、财政、金融、政法、人民生活、国民经济综合核算等统计分析报告。

(2) 按写作对象的层次划分，可分为微观、中观和宏观统计分析报告。对于微观、中观、宏观的划分，目前尚无统一的标准。一般来讲，基层企事业单位、村、家庭及个人，属于社会经济的"细胞"，可视为"微观"；乡镇、县一级可视为"中观"；地(市)及地(市)以上的地区和部门，由于地域较广，社会经济门类比较复杂，需要较多地注意平衡关系，可视为"宏观"。

(3) 按内容范围分，可分为综合与专题统计分析报告。综合统计分析报告是研究和反映一个地区、部门或单位的全面情况的分析报告。这种分析报告一般是定期的。所谓综合，既包括各方面的意思，也包含着综合方法的意思。专题统计分析报告，是研究和反映某一方面或某个专门问题的分析报告。专题统计分析报告有定期的，也有不定期的，而以不定期的居多。

(4) 按照时间长度分，可分为定期与不定期的统计分析报告。定期统计分析报告，一般是利用当年的定期统计报表制度的统计资料来定期研究和反映社会经济情况。根据期限不同，定期统计分析报告又可分为日、周、旬、半月、月度、季度、上半年、年度等统计分析报告。不定期的统计分析报告，主要是用于研究和反映不需要经常性定期调查的社会经济情况。

二、常见的统计分析报告

常见的统计分析报告有六种，具体介绍如下所述。

(一)进度性统计分析报告

进度性统计分析报告是以定期统计报表的数据为主要依据，结合其他一些资料，对所研究现象的发展动态进行分析，以揭示其发展程度、取得的成绩、存在的问题及原因、以后的发展趋势。由于我国曾长期实行计划经济体制，进度型统计分析报告在我国实际工作中曾经得到非常广泛的运用，积累了比较丰富的经验。随着市场机制在资源配置中基础性作用的增强，进度型统计分析报告在我国的作用有所下降，但仍然得到广泛的应用。它既可以用于对宏观经济运行情况的监测，又可用于对基层单位情况的综合分析。

按照所涉及的范围划分，进度性统计分析报告可分为综合性进度报告和专题性进度报告。综合性进度报告是对一个国家或地区某一时期的国民经济各部门、社会生产环节进行的比较全面、系统的分析。这种报告很多都是由统计局的综合部门编写的。专题性进度报告是对社会经济发展变化某一方面或侧面进行的动态分析，如对投资、消费、物价、工业或农业等领域的动态分析。这种分析报告一般是由统计局的专业部门编写，另一些由相应的政府主管部门或科研机构编写。

进度性统计分析报告的写作特点如下。

编写进度性统计分析报告，要注意在"新"和"快"两个方面下功夫。

(1) 求"新"就是要着重反映事物发展过程中出现的一些具有重要意义的新情况、新问题、新动向。在分析实践中，要十分注意培养敏锐的洞察能力，区分偶然性的变化与必然性的变化、具有重大影响的变化和一般无实质性意义的变化。只有这样才能更好地发挥进度统计分析报告"侦察兵""报警器"的作用。

(2) 求"快"就是要注意报告的时效性，要像抢新闻那样争分夺秒，从数据的搜集、汇总，报告的起草、修改、审批、印刷到发送等一系列环节，都要环环紧扣，以最快的速度完成。

(二)综合性统计分析报告

综合性统计分析报告是从宏观的角度，对社会经济发展水平、结构、比例关系等一系列重大问题进行综合的分析研究，为有关部门和单位进行宏观管理、科学研究提供统计信息。

综合性统计分析报告的难度较大，它要求在有关社会经济理论指导下，在广泛搜集资料的基础上，灵活使用统计分析方法，对社会经济现象进行全面、系统、深刻的分析研究。

综合性分析报告的写作特点如下。

(1) 宏观性。整个社会和国民经济是由多层要素组成的系统，但综合性统计分析报告的着眼点不是社会和国民经济的微观要素，而是微观要素构成的整体，即从整体出发，着力把握和分析总体。

(2) 系统性。社会经济是一个有内在联系的有机整体，它不是各组成部分的简单加总。因此，综合性统计分析报告绝不是部门观点和各方面资料的"拼盘式"罗列，而是按照客观事物的内在联系，对各方面情况和数据进行系统的分析整理，以便从整体上揭示事物的本质特征。

(3) 复杂性。社会和国民经济系统的正常运行，要求各组成元素之间相互协调、相互配合，也要求该系统与环境之间不断进行物质、能量、信息的交流。因此，综合性统计分析报告要全面、系统地反映社会和国民经济运行状况，就必须对社会和国民经济作出较深入细致的解剖分析，既要研究各层次社会经济现象的相互关系，又要把握各环节之间的相互作用；既要研究各层次社会经济活动的子目标，又要分析总体目标与各子目标之间的关系，从而了解社会经济的发展规律。

(三)专题性统计分析报告

专题性统计分析报告是以统计数据和其他有关资料为基础，对社会和国民经济发展某一方面、某一环节的问题进行专门的分析研究。这种分析报告往往是对社会和国民经济运行中的重大问题进行深入细致的分析，受时间、空间限制比较小。它也可以在进度分析的基础上，对进度统计分析报告中反映的突出问题作进一步分析，起到补充和深化的作用。

专题性统计分析报告的写作特点如下。

(1) 题材广泛。它既可以从宏观的角度研究社会经济发展的一些重大问题，如对人口增长、计划生育、犯罪、就业、经济增长、通货膨胀、经济周期或产业结构等分别进行研究，也可以从微观的角度，对企业、家庭或单个产品市场分别进行研究；它既可以分析具有战略意义的重大问题，也可以研究一些战术性问题。

(2) 内容专一，分析深入。专题性统计分析报告必须突出"专"字，紧紧抓住社会经济发展中某一方面的突出问题深刻解剖，而不是面面俱到，广而不专。这种报告内容的单一性必然要求分析的深刻性，对问题的研究不能停留在一般性的认识上，而是要从事物的外部联系出发，揭示事物的本质、规律和内部联系。

(四)信息性统计分析报告

信息性统计分析报告是以信息方式反映社会经济情况的统计分析报告。它有内容简要、篇幅短小、传递快速、读者面广等特点。信息性统计分析报告不仅可以在报刊上发表，也可以写成党政领导的内部参阅材料。自治区统计局编发的"新疆经济要情"和自治区农调队编发的"重大信息"就属于信息性的统计分析报告。

信息性统计分析报告的写作特点如下。

(1) 文字要高度概括，内容要高度浓缩。

(2) 在全面分析的基础上概括，在丰富材料的基础上浓缩。

(3) 标题可以灵活多样，文字要求精炼，开门见山，直截了当，做到言简意赅。全篇文字以 400~1000 字为宜，并要做到速写快发，争取时效。

(五)分析性统计分析报告

分析性统计分析报告是通过分析着重反映社会经济现象具体状态的统计分析报告。

分析性统计分析报告的写作特点如下。

(1) 它的主要内容和写作重点是反映某个社会经济现象的具体状态，一般不涉及规律性问题，要做到具体事情具体分析。

(2) 具体分析的主要方法：①从总体的各个方面来分解和比较。例如，一个企业有产、供、销，居民家庭有收、支、存，地区有经济、社会、科技、环境等。②从结构上分解和比较，如所有制结构、产业结构(一、二、三产业)，产品结构，轻重工业结构，农民收入构成等。③从因素上分解和比较。例如，影响农民收入增长的各种因素，影响工业增加值的各种因素等。④从联系上分解和比较。例如，GDP 与发电量的联系，农民收入与社会消费品零售总额的联系等。⑤从心理、思想上的分解和比较。例如，问卷调查对改革的看法，对物价的看法，对婚姻的各种心理的看法。⑥从时间上分解和比较。例如，报告期与基期、"十二五"时期与"十三五"时期的比较等。⑦从地域上分解和比较。例如，与别的地区之间的比较，与外省的对比等。

(3) 主题应该灵活多样，结构也要有多种形式。整篇文章以 3000 字左右为宜。

(六)公报性统计分析报告

公报性统计分析报告是政府统计机关向社会公布重大社会经济情况的统计分析报告。统计公报是政府的一种文件，一般应由级别较高的统计机关发布。级别较低的统计机关不宜发表公报，但是可以采用统计公报的写作形式公布本地的社会经济发展情况，也应列入公报性统计分析报告。

公报性统计分析报告的写作特点如下。

(1) 统计公报具有较强的政策性和权威性。

(2) 统计公报要充分反映本地区社会经济全面发展的情况，主要由反映事实的统计资料来直接阐述，不作过多的分析。

(3) 统计公报的标题是一种公文式的标题。正文的结构是总分式。

(4) 公报性的统计分析报告，要求行文严肃，用语郑重，文字简炼明确，情况高度概括。地区性的公报，文字在 3000～5000 字为宜。

需要指出的是，本章重点介绍了统计分析报告写作的方法。要写好统计分析报告，关键是要多写多练。在练习的过程中，既要注意借鉴他人的成功经验，又要注意吸取他人失败的教训。只有这样，才能较快地提高统计分析报告的写作水平。

案例 11-1

2010 年农村居民生活消费支出增长 5.9%

据对全国 31 个省(自治区、直辖市)6.8 万个农村住户的抽样调查资料显示，2010 年农村居民生活消费支出人均 4382 元，比上年增加 388 元，增长 9.7%，剔除价格因素影响，实际增长 5.9%。其中，商品性支出人均 3120 元，增加 282 元，增长 10%；服务性支出人均 1262 元，增加 106 元，增长 9.2%。

一、食品支出增速明显提高

2010 年农村居民食品消费支出人均 1801 元，增加 165 元，增长 10.1%，增速比上年同期提高 7.7 个百分点。农村居民食品消费支出占生活消费支出的 41.1%，比上年提高 0.1 个百分点。在食品消费支出中，粮食支出人均 374 元，增加 32 元，增长 9.5%；蔬菜及制品支出人均 182 元，增加 30 元，增长 20%；肉禽蛋奶及制品支出人均 449 元，增加 37 元，增长 9%；水产品支出人均 69 元，增加 5 元，增长 7.1%；在外饮食支出人均 240 元，增加 15 元，增长 6.9%。食品支出增速加快的主要原因是主要食品消费价格上涨较快。

二、衣着支出较快增长

2010 年农村居民衣着消费支出人均 264 元，增加 32 元，增长 13.6%，增速提高 3.8 个

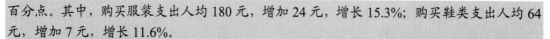

百分点。其中,购买服装支出人均180元,增加24元,增长15.3%;购买鞋类支出人均64元,增加7元,增长11.6%。

三、居住支出大幅回落

2010年农村居民居住支出人均835元,增加30元,增长3.7%,增速回落14.8个百分点。其中,建筑生活用房材料支出人均225元,减少50元,下降18.3%;维修生活用房雇工支出人均98元,与上年基本持平;购买生活用水电支出人均109元,增加15元,增长15.4%。农村居民居住支出增速大幅回落是多重因素共同作用的结果:一是汶川地震灾区农村住房重建工作基本结束。2010年仅四川、甘肃两省农村居民建筑生活用房材料和相应雇工支出的大幅度下降,致使当年全国农村居民居住支出人均减少37元。二是受金融危机影响,2008年年末农民工返乡,带动的农村建房热有所减弱。三是2004年以来由于新一轮建材涨价造成的居住支出快速增长期基本结束。2003年和2004年农村居民人均居住支出分别仅增长2.7%和5.1%,2005—2009年增长速度大幅度提高,其中2006年高达26.7%,2007年为22.4%,2008年为18.3%,2009年为18.6%。2009年农村建房及装修材料价格指数持平,农村居民消费预期因此有所改变。

四、家庭设备用品及服务支出增长有所回落

2010年农村居民家庭设备用品及服务支出人均234元,增加29元,增长14.3%,增速回落3.4个百分点。家庭设备支出增速回落的部分原因是随着农村居民购建生活用房的减少,与此相关的床上用品和室内装饰品支出均比上年同期有所减少。但购买机电设备支出仍然增长较快,人均86元,增加16元,增长22.5%;购买家具支出人均43元,增加7元,增长18.6%。

五、交通通信支出继续较快增长

2010年农村居民交通通信支出人均461元,增加58元,增长14.4%,增速提高2.5个百分点。其中,购买交通工具支出人均153元,增加33元,增长27%;购买交通工具用燃料支出人均56元,增加9元,增长20.2%;购买通信工具支出人均31元,增加2元,增长7.4%;通信费支出人均130元,增加7元,增长5.9%。

六、文教娱乐用品支出平稳增长

2010年农村居民文教娱乐支出人均367元,增加26元,增长7.7%。其中,购买文教娱乐用机电消费品支出人均49元,增加6元,增长13.5%;文体娱乐服务消费支出人均43元,增加8元,增长24.1%;学杂费支出人均149元,下降1.9%。

七、医疗保健支出增速回落

2010年农村居民医疗保健支出人均326元,增加38元,增长13.4%,增速下降3.5个百分点。其中,购买药品支出人均110元,增加6元,增长6.2%,增速下降6.4个百分点;医疗费支出人均207元,增加32元,增长18.1%,增速下降1.3个百分点。

八、其他商品和服务支出平稳增长

2010年农村居民其他商品和服务支出人均94元,增加10元,增长11.8%,增速提高

2.1个百分点。

(资料来源：国家统计局网站，http://www.stats.gov.cn/tjzd.)

案例11-2

第六次全国人口普查数据分析报告[1]

根据《全国人口普查条例》和《国务院关于开展第六次全国人口普查的通知》，我国以2010年11月1日零时为标准时点进行了第六次全国人口普查[2]。在国务院和地方各级人民政府的统一领导下，在全体普查对象的支持配合下，通过广大普查工作人员的艰苦努力，已圆满完成人口普查任务。现将快速汇总的主要数据公布如下。

一、总人口

全国总人口为1 370 536 875人。其中：普查登记的大陆31个省、自治区、直辖市和现役军人的人口[3]共1 339 724 852人，香港特别行政区人口[4]为7 097 600人，澳门特别行政区人口[5]为552 300人，台湾地区人口[6]为23 162 123人。

二、人口增长

大陆31个省、自治区、直辖市和现役军人的人口，同第五次全国人口普查2000年11月1日零时的1 265 825 048人相比，十年共增加73 899 804人，增长5.84%，年平均增长率为0.57%。

三、家庭户人口

大陆31个省、自治区、直辖市共有家庭户[7]401 517 330户，家庭户人口为1 244 608 395人，平均每个家庭户的人口为3.10人，比2000年第五次全国人口普查的3.44人减少0.34人。

四、性别构成

大陆31个省、自治区、直辖市和现役军人的人口中，男性人口为686 852 572人，占51.27%；女性人口为652 872 280人，占48.73%。总人口性别比(以女性为100，男性对女性的比例)由2000年第五次全国人口普查的106.74下降为105.20。

五、年龄构成

大陆31个省、自治区、直辖市和现役军人的人口中，0~14岁人口为222 459 737人，占16.60%；15~59岁人口为939 616 410人，占70.14%；60岁及以上人口为177 648 705人，占13.26%，其中65岁及以上人口为118 831 709人，占8.87%。同2000年第五次全国人口普查相比，0~14岁人口的比重下降6.29个百分点，15~59岁人口的比重上升3.36个百分点，60岁及以上人口的比重上升2.93个百分点，65岁及以上人口的比重上升1.91个百分点。

六、民族构成

大陆31个省、自治区、直辖市和现役军人的人口中，汉族人口为1 225 932 641人，占91.51%；各少数民族人口为113 792 211人，占8.49%。同2000年第五次全国人口普查相比,汉族人口增加 66 537 177 人,增长 5.74%;各少数民族人口增加 7 362 627 人,增长 6.92%。

七、各种受教育程度人口

大陆 31 个省、自治区、直辖市和现役军人的人口中,具有大学(指大专以上)文化程度的人口为 119 636 790 人;具有高中(含中专)文化程度的人口为 187 985 979 人;具有初中文化程度的人口为 519 656 445 人;具有小学文化程度的人口为 358 764 003 人。(以上各种受教育程度的人包括各类学校的毕业生、肄业生和在校生)

同 2000 年第五次全国人口普查相比,每 10 万人中具有大学文化程度的由 3611 人上升为 8930 人;具有高中文化程度的由 11 146 人上升为 14 032 人;具有初中文化程度的由 33 961 人上升为 38 788 人;具有小学文化程度的由 35 701 人下降为 26 779 人。

大陆 31 个省、自治区、直辖市和现役军人的人口中,文盲人口(15 岁及以上不识字的人)为 54 656 573 人,同 2000 年第五次全国人口普查相比,文盲人口减少 30 413 094 人,文盲率[8]由 6.72%下降为 4.08%,下降 2.64 个百分点。

八、城乡人口

大陆 31 个省、自治区、直辖市和现役军人的人口中,居住在城镇的人口[9]为 665 575 306 人,占 49.68%;居住在乡村的人口为 674 149 546 人,占 50.32%。同 2000 年第五次全国人口普查相比,城镇人口增加 207 137 093 人,乡村人口减少 133 237 289 人,城镇人口比重上升 13.46 个百分点。

九、人口的流动

大陆 31 个省、自治区、直辖市的人口中,居住地与户口登记地所在的乡镇街道不一致且离开户口登记地半年以上的人口为 261 386 075 人,其中市辖区内人户分离的人口[10]为 39 959 423 人,不包括市辖区内人户分离的人口为 221 426 652 人。同 2000 年第五次全国人口普查相比,居住地与户口登记地所在的乡镇街道不一致且离开户口登记地半年以上的人口增加 116 995 327 人,增长 81.03%。

十、登记误差

普查登记结束后,全国统一随机抽取 402 个普查小区进行了事后质量抽样调查。抽查结果显示,人口漏登率为 0.12%。

资料注释:

[1] 本公报中数据均为初步汇总数。

[2] 普查登记的对象是指普查标准时点在中华人民共和国境内的自然人以及在中华人民共和国境外但未定居的中国公民,不包括在中华人民共和国境内短期停留的港澳台居民和外籍人员。"境内"是指我国海关关境以内,"境外"是指我国海关关境以外。

[3] 大陆 31 个省、自治区、直辖市和现役军人的人口数据不包括居住在境内的港澳台居民和外籍人员。

[4] 香港特别行政区的人口数为香港特别行政区政府提供的 2010 年年底的数据。

[5] 澳门特别行政区的人口数为澳门特别行政区政府提供的 2010 年年底的数据。

[6] 台湾地区的人口数为台湾地区有关主管部门公布的 2010 年年底的户籍登记人口数据。

[7] 家庭户是指以家庭成员关系为主、居住一处共同生活的人组成的户。

[8] 文盲率是指大陆 31 个省、自治区、直辖市和现役军人的人口中 15 岁及以上不识字人口所占比重。

[9] 城乡人口是指居住在我国境内城镇、乡村地域上的人口,城镇、乡村是按2008 年国家统计局《统计上划分城乡的规定》划分的。

[10] 市辖区内人户分离的人口是指一个直辖市或地级市所辖的区内和区与区之间,居住地和户口登记地不在同一乡镇街道的人口。

案例 11-3

对公报数据特点的分析

一、人口增长处于低生育水平

全国内地总人口为 1 339 724 852 人,与 2000 年第五次全国人口普查相比,十年增加 7390 万人,增长 5.84%,年平均增长 0.57%,比 1990 年到 2000 年的年平均增长率 1.07% 下降 0.5 个百分点。数据表明,十年来我国人口增长处于低生育水平阶段。

作为基本国策,计划生育已经执行了 30 年。但是,发展到今天,计划生育政策的可行性已经引起了质疑。

长时间的低生育率以及人口年龄结构老龄化将导致对养老与医疗健康体系的挑战,影响整体劳动生产率与整个经济的竞争性。当抚养负担日趋加重时,人口老龄化也影响到代际关系,甚至社会的整合与民族的兴衰。

二、性别比例仍是男多女少

总人口男女性别比为 105.20∶100,其中男性人口 686 852 572 人,占 51.27%;女性人口 652 872 280 人,占 48.73%。粗算一下,我国男性比女性多 3400 万人。

在省级行政区中,性别比差距最小的为江苏,男女性别比为 105.20∶100,最大的为天津,男女性别比达到 114.52:100。江苏、宁夏等 12 个省市区男女性别比差距低于全国平均水平,海南与天津男女性别比超过 110∶100。

总人口性别比从 2000 年第五次人口普查的 106.74 下降到 105.20(以女性人口为 100.00)。

三、家庭成员人口在减少

我国 31 个省、自治区、直辖市共有家庭户 40 152 万户,家庭户人口 124 461 万人,平均每个家庭户的人口为 3.10 人,比 2000 年人口普查的 3.44 人减少 0.34 人。家庭户规模继续缩小,主要受我国生育水平不断下降、迁移流动人口增加、年轻人婚后独立居住等因素的影响。

在长期的独生子女政策影响下,我国已产生了所谓的"四二一"家庭结构,即一个子辈、两个父辈、四个祖辈这样的倒金字塔结构。虽然未来严格意义上的"四二一"家庭结构在多大规模内出现,还是个疑问,但家庭子女数趋少,人口寿命延长却是可以肯定的,这就意味着子女负担父辈和祖辈的养老是一个不可回避的问题。

"四二一"的家庭结构为独生子女提供了一个独特的成长环境。这种环境的本质特点是没有兄弟姐妹,缺少手足之情。没有亲兄弟姐妹之间的游戏,儿童会缺少很多重要的心理体验,如成就感、挫折感、信任感,而这些对于儿童健康人格的形成不可或缺。缺少手足之情的童年,幸福感会大打折扣。

四、流动人口在增加

这次人口普查,居住地与户口登记地所在的乡镇街道不一致且离开户口登记地半年以上的人口为 26 139 万人,其中市辖区内人户分离的人口为 3996 万人,不包括市辖区内人户分离的人口为 22 143 万人。

同 2000 年人口普查相比,居住地与户口登记地所在的乡镇街道不一致且离开户口登记地半年以上的人口增加 11 700 万人,增长 81.03%;其中不包括市辖区内人户分离的人口增加 10 036 万人,增长 82.89%。这主要是因为多年来我国农村劳动力加速转移和经济快速发展促进了流动人口大量增加。

五、老龄化进程在加快

这次人口普查,0~14 岁人口占 16.60%,比 2000 年人口普查下降 6.29 个百分点;60 岁及以上人口占 13.26%,比 2000 年人口普查上升 2.93 个百分点,其中 65 岁及以上人口占 8.87%,比 2000 年人口普查上升 1.91 个百分点。

数据表示,随着我国经济社会快速发展,人民生活水平和医疗卫生保健事业的巨大改善,生育率持续保持较低水平,老龄化进程逐步加快。

不容置疑,中国正迈入老龄化社会,特别是沿海发达地区、人多地少矛盾突出的地区,老龄化问题更加突出。生育率低、人口结构老龄化、社保制度滞后已成未来发展的重大隐患。

谁来养活中国?已执行 30 年的计划生育政策是否调整,是否应放开二胎管制,无疑都需在新的人口环境和发展背景下重新考量。据社科院权威发布,2011 年以后的 30 年里,中国人口老龄化将呈现加速发展态势,到 2030 年,中国 65 岁以上人口占比将超过日本,成为全球人口老龄化程度最高的国家。到 2050 年,社会进入深度老龄化阶段。

六、大学生比例依然不高

这次人口普查,与 2000 年人口普查相比,每十万人中具有大学文化程度的由 3611 人上升为 8930 人,具有高中文化程度的由 11 146 人上升为 14 032 人,具有初中文化程度的由 33 961 人上升为 38 788 人,具有小学文化程度的由 35 701 人下降为 26 779 人。文盲率(15 岁及以上不识字的人口占总人口的比重)为 4.08%,比 2000 年人口普查的 6.72% 下降了

2.64个百分点。

国务院第六次全国人口普查领导小组副组长、国家统计局局长马建堂表示，各种受教育程度人口和文盲率的变化，反映了十年来我国普及九年制义务教育、大力发展高等教育以及扫除青壮年文盲等措施取得了积极成效。

大学生比例反映一个国家的教育程度和人才实力。据最新统计，在25～64岁的青壮年人口中，俄罗斯54%的人都拥有大学学历，比例是世界上最高的。加拿大紧随其后，以色列排名第三。此前高居世界前列的美国，今年排名却迅速下滑。

一方面，与教育发达国家相比，我国大学生比例低得可怜；另一方面，走出校门的大学生为找工作而奔波。

七、广东成为人口第一大省

这次人口普查，东部地区人口占31个省(区、市)常住人口的37.98%，中部地区占26.76%，西部地区占27.04%，东北地区占8.22%。与2000年人口普查相比，东部地区的人口比重上升2.41个百分点，中部、西部、东北地区的比重都在下降，其中西部地区下降幅度最大，下降1.11个百分点；其次是中部地区，下降1.08个百分点；东北地区下降0.22个百分点。

按常住人口分，排在前五位的是广东省、山东省、河南省、四川省和江苏省。2000年人口普查排在前五位的是河南省、山东省、广东省、四川省、江苏省。

(资料来源：国家统计局网站，http://www.stats.gov.cn/tjzd.)

附 录

国民经济和社会发展主要统计指标及其指标解释

1. 国内生产总值(GDP)

国内(地区)生产总值,简称 GDP,是一个国家(或地区)在一定时期内所生产的全部最终产品和服务的价值总和,反映一个国家(或地区)的经济总体规模和经济结构。国内生产总值包括国内所有常住单位的生产成果,这些常住单位既包括国有的、集体的和外资的企业,也包括行政事业单位和居民。从全社会来看,国内生产总值是一个国家(或地区)一定时期内生产活动的最终成果,它不包括中间产品,如用来组装汽车的零配件,因为其价值已经包括在最终产品汽车中。

国内生产总值核算有生产法、收入法和支出法三种方法。生产法从生产的角度来衡量新创造的价值,从生产的全部货物和服务的总产品的价值中,扣除生产过程中投入的中间货物和服务的价值,得到新增价值。收入法依据生产要素所取得的收入来衡量最终成果。收入法增加值为劳动者报酬、生产税净额、固定资产折旧和营业盈余之和。支出法依据生产活动成果的最终使用来计算国内生产总值,最终使用为政府消费支出、居民消费支出、资本形成总额及货物与服务净出口四部分之和。

中国对外公布按照生产法、收入法和支出法计算的国内生产总值,以按照生产法和收入法混合计算的国内生产总值为标准。国内生产总值核算分为季度核算和年度核算,按照现价和不变价分别核算。现价核算采用的是当期的价格,不变价核算采用的是固定基期的价格。在统一的核算方法和核算原则框架下,国家统计局负责核算全国的国内生产总值,各省级统计局各自负责核算其本地区的国内生产总值。

参照中国国民经济行业分类标准,年度国内生产总值核算按照 94 个行业分别计算。其中,农业包含的 5 个行业采用生产法计算;工业包含的 39 个行业同时采用生产法和收入法计算;建筑业和第三产业包含的 50 个行业则采用收入法计算。在 94 个行业中,基础资料足够充分的 51 个行业采用直接计算的方法得到增加值;基础资料不够充分的行业,通过比例系数推算法和相关指标推算法间接计算增加值。

季度国内生产总值核算按照 17 个行业分别核算。由于季度国内生产总值核算对时间要求较严格,所获得的基础资料也比年度核算少,各个行业都是采用间接计算的方法得到增加值。农业、工业和建筑业3个行业采取增加值率法,交通运输业、金融业等14个行业采取相关指标推算法。

2. 国民生产总值(GNP)

GNP是按市场价格计算的国民生产总值的简称。它是一个国家所有常住单位在一定时期内收入初次分配的最终成果。一国常住单位从事生产活动所创造的增加值在初次分配过程中主要分配给该国的常住单位,但也有一部分以劳动者报酬和财产收入等形式分配给该国的非常住单位。同时,国外生产所创造的增加值也有一部分以劳动者报酬和财产收入等形式分配给该国的常住单位,从而产生了国民生产总值概念,它等于国内生产总值加上来自国外的劳动者报酬和财产收入减去付给国外的劳动者报酬和财产收入。与国内生产总值不同,国内生产总值是一个生产概念,而国民生产总值则是一个收入概念。

3. 可比价格

可比价格是指在不同时期的价值指标对比时,扣除了价格变动的因素,以确切反映物量的变化。按可比价格计算有两种方法:一种是直接用产品产量乘以某一年的不变价格计算,另一种是用价格指数换算。

4. 不变价格

不变价格指用同类产品的年平均价格作为固定价格来计算各年产品价值。按不变价格计算的产品价值消除了价格变动因素,不同时期对比可以反映生产的发展速度。中华人民共和国成立后,随着工农业产品价格水平的变化,国家统计局先后五次制定了全国统一的工业产品不变价格和农业产品不变价格,从1949年到1957年使用1952年工(农)业产品不变价格,从1958年到1970年使用1957年不变价格,从1971年到1980年使用1970年不变价格,从1981年到1990年使用1980年不变价格,从1991到2000年使用1990年不变价格,从2001年开始使用2000年不变价格。

5. 平均每年增长速度

在我国,计算平均增长速度有两种方法:一种是习惯上经常使用的"水平法",又称几何平均法,是以间隔期最后一年的水平同基期水平对比来计算平均每年增长(或下降)速度。另一种是"累计法",又称代数平均法或方程法,是以间隔期内各年水平的总和同基期水平对比来计算平均每年增长(或下降)速度。在一般正常情况下,两种方法计算的平均每年增长速度比较接近,但在经济发展不平衡、出现大起大落时,两种方法计算的结果差别较大。

6. 工业生产增长速度

工业生产增长速度(简称工业增长速度)是以工业增加值作为总量指标计算出来的,用以反映一定时期全国或某一地区工业生产增减变动的相对数,通常以百分数表示。工业生产增长速度可以反映工业经济的运行走势，判断经济景气程度，研究经济周期运行状况。由于工业统计调查的范围和频率不同，工业增长速度又分为全部工业增长速度和规模以上工业增长速度。全部工业增长速度的统计范围为全部工业，按季度与年度统计、计算和公布。规模以上工业增长速度的统计范围为规模以上工业，按月度统计、计算和公布。

7. 计划时期

我们经常看到的统计表内所用各个"时期"代表的年份如下：恢复时期为 1950 年到 1952 年，第一个五年计划时期(简称"一五"时期)为 1953 年到 1957 年，第二个五年计划时期(简称"二五"时期)为 1958 年到 1962 年，第三个五年计划时期(简称"三五"时期)为 1966 年到 1970 年，第四个五年计划期(简称"四五"时期)为 1971 年到 1975 年，第五个五年计划时期(简称"五五"时期)为 1976 年到 1980 年，第六个五年计划时期(简称"六五"时期)为 1981 年到 1985 年，第七个五年计划时期(简称"七五"时期)为 1986 年到 1990 年，第八个五年计划时期(简称"八五"时期)为 1991 年到 1995 年。以此类推，现在是"十三五"规划时期。

8. 三次产业

根据社会生产活动历史发展的顺序对产业结构的划分，产品直接取自自然界的部门称为第一产业，对初级产品进行再加工的部门称为第二产业，为生产和消费提供各种服务的部门称为第三产业。这是世界上通用的产业结构分类，但各国的划分不尽一致。我国的三次产业划分是：第一产业——农业(包括种植业、林业、牧业和渔业)，第二产业——工业(包括采掘工业、制造业、自来水、电力、蒸汽、热水、煤气)和建筑业，第三产业——除第一、第二产业以外的其他各业。由于第三产业包括的行业多、范围广，根据我国的实际情况，第三产业可分为两大部分：一是流通部门，二是服务部门。具体又可分为四个层次：第一层次——流通部门，包括交通运输业、邮电通信业、商业、饮食业、物资供销和仓储业；第二层次——生产和生活服务部门，包括金融、保险业，地质普查业，房地产、公用事业，居民服务业，咨询服务业和综合技术服务业，农、林、牧、渔、水利服务业和水利业，公路、内河湖、航道养护业等；第三层次——提高科学文化水平和居民素质服务的部门，包括教育、文化、广播电视，科学研究、卫生、体育和社会福利事业等；第四层次——为社会公共需要服务的部门，包括国家机关、政党机关、社会团体以及军队和警察等。

9. 总消费

总消费指常住单位在一定时期内的货物和服务的全部最终消费支出，也就是常住单位为满足物质、文化和精神生活的需要，从本国经济领土或外国购买的货物和服务的消费支出(不包括非常住居民在本国经济领土内的消费支出)。总消费分为居民消费和社会消费。居民消费是指常住居民在一定时期内对于货物和服务的全部最终消费，包括居民以货币直接购买的各种消费品和直接支付的房租、交通、医疗、文教等各种服务费支出，居民本期自产自用的消费品和自有住房的虚拟消费,居民以实物工资形式获得的各种生活消费品等。不包括居民用于购买房屋和生产的支出。社会消费是指政府部门的总产出扣除其销售收入后的价值,也就是指社会公共服务部门将其生产活动总成果提供给政府,由政府部门购买并提供给全社会享用的社会消费支出。

10. 总投资

总投资是指常住单位在一定时期内对固定资产和库存的投资支出合计,分为固定资产形成和库存增加两项。固定资产形成是指从常住单位在一定时期内购置、转入和自产自用的固定资产中,扣除已有固定资产的销售和转出后的价值。固定资产形成包括在一定时期内完成的建筑工程、安装工程和设备器具购置价值以及无形资产(如矿藏勘探的支出、生产的计算机软件)之和。库存增加是指常住单位一定时期内库存实物量变动的市场价值。期初与期末差额为正值表示库存增加,负值表示库存减少。它具体包括本期购买的原材料、燃料和储备物资等商品库存,本期生产的产成品、半成品和在产品等产品库存。

11. 净出口

净出口是指出口与进口的差额。出口包括常住单位向非常住单位出售或无偿转让的各种货物和服务的总值。进口包括常住单位从非常住单位购买或无偿得到的各种货物和服务的总值。由于服务活动提供与使用同时发生,因此服务的进出口业务并不发生出入境现象,应把常住单位从国外得到的服务作为进口;反之,非常住单位从我国得到的服务作为出口。

12. 固定资产折旧

固定资产折旧是指一定时期内为弥补固定资产损耗而应提取的补偿价值,它反映了全部固定资产在本期生产中的资产转移价值。各类企业的固定资产折旧是指从成本费用中提取的折旧费。对不计提折旧的单位,如政府机关、事业单位、学校医院、部队和居民住房则应进行虚拟折旧。

13. 劳动者报酬

劳动者报酬是指劳动者为常住单位提供劳务而获得的各种报酬,它反映劳动者参与增加值创造而获得的原始收入。它包括从各种来源开支的货币工资和实物工资,即单位以工资、福利、社会保险等形式,从成本、费用和利润中为劳动者支付的各种开支,以及个体和其他劳动者通过参加社会生产活动所获得的各种劳动报酬。

14. 生产税净额

生产税净额是指生产税与补贴之差,它反映政府从本期创造的增加值中所得到的原始收入份额。生产税是指政府对生产单位的生产经营活动所征收的各种税、附加和规费,具体包括税金及附加、增值税、管理费开支的税、应交纳的养路费、排污费和水电附加等,以及烟酒专卖上缴政府的专项收入。补贴与生产税相反,是政府对生产单位的单方面收入转移，因此视为负税处理，包括政策亏损补贴、粮食系统价格补贴、外贸企业出口退税收入等。

15. 新国民经济核算体系

国民经济核算是以社会再生产过程为对象的全面、系统的核算。我国原来采用的是"物质产品平衡表体系"(英文简称 MPS 体系)。随着经济体制改革的不断深入，这种旧的核算体系越来越不能满足市场经济体系和宏观管理的需要。因此，国务院要求 1992 年在国家和省一级建立起新国民经济核算体系基本框架，1995 年实现新国民经济核算体系的全面过渡。新国民经济核算体系(英文简称 SNA)是当今世界上绝大多数国家实行的核算制度。新国民经济核算体系将国民经济作为一个有机联系的整体，对从生产、分配，到交换、使用的社会再生产全过程进行完整的描述。它从整体结构上将国民经济循环所表现的产品实物运动和货币资金运动以及经济存量和经济流量所形成的周而复始的循环过程联系起来。我国新国民经济核算体系由社会再生产核算表和经济循环账户两大部分组成。社会再生产核算表包括五张基本表和七张补充表。基本表包括国内生产总值及其使用表、投入产出表、资金流量表、国际收支平衡表和资产负债表。补充表包括人口平衡表、劳动力平衡表、自然资源表、主要商品资源与使用平衡表、企业部门产出表、企业部门投入表及综合价格指数表。经济循环账户是运用核算方法对国民经济运行过程进行全面系统的描述，它包括经济总体账户、机构部门账户及产业部门账户。

16. 零售价格指数

零售价格指数是反映城乡商品零售价格变动趋势的一种经济指数。零售物价的调整变动直接影响到城乡居民的生活支出和国家的财政收入，影响居民购买力和市场供需平衡，影响消费与积累的比例。因此，计算零售价格指数，可以从一个侧面对上述经济活动进行观察和分析。

17. 居民消费价格指数(CPI)

居民消费价格指数，简称 CPI，是量度消费商品及服务项目价格水平随着时间变动的相对数，反映居民购买的商品及服务价格水平的变动情况。居民消费价格指数按年度计算的变动率通常被用来反映通货膨胀的程度。居民消费价格指数及其类指数还是计算国内生产总值及资产、负债、消费、收入等实际价值的重要依据。

国家统计局统一组织，分别编制全国、省市县级居民消费价格指数。采用国际通行的链式拉氏公式，编制定基居民消费价格指数序列。对比基期五年调整一次，现行对比基期为 2010 年。其基本方法为：固定一篮子居民消费商品及服务项目以及各个项目在篮子中的权数，通过对比报告期与基期的权数金额(购买该篮子的金额)反映价格变动情况。

18. 城市居民消费价格指数

城市居民消费价格指数是反映城市员工及其家庭购买生活消费品和服务项目的价格变

动趋势及其程度的相对数。编制城市居民消费价格指数,可以观察和分析消费品的零售价格和服务项目价格变动对员工货币工资的影响,作为研究员工生活和确定工资政策的依据。

19. 农村居民消费价格指数

农村居民消费价格指数是反映农村居民家庭购买生活消费品的价格和服务项目的价格变动趋势和程度的相对数。用它可以观察农村消费品的零售价格和服务项目价格变动对农村居民生活消费支出的影响,直接反映农民生活水平的实际变化情况,为分析和研究农村居民生活问题提供依据。

20. 农产品收购价格指数

农产品收购价格指数是反映国有商业、集体商业、个体商业、外贸部门、国家机关、社会团体等各种经济类型的商业企业和有关部门收购农产品价格的变动趋势和程度的相对数。农产品收购价格指数可以观察和研究农产品收购价格总水平的变化情况,以及对农民货币收入的影响,作为制定和检查农产品价格政策的依据。计算指数所选的商品有 11 个大类,包括 276 种农副土特产品。采用加权倒数平均公式(按报告期实际收购金额加权综合法)计算。农村工业品零售价格指数反映农村市场工业品零售价格水平变动趋势和程度的相对数。通过农村工业品零售价格指数,可以观察工业品零售价格变动对农民货币支出的影响。

21. 工业品出厂价格指数

工业品出厂价格指数是反映全部工业产品出厂价格总水平的变动趋势和程度的相对数。其中,除包括工业企业售给商业、外贸、物资部门的产品外,还包括售给工业和其他部门的生产资料以及直接售给居民的生活消费品。通过工业生产价格指数能观察出厂价格变动对工业总产值的影响。

22. 固定资产投资价格指数

固定资产投资价格指数是反映固定资产投资额价格变动趋势和程度的相对数。固定资产投资额是由建筑安装工程投资完成额、设备和工器具购置投资完成额、其他费用投资完成额三部分组成的。编制固定资产投资价格指数首先应分别编制上述三部分投资的价格指数,然后采用加权算术平均法求出固定资产投资价格总指数。编制固定资产投资价格指数可以准确地反映固定资产投资中涉及的各类商品和取费项目价格变动趋势及变动幅度,消除按现价计算的固定资产投资指标中的价格变动因素,真实地反映固定资产投资的规模、速度、结构和效益,为国家科学地制定与检查固定资产投资计划并提高宏观调控水平,完善国民经济核算体系提供科学的、可靠的依据。

23. 住宅销售价格指数

住宅销售价格指数是综合反映住宅商品价格水平总体变化趋势和变化幅度的相对数。中国住宅销售价格指数由 70 个大中城市的新建住宅销售价格指数和二手住宅销售价格指数组成。

国家统计局统一编制各类住宅销售价格指数。采用国际通行的链式拉氏公式,编制定基住宅销售价格指数序列。对比基期五年调整一次,现行对比基期为2010年。

24. 人口数

人口数指一定时点、一定地区范围内的有生命的个人的总和。年度统计的年末人口数是指每年12月31日24时的人口数。年度统计的全国人口总数内未包括台湾地区和港澳同胞以及海外华侨人数。市镇总人口和乡村总人口(一般是按常住人口划分的)中市镇总人口是指市、镇辖区的全部人口。乡村总人口是指县(不含镇)的全部人口。

25. 市镇

市是指经国家批准成立"市"建制的城市。镇是指经省、自治区、直辖市批准的镇。1963年以前为常住人口在2000人以上,非农业人口占50%以上的。1964年起改为常住人口在3000人以上,非农业人口占70%以上,或常住人口在2500人以上,不满3000人,非农业人口占85%以上的。1984年后又调整为,凡县级地方国家机关所在地;或总人口在20000人以下的乡,乡政府驻地非农业人口超过2000人的;或总人口在20000人以上的乡,乡政府驻地非农业人口占全乡人口10%以上;或少数民族地区、人口稀少的边远地区、山区和小型工矿区、小港口、风景旅游、边境口岸等地,非农业人口虽不足2000人,都可建镇。

26. 出生率(又称粗出生率)

出生率是指在一定时期内(通常为一年)平均每千人出生的人数的比率,一般用千分率表示。其计算公式为

$$出生率 = 年出生人数 \div 年平均人数 \times 1000‰$$

出生人数是指活产婴儿,即胎儿脱离母体时(不管怀孕月数),有过呼吸或其他生命现象。年平均人数是年初、年底人口数的平均数,也可用年中人口数代替。

27. 死亡率(又称粗死亡率)

死亡率是指在一定时期内(通常为一年)一定地区的死亡人数与同期平均人数(或期中人数)之比,一般用千分率表示。其计算公式为

$$死亡率 = 年死亡人数 \div 年平均人数 \times 1000‰$$

28. 人口自然增长率

人口自然增长率是指在一定时期内(通常为一年)人口自然增加数(出生人数减死亡人数)与该时期内平均人数(或期中人数)之比,一般用千分率表示。其计算公式为

$$人口自然增长率 = (本年出生人数 - 本年死亡人数) \div 年平均人数 \times 1000‰$$

$$人口自然增长率 = 人口出生率 - 人口死亡率$$

29. 在业人口(又称就业人口)

在业人口是指16周岁及16周岁以上人口中从事一定的社会劳动并取得劳动报酬或经营收入的人口。不在业人口是指16周岁及16周岁以上人口中未从事社会劳动的人口，包括在校学生、料理家务人员、待升学、市镇待业、离退休、退职、丧失劳动能力等非在业人口。

30. 社会负担系数

社会负担系数是指社会劳动人口与被抚养人口的比例。其计算公式为

$$社会负担系数=被抚养人口÷劳动人口×100\%$$

老年负担系数是指社会劳动人口与老年人口的比例。其计算公式为：

$$老年负担系数=老年人口÷劳动人口×100\%$$

少年负担系数是指社会劳动人口与少年儿童的比例。其计算公式为：

$$少年负担系数=少年儿童人口÷劳动人口×100\%$$

31. 工业

工业是指从事自然资源的开采，对采掘品和农产品进行加工和再加工的物质生产部门。它具体包括：①对自然资源的开采，如采矿、晒盐、森林采伐等(但不包括禽兽捕猎和水产捕捞)；②对农副产品的加工、再加工，如粮油加工、食品加工、轧花、缫丝、纺织、制革等；③对采掘品的加工、再加工，如炼铁、炼钢、化工生产、石油加工、机器制造、木材加工等，以及电力、自来水、煤气的生产和供应等；④对工业品的修理、翻新，如机器设备的修理、交通运输工具(包括小轿车)的修理等。1984年以前农村及村以下办工业归属农业，1984年以后划归工业。

32. 工业统计调查单位

工业统计调查单位分为两类：独立核算法人工业企业和工业活动单位。独立核算法人工业企业是指从事工业生产经营活动的单位。独立核算法人工业企业应同时具备以下条件：①依法成立，有自己的名称、组织机构和场所，能够承担民事责任；②独立拥有和使用资产，承担负债，有权与其他单位签订合同；③独立核算盈亏，并能够编制资产负债表。工业活动单位是指在一个场所从事一种或主要从事一种工业生产活动的经济单位。它包括独立核算工业企业按主营业务活动(工业生产活动)划分的主营业务活动单位和非工业企业所属的工业生产活动单位(原非独立核算工业生产单位)。工业活动单位一般应同时具备以下三个条件：①具有一个场所，从事一种或主要从事一种工业活动；②单独组织工业生产、经营或业务活动；③单独核算收入和支出。

33. 国有经济工业

国有经济工业，即过去的全民所有制工业或国营工业是指生产资料归国家所有的一种

经济类型，包括中央和地方各级国家机关、部队、科研机构、学校、人民团体和国有经济企事业单位等举办的国有经济工业。1957年以前的公私合营和私营工业，后均改造为国营工业，1992年改为国有工业。这部分工业的资料不单独分列时，均包括在国有工业内。

34. 集体经济工业

集体经济工业是指生产资料归公民集体所有的一种经济类型，是社会主义公有制经济的组成部分，包括城乡所有使用集体投资举办的企业，以及部分个人通过集资自愿放弃所有权并依法经工商行政管理机关认定为集体所有制的企业。

35. 其他经济类型工业

其他经济类型工业是指除国有经济、集体经济、私营经济、个体经济、联营经济以外的其他经济类型的工业企业(单位)，包括股份制经济(股份有限公司、有限责任公司)，外商投资经济(中外合资经营、中外合作经营、外资企业)，港、澳、台投资经济(与大陆合资经营，与大陆合作经营，港、澳、台独资企业)及其他经济类型的工业。

36. 轻工业

轻工业是指主要提供生活消费品和制作手工工具的工业。按其所使用的原料不同，可分为两大类：①以农产品为原料的轻工业，是指直接或间接以农产品为基本原料的轻工业，主要包括食品制造、饮料制造、烟草加工、纺织、缝纫、皮革和毛皮制作、造纸以及印刷等工业；②以非农产品为原料的轻工业，是指以工业品为原料的轻工业，主要包括文教体育用品、化学药品制造、合成纤维制造、日用化学制品、日用玻璃制品、日用金属制品、手工工具制造、医疗器械制造、文化和办公用机械制造等工业。

37. 重工业

重工业是指为国民经济各部门提供物质技术基础的主要生产资料的工业。按其生产性质和产品用途可以分为下列三类：①采掘(伐)工业，是指对自然资源的开采，包括石油开采、煤炭开采、金属矿开采、非金属矿开采和木材采伐等工业；②原材料工业，是指向国民经济各部门提供基本材料、动力和燃料的工业，包括金属冶炼及加工、炼焦及焦炭化学、化工原料、水泥、人造板以及电力、石油和煤炭加工等工业；③加工工业，是指对工业原材料进行再加工制造的工业，包括装备国民经济各部门的机械设备制造工业、金属结构、水泥制品等工业，以及为农业提供的生产资料，如化肥、农药等工业。根据上述划分原则，修理业中以重工业产品为修理作业对象的划为重工业；反之，划分为轻工业。

38. 工业总产值

工业总产值是以货币表现的工业企业在一定时期内生产的已出售或可供出售的工业产品总量，它反映一定时期内工业生产的总规模和总水平。它包括在本企业内不再进行加工，经检验、包装入库(规定需包装的产品除外)的成品价值；工业性作业价值，自制半成品、在产品期末期初差额价值(生产周期较长的企业计算)。工业总产值采用"工厂法"计算,即以工业企业作为一个整体,按工业企业生产活动的最终成果来计算,企业内部不允许重复计算,不能把企业内部各个车间(分厂)生产的成果相加。但在企业之间、行业之间、地区之间存在着重复计算。轻重工业总产值的划分也是按"工厂法"计算的,即一个工业企业在正常情况下生产的主要产品的性质属于轻工业,则该企业的全部总产值作为轻工业总产值;一个工业企业生产的主要产品的性质属于重工业,则该企业的全部总产值作为重工业总产值。

39. 工业增加值

工业增加值是指工业企业在报告期内以货币表现的工业生产活动的最终成果。

40. 全社会固定资产投资

全社会固定资产投资也称全社会固定资产投资完成额,是指以货币形式表现的在一定时期内全社会建造和购置固定资产的工作量和与此有关的费用的总称。固定资产是指使用年限在一年以上,单位价值在规定的标准以上,并在使用过程中保持原来物质形态的资产。

全社会固定资产投资按发布口径由固定资产投资和农户固定资产投资构成,每年发布一次。固定资产投资(月报口径)由500万元及以上建设项目投资和房地产开发投资构成,是全社会固定资产投资的主体。500万元及以上建设项目投资是指各级行政区域内的各种登记注册类型的企业、事业、行政单位及个体户(含个人)进行的计划总投资500万元及500万元以上的建设项目投资。房地产开发投资是指各种登记注册类型的房地产开发公司、商品房建设公司及其他房地产开发单位统一开发的包括统代建、拆迁还建的住宅、厂房、办公楼等房屋建筑物和配套的服务设施、土地开发工程的投资。农村农户投资为农户价值50元及以上、使用年限两年及以上的房屋、建筑物、机器设备、器具等固定资产建造和购置活动。

全社会固定资产投资反映全国固定资产规模、结构和发展速度,是观察工程进度和考核投资效果的重要依据。

41. 固定资产原值

固定资产原值是指企业在建造、购置、安装、改建、扩建、技术改造某项固定资产时所支出的全部货币总额。它一般包括买价、包装费、运杂费和安装费等。

42. 固定资产净值

固定资产净值是指固定资产原值减去历年已提折旧额后的净额。

43. 流动资产

流动资产是指可以在一年或者超过一年的一个营业周期内变现或者耗用的资产,包括现金及各种存款、短期投资、应收及预付货款、存货等。

44. 资本金

资本金是指企业在工商行政管理部门登记的注册资金合计。企业资本金按投资主体可分为国家资本金、法人资本金、个人资本金和外商资本金等。资本金合计包括企业各种投资主体注册的全部资本金。

45. 总资产

总资产是指企业拥有或控制的全部资产,包括流动资产、长期投资、固定资产、无形及递延资产和其他长期资产等,即企业资产负债表的资产总计项。①流动资产是指企业可以在一年内或者超过一年的一个生产周期内变现或耗用的资产合计,包括现金及各种存款、短期投资、应收及预付款项和存货等。②固定资产是指企业固定资产净值、固定资产清理、在建工程、待处理固定资产损失所占用的资金合计。③无形资产是指企业长期使用而没有实物形态的资产,包括专利权、非专利技术、商标权、著作权、土地使用权和商誉等。

46. 总负债

总负债是指企业承担并需要偿还的全部债务,包括流动负债和长期负债等,即企业资产负债表的负债合计项。流动负债是指企业在一年内或者超过一年的一个营业周期内需要偿还的债务合计,其中包括短期借款、应付及预收款项、应付工资、应交税费和应交利润等。长期负债是指企业在一年以上或者超过一年的一个生产周期以上需要偿还的债务合计,其中包括长期借款、应付债务和长期应付款项等。

47. 利税总额

利税总额是指企业产品销售税金及附加和利润总额之和。

48. 资金利税率

资金利税率是指在一定时期内已实现的利润、税金总额与同期的资产(固定资产净值和流动资产)之比。其计算公式为:

资金利税率=报告期累计实现利税总额÷(固定资产净值平均余额+流动资产平均余额)×100%

资金利税率反映每单位(通常是每万元)资金所提供的利润税金额。它是考查和评价部门或企业资金运用的经济效益指标,分析资金投入效果的主要分析指标。

49. 应交增值税

应交增值税是指企业在报告期内应交纳的增值税税额。

50. 产值利税率

产值利税率是指报告期已实现的利润、税金总额(包括利润总额、产品销售税金及附加和应交增值税)占同期全部工业总产值的百分比,其计算公式为:

产值利税率=(利税总额÷工业总产值)×100%

51. 工业成本费用利润率

工业成本费用利润率是指在一定时期内实现的利润与成本费用之比,是反映工业生产成本及费用投入的经济效益指标,同时也是反映降低成本的经济效益的指标。其计算公式为

工业成本费用利润率=(利润总额÷成本费用总额)×100%

工业增加值率是指在一定时期内工业增加值占同期工业总产值的比重,反映降低中间消耗的经济效益。其计算公式为:

工业增加值率=[工业增加值(现价)÷工业总产值(现价)]×100%

流动资产周转次数是指在一定时期内流动资产完成的周转次数,反映流动资产的周转速度。其计算公式为:

流动资金周转次数=产品销售收入÷全部流动资产平均余额

52. 产品销售率

产品销售率是指一定时期内销售产值与同期全部工业总产值之比,反映工业产品生产已实现销售的程度。其计算公式为:

工业产品销售率=(报告期现价工业销售产值÷报告期现价工业总产值)×100%

53. 产品销售收入

产品销售收入是指企业销售产品的销售收入和提供劳务等主要经营业务取得的业务总额。

54. 产品销售成本

产品销售成本是指企业销售产品和提供劳务等主要经营业务的实际成本。

55. 产品销售税金及附加

产品销售税金及附加是指企业销售产品和提供工业性劳务等主要经营业务应负担的城市维护建设税、消费税、资源税和教育费附加。

56. 产品销售利润

产品销售利润是指企业销售产品和提供工业性劳务等主要经营业务收入扣除其成本、费用、税金后的利润。

57. 利润总额

利润总额是指企业实现的利润。

58. 全员劳动生产率

全员劳动生产率是指根据产品的价值量指标计算的平均每一个员工在单位时间内的产品生产量。它是考核企业经济活动的重要指标，是企业生产技术水平、经营管理水平、员工技术熟练程度和劳动积极性的综合表现。目前，我国的全员劳动生产率是将工业企业的工业增加值除以同一时期全部员工的平均人数来计算的。其计算公式为：

$$全员劳动生产率=工业增加值÷全部员工平均人数$$

59. 所有者权益

所有者权益是指企业投资人对企业净资产的所有权。企业净资产等于企业全部资产减去全部负债后的余额，其中包括投资者对企业的最初投入，以及资本公积金、盈余公积金和未分配利润，对股份制企业来说即为股东权益。

60. 城镇居民家庭就业人口

城镇居民家庭就业人口是指城镇居民从事社会劳动并取得劳动报酬或经营收入的人口。就业人口包括通过国家统筹规划和指导由劳动部门介绍就业、自愿组织起来就业和自谋职业等方式，在国有制、集体所有制、中外合资、中外合作、外资在华独资的企事业单位和私营企业单位工作或从事个体劳动的有固定性职业或临时性职业的人口。被聘用和留用的离退休人员也计入就业人口。本指标可以反映城镇居民的就业情况，是计算就业面、负担系数的重要资料。

61. 城镇居民家庭全部收入

城镇居民家庭全部收入是指被调查城镇居民家庭全部的实际现金收入，包括经常或固定得到的收入和一次性收入，不包括周转性收入，如提取银行存款、向亲友借入款、收回借出款以及其他各种暂收款。

62. 城镇居民家庭可支配收入

城镇居民家庭可支配收入是指被调查城镇居民家庭在支付个人所得税之后，所余下的实际收入。

63. 城镇居民人均可支配收入

城镇居民人均可支配收入是指将家庭总收入扣除缴纳的个人所得税和个人缴纳的各项社会保障支出之后，按照居民家庭人口平均的收入水平。其中，家庭总收入是指该家庭中生活在一起的所有家庭成员从各种渠道得到的所有收入之和，包括工资性收入、经营净收入、财产性收入、转移性收入。城镇居民人均可支配收入标志着居民的购买力，用以衡量城镇居民收入水平和生活水平。

64. 城镇居民家庭消费性支出

城镇居民家庭消费性支出是指被调查的城镇居民家庭用于日常生活的全部支出，包括购买商品支出和文化生活、服务等非商品性支出，不包括罚没、丢失款和缴纳的各种税款(如个人所得税、牌照税、房产税等)，也不包括个体劳动者生产经营过程中发生的各项费用。

65. 城镇居民家庭购买商品支出

城镇居民家庭购买商品支出是指被调查的城镇居民家庭购买商品的全部支出，包括从商店、工厂、饮食业、工作单位食堂、集市以及直接从农民手中购买各种商品的开支。该支出共分九类：食品、衣着品、日用品、文化娱乐用品、书报杂志、药及医疗用品、房屋及建筑材料、燃料和其他商品。不论自用的或赠送亲友的都包括在内。

66. 农村居民人均纯收入

农村居民人均纯收入是农村居民纯收入按照农村住户人口平均的纯收入水平。它反映的是全国或一个地区农村居民的平均收入水平。农村居民人均纯收入是一个年度核算指标。

农村居民纯收入是农村住户当年从各个来源得到的总收入相应地扣除有关费用性支出后的收入总和，具体是指农村居民家庭总收入扣除当年的家庭经营费用支出、缴纳的各种税费、生产性固定资产折旧及农村内部亲友间赠送支出后的收入总和。农村居民家庭总收入包括工资性收入、家庭经营收入、财产性收入和转移性收入。

67. 农村居民家庭整半劳动力

农村居民家庭整半劳动力是指农村常住居民家庭成员中有劳动能力并经常参加实际劳动的人员，是生产的基本要素指标之一，是发展生产增加农民家庭收入的重要源泉。按规定，农村男18周岁至50周岁、女18周岁至45周岁为整劳动力；男16周岁到17周岁、51周岁到60周岁，女16周岁到17周岁、46周岁至55周岁为半劳动力。农民家庭整半劳动力，既包括在上述规定劳动年龄内和在劳动年龄以外有劳动能力并经常参加实际劳动的男女整半劳动力，也包括农民家庭常住人员中属于员工的劳动力，但不包括在劳动年龄内已丧失劳动能力的人员。

68. 农村居民家庭生活消费支出

农村居民家庭生活消费支出是指农村常住居民家庭年内用于日常生活的全部开支。它是用来反映和研究农民家庭实际生活消费水平高低的重要指标。农民家庭生活消费支出，包括用于吃、穿、住、烧、用等生活消费品开支和文化、生活服务费用开支两大部分。

69. 农村居民家庭商品性生活消费支出

农村居民家庭商品性生活消费支出是指农村常住居民家庭用其货币收入，在市场上购买食品、衣着、家庭用家具器皿、日用杂品、燃料、耐用消费品以及文教卫生用品等生活消费总量。它包括向国有商店、集体商店和集市贸易市场以及其他流通渠道购买的全部生活消费品。农民家庭商品性生活消费支出是农民家庭生活消费支出的一个重要组成部分，是用来反映和分析农民家庭生活消费水平的商品化程度，是自给性经济向商品经济发展过渡的重要指标，也是研究和预测农民家庭对市场消费品需求，制订商品供应计划的重要依据。

70. 全国城乡储蓄存款余额

全国城乡储蓄存款包括城镇居民储蓄存款和农民个人储蓄存款两部分，不包括居民的手存现金和工矿企业、部队、机关团体等集团存款。储蓄存款余额是指城乡居民存入银行及农村信用社储蓄的时点数(存入数扣除取出数的余额)，如月末、季末或年末数额。

71. 财政收入

财政收入是指国家财政参与社会产品分配所取得的收入，是实现国家职能的财力保证。财政收入所包括的内容几经变化，目前主要包括：①各项税收，包括增值税、营业税、消费税、土地建设税、资源税、城市土地使用税、印花税、固定资产投资方向调节税、个人所得税、企业所得税、关税、耕地占用税等。②专项收入，包括征收排污费、征收城市水资源费收入、教育费附加收入等。③其他收入，包括基本建设贷款归还收入、国家能源交通重点建设基金收入、国家预算调节基金等。④国有企业计划亏损补贴，这项为负收入，冲减财政收入。

72. 财政支出

财政支出是指国家财政将筹集起来的资金进行分配使用，以满足经济建设和各项事业的需要，主要包括：①基本建设支出；②企业挖潜改造资金；③地质勘探费用；④科技三项费用；⑤支援农村生产支出；⑥农林水利气象等部门的事业费用；⑦工业、交通、商业等部门的事业费；⑧文教科学卫生事业费；⑨抚恤和社会福利救济费；⑩国防支出；⑪行政管理费；⑫价格补贴支出。

73. 中央财政收入和地方财政收入

中央财政收入和地方财政收入是指按财政体制划分的中央本级收入和地方本级收入。1994年分税制财政体制改革以后，属于中央财政的收入包括关税、海关代征消费税和增值税，消费税，中央企业所得税，地方银行和外资银行及非银行金融企业所得税，铁道、银行总行、保险总公司等集中缴纳的营业税、所得税、利润和城市维护建设税，增值税的75%部分，海洋石油资源税和证券(印花)税 50%部分。属于地方财政的收入包括营业税、地方企业所得税、个人所得税、城镇土地使用税、固定资产投资方向调节税、城镇维护建设税、房产税、车船使用税、印花税、屠宰税、农牧业税、农业特产税、耕地占用税、契税、增值税25%部分、证券交易税(印花税)的 50%部分和除海洋石油资源税以外的其他资源税。

74. 中央财政支出和地方财政支出

根据政府在经济和社会活动中的不同职责，划分中央和地方政府的事权，按照政府的事权划分确定的支出。中央财政支出包括国防支出，武装警察部队支出，中央级行政管理费和各项事业费，重点建设支出以及中央政府调整国民经济结构、协调地区发展，实施宏观调控的支出。地方财政支出主要包括地方行政管理和各项事业费，地方统筹的基本建设、技术改造支出，支援农村生产支出，城市维护和建设经费，价格补贴支出等。

75. 预算外资金收支

预算外资金是有关单位凭借国家权力或由国家授权而取得的没有纳入国家预算管理的财政性资金。其收入包括地方财政部门的各项附加收入、集中事业收入、专项收入等，事业行政单位的专用基金、经营性服务纯收入、行政事业性收费、专项资金、中小学勤工俭学收入、税收分成等；其支出包括固定资产投资支出、城市维护支出、福利奖励支出、行政事业支出等。

76. 信贷资金

国家银行用于发放贷款的资金叫信贷资金。中国人民银行信贷资金的来源有各项存款、对国际金融机构负债、流通中货币、银行自有资金及当年结益等。信贷资金的运用有各项贷款、黄金占款、外汇占款、财政借款及在国际金融机构中的资产等。

77. 存款

存款是指企业、机关、团体或居民根据可以收回的原则，把货币资金存入银行或其他信用机构保管并取得一定利息的一种信用活动形式。根据存款对象的不同可划分为企业存款、财政存款、机关团体存款、基本建设存款、城镇储蓄存款、农村存款等。它是银行信贷资金的主要来源。

78. 贷款

贷款是指银行或其他信用机构根据必须归还的原则，按一定利率，为企业、个人等提供资金的一种信用活动形式。我国银行贷款分流动资金贷款、固定资产贷款、城乡个体工商户贷款以及农户贷款等。

79. 承保额

承保额又叫保险金额。它是保险人对被保险人负担损失补偿或约定给付的金额。它是保险合同上的最高责任额，也是计算保费的依据。

80. 保费

保费又叫保险费。它是保险人根据保险合同的有关规定，为被保险人取得因约定危险事故发生所造成的经济损失补偿(或给付)权利，付给保险人的代价。它包括财产险和人身险储金收入。

81. 赔款

保险事故发生后,经查证确属保险责任范围以内的保险标的损失,保险人根据保险合同的规定履行赔偿义务,给予被保险人的款项叫作赔款。赔款可分为已决赔款和未决赔款两种。

82. 粮食产量

粮食产量是指全年的粮食生产总量,包括夏收粮食、早稻和秋收粮食。它是反映我国农业生产经营情况的重要指标。我国统计的粮食作物主要由谷物、薯类和豆类组成,其中谷物包括稻谷、小麦、玉米、谷子、高粱以及其他谷类。除薯类以 5∶1 折算粮食外,粮食产量一律按脱粒后的原粮计算。

全国粮食产量数据由国家统计局计算并定期公布,各省、自治区、直辖市的粮食产量数据由国家统计局派驻各省、自治区、直辖市的调查总队计算并定期公布。全国及各省、自治区、直辖市的粮食产量是农业生产经营户和农业生产经营单位全年粮食产量的合计。

83. 单位国内(地区)生产总值能耗

单位国内(地区)生产总值能耗(简称单位 GDP 能耗),是指一定时期内一个国家(地区)每生产一个单位国内(地区)生产总值所消耗的能源。当国内(地区)生产总值单位为万元时,即为万元国内(地区)生产总值能耗。该指标能直观、综合地反映能源消费所获得的经济成果,直接反映经济发展对能源的依赖程度,但其无法全面反映能源的利用效率和产品能耗降低等情况。国家统计局负责核算全国的单位国内(地区)生产总值能耗。各地统计局负责核算本区域的单位国内(地区)生产总值能耗,并将核算的数据同时报上一级统计机构审核评估。

84. 社会消费品零售总额

社会消费品零售总额是指企业(单位、个体经营户)通过交易直接售给个人、社会集团非生产、非经营用的实物商品金额,以及提供餐饮服务所取得的收入金额。其中,商品包括售给个人用于生活消费的商品,也包括售给社会集团用于非生产、非经营的商品。该指标不包括企业(单位、个体经营户)用于生产经营和固定资产投资所使用的原材料和其他消耗品的价值量,也不包括居民用于购买商品房的支出和农民用于购买农业生产资料的支出费用等。社会消费品零售总额主要用于反映国内消费品市场的总规模和地域分布情况,也能基本反映居民和社会集团对实物商品消费需求的总量和变化趋势。

85. 城镇单位在岗职工平均工资

城镇单位在岗职工平均工资是指企业、事业、机关单位(不包括私营单位)的在岗职工在一定时期内平均每人所得的货币工资额。城镇单位在岗职工平均工资表明一定时期在岗职工工资收入的高低程度,反映在岗职工工资水平,可以揭示劳动力用工成本和国民收入分配状况,是制定社会保障政策、建立赔偿制度的基础数据。

参 考 答 案

第一章

一、单项选择题

1. ② 2. ② 3. ① 4. ③ 5. ② 6. ④
7. ④ 8. ① 9. ③ 10. ③ 11. ④ 12. ①

二、多项选择题

1. ①②③④ 2. ①③⑤ 3. ①②④ 4. ③④
5. ①④ 6. ③⑤ 7. ②③④⑤ 8. ①②⑤

三、填空题

1. 统计工作 统计资料 统计学

2. 数量性 总体性 具体性 社会性 广泛性

3. 总体 总体单位

4. 同一性质 总体

5. 大量性 同质性 差异性

6. 数量 名称 数值

7. 有限 无限

8. 品质 数量

9. 变异

10. 变量 变量值 标志值

四、判断题

1. × 2. × 3. × 4. × 5. × 6. × 7. × 8. × 9. × 10. √

五、简答题

(略)

第二章

一、单项选择题

1. ②　2. ②　3. ③　4. ②　5. ①　6. ④
7. ③　8. ①　9. ①　10. ②　11. ③　12. ②

二、多项选择题

1. ①③④⑤　2. ①③④　3. ②③④　4. ①②③⑤
5. ②④　6. ②④⑤　7. ①③④　8. ①②③④⑤

三、填空题

1. 准确　及时　系统　完整
2. 统计报表　专门调查
3. 单一表　一览表
4. 调查单位　填报单位
5. 调查目的　调查对象和调查单位　调查项目和调查表　调查时间和调查期限　调查工作的组织实施计划
6. 基本情况　重点单位
7. 深入细致　有意识

四、判断题

1. ×　2. ×　3. √　4. √　5. √　6. ×　7. √　8. ×　9. ×　10. √

五、简答题

(略)

第三章

一、单项选择题

1. ③　2. ④　3. ②　4. ②　5. ②　6. ①
7. ①　8. ③　9. ③　10. ④　11. ②　12. ②

二、多项选择题

1. ①③④　2. ①④⑤　3. ①②④　4. ①③④

5. ①③　　6. ①②　　7. ③⑤　　8. ①③

三、填空题

1. 品质标志　数量标志
2. 一个标志　两个或两个以上标志
3. 组限　下　上
4. 变量及变量值　次数
5. 总标题　横行标题　纵栏标题　数字资料
6. 主词　宾词
7. 品质　变量

四、判断题

1. ×　2. ×　3. ×　4. √　5. √　6. ×　7. ×　8. ×　9. ×　10. ×

五、简答题

(略)

六、计算题

表1　某工业局各企业按工人数分组

按工人数分组/人	企业数/个	组中值/人	频率/%
300以下	3	250	10.0
300~400	5	350	16.6
400~500	8	450	26.7
500~600	8	550	26.7
600~700	3	650	10.0
700以上	3	750	10.0
合　计	30	—	100.0

(变量、变量值标注于"按工人数分组/人"列；次数标注于"企业数/个"列；主词为分组列，宾词为其余各列)

第四章

一、单项选择题

1. ①　2. ④　3. ④　4. ②　5. ③　6. ①
7. ④　8. ③　9. ②　10. ③　11. ③　12. ②

二、多项选择题

1. ①②④　2. ①②④　3. ①⑤　4. ①③④　5. ②③　6. ①⑤　7. ①④⑤

三、填空题

1. 时期指标　时点指标
2. 相对指标　平均指标
3. 97.9
4. 104.8
5. <100%
6. 越大
7. 比较相对　动态相对

四、判断题

1. √　2. ×　3. ×　4. ×　5. √　6. ×　7. ×　8. ×　9. ×　10. √

五、简答题

(略)

六、计算题

1. (1) 全员劳动生产率计划完成程度 $=\dfrac{1+12\%}{1+10\%}\times 100\%=101.82\%$

即全员劳动生产率超额 1.82% 完成计划。

(2) 单位产品成本计划完成程度 $=\dfrac{1-4\%}{1-5\%}\times 100\%=101.05\%$

即单位产品成本未完成计划，还差 1.05%。

2. (1) $\dfrac{105\%}{x}=103\%$　　$x=\dfrac{105\%}{103\%}=101.94\%$

即计划规定比上年增长 1.94%。

(2) 成本计划完成程度 $=\dfrac{672}{699-12}=97.82\%$

3.

表 2　参考答案

商　店	2016 年				2015 年实际零售额/万元	2016 年零售额为 2015 年的百分率/%
	计　划		实际零售额/万元	计划完成/%		
	零售额/万元	比重/%				
(甲)	(1)	(2)	(3)	(4)	(5)	(6)
光明	4000	(31.4)	4800	(120)	3000	(160)
中兴	2500	(19.6)	(2750)	110	2000	(137.5)
华夏	(6250)	(49.0)	5000	80	4000	(125)
合计	(12 750)	(100)	(12 550)	(98.4)	(9000)	(139.4)

(1)绝对指标　(2)结构相对指标　(4)计划完成相对指标　(6)动态相对指标

4.

表 3　参考答案

项　目	2016 年		2015 年实际完成/亿元	2016 年比 2015 年增长率/%
	实际完成/亿元	比重/%		
国内生产总值/亿元	684	(100)	(652.67)	4.8
第一产业	(194.256)	28.4	186	(4.44)
第二产业	(316.476)	(46.27)	298	6.2
第三产业	(173.268)	(25.33)	(168.67)	(2.73)

5.

表 4　参考答案

项　目	计　划		实　际		计划完成百分比/%
	产量/万辆	比重/%	产量/万辆	为一厂的/%	
一厂	100	(20)	105	100	(105)
二厂	150	(30)	(159)	(151.43)	106
三厂	(250)	(50)	260	(247.62)	104
合计	500	100	(524)	—	(104.8)
指标名称	总量指标	结构相对指标	总量指标	比较相对指标	计划完成相对指标

第五章

一、单项选择题

1. ②　2. ④　3. ②　4. ③　5. ③　6. ③　7. ③　8. ①
9. ④　10. ①　11. ②　12. ④　13. ②　14. ④　15. ②　16. ②

二、多项选择题

1. ②③⑤　2. ②③　3. ①③　4. ①④⑤
5. ③⑤　6. ①③⑤　7. ①②③⑤　8. ②④⑤

三、填空题

1. 权衡轻重　权数
2. 各标志值　算术平均数　倒数
3. 均匀　近似值
4. 变量值　权数
5. 全距　平均差　标准差　离散系数
6. 反比
7. P　$\sqrt{P(1-P)}$
8. 最大　最小　最高组上限　最低组下限
9. 95%　21.79%

四、判断题

1. ×　2. √　3. ×　4. ×　5. √　6. ×　7. √　8. ×　9. ×　10. √

五、简答题

(略)

六、计算题

1. (1) $\bar{x} = \dfrac{\sum xf}{\sum f} = \dfrac{70\,250}{125} = 562\,(件)$

   (2) $\bar{x} = \sum x \cdot \dfrac{f}{\sum f} = 562\,(件)$

2. $\bar{X}_{甲} = 1.0 \times 10\% + 1.1 \times 20\% + 1.2 \times 70\% = 1.16\,(元)$
   $\bar{X}_{乙} = 1.2 \times 30\% + 1.1 \times 30\% + 1.0 \times 40\% = 1.09\,(元)$

   甲企业的单位产品成本较高，其原因是甲企业生产的三批产品中，单位成本较高的产品数量占70%，而乙企业只占30%。

3. $\bar{X}_H = \dfrac{\sum M}{\sum \dfrac{1}{x}M} = \dfrac{111.1}{50} = 2.222\,(元/千克)$

4. (1) 产值计划平均完成程度 $= \dfrac{\sum xf}{\sum f}$

$= \dfrac{85\% \times 140 + 95\% \times 310 + 105\% \times 1650 + 115\% \times 710 + 125\% \times 40}{140 + 310 + 1650 + 710 + 40}$

$= \dfrac{3012.5}{2850} = 105.7\%$

(2) 产值计划平均完成程度 $= \dfrac{\sum M}{\sum \dfrac{M}{x}} = \dfrac{2850}{2711.8} = 105.1\%$

5. $\bar{x}_G = \sqrt[n]{\prod x} = \sqrt[4]{96\% \times 95\% \times 96.5\% \times 97.3\%} = 96.2\%$

6. $\bar{x}_G = \sqrt[\sum f]{\prod x^f} = \sqrt[10]{105\%^6 \times 106\%^4} = 105.4\%$ 平均年利率为 5.4%

7. (1) $\bar{x}_G = \sqrt[16]{102\%^1 \times 104\%^3 \times 105\%^6 \times 107\%^4 \times 108\%^2} = 105.49\%$

平均年利率为 5.49%

(2) 平均年利率 $\bar{x} = \dfrac{2\% \times 1 + 4\% \times 3 + 5\% \times 6 + 7\% \times 4 + 8\% \times 2}{1+3+6+4+2} = 5.5\%$

8. $M_o = 120 + \dfrac{14-8}{(14-8)+(14-10)} \times 5 = 123$ (件)

或 $M_o = 1250 - \dfrac{14-10}{(14-8)+(14-10)} \times 5 = 123$ (件)

$M_e = L + \dfrac{\dfrac{\sum f}{2} - S_{m-1}}{f_m} \times d = 120 + \dfrac{25-16}{14} \times 5 = 123.21$ (件)

或 $M_e = U - \dfrac{\dfrac{\sum f}{2} - S_{m+1}}{f_m} \times d = 125 - \dfrac{25-20}{14} \times 5 = 123.21$ (件)

9. 政治经济学：$\bar{x} = \dfrac{\sum xf}{\sum f} = \dfrac{69}{20} = 3.45$ (分)

$\sigma = \sqrt{\dfrac{\sum(x-\bar{x})^2 f}{\sum f}} = \sqrt{\dfrac{16.9500}{20}} = 0.92$ (分)

$v_\sigma = \dfrac{\sigma}{\bar{x}} \times 100\% = \dfrac{0.92}{3.45} \times 100\% = 26.7\%$

统计学：$\bar{x} = \dfrac{\sum xf}{\sum f} = \dfrac{1520}{20} = 76$ (分)

$\sigma = \sqrt{\dfrac{\sum(x-\bar{x})^2 f}{\sum f}} = \sqrt{\dfrac{2380}{20}} = 10.91$ (分)

$$v_\sigma = \frac{\sigma}{\bar{x}} \times 100\% = \frac{10.91}{76} \times 100\% = 14.4\%$$

统计学考试成绩的离散系数较小，因此统计学的平均成绩具有较大的代表性。

10. $\bar{x} = \frac{\sum xf}{\sum f}$

$$\bar{x}_甲 = \frac{123\,000}{30} = 4100\,(元) \qquad \bar{x}_乙 = \frac{102\,000}{20} = 5100\,(元)$$

$$v = \frac{\sigma}{\bar{x}} \times 100\%$$

$$v_甲 = \frac{916}{4100} \times 100\% = 22.3\% \qquad v_乙 = \frac{916}{5100} \times 100\% = 18\%$$

乙商店的平均销售额代表性大于甲商店，因为甲商店的变异系数较乙商店大，它反映甲商店的标志变异度较大。

11. 平均合格率 $p = \frac{540}{600} \times 100\% = 90\%$

标准差 $\sigma = \sqrt{p(1-p)} = \sqrt{0.9(1-0.9)} = 30\%$

标准差系数 $V_\sigma = \frac{\sqrt{p(1-p)}}{p} \times 100\% = 33.33\%$

12. 平均合格率 $p = \frac{230+450+190+60}{1000} = 93\%$

标准差 $\sigma = \sqrt{p(1-p)} = \sqrt{0.93 \times (1-0.93)} = 25.51\%$

标准差系数 $V_\sigma = \frac{\sigma}{\bar{x}} \times 100\% = \frac{25.51\%}{93\%} \times 100\% = 27.43\%$

第六章

一、单项选择题

1. ④   2. ②   3. ②   4. ④   5. ①   6. ②
7. ③   8. ②   9. ②   10. ③   11. ④   12. ③

二、多项选择题

1. ①②③④   2. ①③④   3. ②⑤   4. ②③④⑤
5. ①③⑤   6. ①②④   7. ②④⑤   8. ②③

三、填空题

1. 时间的先后顺序　动态数列

2. 相对数和平均数
3. 首末折半法
4. 逐期增长量　累计增长量
5. 相应的累计增长量　相应的逐期增长量
6. 定基发展速度　相应的环比发展速度
7. 2.68%
8. 4.07%
9. 12‰
10. 19.04%　10.02%

四、判断题

1. ×　2. √　3. ×　4. ×　5. ×　6. ×　7. √　8. ×　9. ×　10. ×

五、简答题

(略)

六、计算题

1. $\bar{a} = \dfrac{\sum af}{\sum f}$

$= \dfrac{1256 \times 19 + 1264 \times 10 + 1275 \times 5 + 1270 \times 22 + 1281 \times 34}{19 + 10 + 5 + 22 + 34} = 1271(人)$

2. $\bar{a} = \dfrac{\dfrac{a_1}{2} + a_2 + \cdots + a_{n-1} + \dfrac{a_n}{2}}{n-1}$

第一季度平均工人数 $= \dfrac{\dfrac{400}{2} + 405 + 406 + \dfrac{408}{2}}{4-1} = \dfrac{1219}{3} = 405(人)$

第二季度平均工人数 $= \dfrac{\dfrac{408}{2} + 410 + 412 + \dfrac{416}{2}}{4-1} = \dfrac{1234}{3} = 411(人)$

上半年平均职工人数 $= \dfrac{\dfrac{400}{2} + 405 + 406 + 408 + 410 + 412 + \dfrac{416}{2}}{7-1} = \dfrac{2449}{6} = 408(人)$

或　上半年平均职工人数 $= \dfrac{405 + 411}{2} = 408(人)$

3. $\bar{a} = \dfrac{\sum \bar{a}_i f_i}{\sum f_i} = \dfrac{\dfrac{46+42}{2} \times 2 + \dfrac{42+47}{2} \times 1 + \dfrac{47+44}{2} \times 6 + \dfrac{44+48}{2} \times 3}{2+1+6+3} = 45(人)$

4. 第一季度：$\bar{a} = \dfrac{\dfrac{8.14}{2} + 7.83 + 7.25 + \dfrac{8.28}{2}}{4-1} = 7.76$ (吨)

第二季度：$\bar{a} = \dfrac{\dfrac{8.28+10.12}{2} \times 2 + \dfrac{10.12+9.76}{2} \times 1}{2+1} = 9.45$ (吨)

第三季度：$\bar{a} = \dfrac{\dfrac{9.76+9.82}{2} \times 3}{3} = 9.79$ (吨)

第四季度：$\bar{a} = \dfrac{\dfrac{9.82+10.04}{2} \times 1 + \dfrac{10.04+9.56}{2} \times 2}{1+2} = 9.84$ (吨)

全年平均水泥库存量 $= \dfrac{7.76+9.45+9.79+9.84}{4} = 9.21$ (吨)

5. 该企业 2016 年产值计划平均完成程度

$$\bar{c} = \dfrac{\sum bc}{\sum b}$$

$$= \dfrac{800 \times 1.05 + 840 \times 1.02 + 860 \times 1.06 + 900 \times 1.1}{800+840+860+900}$$

$$= 105.8\%$$

6. 第一季度生产工人占全部职工人数的比重 $= \dfrac{\dfrac{1884}{2}+1896+1980+\dfrac{2052}{2}}{\dfrac{2512}{2}+2528+2540+\dfrac{2562}{2}} = 76.84\%$

7. 上半年平均每日商品流转次数 $= \dfrac{(22+21.5+22.4+23.2+24.6+25) \div 6}{\left(\dfrac{12}{2}+11.2+12.5+13+13.4+14+\dfrac{14.8}{2}\right) \div (7-1)}$

$= \dfrac{138.7}{77.5} = 1.79$ (次)

上半年商品流转次数 $= 1.79 \times 6 = 10.74$ (次)

8.

表 5　参考答案

年份		2011	2012	2013	2014	2015
工业增加值/万元		880	890	1020	1120	1250
增长量/万元	逐期	30	10	130	100	130
	累计	30	40	170	270	400
发展速度/%	环比	103.5	101.1	114.6	109.8	111.6
	定基	103.5	104.7	120.0	131.8	147.1

续表

年份		2011	2012	2013	2014	2015
增长速度/%	环比	3.5	1.1	14.6	9.8	11.6
	定基	3.5	4.7	20.0	31.8	47.1
增长1%的绝对值/万元		8.5	8.8	8.9	10.2	11.2
平均发展速度/%		108				
平均增长速度/%		8				

9.

表6 参考答案

年份	2012	2013	2014	2015
工业增加值/万元	400	(440)	(495)	(564.3)
逐期增长量/万元	—	40	(55)	(69.3)
环比发展速度/%	—	(110)	112.5	(114)
环比增长速度/%	—	(10)	(12.5)	14.0

10.

表7 参考答案

年份	2011	2012	2013	2014	2015
逐期增长量/万元	(22)	28	(25)	35	(30)
累计增长量/万元(2010年为基期)	22	(50)	(75)	110	140

年平均增长量 $= \dfrac{140}{5} = 28$(万元)

11. $\overline{x}_g = \sqrt[n]{\dfrac{a_n}{a_0}} = \sqrt[5]{\dfrac{200}{188}} = 101.245\%$

人口自然增长率控制在12.45‰。

$a_n = a_0 \cdot \overline{x}^n = 188 \times 1.011^5 = 198.57$(万人)

12.
$230 \times 1.1^n = 920 \times 1.04^n$

$\lg 230 + n\lg 1.1 = \lg 920 + n\lg 1.04$

$2.3617 + 0.0414n = 2.9638 + 0.0170n$

$0.0244n = 0.6021$

$n = \dfrac{0.6021}{0.0244} \approx 25$(年)

甲省 $a_n = a_0 \cdot \bar{x}^n = 230 \times 1.1^{25} = 2491.98$ (亿元)

乙省 $a_n = a_0 \cdot \bar{x}^n = 920 \times 1.04^{25} = 2452.57$ (亿元)

13. (1) 以 2009 年为原点

$\sum t = 28$，$\sum y = 19.4$，$\sum ty = 81.9$，$\sum t^2 = 140$，$n = 7$

$b = \dfrac{n\sum ty - \sum t \cdot \sum y}{n\sum t^2 - (\sum t)^2} = \dfrac{7 \times 81.9 - 28 \times 19.4}{7 \times 140 - 28^2} = 0.1536$

$a = \bar{y} - b\bar{t} = \dfrac{19.4}{7} - 0.1536 \times \dfrac{28}{7} = 2.157$

$y_c = 2.157 + 0.1536 t$

$y_{2018} = 2.157 + 0.1536 \times 9 = 3.54$ (万吨)

(2) 以 2013 年为原点

$\sum y = 19.4$，$\sum ty = 4.3$，$\sum t^2 = 28$，$n = 7$

$a = \dfrac{\sum y}{n} = \dfrac{19.4}{7} = 2.77$

$b = \dfrac{\sum ty}{\sum t^2} = \dfrac{4.3}{28} = 0.1536$

$y_c = 2.77 + 0.1536 t$

$y_{2018} = 2.77 + 0.1536 \times 5 = 3.54$ (万吨)

14. (1) 用季平均法计算季节比率如下。

表 8 按季平均法计算季节比率

年 份	季 度				合 计	季平均数
	一	二	三	四		
2013	2	8	4	1	15	3.75
2014	1	11	4	2	18	4.5
2015	2	14	3	2	21	5.25
2016	3	15	5	3	26	6.5
合计	8	48	16	8	80	20
同季平均数	2	12	4	2	20	5
季节比率/%	40	240	80	40	400	100

(2) 用移动平均剔除法计算季节比率如下。

表9 按移动平均剔除法计算季节比率

年 份	季 度	销售量 y/万元	趋势值 y_c	(y/y_c)/%
2013	1	2	—	—
	2	8	—	—
	3	4	3.625	110.34
	4	1	3.875	25.81
2014	1	1	4.25	23.53
	2	11	4.375	251.43
	3	4	4.625	86.49
	4	2	5.125	39.02
2015	1	2	5.375	37.21
	2	14	5.25	266.67
	3	3	5.375	55.81
	4	2	5.625	35.56
2016	1	3	6	50
	2	15	6.375	235.29
	3	5	—	—
	4	3	—	—

表10 剔除长期趋势后季节比率计算表

年 份	季 度				合 计
	一	二	三	四	
2013	—	—	110.34	25.81	—
2014	23.53	251.43	86.49	39.02	—
2015	37.21	266.67	55.81	35.56	—
2016	50	235.29	—	—	—
合计	110.74	753.39	252.64	100.39	—
同季平均/%	27.69	188.35	63.16	25.1	304.3
调整系数	1.3145	1.3145	1.3145	1.3145	—
季节比率/%	36.4	247.59	83.02	32.99	400

第七章

一、单项选择题

1. ④   2. ②   3. ③   4. ②   5. ④   6. ③
7. ③   8. ④   9. ①   10. ②   11. ②   12. ③

二、多项选择题

1. ④⑤   2. ①③④   3. ①④⑤   4. ②⑤
5. ①④⑤   6. ①②③④⑤   7. ③④   8. ②③⑤

三、填空题

1. 个体指数   总指数
2. 指数化
3. 基期质量指标   报告期数量指标
4. 数量指标指数   质量指标指数
5. 7.1%
6. 17.6%
7. 108.53%

四、判断题

1. √ 2. √ 3. √ 4. × 5. √ 6. √ 7. × 8. × 9. × 10. ×

五、简答题

(略)

六、计算题

1. $\bar{k}_q = \dfrac{\sum q_1 p_0}{\sum q_0 p_0} = \dfrac{605\,000}{350\,000} = 172.9\%$

   $\Delta_q = \sum q_1 p_0 - \sum q_0 p_0 = 605\,000 - 350\,000 = 255\,000$ (元)

2. $\bar{k}_z = \dfrac{\sum z_1 q_1}{\sum z_0 q_1} = \dfrac{89.15}{95} = 93.8\%$

   $\Delta_z = \sum z_1 q_1 - \sum z_0 q_1 = 89.15 - 95 = -5.85$ (万元)

3. (1) $\bar{k}_p = \dfrac{\sum q_1 p_0}{\sum q_0 p_0} = \dfrac{552\,000}{510\,000} = 108.2\%$

$$\bar{k}_p = \frac{\sum p_1 q_1}{\sum p_0 q_1} = \frac{527\,000}{552\,000} = 95.5\%$$

(2) $\Delta_q = \sum q_1 p_0 - \sum q_0 p_0 = 552\,000 - 510\,000 = 42\,000\,(元)$

$\Delta_p = \sum p_1 q_1 - \sum p_0 q_1 = 527\,000 - 552\,000 = -25\,000\,(元)$

4. $\bar{k}_p = \dfrac{\sum p_1 q_1}{\sum \dfrac{1}{k} p_1 q_1} = \dfrac{346}{301.65} = 114.7\%$

$\Delta_p = \sum p_1 q_1 - \sum \dfrac{1}{k} p_1 q_1 = 346 - 301.65 = 44.35\,(万元)$

5. $\bar{k}_q = \dfrac{\sum k p_0 q_0}{\sum p_0 q_0} = \dfrac{1089}{1000} = 108.9\%$

$\Delta_q = \sum k p_0 q_0 - \sum p_0 q_0 = 1089 - 1000 = 89\,(万元)$

6. (1) $\bar{k}_{pq} = \dfrac{\sum p_1 q_1}{\sum p_0 q_0} = \dfrac{205}{200} = 102.5\%$

$\Delta_{pq} = \sum p_1 q_1 - \sum p_0 q_0 = 205 - 200 = 5\,(万元)$

(2) $\bar{k}_p = \dfrac{\sum p_1 q_1}{\sum \dfrac{1}{k} p_1 q_1} = \dfrac{205}{220} = 93.2\%$

$\Delta_p = \sum p_1 q_1 - \sum \dfrac{1}{k} p_1 q_1 = 205 - 220 = -15\,(万元)$

(3) $\bar{k}_q = \dfrac{\bar{k}_{pq}}{\bar{k}_p} = \dfrac{102.5\%}{93.2\%} = 110.0\%$

$\Delta_q = 5 - (-15) = 20\,(万元)$

7. (1) 生产费用总指数 $= \dfrac{\sum z_1 q_1}{\sum z_0 q_0} = \dfrac{446}{440} = 101.36\%$

$\sum z_1 q_1 - \sum z_0 q_0 = 446 - 440 = 6\,(万元)$

(2) 单位成本总指数 $= \dfrac{\sum z_1 q_1}{\sum z_0 q_1} = \dfrac{446}{460} = 96.96\%$

$\sum z_1 q_1 - \sum z_0 q_1 = 446 - 460 = -14\,(万元)$

(3) 产量总指数 $= \dfrac{\sum q_1 z_0}{\sum q_0 z_0} = \dfrac{460}{440} = 104.55\%$

$\sum q_1 z_0 - \sum q_0 z_0 = 460 - 440 = 20\,(万元)$

$\dfrac{\sum z_1 q_1}{\sum z_0 q_0} = \dfrac{\sum z_1 q_1}{\sum z_0 q_1} \times \dfrac{\sum q_1 z_0}{\sum q_0 z_0}$

$101.36\% = 96.96\% \times 104.55\%$

$\sum z_1 q_1 - \sum z_0 q_0 = (\sum z_1 q_1 - \sum z_0 q_1) + (\sum q_1 z_0 - \sum q_0 z_0)$

6(万元)=−14(万元)+20(万元)

8. (1) 劳动生产率可变构成指数 $= \dfrac{\sum q_1 T_1}{\sum T_1} \div \dfrac{\sum q_0 T_0}{\sum T_0} = \dfrac{4950}{4450} = 111.24\%$

劳动生产率 $= \dfrac{\sum q_1 T_1}{\sum T_1} - \dfrac{\sum q_0 T_0}{\sum T_0} = 4950 - 4450 = 500$ (元)

(2) 劳动生产率固定构成指数 $= \dfrac{\sum q_1 T_1}{\sum T_1} \div \dfrac{\sum q_0 T_1}{\sum T_1} = \dfrac{4950}{4062.5} = 121.85\%$

$\dfrac{\sum q_1 T_1}{\sum T_1} - \dfrac{\sum q_0 T_1}{\sum T_1} = 4950 - 4062.5 = 887.5$ (元)

(3) 劳动生产率结构影响指数 $= \dfrac{\sum q_0 T_1}{\sum T_1} \div \dfrac{\sum q_0 T_0}{\sum T_0} = \dfrac{4062.5}{4450} = 91.29\%$

$\dfrac{\sum q_0 T_1}{\sum T_1} - \dfrac{\sum q_0 T_0}{\sum T_0} = 4062.5 - 4450 = -387.5$ (元)

(4) $111.24\% = 121.85\% \times 91.29\%$

500 元=887.5 元+(−387.5)元

9. 劳动生产率可变指数 $= \dfrac{\sum q_1 T_1}{\sum T_1} \div \dfrac{\sum q_0 T_0}{\sum T_0}$

$= \dfrac{21\,000}{50\,000} \div \dfrac{13\,000}{40\,000} = \dfrac{4200}{3250} = 129.23\%$

$4200 - 3250 = 950$ (元/人)

劳动生产率固定构成指数 $= \dfrac{\sum q_1 T_1}{\sum T_1} \div \dfrac{\sum q_0 T_1}{\sum T_1}$

$= 4200 \div \dfrac{4000 \times 30\,000 + 2500 \times 20\,000}{50\,000} = \dfrac{4200}{3400} = 123.53\%$

$4200 - 3400 = 800$ (元/人)

劳动生产率结构影响指数 $= \dfrac{\sum q_0 T_1}{\sum T_1} \div \dfrac{\sum q_0 T_0}{\sum T_0} = \dfrac{3400}{3250} = 104.62\%$

$3400 - 3250 = 150$ (元/人)

指数体系为：$129.23\% = 123.53\% \times 104.62\%$

950(元/人) = 800(元/人)+150(元/人)

分析：从相对数上来看，该地区总平均劳动生产率报告期比基期增长了 29.23%，是由于轻重工业劳动生产率提高 23.53%、人数结构的变动使其提高 4.62%两个因素共同影响的结果。从绝对数上来看,由于轻重工业劳动生产率的提高使该地区总平均劳动生产率增加了 800 元,人数结构的变动使该地区总平均劳动生产率增加 150 元,两个因素共同作用,使该地区总平均劳动生产率增加 950 元。

第八章

一、单项选择题

1. ④ 2. ③ 3. ① 4. ③ 5. ④ 6. ①
7. ④ 8. ④ 9. ④ 10. ① 11. ② 12. ②

二、多项选择题

1. ①③④⑤ 2. ②③④⑤ 3. ②③④ 4. ②③
5. ①③④ 6. ①③⑤ 7. ①②④ 8. ②③⑤

三、填空题

1. 重复 不重复
2. 正 反
3. 0.577 1.12
4. 样本方差
5. 抽样
6. 点估计 区间估计
7. 0.97%

四、判断题

1. × 2. √ 3. × 4. × 5. √ 6. √ 7. × 8. √ 9. √ 10. ×

五、简答题

(略)

六、计算题

1. $\mu_{\bar{x}} = \dfrac{\sigma}{\sqrt{n}} = \dfrac{63.4}{\sqrt{44}} = \dfrac{63.4}{6.63} = 9.56$(千克)

$\Delta x = t\mu_{\bar{x}} = 1.96 \times 9.56 = 18.74$(千克)

$\bar{x} - \Delta x \leqslant \bar{X} \leqslant \bar{x} + \Delta x$

$(440.8 - 18.74)$千克 $\leqslant \bar{X} \leqslant (440.8 + 18.74)$千克

422.06(千克)$\leqslant \bar{X} \leqslant 459.54$(千克)

2. $p = \dfrac{8}{40} = 0.2$

$$\Delta_p = t\sqrt{\frac{p(1-p)}{n}} = 1.5\sqrt{\frac{0.2\times(1-0.2)}{40}} = 9.5\%$$

$$p - \Delta_p \leqslant P \leqslant p + \Delta_p$$

$$20\% - 9.5\% \leqslant P \leqslant 20\% + 9.5\%$$

$$10.5\% \leqslant P \leqslant 29.5\%$$

3. $p = \dfrac{8}{200} = 0.04$

$$\mu_p = \sqrt{\frac{p(1-p)}{n}\left(1-\frac{n}{N}\right)} = \sqrt{\frac{0.04\times(1-0.04)}{200}\left(1-\frac{1}{20}\right)} = 0.0135$$

$$\Delta_p = t\mu_p = 2\times 0.0135 = 0.027$$

$$p - \Delta_p \leqslant P \leqslant p + \Delta_p$$

$$4\% - 2.7\% \leqslant P \leqslant 4\% + 2.7\%$$

$$1.3\% \leqslant P \leqslant 6.7\%$$

即不能认为这一批产品的废品率不超过 5%。

4. (1) 全部农户拥有彩电的置信区间为

$$p = \frac{87}{400} = 0.2175$$

$$\mu_p = \sqrt{\frac{p(1-p)}{n}\left(1-\frac{n}{N}\right)} = \sqrt{\frac{0.2175\times 0.7825}{400}\times\left(1-\frac{400}{5000}\right)} = 0.0198$$

$$\Delta_p = t\mu_p = 1.96\times 0.0198 = 3.88\%$$

$$p - \Delta_p \leqslant P \leqslant p + \Delta_p$$

$$21.75\% - 3.88\% \leqslant P \leqslant 21.75\% + 3.88\%$$

$$17.87\% \leqslant P \leqslant 25.63\%$$

(2) 若 $\Delta_p = 0.02$，则抽取的农户数为

$$n = \frac{Nt^2 p(1-p)}{N\Delta_p^2 + t^2 p(1-p)} = \frac{5000\times 1.96^2\times 0.2175\times 0.7825}{5000\times 0.02^2 + 1.96^2\times 0.2175\times 0.7825} = 1232 \text{ (户)}$$

5. $n = \dfrac{t^2\sigma^2}{\Delta_x^2} = \dfrac{2^2\times 2^2}{0.2^2} = 400$ (个单位)

6. $n = \dfrac{t^2 p(1-p)}{\Delta_p^2} = \dfrac{1.5^2\times 0.91\times(1-0.91)}{0.03^2} = 205$ (包)

7. (1) 平均使用寿命进行区间估计

$$\bar{x} = \frac{\sum xf}{\sum f} = \frac{434\,000}{100} = 4340 \text{ (时)}$$

$$\sigma = \sqrt{\frac{\sum(x-\bar{x})^2 f}{\sum f}} = \sqrt{\frac{53\,440\,000}{100}} = 731 \text{(时)}$$

$$\mu_{\bar{x}} = \sqrt{\frac{\sigma^2}{n}\left(1-\frac{n}{N}\right)} = \sqrt{\frac{731^2}{100}\times\left(1-\frac{100}{5000}\right)} = 72.37 \text{(时)}$$

$$\Delta_{\bar{x}} = t\mu_{\bar{x}} = 1 \times 72.37 = 72.37 \text{(时)}$$

$$\bar{x} - \Delta_x \leqslant \overline{X} \leqslant \bar{x} + \Delta_x$$

$$4340 - 72.37 \leqslant \overline{X} \leqslant 4340 + 72.37$$

$$4267.63\text{(时)} \leqslant \overline{X} \leqslant 4412.37\text{(时)}$$

(2) 合格率进行区间估计

$$p = \frac{30+50+18}{100} = 98\%$$

$$\mu_p = \sqrt{\frac{p(1-p)}{n}\left(1-\frac{n}{N}\right)} = \sqrt{\frac{0.98\times0.02}{100}\times\left(1-\frac{100}{5000}\right)} = 1.39\%$$

$$\Delta_p = t\mu_p = 1 \times 1.39\% = 1.39\%$$

$$p - \Delta_p \leqslant P \leqslant p + \Delta_p$$

$$98\% - 1.39\% \leqslant P \leqslant 98\% + 1.39\%$$

$$96.61\% \leqslant P \leqslant 99.39\%$$

8. 计算观众喜欢这个节目的区间范围

$$p = \frac{175}{500} = 35\%$$

$$\mu_p = \sqrt{\frac{p(1-p)}{n}} = \sqrt{\frac{0.35\times0.65}{500}} = 2.13\%$$

$$\Delta_p = t\mu_p = 3 \times 2.13\% = 6.39\%$$

$$p - \Delta_p \leqslant P \leqslant p + \Delta_p$$

$$35\% - 6.39\% \leqslant P \leqslant 35\% + 6.39\%$$

$$28.61\% \leqslant P \leqslant 41.39\%$$

计算估计误差范围不超过 5% 时的把握程度

$$t = \frac{\Delta_p}{\mu_p} = \frac{5\%}{2.13\%} = 2.35$$

$$F(t) = 98.07\%$$

若该节目主持人希望估计误差范围不超过 5%，则有 98.07% 的把握程度。

9. $H_0: \mu \leqslant 75$，$H_1: \mu > 75$

$$Z = \frac{\bar{x} - \mu_0}{\sigma/\sqrt{n}} = \frac{78-75}{\sqrt{14/6}} = 1.964$$

$\alpha = 0.05$，查标准正态分布表得，$Z_\alpha = 1.645$。

因为 $Z = 1.964 > Z_\alpha = 1.645$，故否定原假设，说明设备更新后，月产量有明显提高。

10. $H_0 : \mu = 50$ 克，$H_1 : \mu \neq 50$ 克

$$t = \frac{\bar{x} - \mu_0}{s/\sqrt{n}} = \frac{50.20 - 50}{0.62/\sqrt{10}} = 1.02$$

$\alpha = 0.10$，查 t 分布表得，$t_{0.1/2}(9) = 1.83$。

因为 $t = 1.02 < t_{\alpha/2} = 1.83$，故接受原假设，每袋重量符合要求。

11. $H_0 : P \geq 17\%$，$H_1 : P < 17\%$

$$P = \frac{28}{200} = 0.14$$

$$Z = \frac{P - P_0}{\sqrt{P_0(1 - P_0)/n}} = \frac{0.14 - 0.17}{\sqrt{0.17 \times 0.83/200}} = -1.13$$

$\alpha = 0.05$，查标准正态分布表得，$Z_\alpha = 1.645$。

因为 $Z = -1.13 > -Z_\alpha = -1.645$，故接受原假设，不能认为技术改造后产品质量有所提高。

第九章

一、单项选择题

1. ③ 2. ④ 3. ④ 4. ① 5. ② 6. ④
7. ③ 8. ① 9. ③ 10. ② 11. ③ 12. ③

二、多项选择题

1. ①③④ 2. ②⑤ 3. ②④ 4. ①②③④
5. ①③④ 6. ①③④⑤ 7. ①②③④ 8. ①②③⑤

三、填空题

1. 正相关 负相关 线性相关 非线性相关
2. 正 负
3. 方向 密切程度 $0 \leq |r| \leq 1$ 或 $-1 \leq r \leq 1$
4. $y_c = a + bx$ $x_c = c + dy$ b d
5. 随机 随机 确定
6. 两个变量 三个或三个以上变量
7. 自变量

四、判断题

1. × 2. √ 3. × 4. √ 5. √ 6. × 7. √ 8. × 9. √ 10. √

五、简答题

(略)

六、计算题

1. $L_{xx} = \sum x^2 - \dfrac{(\sum x)^2}{n} = 24\,600 - \dfrac{(350)^2}{5} = 100$

   $L_{yy} = \sum y^2 - \dfrac{(\sum y)^2}{n} = 990 - \dfrac{(70)^2}{5} = 10$

   $L_{xy} = \sum xy - \dfrac{(\sum x)(\sum y)}{n} = 4930 - \dfrac{350 \times 70}{5} = 30$

   (1) $r = \dfrac{L_{xy}}{\sqrt{L_{xx} \cdot L_{yy}}} = \dfrac{30}{\sqrt{100 \times 10}} = 0.948\,7$

   (2) 高度正相关

   (3) $b = \dfrac{L_{xy}}{L_{xx}} = \dfrac{30}{100} = 0.3 \quad a = \bar{y} - b\bar{x} = \dfrac{70}{5} - 0.3 \times \dfrac{350}{5} = -7$

   $y_c = a + bx = -7 + 0.3x$

   (4) 工业增加值每增加 1 万元，利润额平均增加 0.3 万元。

   (5) $x = 80 \,(万元) \quad y_c = -7 + 0.3 \times 80 = 17\,(万元)$

2. $L_{xx} = 79 - \dfrac{(21)^2}{6} = 5.5$

   $L_{yy} = 30\,268 - \dfrac{(426)^2}{6} = 22$

   $L_{xy} = 1481 - \dfrac{21 \times 426}{6} = -10$

   (1) $r = \dfrac{-10}{\sqrt{5.5 \times 22}} = -0.9091$

   (2) 高度负相关

   (3) $b = \dfrac{-10}{5.5} = -1.8182 \quad a = \dfrac{426}{6} - (-1.8182) \times \dfrac{21}{6} = 77.3637$

   $y_c = 77.3637 - 1.8182x$

   $d = \dfrac{L_{yx}}{L_{yy}} = \dfrac{-10}{22} = -0.4545$

   $c = \bar{x} - d\bar{y} = \dfrac{21}{6} - (-0.4545) \times \dfrac{426}{6} = 35.7695$

   $x_c = c + dy = 35.7695 - 0.4545y$

(4) 产量每增加 1 千件，单位成本平均下降 1.8182 元；单位成本每增加 1 元，产量平均减少 0.4545 千件。

(5) $x=6$(千件)　　$y_c = 77.3637 - 1.8182 \times 6 = 66.4544$ (元/件)

$y = 70$ (元/件)　　$x_c = 35.7695 - 0.4545 \times 70 = 3.9545$ (千件)

3. (1) $b = \dfrac{n\sum xy - (\sum x)(\sum y)}{n\sum x^2 - (\sum x)^2} = \dfrac{14 \times 621.41 - 61.8 \times 132.9}{14 \times 296.8 - (61.8)^2} \approx 1.45$

$a = \dfrac{\sum y}{n} - b\dfrac{\sum x}{n} = \dfrac{132.9}{14} - 1.45 \times \dfrac{61.8}{14} \approx 3.1$

$y_c = 3.1 + 1.45x$

(2) $y_c = 3.1 + 1.45 \times 8 = 14.7$

(3) $S_{xy} = \sqrt{\dfrac{\sum y^2 - a\sum y - b\sum xy}{n-2}}$

$= \sqrt{\dfrac{1313.95 - 3.1 \times 132.9 - 1.45 \times 621.41}{14 - 2}} \approx 0.276$

4. (1) $L_{xx} = \sum x^2 - \dfrac{(\sum x)^2}{n} = 106.6 - \dfrac{28^2}{8} = 8.6$

$L_{yy} = \sum y^2 - \dfrac{(\sum y)^2}{n} = 3255.64 - \dfrac{136^2}{8} = 943.64$

$L_{xy} = \sum xy - \dfrac{(\sum x)(\sum y)}{n} = 563.57 - \dfrac{28 \times 136}{8} = 87.57$

$r = \dfrac{L_{xy}}{\sqrt{L_{xx} \cdot L_{yy}}} = \dfrac{87.57}{\sqrt{8.6 \times 943.64}} \approx 0.97$

(2) $b = \dfrac{L_{xy}}{L_{xx}} = \dfrac{87.57}{8.6} \approx 10.18$

$a = \dfrac{\sum y}{n} - b\dfrac{\sum x}{n} = \dfrac{136}{8} - 10.18 \times \dfrac{28}{8} = -18.63$

$y_c = -18.63 + 10.18x$

(3) $b=10.18$，说明可比产品成本降低率每增加 1%，销售利润平均增加 10.18 万元。

(4) $S_{xy} = \sqrt{\dfrac{\sum y^2 - a\sum y - b\sum xy}{n-2}}$

$= \sqrt{\dfrac{3255.64 + 18.63 \times 136 - 10.18 \times 563.57}{8 - 2}} = 2.95$

统计用表

表 11 标准正态分布概率度表

t	F(t)	t	F(t)	t	F(t)	t	F(t)
0.00	0.0000	0.32	0.2510	0.64	0.4778	0.96	0.6629
0.01	0.0080	0.33	0.2586	0.65	0.4843	0.97	0.6680
0.02	0.0160	0.34	0.2661	0.66	0.4907	0.98	0.6729
0.03	0.0239	0.35	0.2737	0.67	0.4971	0.99	0.6778
0.04	0.0319	0.36	0.2812	0.68	0.5035	1.00	0.6827
0.05	0.0399	0.37	0.2886	0.69	0.5098	1.01	0.6875
0.06	0.0478	0.38	0.2961	0.70	0.5161	1.02	0.6923
0.07	0.0558	0.39	0.3035	0.71	0.5223	1.03	0.6970
0.08	0.0638	0.40	0.3108	0.72	0.5285	1.04	0.7017
0.09	0.0717	0.41	0.3182	0.73	0.5346	1.05	0.7063
0.10	0.0797	0.42	0.3255	0.74	0.5407	1.06	0.7109
0.11	0.0876	0.43	0.3328	0.75	0.5467	1.07	0.7154
0.12	0.0955	0.44	0.3401	0.76	0.5527	1.08	0.7199
0.13	0.1034	0.45	0.3473	0.77	0.5587	1.09	0.7243
0.14	0.1113	0.46	0.3545	0.78	0.5646	1.10	0.7287
0.15	0.1192	0.47	0.3616	0.79	0.5705	1.11	0.7330
0.16	0.1271	0.48	0.3688	0.80	0.5763	1.12	0.7373
0.17	0.1350	0.49	0.3759	0.81	0.5821	1.13	0.7415
0.18	0.1428	0.50	0.3829	0.82	0.5878	1.14	0.7457
0.19	0.1507	0.51	0.3899	0.83	0.5935	1.15	0.7499
0.20	0.1585	0.52	0.3969	0.84	0.5991	1.16	0.7540
0.21	0.1663	0.53	0.4039	0.85	0.6047	1.17	0.7580
0.22	0.1741	0.54	0.4108	0.86	0.6102	1.18	0.7620
0.23	0.1819	0.55	0.4177	0.87	0.6157	1.19	0.7660
0.24	0.1897	0.56	0.4245	0.88	0.6211	1.20	0.7699
0.25	0.1974	0.57	0.4313	0.89	0.6268	1.21	0.7737
0.26	0.2051	0.58	0.4381	0.90	0.6319	1.22	0.7775
0.27	0.2128	0.59	0.4448	0.91	0.6372	1.23	0.7813
0.28	0.2205	0.60	0.4515	0.92	0.6424	1.24	0.7850
0.29	0.2282	0.61	0.4581	0.93	0.6476	1.25	0.7887
0.30	0.2358	0.62	0.4647	0.94	0.6528	1.26	0.7923
0.31	0.2434	0.63	0.4713	0.95	0.6579	1.27	0.7959

续表

t	F(t)	t	F(t)	t	F(t)	t	F(t)
1.28	0.7995	1.61	0.8926	1.94	0.9476	2.54	0.9889
1.29	0.8030	1.62	0.8948	1.95	0.9488	2.56	0.9895
1.30	0.8064	1.63	0.8969	1.96	0.9500	2.58	0.9901
1.31	0.8098	1.64	0.8990	1.97	0.9512	2.60	0.9907
1.32	0.8132	1.65	0.9011	1.98	0.9523	2.62	0.9912
1.33	0.8165	1.66	0.9031	1.99	0.9534	2.64	0.9917
1.34	0.8198	1.67	0.9051	2.00	0.9545	2.66	0.9922
1.35	0.8230	1.68	0.9070	2.02	0.9566	2.68	0.9926
1.36	0.8262	1.69	0.9090	2.04	0.9587	2.70	0.9931
1.37	0.8293	1.70	0.9109	2.06	0.9606	2.72	0.9935
1.38	0.8324	1.71	0.9127	2.08	0.9625	2.74	0.9939
1.39	0.8355	1.72	0.9146	2.10	0.9643	2.76	0.9942
1.40	0.8385	1.73	0.9164	2.12	0.9660	2.78	0.9946
1.41	0.8415	1.74	0.9181	2.14	0.9676	2.80	0.9949
1.42	0.8444	1.75	0.9199	2.16	0.9692	2.82	0.9952
1.43	0.8473	1.76	0.9216	2.18	0.9707	2.84	0.9955
1.44	0.8501	1.77	0.9233	2.20	0.9722	2.86	0.9958
1.45	0.8529	1.78	0.9249	2.22	0.9736	2.88	0.9960
1.46	0.8557	1.79	0.9265	2.24	0.9749	2.90	0.9962
1.47	0.8584	1.80	0.9281	2.26	0.9762	2.92	0.9965
1.48	0.8611	1.81	0.9297	2.28	0.9774	2.94	0.9967
1.49	0.8638	1.82	0.9312	2.30	0.9786	2.96	0.9969
1.50	0.8664	1.83	0.9328	2.32	0.9797	2.98	0.9971
1.51	0.8690	1.84	0.9342	2.34	0.9807	3.00	0.9973
1.52	0.8715	1.85	0.9357	2.36	0.9817	3.20	0.9986
1.53	0.8740	1.86	0.9371	2.38	0.9827	3.40	0.9993
1.54	0.8764	1.87	0.9385	2.40	0.9836	3.60	0.999 68
1.55	0.8789	1.88	0.9399	2.42	0.9845	3.80	0.999 86
1.56	0.8812	1.89	0.9412	2.44	0.9853	4.00	0.999 94
1.57	0.8836	1.90	0.9426	2.46	0.9861	4.50	0.999 993
1.58	0.8859	1.91	0.9439	2.48	0.9869	5.00	0.999 999
1.59	0.8882	1.92	0.9451	2.50	0.9876		
1.60	0.8904	1.93	0.9464	2.52	0.9883		

表12 标准正态分布表

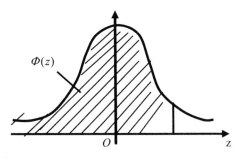

$$\Phi(z) = \int_{-\infty}^{x} \frac{1}{\sqrt{2\pi}} e^{-u^2/2} du = P\{Z \leq z\}$$

z	0	1	2	3	4	5	6	7	8	9
0.0	0.5000	0.5040	0.5080	0.5120	0.5160	0.5199	0.5239	0.5279	0.5319	0.5359
0.1	0.5398	0.5438	0.5478	0.5517	0.5557	0.5596	0.5636	0.5675	0.5714	0.5753
0.2	0.5793	0.5832	0.5871	0.5910	0.5948	0.5987	0.6026	0.6064	0.6103	0.6141
0.3	0.6179	0.6217	0.6255	0.6293	0.6331	0.6368	0.6406	0.6443	0.6480	0.6517
0.4	0.6554	0.6591	0.6628	0.6664	0.6700	0.6736	0.6772	0.6808	0.6844	0.6879
0.5	0.6915	0.6950	0.6985	0.7019	0.7054	0.7088	0.7123	0.7157	0.7190	0.7224
0.6	0.7257	0.7291	0.7324	0.7357	0.7389	0.7422	0.7454	0.7486	0.7517	0.7549
0.7	0.7580	0.7611	0.7642	0.7673	0.7703	0.7734	0.7764	0.7794	0.7823	0.7852
0.8	0.7881	0.7910	0.7939	0.7967	0.7995	0.8023	0.8051	0.8078	0.8106	0.8133
0.9	0.8159	0.8186	0.8212	0.8238	0.8264	0.8289	0.8315	0.8340	0.8365	0.8389
1.0	0.8413	0.8438	0.8461	0.8485	0.8508	0.8531	0.8554	0.8577	0.8599	0.8621
1.1	0.8643	0.8665	0.8686	0.8708	0.8729	0.8749	0.8770	0.8790	0.8810	0.8830
1.2	0.8849	0.8869	0.8888	0.8907	0.8925	0.8944	0.8962	0.8980	0.8997	0.9015
1.3	0.9032	0.9049	0.9066	0.9082	0.9099	0.9115	0.9131	0.9147	0.9162	0.9177
1.4	0.9192	0.9207	0.9222	0.9236	0.9251	0.9265	0.9278	0.9292	0.9306	0.9319
1.5	0.9332	0.9345	0.9357	0.9370	0.9382	0.9394	0.9406	0.9418	0.9430	0.9441
1.6	0.9452	0.9463	0.9474	0.9484	0.9495	0.9505	0.9515	0.9525	0.9535	0.9545
1.7	0.9554	0.9564	0.9573	0.9582	0.9591	0.9599	0.9608	0.9616	0.9625	0.9633
1.8	0.9641	0.9648	0.9656	0.9664	0.9671	0.9678	0.9686	0.9693	0.9700	0.9706
1.9	0.9713	0.9719	0.9726	0.9732	0.9738	0.9744	0.9750	0.9756	0.9762	0.9767
2.0	0.9772	0.9778	0.9783	0.9788	0.9793	0.9798	0.9803	0.9808	0.9812	0.9817
2.1	0.9821	0.9826	0.9830	0.9834	0.9838	0.9842	0.9846	0.9850	0.9854	0.9857
2.2	0.9861	0.9864	0.9868	0.9871	0.9874	0.9878	0.9881	0.9884	0.9887	0.9890

续表

z	0	1	2	3	4	5	6	7	8	9
2.3	0.9893	0.9896	0.9898	0.9901	0.9904	0.9906	0.9909	0.9911	0.9913	0.9916
2.4	0.9918	0.9920	0.9922	0.9925	0.9927	0.9929	0.9931	0.9932	0.9934	0.9936
2.5	0.9938	0.9940	0.9941	0.9943	0.9945	0.9946	0.9948	0.9949	0.9951	0.9952
2.6	0.9953	0.9955	0.9956	0.9957	0.9959	0.9960	0.9961	0.9962	0.9963	0.9964
2.7	0.9965	0.9966	0.9967	0.9968	0.9969	0.9970	0.9971	0.9972	0.9973	0.9974
2.8	0.9974	0.9975	0.9976	0.9977	0.9977	0.9978	0.9979	0.9979	0.9980	0.9981
2.9	0.9981	0.9982	0.9982	0.9983	0.9984	0.9984	0.9985	0.9985	0.9986	0.9986
3.0	0.9987	0.9990	0.9993	0.9995	0.9997	0.9998	0.9998	0.9999	0.9999	1.0000

注：表中末行系函数值 $\Phi(3.0)$，$\Phi(3.1)$，…，$\Phi(3.9)$。

表13 t 分布表

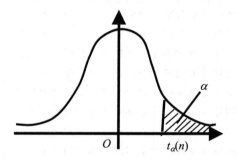

$P\{t(n) > t_\alpha(n)\} = \alpha$

n	α = 0.25	0.10	0.05	0.025	0.01	0.005
1	1.0000	3.0777	6.3138	12.7062	31.8207	63.6574
2	0.8165	1.8856	2.9200	4.3027	6.9646	9.9248
3	0.7649	1.6377	2.3534	3.1824	4.5407	5.8409
4	0.7407	1.5332	2.1318	2.7764	3.7469	4.6041
5	0.7267	1.4759	2.0150	2.5706	3.3649	4.0322
6	0.7176	1.4398	1.9432	2.4469	3.1427	3.7074
7	0.7111	1.4149	1.8946	2.3646	2.9980	3.4995
8	0.7064	1.3968	1.8595	2.3060	2.8965	3.3554
9	0.7027	1.3830	1.8331	2.2622	2.8214	3.2498
10	0.6998	1.3722	1.8125	2.2281	2.7638	3.1693
11	0.6974	1.3634	1.7959	2.2010	2.7181	3.1058

续表

n	α = 0.25	0.10	0.05	0.025	0.01	0.005
12	0.6955	1.3562	1.7823	2.1788	2.6810	3.0545
13	0.6938	1.3502	1.7709	2.1604	2.6503	3.0123
14	0.6924	1.3450	1.7613	2.1448	2.6245	2.9768
15	0.6912	1.3406	1.7531	2.1315	2.6025	2.9467
16	0.6901	1.3368	1.7459	2.1199	2.5835	2.9208
17	0.6892	1.3334	1.7396	2.1098	2.5669	2.8982
18	0.6884	1.3304	1.7341	2.1009	2.5524	2.8784
19	0.6876	1.3277	1.7291	2.0930	2.5395	2.8609
20	0.6870	1.3253	1.7247	2.0860	2.5280	2.8453
21	0.6864	1.3232	1.7207	2.0796	2.5177	2.8314
22	0.6858	1.3212	1.7171	2.0739	2.5083	2.8188
23	0.6853	0.3195	1.7139	2.0687	2.4999	2.8073
24	0.6848	1.3178	1.710	2.0639	2.4922	2.7969
25	0.6844	1.3163	1.7081	2.0595	2.4851	2.7874
26	0.6840	1.3150	1.7058	2.0555	2.4786	2.7787
27	0.6837	1.3137	1.7033	2.0518	2.4727	2.7707
28	0.6834	1.3125	1.7011	2.0484	2.4671	2.7633
29	0.6830	1.3114	1.6991	2.0452	2.4620	2.7564
30	0.6828	1.3104	1.6973	2.0423	2.4573	2.7500
31	0.6825	1.3095	1.6955	2.0395	2.4528	2.7440
32	0.6822	1.3086	1.6939	2.0369	2.4487	2.7385
33	0.6820	1.3077	1.6924	2.0345	2.4448	2.7333
34	0.6818	1.3070	1.6909	2.0322	2.4411	2.7284
35	0.6816	1.3062	1.6896	2.0301	2.4377	2.7238
36	0.6814	1.3055	1.6883	2.0281	2.4345	2.7195
37	0.6812	1.3049	1.6871	2.0262	2.4314	2.7154
38	0.6810	1.3042	1.6860	2.0244	2.4286	2.7116
39	0.6808	1.3036	1.6849	2.0227	2.4258	2.7079
40	0.6807	1.3031	1.6839	2.0211	2.4233	2.7045
41	0.6805	1.3025	1.6829	2.0195	2.4208	2.7012
42	0.6804	1.3020	1.6820	2.0181	2.4185	2.6981
43	0.6802	1.3016	1.6811	2.0167	2.4163	2.6951
44	0.6801	1.3011	1.6802	2.0154	2.4141	2.6923
45	0.6800	1.3006	1.6794	2.0141	2.4121	2.6806

表 14　累计法查对表

递增速度　　　　　　　　　　　　　　　　　　间隔期：1～5 年

平均每年增长/%	各年发展水平总和为基期的百分比				
	1 年	2 年	3 年	4 年	5 年
0.1	100.10	200.30	300.60	401.00	501.50
0.2	100.20	200.60	301.20	402.00	503.00
0.3	100.30	200.90	301.80	403.00	504.50
0.4	100.40	201.20	302.40	404.00	506.01
0.5	100.50	201.50	303.01	405.03	507.56
0.6	100.60	201.80	303.61	406.03	509.06
0.7	100.70	202.10	304.21	407.03	510.57
0.8	100.80	202.41	304.83	408.07	512.14
0.9	100.90	202.71	305.44	409.09	513.67
1.0	101.00	203.01	306.04	410.10	515.20
1.1	101.10	203.31	306.64	411.11	516.73
1.2	101.20	203.61	307.25	412.13	518.27
1.3	101.30	203.92	307.87	413.17	519.84
1.4	101.40	204.22	308.48	414.20	521.40
1.5	101.50	204.52	309.09	415.23	522.96
1.6	101.60	204.83	309.71	416.27	524.53
1.7	101.70	205.13	310.32	417.30	526.10
1.8	101.80	205.43	310.93	418.33	527.66
1.9	101.90	205.74	311.55	419.37	529.24
2.0	102.00	206.04	312.16	420.40	530.80
2.1	102.10	206.34	312.77	421.44	532.39
2.2	102.20	206.65	313.40	422.50	534.00
2.3	102.30	206.95	314.01	423.53	535.57
2.4	102.40	207.26	314.64	424.60	537.20
2.5	102.50	207.56	315.25	425.63	538.77
2.6	102.60	207.87	315.88	426.70	540.40
2.7	102.70	208.17	316.49	427.73	541.97
2.8	102.80	208.48	317.12	428.80	543.61
2.9	102.90	208.78	317.73	429.84	545.20
3.0	103.00	209.09	318.36	430.91	546.84

续表

平均每年增长/%	各年发展水平总和为基期的百分比				
	1年	2年	3年	4年	5年
3.1	103.10	209.40	319.00	432.00	548.50
3.2	103.20	209.70	319.61	433.04	550.10
3.3	103.30	210.01	320.24	434.11	551.74
3.4	103.40	210.32	320.88	435.20	553.41
3.5	103.50	210.62	321.49	436.24	555.01
3.6	103.60	210.93	322.12	437.31	556.65
3.7	103.70	211.24	322.76	438.41	558.34
3.8	103.80	211.54	323.37	439.45	559.94
3.9	103.90	211.85	324.01	440.54	561.61
4.0	104.00	212.16	324.65	441.64	563.31
4.1	104.10	212.47	325.28	442.72	564.98
4.2	104.20	212.78	325.92	443.81	566.65
4.3	104.30	213.08	326.54	444.88	568.31
4.4	104.40	213.39	327.18	445.98	570.01
4.5	104.50	213.70	327.81	447.05	571.66
4.6	104.60	214.01	328.45	448.15	573.36
4.7	104.70	214.32	329.09	449.25	575.06
4.8	104.80	214.63	329.73	450.35	576.76
4.9	104.90	214.94	330.37	451.46	578.48
5.0	105.00	215.25	331.01	452.56	580.19
5.1	105.10	215.56	331.65	453.66	581.89
5.2	105.20	215.87	332.29	454.76	583.60
5.3	105.30	216.18	332.94	455.89	585.36
5.4	105.40	216.49	333.58	456.99	587.06
5.5	105.50	216.80	334.22	458.10	588.79
5.6	105.60	217.11	334.86	459.29	590.50
5.7	105.70	217.42	335.51	460.33	592.26
5.8	105.80	217.74	336.17	461.47	594.04
5.9	105.90	218.05	336.82	462.60	595.80
6.0	106.00	218.36	337.46	463.71	597.54
6.1	106.10	218.67	338.11	464.84	599.30

续表

平均每年增长/%	各年发展水平总和为基期的百分比				
	1年	2年	3年	4年	5年
6.2	106.20	218.98	338.75	465.95	601.04
6.3	106.30	219.30	339.42	467.11	602.84
6.4	106.40	219.61	340.07	468.24	604.61
6.5	106.50	219.92	340.71	469.35	606.35
6.6	106.60	220.24	341.38	470.52	608.18
6.7	106.70	220.55	342.03	471.65	609.95
6.8	106.80	220.86	342.68	472.78	611.73
6.9	106.90	221.18	343.35	473.95	613.56
7.0	107.00	221.49	343.99	475.07	615.33
7.1	107.10	221.80	344.64	476.20	617.10
7.2	107.20	222.12	345.31	477.37	618.94
7.3	107.30	222.43	345.96	478.51	620.74
7.4	107.40	222.75	346.64	479.70	622.61
7.5	107.50	223.06	347.29	480.84	624.41
7.6	107.60	223.38	347.96	482.01	626.25
7.7	107.70	223.69	348.61	483.15	628.05
7.8	107.80	224.01	349.28	484.32	629.89
7.9	107.90	224.32	349.94	485.48	631.73
8.0	108.00	224.64	350.61	486.66	633.59
8.1	108.10	224.96	351.29	487.85	635.47
8.2	108.20	225.27	351.94	489.00	637.30
8.3	108.30	225.59	352.62	490.19	639.18
8.4	108.40	225.91	353.29	491.37	641.05
8.5	108.50	226.22	353.95	492.54	642.91
8.6	108.60	226.54	354.62	493.71	644.76
8.7	108.70	226.86	355.30	494.91	646.67
8.8	108.80	227.17	355.96	496.08	648.53
8.9	108.90	227.49	356.63	497.26	650.41
9.0	109.00	227.81	357.31	498.47	652.33
9.1	109.10	228.13	357.99	499.67	654.24
9.2	109.20	228.45	359.67	500.87	656.15

续表

平均每年增长/%	各年发展水平总和为基期的百分比				
	1年	2年	3年	4年	5年
9.3	109.30	228.75	359.33	502.04	658.02
9.4	109.40	229.08	360.01	503.25	659.95
9.5	109.50	229.40	360.69	504.45	611.87
9.6	109.60	229.72	361.37	505.66	663.80
9.7	109.70	230.04	362.05	506.86	665.72
9.8	109.80	230.36	362.73	508.07	667.65
9.9	109.90	230.68	363.42	509.30	669.62
10.0	110.00	231.00	364.10	510.51	671.56
10.1	110.10	231.32	364.78	511.72	673.50
10.2	110.20	231.64	365.47	512.95	675.47
10.3	110.30	231.96	266.15	514.16	677.42
10.4	110.40	232.28	366.84	515.39	679.39
10.5	110.50	232.60	367.52	516.61	681.35
10.6	110.60	232.92	368.21	517.84	683.33
10.7	110.70	233.24	368.89	519.05	685.28
10.8	110.80	233.57	369.60	520.32	687.32
10.9	110.90	233.89	370.29	521.56	689.32
11.0	111.00	234.21	370.97	522.77	691.27
11.1	111.10	234.53	371.66	524.01	693.27
11.2	111.20	234.85	372.35	525.25	695.27
11.3	111.30	235.18	373.06	526.52	697.32
11.4	111.40	235.50	373.75	527.76	699.33
11.5	111.50	235.82	374.44	529.00	701.33
11.6	111.60	236.15	375.15	530.27	703.38
11.7	111.70	236.47	375.84	531.52	705.41
11.8	111.80	236.79	376.53	532.76	707.43
11.9	111.90	237.12	377.24	534.03	709.48
12.0	112.00	237.44	377.93	535.28	711.51
12.1	112.10	237.76	378.62	536.52	713.53
12.2	112.20	238.09	379.34	537.82	715.63
12.3	112.30	238.41	380.03	539.07	717.67

续表

平均每年增长/%	各年发展水平总和为基期的百分比				
	1年	2年	3年	4年	5年
12.4	112.40	238.74	380.75	540.37	719.78
12.5	112.50	239.06	381.44	541.62	721.82
12.6	112.60	239.39	382.16	542.92	723.94
12.7	112.70	239.71	382.85	544.17	725.98
12.8	112.80	240.04	383.57	545.47	728.09
12.9	112.90	240.36	384.26	546.72	730.14
13.0	113.00	240.69	384.98	548.03	732.28
13.1	113.10	241.02	385.70	549.33	734.40
13.2	113.20	241.34	386.39	550.59	736.46
13.3	113.30	241.67	387.11	551.89	738.59
13.4	113.40	242.00	387.83	553.20	740.73
13.5	113.50	242.32	388.53	554.48	742.83
13.6	113.60	242.65	389.25	555.79	744.98
13.7	113.70	242.98	389.97	557.10	747.13
13.8	113.80	243.30	390.67	558.38	749.23
13.9	113.90	243.63	391.39	559.69	751.38
14.0	114.00	243.96	392.11	561.00	753.53
14.1	114.10	244.29	392.84	562.34	755.74
14.2	114.20	244.62	393.56	563.65	757.89
14.3	114.30	244.94	394.26	564.93	760.01
14.4	114.40	245.27	394.99	566.27	762.21
14.5	114.50	245.60	395.71	567.59	764.39
14.6	114.60	245.93	396.43	568.90	766.55
14.7	114.70	246.26	397.16	570.24	768.76
14.8	114.80	246.59	397.88	571.56	770.94
14.9	114.90	246.92	398.61	572.90	773.16
15.0	115.00	247.25	399.34	574.24	775.38
15.1	115.10	247.58	400.06	575.56	777.56
15.2	115.20	247.91	400.79	576.91	779.80
15.3	115.30	248.24	401.52	578.25	782.02
15.4	115.40	248.57	402.25	579.60	784.26

续表

平均每年增长/%	各年发展水平总和为基期的百分比				
	1年	2年	3年	4年	5年
15.5	115.50	248.90	402.98	580.94	786.48
15.6	115.60	249.23	403.71	582.29	788.73
15.7	115.70	249.56	404.44	583.64	790.97
15.8	115.80	249.90	405.19	585.02	793.26
15.9	115.90	250.23	405.92	586.36	795.49
16.0	116.00	250.56	406.65	587.71	797.74

参 考 文 献

[1] 向蓉美，等. 统计学[M]. 北京：机械工业出版社，2013.
[2] 李洁明，等. 统计学原理[M]. 上海：复旦大学出版社，2010.
[3] 游士兵，等. 统计学[M]. 武汉：武汉大学出版社，2010.
[4] 贾俊平，等. 统计学[M]. 北京：中国人民大学出版社，2015.
[5] 孙静娟，等. 统计学学习指导[M]. 北京：清华大学出版社，2013.
[6] 袁卫，等. 统计学习题与案例[M]. 北京：高等教育出版社，2016.
[7] 胡宝珠. 统计学[M]. 北京：中国发展出版社，2014.
[8] 于声涛，等. 统计学基础[M]. 北京：科学出版社，2011.
[9] 余阳，等. Excel 数据分析与处理[M]. 北京：中国邮电出版社，2015.
[10] 潘向阳. 统计学理论与实务[M]. 北京：中国邮电出版社，2014.
[11] 梁超. 统计学案例与实训教程[M]. 北京：中国邮电出版社，2016.
[12] 金勇进. 统计学[M]. 北京：中国人民大学出版社，2010.
[13] 吴启富. 统计学基础[M]. 北京：高等教育出版社，2010.
[14] 苏继伟. 统计学案例分析[M]. 北京：高等教育出版社，2010.
[15] 汪信尊，等. 新编统计学[M]. 北京：中国商业出版社，2016.
[16] 刘玉玫. 统计学基础[M]. 北京：中国统计出版社，2002.
[17] 赵振伦. 统计学——理论·实务·案例[M]. 上海：立信会计出版社，2005.
[18] 宋廷山，等. 应用统计学——以 Excel 为分析工具[M]. 北京：清华大学出版社，2012.
[19] 谢翠梅，等. 社会经济统计学原理：以 Excel 为分析工具[M]. 北京：北京交通大学出版社，2015.
[20] 戴维·R.安德森，等. 商务与经济统计[M]. 北京：机械工业出版社，2012.
[21] 中华人民共和国国家统计局. 中华人民共和国 2015 年国民经济和社会发展统计公报[OL]. (2016-2-29) http://www.stats.gov.cn/tjsj/zxfb/201602/t20160229_1323991.html
[22] 中华人民共和国国家统计局. 中国统计年鉴.2015[M]. 北京：中国统计出版社，2015.